中国社会科学院　学者文选

巫白慧集

中国社会科学院科研局组织编选

中国社会科学出版社

图书在版编目（CIP）数据

巫白慧集／中国社会科学院科研局组织编选．—北京：中国社会
科学出版社，2010.8（2018.8 重印）
（中国社会科学院学者文选）
ISBN 978-7-5004-8175-1

Ⅰ.①巫… Ⅱ.①中… Ⅲ.①社会科学—文集 Ⅳ.①C53

中国版本图书馆 CIP 数据核字（2009）第 167420 号

出 版 人　赵剑英
责任编辑　关　桐
责任校对　周　昊
责任印制　戴　宽

出　　版　中国社会科学出版社
社　　址　北京鼓楼西大街甲 158 号
邮　　编　100720
网　　址　http://www.csspw.cn
发 行 部　010－84083685
门 市 部　010－84029450
经　　销　新华书店及其他书店

印刷装订　北京市十月印刷有限公司
版　　次　2010 年 8 月第 1 版
印　　次　2018 年 8 月第 2 次印刷

开　　本　880×1230　1/32
印　　张　15
字　　数　371 千字
定　　价　89.00 元

凡购买中国社会科学出版社图书，如有质量问题请与本社营销中心联系调换
电话：010－84083683

出 版 说 明

　　一、《中国社会科学院学者文选》是根据李铁映院长的倡议和院务会议的决定，由科研局组织编选的大型学术性丛书。它的出版，旨在积累本院学者的重要学术成果，展示他们具有代表性的学术成就。

　　二、《文选》的作者都是中国社会科学院具有正高级专业技术职称的资深专家、学者。他们在长期的学术生涯中，对于人文社会科学的发展做出了贡献。

　　三、《文选》中所收学术论文，以作者在社科院工作期间的作品为主，同时也兼顾了作者在院外工作期间的代表作；对少数在建国前成名的学者，文章选收的时间范围更宽。

中国社会科学院

科研局

1999 年 11 月 14 日

目　　录

印中佛学篇

学术余论篇

"闻道师侧"的回忆

（代序）

　　"Upaniṣad"是印度古典哲学名著《奥义书》的梵语原名，汉语音译为"乌波尼然陁"，意为"坐近"——坐近师侧，亲聆奥义。古代印度学风，仙人（智者或哲学家）习惯隐居远离喧嚣的深山老林，一边闭目禅思，苦修瑜伽，一边为围绕着自己席地而坐的弟子徒众讲经传道。"坐近师侧，亲聆奥义"正是指那些有志有道，潜心秘奥的人。他们舍弃俗世，修持苦行，磨炼自己的肉体和意志，以求得灵魂的最后的解脱。与此同时，他们托钵行乞，四处云游，广交同道，遍访明师。一旦遇到明师，便五体投地，一心皈依，执弟子礼，旦夕侍奉，坐在师侧，亲聆教诲；或者和师长一问一答，探讨义理。这些义理主要涉及"梵、我、幻"三者的哲学奥义。后人把这些师徒的问答内容搜集起来，编纂成一种哲学对话录，并把它命名为《奥义书》（"奥义书"有多种，在下文，凡用书名括号标出的，是作为原有名词，通指一切奥义书，写作"《奥义书》"；凡没有括号标出的，是作为普通名词或形容词，如写作"奥义书"或"奥义书的"）。20世纪40年代初，我有机会到印度国际大学攻读印度哲学和梵语。国际大学（Viśva-Bhāratī University）是印度诗圣泰戈尔用他在

1913 年获得的诺贝尔文学奖的奖金创办的。它地处西孟加拉邦波尔堡镇附近的一个名叫"寂乡"（Śāntiniketan）的村庄。村里林木葱茏，繁花斗妍，幽雅寂静，环境宜人，酷像一个仙人（隐士）的"静修林"（Āśrama），是一个名符其实的"寂乡"。泰戈尔先生遵循古代印度教育传统，实行"户外讲学"，就是说，把寂乡的整个自然环境作为课堂，除自然科学学科所需的教室和实验室之外，一切社会科学学科都在户外空地上讲授。上课时，师生在枝繁叶茂，苍劲挺拔的大榕树的浓荫下，把各自携带来的一块半米见方的薄毯铺在地上，学生围成圆圈坐下，教师坐在当中或站着讲课。这种教学形式完全是印度古代"静修林"以大自然为课堂的遗风在现代的再现。

在国际大学有几位我最尊敬、从他们那儿受益最多的老师。他们是善童子教授、波尔坦教授、师觉月博士、巴拔特博士、寂比丘博士、谭云山教授和法舫导师。我朝夕坐在这些老师身旁，接受他们的循循善诱的教导，聆听他们讲授的印度哲学、印度历史、梵文哲学原著、梵语语法八章，以及现代印地语文学等课程。正是由于他们不倦的教诲和善巧的启发使我决心献身于这些学科的研究，特别是印度哲学的研究。今天，如果说我在印度哲学研究中有点滴的收获或成就，无疑是多年跟随这些老师，亲受他们教益的结果。

一

记得初上印度哲学导论时，老师讲了许多印度哲学派别和它们的源流，但没有区别哪些派别是属于唯物主义思想体系，哪些派别是属于唯心主义思想体系这个哲学最根本的问题，直到我接触马克思主义哲学之后，才算初步弄清楚。一般地说，我们中国学者只是从中国佛经记载中获得一些关于印度哲学及其流派的零星的或笼统的知识：在释迦牟尼时代（约公元前5世纪，奥义书哲学的后期）出现一大批非佛教的宗教团体和哲学家。据说有62种不同的哲学见解，94种不同的哲学家。佛教把所有非佛教的哲学家一律贬为"外道"，把他们宣传的哲学见解一律斥为"邪见"或"非正法"。与此相对照，佛教把自己的哲学家称为圣人——佛陀、菩萨、罗汉等等；把自己的教义称为"正见"或"正法"。显然，佛教这一归纳（印度当时哲学界总的只有两家，一家是佛教的正法，一家是外道的邪法）是片面的，不准确的。印度佛教传入中国，约在后汉明帝时期（公元67年）所谓"白马驮经"，始于洛阳。从这个时期起一直到宋代（公元1032年），在将近1000年间，印度佛教大师相继前来中国，携来大批佛教梵文经典；中国佛教高僧也断断续续地前往印度求法，同样带回数以千计的佛教梵文经论。中印两国大师把这些梵文佛教原典先后翻译为汉语译本和藏语译本（两种译本各有数千卷），构成浩若烟海的中国佛教"三藏"文献（即：经藏，律藏，论藏）。"三藏"所表述的佛教思想精华和诸法缘起说、无常无我说、般若真空论、唯识无境论、菩提次第说、涅槃寂灭说等等，对中国传统哲学思想产生巨大的影响，并被吸收、消化，从而成为中国哲学思想体系的一个不可分割的组成部分。由此又产生了中国式的佛教流派如华严宗、天台宗、法相宗、净土宗、禅宗、密宗（真言宗）等。然而，可能出于对佛教的信仰与偏爱，中印两国佛教译师只翻译与佛教有关的经论，非佛教的典籍一律不译。在6000余卷的汉译"三藏"中，除了一二种外，几乎没有介绍非佛教哲学的著作。佛教经论记录着许多对非佛教（外道）理论的批判，但也只限于介绍那些适用于批判的论点，从不对敌论作系统的评述。佛教经典告诉我们，释迦牟尼在世时，佛教的对立面是众多的外道，而在这许多外道中，"六师"
（6 个非佛教的哲学家）是佛教批判的重点对象之一，因而摘引
"六师"的言论比较详细些：1. 阿耆多·翅舍钦婆罗。这位哲学
家是唯物主义顺世论的始祖，他的学说虽然是渊源于《奥义
书》，但没有继承《奥义书》的唯心主义哲学，而是接受了奥义
书哲学家所批判的朴素唯物主义思想。2. 珊阇夷·毗罗胝子。
这个外道论师是一个不定论者。他认为，在这人世间，作恶无
罪，作善无福；所谓因果报应这类事情，究竟是有是无，是真是
假，既难断定，亦不足信。3. 末伽梨·拘舍罗。这是一个否定
论者。他认为，在这世间，修善徒劳，作恶无报，今生来世，俱
不存在；人身非父母所生，而是四大物质原素构成，原素解散，
身即消亡。4. 富兰·迦叶。这是一个典型的怀疑论者。他怀疑
人间是否确有所谓善有善报、恶有恶报的事情；因为人死之后，
肉体还归四大（地、水、火、风），心识随即消失，何来轮回再
生。5. 迦鸠陀·迦罗衍那。这是一个命定论者。他认为人生在
世，悲欢离合，苦乐祸福，命中注定；一切既是命定，则作善无
福，作恶无罪，人为努力，终归徒劳。6. 尼犍陀·若提子。这
是和释迦牟尼齐名的耆那教创始人，称号"大雄"。他有一套奇
特的逻辑和哲学。他不承认吠陀经典的神圣权威，却相信吠陀的
泛神论；他坚决反对婆罗门教的祭仪主义，却接受婆罗门教关于
因果、业报、轮回、解脱等概念。因此，他的哲学在本体论上否
认大自在天（创造主梵天）有创造宇宙的全知全能，却不否认
神的存在；承认物质永恒不灭，却又承认灵魂（命）常存不死；
承认物质构成客观世界，却又承认物质构成主观世界；承认命
（灵魂）、业（行动后留下不可磨灭的潜隐的影响）是物质的，
却又肯定宿命论、命定论、三世因果论。他认为，灵魂在过去、
现在、未来三世中轮回受苦，主要由善、不善"业"的束缚，

而解除这一束缚，重使灵魂获得自由（解脱）的唯一办法就是实践苦行主义。他同时是一个万物有灵论者。若单就这位耆那教始祖的理论而言，那显然是一种徘徊于唯物主义和唯心主义之间的"骑墙"哲学。在上述六师之后，印度的形而上学逐渐形成几个系统化的大的哲学流派，它们的名字散见于佛教经论——数论、瑜伽论、正理论、胜论、前弥曼差论和后弥曼差论（吠檀多论）。在哲学史上它们通称为"六派哲学"。在汉语三藏中，有属于数论哲学的《金七十论》（真谛译，公元499—569年）和属于胜论哲学的《胜宗十句义论》（玄奘译，公元600—664年），还有属于吠檀多哲学的《金刚针论》（法天译，公元986年）。其余3个学派的经典都没有汉译本。佛经作者之所以制造一顶通用型号的帽子"外道"戴在所有非佛教哲学家头上，目的之一，在于批判他们的学说的"谬误性"，反证佛教理论的"正确性"；目的之二，在于说明非佛教的哲学派别都是教人"心外求法"（离开自己内在的心灵，去别处求取解脱方法）。晋朝道安大师（公元312—385年）曾作《二教论》，解释佛教的"内典"和非佛教的"外典"的区别。他说，"聚虽一体而形神两异；散虽质别而心数不亡，故形之教，教称为外；济神之典，典号为内。"此中"内典"意即教人向自己内在精神寻求解脱方法的典籍，这是指佛教经论而言。"外教"意谓那些教人从外在形体或事物中求取解脱方法的教义，这是指非佛教或外道理论而言。这些说法有意无意在中国人，特别是在中国佛教徒的心目中制造这样一个印象：古代印度意识形态只有两家，一家是佛教，一家是外道。佛教的教义是"正法"，外道的理论是"非正法"。我国学者历来只重视对佛家哲理的研究，忽视对外道哲学的研究，这不能不是重要原因之一。

　　《吠陀》、《梵书》、《森林书》和《奥义书》是印度哲学思想的源泉，印度的主要哲学流派，不论是唯心主义的还是唯物主义的，都可以寻根于它们；或者说，都是它们的继承和发展。在《奥义书》之后（约公元前600年），这些哲学派别逐渐在内部划分为"正统哲学"和"非正统哲学"两大思想营垒。前者主要包括婆罗门教哲学和由它派生的所谓六派哲学；后者主要有耆那教哲学、佛教哲学和顺世论哲学。"正统"和"非正统"的分野主要在于是否承认《吠陀》的神圣权威。承认者为正统，反之，为非正统。也就是说，凡维护婆罗门教传统（即吠陀传统），没有背离其基本哲学观点的哲学流派便是正统哲学；反之，便是非正统哲学。正统哲学和非正统哲学这两个思想营垒的出现，标志着印度的主要哲学流派完成了对自身的系统化，有了自己的范畴系统，用以说明物质世界和精神世界的一切现象。最突出的例子是数论——瑜伽论。这两个学派根据《鹧鸪氏奥义》（Ⅰ.7）和《疑问奥义》（Ⅳ.3）中的范畴概念，构造了一个比较系统和精致的"25冥谛"的范畴系统。正理论构建了一个"16句义"的哲学和逻辑的范畴系统。胜论先提出一个"6句义"的范畴说，后又发展而为"10句义"的原子范畴论。完善的范畴学说，自然要数佛教哲学。佛教分为小乘和大乘两派。小乘哲学的范畴系统叫做"五位七十五法"，大乘哲学的范畴系统叫做"五位百法"。"位"即"类别"，"法"即"范畴"。

　　到了7世纪，正统的婆罗门哲学家越来越研究佛教，吸取佛教的理论精华来丰富自己的哲学体系；与此同时，又反过来对佛教进行"叛逆性"的攻击，力图削弱佛教哲学在宗教界、学术界和社会上的影响，从而使婆罗门教从衰微走向复兴，使婆罗门教的正统哲学逐步占据印度意识形态领域中的主导地位。这一形势，到了13世纪，又有进一步的发展。婆罗门教终于压倒了佛教，完全掌握了印度意识形态发展的方向盘，一直到近代，仍然如此。

佛教，作为一种宗教形式，由于上述原因和其他社会因素，已从印度本土基本消失。但是，作为一种文化，一种思想，它仍然存在，仍然作为一种非正统的哲学对印度思想界产生影响。现代印度知识分子十分重视对佛教文化，特别是它的哲学的研究，在各重点大学或高级研究所，均设置佛教哲学专业课程和研究课题。德里大学还专门建立一个佛教学系，把佛教哲学从普通的哲学系分离出来，作为一个独立学科来讲授、研究。其次，新一代的印度哲学家在新的研究中发现，佛教哲学可以作为单独的学科来研究，但如果把佛教哲学作为非正统哲学而与正统的婆罗门教哲学截然对立起来，这是不妥当的；因为旧的传统把印度哲学划分为正统和非正统的两个对立的思想营垒，是和印度哲学的发展规律不相符合的。他们认为，不同的哲学体系，不是相互抵销，而是相互补充。印度哲学起源于《梨俱吠陀》，从总的方面说，是婆罗门哲学。它在漫长的发展过程中派生出若干与自身相应的哲学流派，同时，也派生出若干与自身某些方面相反或异化的哲学派别，后者并不是和婆罗门哲学传统一刀两断，毫无关系。在耆那教、佛教和顺世论三个非正统哲学流派中，前两个（耆那教和佛教）始终和婆罗门意识形态保持着千丝万缕的关系。佛教哲学的一个核心理论是"无我"，是和婆罗门哲学的"有我论"针锋相对的。按婆罗门哲学，"我"在宏观上是和"梵"同一同源；在微观上是生物肉体内的灵魂（命），受着"业"的制约，为轮回转生、承受善恶果报的主体。佛教哲学从对生物界的精神现象分析得出结论，认为一切精神现象都是在一定的主观和客观条件下产生、变化，乃至消失；并不存在一个不死的精神主体（灵魂）。然而，在涉及因果业报、轮回转生、涅槃解脱等宗教来世论时，佛教哲学立刻站到婆罗门哲学一边，承认存在一个承受轮回转生、涅槃解脱的精神主体。耆那教哲学认为，包括灵魂在内的一切精神现象和物质现象都是由原子集合产生的；因为原子是不灭的物质，所以灵魂也是不灭的。这种理论也是和婆罗门教哲学（梵创造灵魂）势不两立的。可是，在轮回转生、涅槃解脱问题上，耆那教哲学同样接受婆罗门的观点，承认在轮回转生的过程中存在着一个承受善恶果报的精神主体。只是这个精神主体的名称，耆那教和佛教不把它叫做"灵魂"，而是把它叫做"中阴身"或"中有体"。"中有"意即一个处于从一个肉体到另一个肉体的过渡期中的精神实体。不可否认，耆那教哲学和佛教哲学都有一定积极的、合理的成分，但它们毕竟是宗教，在哲学的根本问题上，无法掩饰它们哲学中的消极面——最终还是站在唯心主义立场，承认灵魂的存在，接受幻想的来世论。至于顺世论哲学，它对婆罗门教的一切哲学和伦理的概念，包括灵魂转生、种姓制度、祭祀仪式、苦行静修，全盘否定；它无疑是一种地道的唯物主义哲学。但它的思想渊源仍然可以上溯到《奥义书》的朴素唯物主义哲学。

印度哲学发展史的一个最突出的特点，就是唯心主义在印度哲学发展全过程中一直占据着主导的地位。但这不是说，印度不存在唯物主义哲学。事实是：印度从哲学思想产生那天起，就有唯心主义和唯物主义两种形态的思想，并且在以后的发展中形成唯心主义哲学和唯物主义哲学，而在相互批判的斗争中前者压倒了后者，使后者长时间处于潜存状态——形式上销声匿迹。正因如此，唯物主义学派顺世论在历史上没有留下可供研究的系统和可靠的资料。当代印度哲学家，特别是在印度本土的学者，正在努力搜寻、探索印度唯物主义思想资料，准备重建印度唯物主义的哲学体系，为它在印度哲学史上恢复名誉。

二

《奥义书》既是印度哲学的根本经典，同时也是世界古典哲学名著。近现代西方哲学大家，如叔本华、尼采、黑格尔、海德格尔、雅斯贝尔斯、基尔凯郭尔、杜威、布莱特雷等，都曾读过《奥义书》，并且从中受到一定的哲理性的启发。叔本华的《奥义书》读后感是典型的："举全世界之举，无有如此有益且使人感发兴起者。此为余生之安慰，亦为余死之安慰。"[①]　因此，我作为印度哲学专业的学生，首先从师学习《奥义书》那是很自然的。奥义书哲学在印度思想传统上被尊为印度唯心主义哲学的总源泉。我的老师也正是按照这个唯心主义哲学传统来讲授。

《奥义书》是一种哲学类书，流传至今共有100多种。其中，公认最古老的、最权威的，约有14种。它们是：《他氏奥义》、《憍尸氏奥义》、《歌者奥义》、《由谁奥义》、《鹧鸪氏奥义》、《大那罗延奥义》、《石氏奥义》、《白骡奥义》、《慈氏奥义》、《广林奥义》、《自在奥义》、《秃顶奥义》、《疑问奥义》、《蛙氏奥义》。这14种奥义书可以说是研究古今印度哲学的必读的经典著作，它们的中心内容是在探讨、论证、建立一个假设的绝对的哲学命题——一个永恒不死的精神实在。

奥义书哲学家假设宇宙间存在一个永恒的实体或实在。它在《奥义书》中有三个名称：原人（Puruṣa）、梵（Brahman）、我（Ātman）。三者实际上是同一范畴、同一内涵的三个称谓，共有它的根本特征——绝对性、永恒性、充遍性和不灭性（《广林奥义》Ⅰ.4.1）。为了表述永恒精神实在这一根本特征，奥义书哲

[①]　转引自徐梵澄《五十奥义书》译者序，中国社会科学出版社1984年版。

学家提出"二梵"模式。梵被假设具有绝对一面和相对一面；前者称为无形（无特征）之梵，后者称为有形（有特征）之梵。（一）无形之梵。这是对梵作否定的表述：梵是"真理中之真理"。例如，"他是你的自我，是内在的支撑者，是不死者。他是见不到的见者，听不到的听者，非思维所及的思者，非知识所达的知者。他之外别无见者，他之外别无听者，他之外别无思者，他之外别无知者"（同上书，Ⅲ.7.23）。这样，从否定来肯定永恒的精神实在（梵）的存在。为了表述得更加完整和彻底，奥义书哲学家还发明一种"系列否定模式"。按照这个模式，无形、不死之梵是"不可感触，不可描述，不可按其特征定义；他是不灭者，故非粗、非细、非短、非长、非赤（如火）、非温（如水）、无影、无暗、非空、不粘、不臭、无味、无眼、无耳、无语、无识、无精力、无呼吸、无形相、无量度、非内、非外；它不吞噬何物，亦无能吞噬之者"（同上书，Ⅲ.8.8）。晚期奥义书哲学家白骡仙人对这套系列否定模式作了概括："彼非所作，亦非能作；无有匹敌，亦无超越之者；……彼无特征，无原因，无生主，无君主。"（《白骡奥义》Ⅵ.8—9）（二）有形之梵。这是对梵作肯定的表述。谓梵在相对一面是有特征的，有规定的。它恰恰和无形之梵形成对照：无形之梵，无规定性，不可描述；有形之梵，有规定性，可以描述。前者的基本原理或哲学模式是"我非如此，非如此"（《广林奥义》Ⅲ.9.26）；后者的基本原理或哲学模式是"那是真理，那就是我，那就是你"（《歌者奥义》Ⅵ.8.7）。因此，有形之梵具体地表现为经验的客观世界和主观世界。"在不灭者支配下，日月天地，各得其所；……年月时节，各得其所。……一些河川从白雪皑皑的山峦峡谷向东流去；……另一些则各沿其处，流向西方"（《广林奥义》Ⅲ.8.9）。这表述天上地下，万事万物，无一不是不灭之梵的外在形式。梵有两个外现形式——经验的客观世界和主观世界。主观世界是由有机体的生物，特别是人类的四种姓构成。奥义书哲学家继承吠陀的创世说，认为，梵天（原人）创造了人的四个种姓——婆罗门、刹帝利、吠舍、首陀罗。奥义书哲学家还发展了"二我论"。二我，谓"主我"和"众我"。前者是宏观上的大我，后者是微观上的小我。小我是多，是形式；大我是一，是本体。故大我如"王"，统摄众多的小我。二我是同一我的两个方面，故又分为"内我"和"外我"。内我是肉体内的生命，意识或灵魂；外我是肉体外的"遍我"或"胜我"。"我"在客观上表现为遍我时，则与梵同一；在主观上表现为生命时，则是肉体内的意识或灵魂。显然，二我论是在突出无形之梵表现为有形之梵时的主观特征或精神作用。可以说，二我论是二梵论的补充，为轮回论、未来论、因果论和业报论埋下了伏笔——提供理论依据。

二梵（二我）是对立的二元。在奥义书哲学家看来，对立源出于同一，在事物的演变中，又复归于同一。为此，他们提出"如幻论"（Māyā）来说明。他们设想，永恒的精神实在——无形而绝对之梵，自身具有一种天然的幻力，能够幻想出种种具体的和抽象的现象（经验的物质世界和主观世界）。但幻现的现象毕竟是虚幻非实，只有暂时的存在，而非永恒的存在。唯有幻现的制造者梵才是真实的，永恒的存在。譬如魔术师耍的把戏，把戏是假，魔术师是真。

如幻论，实际上是奥义书哲学家观察世界的一种哲学方法，或称为世界观、认识论。它包含着一个"由一而多"的演化模式（唯一从自身幻现出众多形式）。它同时也包含着另一个"由多而一"的复归模式（众多形式经过幻的发展，最终复归于唯一）。一与多是一对矛盾，它出于同一，经过发展，又归于同一。但这矛盾的同一，不是在梵—我之外，而是在梵—我之内实现。这反映同一有两个理论层次。一层是梵—我同一，这是奥义书哲学的理论基础。梵与我是名异质同的精神实在，它体现的同一自然属于内心或纯精神性的同一。另一层是一切矛盾在梵我中同一。这是梵—我自身的发展。梵—我从自身外现宇宙一切矛盾现象，它们经过深刻的变化，再在梵—我中实现同一。梵—我既是内在的精神实在；矛盾在梵—我中的同一，也正是在内心中实现的同一。"正如宇宙空间那样无限地扩展，内心的空间同样无限地扩展"（《歌者奥义》Ⅷ.1.2）。"无始无终混沌中，造一切者具诸相，唯一包摄宇宙者，知此神明释众缚"（《白骡奥义》V.13—14）。这个由矛盾的发展而达到的内在的同一是一个深化了的同一，因此也是最完善的同一，是至上之梵，是真理中之真理。

二层同一的发展标志着奥义书哲学从客观唯心主义向主观唯心主义过渡的完成。

虽然唯心主义哲学是贯穿《奥义书》全书的主要内容，但《奥义书》还是记录了不少有关唯物主义哲学的资料。这些资料表明另有一部分奥义书哲学家对于宇宙本原问题，持有不同的见解。他们也猜测宇宙可能存在着某种永恒不灭的物质性实在。因此，他们否定神的存在和神的创世说。特别是奥义书哲学的范畴论的出现，可以看到其中唯物主义倾向在逐步加强：（1）三范畴系统。除了"语言、眼睛、身体"三者为构成世界的成分之外，还有人认为，"太初之际，……由我生水，由水生火，由火生地"。《歌者奥义》（Ⅵ.4.1—7）对此作了独特的发挥。火、水、地三者复合而为宇宙本原。火以红为形式，水以白为形式，地以黑为形式；这三种形式是物质世界的基本形式；从人间的山河大地到天上的日月星辰，都不出这三种形式，或者说，均由这三种形式复合而成。（2）五重范畴系统。另有一些哲学家认为，世界基础是五种物质原素的混合体。《广林奥义》（Ⅰ.4.17）说："……如是，五重祭仪，五重牺牲，五重的人，世间一切，俱为五重。"五重，是指由五种物质的复合。《鹧鸪氏奥义》（Ⅰ.7）对五重作了具体的解释：

（一）外在（世界）五重性

1. 大地　气层　天空　四方　四维

2. 火　风　日　月　星

3. 水　草　树　空　人

（二）内在（肉体）五重性

1. 呼吸　遍气　下气　上气　中气

2. 视觉　听觉　心意　语言　触觉

3. 皮　肉　腱　骨　髓

此中（一）所列的范畴是反映物质世界的构成部分；（二）所列的范畴是说明精神世界的构成因素，尤其是视觉、听觉、心意、语言、触觉，属于纯精神现象。然而，这些精神现象是以物质原素为基础的。《鹧鸪氏奥义》这个范畴系统，共列 30 个范畴。而比这更详细的是《疑问奥义》（Ⅳ.8）提出的范畴系统，共有42 个范畴。它们是：

1. 地　水　火　风　空（五大）

2. 地微　水微　火微　风微　空微（五原子）

3. 眼　耳　鼻　舌　皮（五根）

4. 色　声　香　味　触（五唯）

5. 口　手　生殖器　肛门　足（五作根）

6. 言说　操作　性交　大便　行走（五作业）

7. 意　觉　我慢　心　炎光（五意识）

8. 所知　所觉　执我　所思　所然（五对象）

9. 气息（呼吸、命）

10. 生存（因有生命而存在）

《疑问奥义》这个范畴系统在概括物质现象和精神现象方面，更加系统而详细；尤其是对精神范畴作了较细致的阐述。后奥义书的数论哲学正是在这个系统基础上提出它的"25 冥谛"系统。值得注意的是，这两个奥义书范畴系统都是先讲反映物质的范畴，后讲反映精神的范畴；即把物质作为精神的先导或基础。当然，唯心主义哲学家从唯心主义出发，认为最初的、最基本的范畴是"梵、原人、我"。但在持唯物观点的智者看来，这些名称或概念完全是抽象的或虚拟的，离开物质基础，便不存在。

在《奥义书》中我们可以看出，多数哲学家力图站在唯心主义立场论证、确立假设的哲学命题——永恒不灭的实在是精神性的。另一方面，少数哲学家站在朴素唯物主义立场论证永恒不灭的实在不是精神性的，而是物质性的。这两种对立的观点正好说明《奥义书》中唯心主义哲学思想和朴素唯物主义哲学思想是印度传统哲学的两条基本路线。后奥义书时期的印度哲学，尽管流派纷呈，百家竞起，但总的来看，它们的演变和发展始终没有离开过这两条基本路线。因此，可以这样说，在我们的印度哲学研究中，如果能够准确地理解这两条基本路线，就几乎等于按到印度哲学发展史的跳动的脉搏——找到了揭开印度哲学奥秘及其发展规律的金钥匙。

三

印度哲学中的一个最基本的理论是"轮回说"。它既是印度宗教一个带根本性的信仰问题，同时也是印度哲学必须阐明的重要理论问题之一。正因如此，我的老师无论课内课外，一有机会便就这个问题进行讲解、评论。我的老师大都是婆罗门种姓出身的学者，虽然比保守的婆罗门开明得多，在讲解这个问题时充分利用现代心灵研究中某些例子来论证，但也无法离开唯心主义的立足点。因此，他们的讲解往往是印度宗教来世论的新的注释或复述。

　　我国学者一般也认为轮回说的"始作俑者"是佛教的祖师释迦牟尼。其实不然。轮回说早在释迦牟尼之前就已作为婆罗门教基本教条之一，普遍地为婆罗门教信徒所接受。佛教只是把它吸收过来，并加以发展，以丰富自己的宗教和哲学。作为佛教教义的不可分的部分，轮回说随着佛教一起传入中国。由于不了解轮回说的起源和发展，我国佛教徒两千年来一直误认为它是佛教的创造。

　　按婆罗门教的古老传统，轮回说的具体内容是说生物界，特别是人类的灵魂（意识）在阳寿终结时离开现在的肉体（死尸），去寻找新的肉体，即俗说"投胎"、"转生"。这里暗示，在轮回之前已有一个承受轮回的主体。这个主体是一个精神性实体或存在；它就是所谓灵魂（意识）。灵魂首先被承认为不灭的存在，存在于一切生物之中。它既可以住在现在活着的肉体之内，也可以在肉体消亡之后离去，另寻新的居室——肉体。肉体可以一个接一个地死去，灵魂（意识）却不因肉体的死亡而消失，它只是从一个旧的死去的肉体，跳到一个新的活着的肉体。灵魂就是这样轮换肉体，永无休止。佛教常说"六道轮回"、"生死流转"正是指此。

　　灵魂说可能在渊源上比轮回说更加古老。吠陀的灵魂说虽然有它的特点，但也不难看出它有着最原始的万物有灵论的痕迹，而后者是印欧雅利安游牧民族入侵印度之前，从他们的发祥地中亚细亚的民间传说中带来的。灵魂说传入印度后，在《梨俱吠陀》时期发展而为灵魂的"轮回说"。

在《梨俱吠陀》中，名词 saṃsāra，来自动词根 saṃsṛ，原意为"前进"、"流动"；"轮回"是它哲学上的转义。ātman（我），manas（意识），jīva（个我、个别的生命）和 asu（生命），这四个词基本上是同义词，在对具体对象上，用法微有区别。"我"、"意识"、"个我"多就人类而言，"生命"多就非人类的其他生物而言。然而，这四个词常常交替、混合使用，共同表示一个永存不死的精神实在——吠陀哲学家假设存在的承受轮回转生的抽象主体（意识）。随着灵魂与轮回二者密切的关系的发展，吠陀诗人和哲学家凭着特具的幻想天才，创作出许多有关的神话，使灵魂与轮回存在的假设在宗教哲学上越来越受到肯定。这些神话内容是非常生动丰富的。

（一）轮回的范围。按吠陀的宇宙构成说，宇宙划分为天、地、空（大气层）三界。三界居住着各类生物，其中有的是神性的，有的是非神性的。在神性生物中，天界有 11 个，空界有 11 个，地界也有 11 个。此外，有一些重要的抽象神（概念的人格化），还有一类有神性而无神德的魔神，他们也住在天界和空界，常与正神为敌。在非神性生物中，主要是居住在地界的人类和非人类动物。三界中每一生物都有一个不死的灵魂。灵魂在生物的现在的（神性）身形，或（非神性）肉体死亡之后，再在三界中寻觅新的躯体——在三界中轮回转生；也就是说，宇宙三界是天上人间一切众生的灵魂轮回再生的范围。

吠陀的三界说在后吠陀的宗教哲学中逐渐发展为系统的宇宙生成论。例如，在《奥义书》中三界是"人世界、祖先界、神灵界"（《广林奥义》Ⅰ.5.16）。在佛教则为"欲界、色界、无色界"，每一界住着不同等级的生物（神性的和非神性的）。佛教的三界说是最为复杂而完整的宇宙结构论。

　　（二）**鬼魂的王国**。在神性生物中，还有一个抽象神"阎摩"（Yama）。吠陀诗人写了三首歌颂他的神曲。在吠陀诗人笔下，阎摩虽然出身神族，但不是一个十足的神，而是一个具有神性的存在。他既是人类最先出生的第一人，同时也是人类最先死去的第一人。他死后升天，在遥远天边的一角建立起自己的王国。他一边尽情享受天上妙乐，一边又专门接收人间亡灵为臣民，故有"人的收集者"之称。阎摩王的臣民中有早死的祖灵，有新死的亡灵；他给予这些新旧鬼魂的是安慰和欢乐，而不是迫害和痛苦。阎摩王国不是地狱，而是一个特殊的天国，是吠陀哲学家专为地界死人的鬼魂安排的最好的归宿。

　　（三）**亡灵的向导**。阎摩王有一位密友和合作者火神阿耆尼。阿耆尼是地界主神之一，是火的人格化。他的一个主要职能是"运送祭品"。他从人间的隆重祭典中取出供物，运送或分发给天上地下众神。与此同时，他又请众神降临祭典，享受祭品。当然他自己也在被邀请之列。他就是如此很有特色的信使，被神和人任命为"祭品输送员"。正因如此，阿耆尼比其他的神更接近人类生活。他是人类家宅的常客，是驻足凡间的非凡圣者，因而独一无二地被称作"家主"之神，与人类最亲近的神。他是他的虔诚的信众的施恩者、保护者和拯救者。他慷慨地赐给他们种种恩典，其中最先的祝福是：家庭幸福、人丁兴旺、财富充裕。他的皈依者最经常地把他称作他们的父亲、兄弟或儿子。

　　阿耆尼的另一个重要职能是"焚尸送灵"。阿耆尼是鬼魂王国的统治者阎摩的合作者，他们之间的合作是在设法吸引人间的亡灵前来阎摩王国定居，使后者的"鬼民"不断增加。因此，阿耆尼的任务是：先在人间把死尸焚烧，然后把死者的灵魂引出，并运送到阎摩王国。另一方面，人类知道阿耆尼是阎摩王的合作者，专门从人间给阎摩王国输送鬼魂；同时也很清楚，阎摩王国是鬼魂的乐园，而不是什么黑暗的深渊。因此，凡人死后，他的亲属十分愿意邀请阿耆尼为亡灵的向导，恳求他在施火烧尸的同时，把死者的灵魂指引或运送到阎摩王国。

（四）**轮回与业行**。轮回是就果报而言，业行是就引起轮回的原因而言。人死之后，死者的灵魂升天享乐，还是到别的什么受苦的地方，是由死者生前的业行（所作所为）决定的。死者的亲属恳求火神阿耆尼指引死者的灵魂往生阎摩王国，那是"一厢情愿"。愿望能否实现还要看死者生前的业行和后者打在死者灵魂上的烙印的好坏深浅程度而定。梵语 Karman，意即"业"、"业行"、"行动"、"作业"。业，又分为"善业"和"不善业"。善业，在吠陀时期，主要是指按吠陀法规举行一切祭神祭祖的仪式，以及给婆罗门僧侣施物献食等行动。反之，则为"不善业"（akarman）。"善德"（iṣṭapurta）是善业的同义词，但强调"（为来世）积聚祭祀的善业"或"贮存将来上天享乐的功能"。地界人类虔诚地祈愿死后灵魂升天，成为天国公民。一旦成为天国公民，便被赋予不死的神性，永远与神同在。然而，死后灵魂升天，是有条件的——死者生前必须积聚足够的善业。否则，无法实现灵魂升天的愿望。而且，如果生前作了"不善业"，死后灵魂不但不能升天，反会随入"尼尔里地"去受罪。"尼尔里地"是个什么可怕的地方？在那里有罪的亡灵受到什么样的惩罚？惩罚者是谁？他又如何执行惩罚？这些，吠陀哲学家尚未构想出来。但在他们的心目中，那肯定是一个充满怖畏的牢笼，是拘禁生前没有积德的亡灵的场所。"尼尔里地"（nirrti）即为"无底洞"、"地下深渊"的意思。地下深渊是黑暗可怕的，是生前没有积德，或有罪的亡灵的去处。但黑暗的地下深渊还不是地狱，而只是地狱概念的雏形。因为无底地洞究竟是什么地方？它的主人是谁？那里有什么惩办有罪鬼魂的法律和刑具？等等——比较完整的地狱构想是在吠陀后才出现的。尽管如此，吠陀哲学家是在这里建立一个客观唯心主义的重要哲学理论——因果报应说。因，就是"善业"和"不善业"；果，就是死后灵魂往生天上的光明世界（善果）或坠入黑暗的地下深渊（恶果）。善业之因将获善果的报应，不善业之因将得恶果的报应。这可以说是其后"善有善报、恶有恶报"的俗说的来源。吠陀哲学家这套因果报应说，无疑是其后印度宗教哲学所提倡的"三世因果论"的基础。

　　吠陀的因果报应说在当时还有重要的社会和伦理的意义。《梨俱吠陀》的早期（约公元前2000—1500年）是印度原始公社社会向奴隶制社会过渡的时期，社会只有分工，而无职业，更没有种姓。社会上一般有四种事务，即：祭祀巫术、军事行政、工农商贾、其他笨重的体力劳动。四种事物由四部分人自由地去做（《梨俱吠陀》Ⅰ.113.5—6）。事务还不是职业，四部分人还未分成种姓（阶级），彼此还可以自由变换工种，自由进行社交活动。到了《梨俱吠陀》后期（约公元前1000年以后），社会分工越来越确定，四种事务变成为四种不同的职业，从事这四种事务的人变成四种不同种姓。即：婆罗门种姓、刹帝利种姓、吠舍种姓、首陀罗种姓。此后，四种职业的范围越来越固定，四个种姓的界限越来越森严。就是说，四个不同的种姓分别从事四种不同的职业，彼此不能自由调换工种，不能有越出各自种姓范围的社交活动。这样，一个半奴隶—全封建的"种姓制"从此形成。随着种姓的形成，社会出现了阶级和阶级矛盾。就在这个历史关头，吠陀哲学家抛出所谓的因果报应说。目的显然在于为种姓制提供伦理准则，在于缓和四种姓之间的阶级矛盾，从而维护以婆罗门为最高种姓的阶级利益。他们散布这样愚弄群众的谬说：四种姓中的前三种姓是高种姓，第四也是最后的种姓是低种姓。低种姓必须为高种姓服务，否则，就是犯罪（作不善业），死后灵魂必然获得堕入地下深渊的报应。前三种姓中，婆罗门是最高种姓或第一种姓，在它之下的第二种姓刹帝利和第三种姓吠舍必须为婆罗门第一种姓服务。否则，死后灵魂也必然获得堕入地下深渊的恶报。

（五）真正的归宿。 灵魂不死、轮回转生、因果报应、天国地穴，这些纯属虚构的说法，有一部分吠陀哲学家似乎并不十分相信。他们对死亡现象提出另外一些接近实际的猜测：肉体实际上是一个物质复合体，由地水火风空五大原素构成；死亡分解或焚烧后，还归于五大原素。体内的温暖性物质"暖气"——火，复归于太阳；体内的气体物质"风"复归于"风神"或"虚空"；体内的坚性物质"骨架"复归于"地界"；体内的润湿性物质"血液"复归于"水域"。《梨俱吠陀》十卷，共有1028首神曲，内容几乎全是对自然现象的猜测，对神鬼角色的塑造，对宇宙生成的神话的创作，以及对原始公社和奴隶制社会形态的描述；但很少涉及人类及其他生物的意识起源问题。然而，在完成对宇宙起源的猜测之后，吠陀哲学家不得不用若干篇幅来探讨一下生物界的意识，特别是人类的意识起源问题。他们提出两种看法。一种看法认为，意识不是自在天（创造主）所创造，也不是由物质原素所构成；它完全独立于物质，而且先于物质构成的肉体；它是肉体构成后进入肉体的。例如，住顶仙人在他的《有转神颂》（《梨俱吠陀》X.129）阐述意识由外入内的理论。和住顶仙人的看法相反，长闇仙人提出另一种看法："地生气血，我在何方？谁寻智者，问此道理？"（《梨俱吠陀》I.164.4）。此中地、气、血指构成肉体的成分。"我"是意识（灵魂）。意识因肉体的存在而存在。肉体离开它的组成部分——地、气、血，则不存在；肉体不存在，意识也同时消失。故意识因肉体的消亡而消亡，根本不存在常存不死的意识（我）。这也可以说，长阇仙人从一种朦胧的唯物主义立场对意识产生于精神还是产生于物质这个哲学根本问题作了回答：意识产生于物质，不是产生于精神。这一思想在《百道梵书》又作了发挥，可能为后来唯物主义学派顺世论所继承和发展。

从上述对轮回说起源的探讨，不难得出初步的结论：印度的灵魂说可能比轮回说更古老，甚至有可能是外来的。但轮回说无疑是吠陀哲学家的创造，是吠陀哲学家对死亡现象观察、探讨的结果。这个结果有正反两个方面——肯定的结论和否定的结论。持肯定结论者承认灵魂存在、灵魂不灭，承认灵魂在肉体死后往升天国或堕入地下深渊的轮回神话。持否定结论者否认灵魂的存在和灵魂的不灭，否认灵魂在肉体死后轮回于天上或地下的神话：但他们承认肉体与灵魂原由五大原素——地、水、火、风、空合成，死后还归于五大原素。这个观点包含着朴素唯物主义因素，有一定的积极意义。

四

在我的老师中，有一位吠陀学专家。他对《梨俱吠陀》有独到的见解。记得一次他在给我讲吠陀哲学诗时说：研究印度哲学，不读《梨俱吠陀》，等于饮水不知水源，对于印度哲学中许多基本理论问题和印度古今各种哲学流派的产生和发展，你只能知其然，而不知其所以然。但在读《梨俱吠陀》时，既要从神学、哲学和社会学角度来探讨，也要从美学角度来考察。例如，"幻"这个概念，在《梨俱吠陀》中既是一个重要的哲学范畴，同时也是一个重要的美学范畴。人们一般只重视前者而忽视后者。其实，"幻"这个范畴具有极其丰富而奥妙的内涵。对它下功夫探讨，肯定会有意料不到的收获——有助于开拓新的研究领域和发现新的学术见解。

老师这番话语重心长，给我提供了对吠陀研究的新的方法。当我在中国社会科学院哲学研究所开展印度哲学研究时，便把吠陀研究纳入正式研究规划之内。我首先选择了《梨俱吠陀》的哲学神曲，然后从美学角度对它的幻论作了尝试性的初步探讨。

恩格斯说："一切宗教都不过是支配着人们日常生活的外部力量在人们头脑中的幻想的反映，在这种反映中，人间的力量采取了超人间的力量的形式。在历史的初期，首先是自然力量获得了这样的反映，而在进一步的发展中，在不同的民族那里又经历了极为不同和极为复杂的人格化。根据比较神话学，这一最初的过程，至少就印欧民族来看，可以一直追溯到它的起源——印度的吠陀经，……"① 当我读《梨俱吠陀》这部世界最古老的诗歌总集时，便立刻获得印证，证实了恩格斯这则论述是完全正确的。《梨俱吠陀》的神曲（赞美诗）不仅是印度宗教哲学的起源，同时也是印度美学思想的源泉。黑格尔在他的《美学》中曾详细论述了"幻"的美学意义，认为"幻"本身既是一种美的艺术，同时也是产生艺术效果的手段。② 黑格尔似乎自以为他是提出"幻"的美学理论的第一人。殊不知早在他出生前数千年，吠陀诗人和哲学家就已在他们创作的神曲中表述了类似的幻论。吠陀诗人首先对自然力量的屈服和沉思，从而幻想出一个在自然力量背后的超自然的神体（实在或实体）。神体是无形无

---

① 《马克思恩格斯选集》第 3 卷，人民出版社 1972 年版，第 354 页。

恩格斯说的印度吠陀经是指四种吠陀：《梨俱吠陀》、《娑摩吠陀》、《夜柔吠陀》和《阿闼婆吠陀》。第一种最古，后三种晚出，是第一种内容的复述和解释。

② 黑格尔：《美学》第一卷，朱光潜译，商务印书馆 1979 年版，第 5 页。

相、无边无限、包摄一切、周遍一切。它既是宇宙万有的本原，又同时表现在宇宙万有之中——它创造了自然界，在自然界中显示自己，但又超越自然界。它之所以能够如此变现、超越自然现象，是因为它自身有一种与生俱来的、被吠陀诗人命名为"摩耶"的神奇法术。"摩耶"是梵语 māyā 的音译，意译为"术"或"幻"；合译即"幻术"。无形无相的神体以自身的幻术，变现出种种与内在自身相应的外在形象（代表神体的符号或密语）。这时，吠陀诗人在头脑里对这些形象开始作艺术的加工，使这些形象人格化为具体的神，赋予这些神的形象以不同的个性的崇高特征和同一的共性的崇高特征。

吠陀哲学家所表述的"幻"的原理具有二重内涵或两重模式，即，幻的肯定模式和否定模式。有的吠陀诗人采用第一重的肯定模式来创作，有的则完整地使用二重模式来创作。

在他们的创作中神体既遍于现象，但同时又不是现象界，它自身天然地具有幻的肯定和否定的二重性。单纯通过幻的肯定模式来对与神体有不可分的内在关系的外在形象进行崇高象征形式的艺术加工，还不能把神体"从一切不适合于表现它而在它里面要消失的个别特殊现象中净化出来"；也就是说，还不能在所塑造的崇高艺术形象中把神体如实地、圆满地表现出来，因为神体的超越特征没有得到应有的表述。吠陀哲学家如甘婆子仙人似乎已看到这一点，特提出"二幻论"。第一个幻的作用：周遍地展示神体于自己所创造的现象界。第二个幻的作用：彻底地回收现象界于神体自身。前者正是幻的肯定关系，后者正是幻的否定关系。只有同时在这两者关系中对反映内在无形的神体的外在具体的幻相进行艺术加工，才能使它真正成为一个最完善地和最充分地体现神体的崇高和庄严的艺术形象。而这才是"幻"的完善的艺术手段和崇高的艺术目的。我们在甘婆子仙人写的《婆楼那神颂》中看到表述这一美学原理的典型例子：

> 祈祷圣主，婆楼那天；
>
> 礼赞风神，智慧超群；①
>
> 善护人心，如牧羊群。
>
> 其余怨敌，愿俱消灭。
>
> 彼以摩耶，揭示宇宙，②
>
> 既摄黑夜，又施黎明；
>
> 顺随彼意，三时行祭。③
>
> 其余怨敌，愿俱寂灭。

这支神曲原有 10 个颂，这里选译其中 2 个颂。作者甘婆子仙人在此曲中提出两个"摩耶"或"二幻"原理。第一幻（摩耶）的作用是：从无形的神体外化为一个与神体有不可分离关系的化身——婆楼那神的外在形象，同时赋予后者以种种奇妙的特性："智慧超群"、"揭示宇宙"以及"庄严光辉"、"无所不在"等等，把婆楼那塑造成具有无比庄严崇高的艺术形象，令见者、闻者悠然产生崇敬和赞叹。婆楼那"现身宇宙"、"无所不在"，实质上是把共同的神体（普遍概念）渗透在千差万别的特殊现象以及它们的总体之中。这是吠陀宗教泛神论，以及其后泛神论艺术的理论根据。第二个幻（摩耶）的作用是：会幻归原，即回收幻现的现象界于神体。"彼之神足，闪烁异彩，驱散摩耶，直上穹苍。"在吠陀诗人看来，无形的神体自身外化的种种感性形象（甚至包括神体的直接化身的婆楼那）经过虔诚的艺术加工，

---

① 风神，常用复数，是一类次要的神群。他们原属因陀罗的侍从，诗人在此又把他们当作婆楼那的卫兵。

② 摩耶，即幻。这是本曲表述的第一个幻的作用：创造宇宙。这也是幻的肯定模式。

③ 三时，指一天早、午、晚三段时间。

具有崇高的庄严美。然而，它们毕竟属于经验世界范畴，它们的美是变动的、暂存的，因而不是究竟的美或永恒的美。为了进到美的常存不朽的圣殿，还需要在纯粹的精神上进行更高深的艺术提炼，把神体自身外现的外在化身回收于内在的神体，把经验世界的感性美升华为超验世界的理性美或神性美。显然，在这两个幻（摩耶）中，前一个幻意指幻相（从神幻现的现象界），后一个幻意指幻体（能从自身变现幻相的神体）。幻相是相对的、暂存的、个别的；幻体是绝对的、永恒的、普遍的。这二者既是同一，又是差别；既非同一，又非差别。因为幻相源出于幻体，在事物发展过程中又复归于幻体，从而完成了从低级的物质美到高级的精神美，从美的相对性和暂存性到美的绝对性和永恒性的美的历程。神体自身，无形无相，自在自为，既遍一切，又超一切。这样的纯精神性的奥妙境界，只有来自心灵内核的超验智慧才有可能领悟到和感受到。这个"幻的归原"的观点为吠陀后的绝对唯心主义在印度哲学中的发展奠定了理论的始基。

　　从逻辑角度看，"二幻"原理也可用"肯定—否定"模式，或"否定—否定"模式来表述。（一）肯定—否定。神体自身，绝对唯一，无有形相，但渗透在它自身外化的现象界，以及在现象界的总体之中。也就是说，用神体自身外现的外在形式来表现神体的内在自相，肯定"彼遍宇宙，无所不在"。这是第一幻的肯定内涵。然而，神体在周遍于它自身外化的感性现象的同时，又超越所有现象，并从它们里面净化出来。换句话说，就绝对抽象的实体而言，它对任何个别具体的东西都是否定的，必然把它对特殊事物的肯定关系转化为否定关系："驱散摩耶，直上穹苍"。这是第二个幻的否定内涵。（二）否定—否定。神体（普遍性）周遍于它自身外化出来的客观现象（差异性），从而自己否定自己。这是第一个幻的否定意义。由于神体自身绝对同一

（同一性），从它自身外化出来的杂多现象（差别性）在不断变化和发展过程中，逐步被扬弃，被神体所否定，最终还原于神体，构成一个完美的统一体。这是第二个幻的否定意义，亦即所谓否定之否定。"二幻"原理还蕴含着对立统一的辩证关系。第一个幻表示"有"（存在），第二个幻表示"无"（非存在）。在事物变化过程中，"有"必将复归于"无"——"有—无"的统一。在这个统一体中，既不存在"有"，亦不存在"无"，即所谓"无即非有，有亦非有"，将"有"与"无"双双扬弃，取得"二无迹象"的绝对统一。总之，在逻辑模式中，"二幻"原理所蕴含的"由一而多，会多归一"的哲学—美学奥义可以被揭示得更加清楚。

我们上面说"二幻"原理中的第一个幻是吠陀泛神主义艺术的美学理论的起点。但这并不意味着吠陀泛神主义艺术所创造的神鬼形象中没有它的生活原型。《梨俱吠陀》神话中的众多神鬼形象大致可以分为两类，即，抽象的和具体的。抽象的神鬼形象，是说它们没有生活原型，但在纯幻想中，通过幻的艺术加工、渲染而形成。具体的神鬼形象，特别是那些自然神格，完全是以自然现象为素材，由诗人以幻的艺术手段刻画而构成。具体的自然神格是自然现象与当时的人类生活之间的关系经过泛神主义艺术的加工而表现出的特殊形式，这是没有疑义的。就是在虚构的抽象神格中，也有个别是当时的社会现实和历史进程在神话艺术上的反映。最典型的可能就是"因陀罗"和"原人"。因陀罗有双重神格。作为具体的自然神格，他是雷电神，居于大气层。作为虚构的抽象神格，他又是一个天界中的英雄，吠陀诗人对他的威武无比的形象的描绘虽然极尽渲染之能事，但同时也透露出这样的信息：因陀罗事实上是人间的一位骁勇善战的战士，一位征服印度土著民族的部落首领。"因陀罗（Indra）"原意为"征服者"。据现在的学者考证，Indra 在远古是一个军衔，或者说，是一个军官的职称，相当于印度今天的 Senāpati（将军）。公元前 2000 年，雅利安族的首领就叫做"因陀罗"，他率领雅利安人从西北入侵印度，征服了印度原始的土著居民。因陀罗在征服异族和在同族斗争中建立了显赫的战功，后来便变成了雅利安族诗人和歌者的重要创作题材，写出了 250 支神曲，纵情歌颂因陀罗的丰功伟绩，甚至浪漫主义地运用"二幻"美学原理把他神化为天上人间的无与匹敌的战神和天帝。可见因陀罗首先是一个凡人，是一个历史上的英雄人物，其次才是一个神，而前者是他的本来面目，后者是他在诗人笔下的艺术形象。

又如"原人"和"婆楼那"一样，原人也是神体的直接化身之一，但比婆楼那更加抽象，更加哲学化。吠陀哲学家坚固仙人写作了一支著名的神曲《原人歌》。此曲是《梨俱吠陀》哲学神曲中最重要的神曲。它的重要意义在于它提出了"原人哲学"（原人既是宇宙本体，又是人类内在本性，人类本性和宇宙本体同一同源。原人作"梵我"概念的前身，最后过渡到成为吠陀后的梵书和奥义书的理论基础）。同时，还在于它揭开了印度种姓制历史的首页，即它在印度社会发展史上首先记录了四个种姓的具体名字——婆罗门、刹帝利、吠舍、首陀罗，反映了古代印度社会从原始公社进入半奴隶制—半封建制的种姓制这个历史阶段。这支神曲共有 16 个颂。这里选译其中的 4 颂，用以说明即使是吠陀泛神主义的艺术——幻的美学，也难以完全割断与现实和历史的关系。

> 原人之神，微妙现身，
> 千头千眼，又具千足；
> 包摄大地，上下四维；

巍然站立，十指以外。①

唯此原人，是诸一切；
既属过去，亦为未来；
唯此原人，不死之主，②
享受牺牲，升华物外。

原人之身，若被支解，
试请考虑，共有几分？
何是彼口？何是彼臂？
何是彼腿？何是彼足？

原人之口，是婆罗门；
彼之双臂，是刹帝利；
彼之双腿，产生吠舍；
彼之双足，出首陀罗。③

---

① "十指"即人的双手的十个指头，意谓人们使用双手所作业行。业行是因，有因必有果，从而构成因果关系。众生是受因果关系制约的。原人包摄一切，超越一切，既不受宇宙的客观规律支配，也不受人类的因果关系约束。所谓"十指以外"意即指此。又"此外"可作二释：一是原人处于因果关系之内，但不受因果的约束；一是原人完全摆脱因果关系的制约，站在因果范畴之外。前者为主观唯心主义，后者为客观唯心主义。

② "唯此原人，不死之主"意谓原人既然不受因果关系支配，自然摆脱生死的桎梏。原人本体绝对是不可规定的，或者说，是无规定性的。但在表述它时，就不得不对它作出规定。"不死"便是对原人的规定。这一规定也可用四句话来表述：一、不生；二、不死；三、不生不死；四、不死不生。但不管使用哪一规定，都是就原人本体而言。

③ 此颂是关于印度四种姓形式的第一次记录，即历史上四种姓的名称——婆罗门、刹帝利、吠舍、首陀罗，第一次见于此颂。因此，此颂被看作是印度种姓制起源的最早的权威资料和记载。

其次，吠陀诗人也在二幻的美学原理基础上对具体的自然现象进行泛神主义的艺术加工。手法极其精巧细腻，犹如神匠陀娑（印度的鲁班），把每个自然现象人格化后的形象刻画得栩栩如生，活灵活现，既具不同的神韵，又有共同的特征，达到了高度的庄严美和崇高美。此外，吠陀诗人还以朴素的现实主义创作方法创作了一部分以现实生活为题材的诗歌，着重反映吠陀时期的人民生活的各个侧面，包括政治斗争、战斗场面、社会制度、伦理规范、风俗习惯、思想感情等等。《梨俱吠陀》中这类现实主义的抒情诗，写得情真意切，优美动人，堪称文学瑰宝、美学珍品。作为欣赏的例子，特选译两首如下：

1. 自然神格：《黎明女神》

辉煌是此光，永恒在东方，
脱离于黑暗，纯洁现本相。
乌莎天之女，退远放明光，
愿为黎民利，开路示航向。

美丽司晨女，屹立于东方，
犹如众祭杆，直竖祭坛场；
冲开黑阊阖，两扇障碍门，
霞光从中发，净化尤晶亮。

仙子最慷慨，今日放异彩，
教导乐善者，施舍物与财。
黑色波尼怪，昏睡在梦乡，
堕入暗渊中，永不觉天亮。

乌莎圣天女，汝今所行通，①
是旧还是新，慷慨赏四神；
那伐加瓦仙，骛吉罗斯子，
陀婆伽伐仙，萨波多斯耶？

洁净光仙子，按时套骐骥，
遨游诸世界，一日行程中。
沉睡众生界，二足及四足；②
唤醒此物类，起来作活动。

请问于何处，因何古仙姬，
诸天将重任，委托利普神？③
乌莎洒银光，慢步银色路，
无异无衰老，同一难分辨。④

2. 人类情感：《赌徒忏悔》

高树悬树果，摘来作骰子，
蹦跳骰盘上，使我心欢喜。
如饮雪山产，苏摩树汁味；⑤
雀跃诸骰子，逗我去尝试。

---

① "乌莎 Usa" 意为 "黎明"，即黎明女神。
② "二足" 指人类，"四足" 指其他动物。
③ "利普 Rbhu" 即因陀罗、火神和诸阳神。
④ 《梨俱吠陀》第 4 卷第 51 曲。
⑤ "雪山" 即喜马拉雅山。

不同我争吵，不惹我生气，
贤慧称我妻，亲友同欢喜。
只缘掷骰时，未获决胜子，
终使我抛弃，忠贞好妻子。

岳母痛恨我，爱妻驱逐我，
即使我求援，同情者渺茫。
犹如一老马，亦如旧衣裳，
赌徒之乐趣，我无缘欣赏。

强烈嗜赌瘾，夺去其财物，
甚至己妻室，旁人来拥抱；
父母与兄弟，俱言不相识；
此乃一赌棍，将之捉拿去。

赌徒进赌场，浑身血冲上，
暗中问自己，我会赢一场？
嗜赌者骰子，增大彼欲望；
为击败对手，争取胜利子。

赌徒之妻子，折磨遭遗弃；
慈母在悲伤，何处子游戏？
负债者恐惧，渴望得钱财；
算计人家宅，蹑足夜中来。

赌徒见妻子，痛苦在熬煎；
又见他人妻，懿德守贞节。

> 彼从清晨起，套好棕色马，
> 游荡到夜深，跪祷火神边。

> 不要玩骰子，要去种农田；
> 致富始生乐，尤多受尊敬。
> 于此得母牛，于此娶娇妾，
> 仁慈太阳神，教我行斯事。①

　　总结以上的论述，在《梨俱吠陀》神曲中可以探寻到它们所体现的美学原理：二"摩耶"论，或者说，"二幻"原理。"二幻"既是哲学范畴，也是美学范畴。就前者而言，"二幻"是观察世界和解释世界的手段；就后者而言，"二幻"是描写世界和装点世界的手段。吠陀诗人正是采用"二幻"美学原理作为艺术手段来描写、装点世界，把整个宇宙展现得像一幅辉煌壮丽、异彩纷呈、出神入化、变幻离奇的万象森罗，无所不包的无比恢弘巨大的画卷——《梨俱吠陀》这部最古老的诗歌总集，它的形式不免过于质朴自然，它的大部分内容不免过于妄诞无稽。尽管如此，它们都是吠陀诗人对自然和社会直接观察和接触后在心灵深处进行混合艺术加工的结果。所谓混合艺术即一种体现泛神主义、浪漫主义和现实主义的综合同一的艺术手法。因此，《梨俱吠陀》所展示的画面已不是自然美，而是胜过自然美的艺术美、再生美。

　　《梨俱吠陀》的"二幻"美学原理对吠陀后的诗歌创作，特别是对于长篇的史诗，起着持久的指导作用。《罗摩衍那》和《摩诃婆罗多》两大史诗便是典型的例子。在这两部不朽的巨著中，"二幻"的美学原理的影响是显而易见的。

---

　　① 《梨俱吠陀》第 10 卷第 34 曲。

俗语说："师傅领进门，修行在个人。"的确，我的老师们引导我踏进印度哲学的门槛。入门后，我并没有止步，而是继续前进，坚持探索；尤其是在学习马克思主义哲学后，辩证唯物主义和历史唯物主义帮助我改善我的研究方法，使我能够对印度哲学发展史和印度哲学中一些关键性问题作出科学而全面的考察，并获得满意的结论。我承认，我现在有不少关于印度哲学的看法是和我初时从老师那里接受过来的有根本的区别。然而，饮水思源，我在印度哲学研究中得到的点滴成就是和老师们的启蒙教导分不开的。因此，我愿将这篇回忆文字奉献给他们，以表弟子感恩之意。

（原载《哲人忆往》，中国青年出版社 1999 年版）

印度近现代主流哲学

引　言

印度文化源远流长，有近4000年的历史。它的哲学史也同样悠久。从公元前1000—前500年间，奥义书哲学产生之后，各个时期的哲学基本上是继承和发展奥义书的哲学原理，虽然因不同时期的历史条件而有不同的特点和形式。

印度哲学具有"从古至今绵延不断"的特殊传统。因此，它在近现代中没有产生出完全独立于印度古代哲学的、具有鲜明近现代思想标志的哲学流派。印度近现代哲学家只是在新的历史条件下继承和发展印度古代哲学的某些理论和观点，并对它们作出新的解释，这些新的解释形成了几种在近现代印度意识形态领域中起着重要作用的哲学思潮——印度近现代主流哲学思潮。它们是：吠檀多主义、新吠檀多主义和实践人道主义。本文即以它们为题，分三篇来叙述。

第一篇　吠檀多主义

一　早期吠檀多

"吠檀多"是梵语 Vedānta 的音译，意思是"吠陀的末分"。吠陀（Veda）泛指印度上古的"吠陀文献"，它主要包括（1）四吠陀：《梨俱吠陀》、《娑摩吠陀》、《夜柔吠陀》和《阿闼婆吠陀》（意译为《歌咏明论》、《赞颂明论》《祭祀明论》和《禳灾明论》）；（2）梵书；（3）森林书；（4）奥义书。后三种实际上是解释四吠陀，特别是《梨俱吠陀》的著作。奥义书是吠陀文献中殿后的一种，故称为"吠陀的末分"。"吠檀多"一词最早见于两种奥义书——《秃顶奥义》（Ⅲ.2.6）和《白骡奥义》（Ⅵ.22）。按照这两种奥义书的解释，吠檀多是"知识"，是"密义"；换句话说，它是一种比较朴素的思辨哲学。因此，吠檀多有两层意义。在文献形式上，它是吠陀文献的结束部分；在文献的内容上，它是吠陀哲学的总结。这就决定了所有比较古老的奥义书都和四种吠陀有直接的关系。现存 108 种奥义书中，只有 13 种（或 14 种）是比较原始的和比较可信的。它们是：（属于《梨俱吠陀》的）《他氏奥义》和《㤭尸氏奥义》；（属于《娑摩吠陀》的）《歌者奥义》和《由谁奥义》；（属于《黑夜柔吠陀》的）《鹧鸪氏奥义》、《大那罗延奥义》、《石氏奥义》、《白骡奥义》和《慈氏奥义》；（属于《白夜柔吠陀》的）《广林奥义》和《自在奥义》；（属于《阿闼婆吠陀》的）《秃顶奥义》、《疑问奥义》和《蛙氏奥义》。这 14 种奥义书是古今吠檀多哲学所依据的主要经典。

奥义书实际上是一种哲学类书或哲学对话录。奥义书中提到的哲学家有百余人，奥义书就是他们的关于"梵—我"理论的言论集。奥义书成书时期约在公元前 1000—前 500 年之间。在这一时期印度社会的阶级结构 "种姓制" 趋于定型。在吠陀时期（约公元前 1500 年），印度社会有四种不同的分工，即，祭祀祈祷，军事行政，工农贸易以及其他体力劳动。随着社会的发展，四种分工逐渐变成四种固定的职业；从事这四种职业的人变成四个种姓。它们是：婆罗门种姓、刹帝利种姓、吠舍种姓和首陀罗种姓。《梨俱吠陀》（Ⅹ.90.10）有一则关于梵天创造四种姓的神话：婆罗门生于梵之口，刹帝利生于梵之臂，吠舍生于梵之腿，首陀罗生于梵之足。因此，四种姓中前三种姓是高种姓，后一种姓是低种姓。又前三种姓中婆罗门最高贵，其次是刹帝利和吠舍。奥义书哲学家在相信这则神话的同时，把假设的梵天拔高到哲学抽象的高度，从而构筑了一套关于 "梵" 的哲学——二梵说、二我说、二智说。

　　二梵说。"梵" 是奥义书哲学家设想的和力图建立的一个绝对的精神实在。这个精神实在在奥义书中有三名称——原人、梵、我。"……不死原人，于此大地，永放光辉；不死原人，内我为体，永放光辉；他正是我，此是不死，此即是梵，此即一切。"[①] 这说明，原人、梵、我三者是名异体一的 "一梵"。奥义书哲学家从 "一梵" 发展了 "二梵"，并以后者对前者的根本特征进行全面的阐述。二梵是指 "无形之梵" 和 "有形之梵"。

　　无形之梵在奥义书中被描述为 "真理中之真理"，它是 "非如此，非如此"。[②] 此中两个 "非" 字是一个双重的否定模式，类似 "否定之否定"。第一个 "非如此" 是对梵的一切规定的否定；第二个 "非如此" 是把前一个 "非如此" 也都否定。因此，

---

①　《广林奥义》Ⅱ.5.1。
②　《广林奥义》Ⅱ.3.0。

"……我非如此，非如此；不可把握，故不被把握；不可摧毁，故不被摧毁；不可束缚，故不受束缚；无痛苦，无损伤。"① 意即甚至"否定"的语言也不足以讲清楚真理中的真理。用现代语言表述，可说就是梵的绝对的一面，或绝对之梵。

有形之梵是说梵在另一方面具有不可思议的奇妙特征。这恰恰和无形之梵形成对照。无形之梵无规定性，不可描述；有形之梵有规定性，可以描述。前者的基本模式是"我非如此，非如此"；后者的基本模式是"那是真理，那就是我，那就是你"。②有形之梵是客观世界和主观世界的基础。梵与我虽然同一本体，但二者似有不同的分工；讲梵时，是强调它作为客观世界本原的作用；讲我时，是强调它作为主观世界本原的作用。我是梵的意识、语言、生命……，故我能够充当主观世界的本原："……婆罗门、刹帝利、众世间、众天神、众生灵，是诸一切，皆是此我。"③ 用现代语言去解说，这可说就是梵的相对的一面，或相对之梵。

二我说。奥义书哲学家根据我是梵的意识的部分，又提出二我说。二我谓"主我"和"众我"，前者是宏观的大我，后者是微观的小我。小我是多，是形式；大我是一，是本质。故大我是"王"，统摄众多的小我。二我是同一我的两个方面，故又称为"内我"和"外我"；前者是肉体内的"生命"或"命我"（灵魂、意识），后者是肉体外的"遍我"或"胜我"。我在客观上表现为遍我时，则与梵同一；在主观上表现为命我时，则是肉体内的"意识"或"个我"（灵魂）。二我的关系喻如二鸟的关

---

① 《广林奥义》Ⅲ.9.26。
② 《歌者奥义》Ⅵ.8.7。
③ 《广林奥义》Ⅱ.4.6。

系。二鸟同栖一树，一鸟在吃树上的香果，一鸟旁观不吃。二我同住"一我之树，一我（命我、灵魂）承受善恶果报，轮回转生；一我（遍我、胜我）寂然不动，常存自在"。①

二智说。二智谓俗智和真智；或者说，正确的经验知识和正确的超验知识。上述二我虽有区别，但在性质上同属不灭的本体。内我是此岸的经验意识，外我是彼岸的超验精神。内我是可知的，但外我也不是绝对不可知的；在奥义书哲学家看来，此岸和彼岸之间并不存在一条绝对不可逾越的鸿沟。然而，要从此岸到彼岸还须靠二智才能达到。二智是通过外持苦行、内修瑜伽而获得的。在获得二智后，便能自由地离开肉体（即使肉体尚未死亡），和外我统一起来，从而使内我摆脱过去和现在的业力（行动后留在心灵上的潜隐的影响）的约束。这便是奥义书哲学家首先创立的比较系统的关于"我"（灵魂）从轮回到解脱的理论。

上述理论是在奥义书中压倒一切的哲学观点。虽然如此，仍有部分奥义书哲学家持与此对立的见解。这部分哲学家直接继承了吠陀的物质原素说，并加以发展。他们首先肯定吠陀哲学家以"水"为宇宙本原的说法。"太初之时，此界唯水，水生实在，实在即梵；梵出生主，生主育诸神。"② 梵—我是奥义书哲学中的最高范畴。在这部分奥义书哲学家看来，这两个最高精神范畴的物质基础是水。所以他们说，"水是梵的世界，也是我的世界。"③ 换言之，水既是物质世界的基础，同时也是精神世界的基础。另有一些奥义书哲学家，或以火，或以地，或以气，或以

① 《秃顶奥义》Ⅲ.1.1—2。
② 《广林奥义》Ⅴ.5.1。
③ 《侨尸氏奥义》Ⅰ.7。

几种原素的复合作为世界的本原。此外，还有一个颇具神秘主义的说法，即"金卵说"。持此说的奥义书哲学家推测世界最初的本原是一个物质性的"金卵"。他们说：

> 太初之际，此界为无，
> 其后为有，有复发展，
> 化为一卵，孵育一年，
> 卵壳裂开，分成两片：
> 一片为银，一片为金。
> 银者作地，金者作天；
> 表为群山，里为云雾；
> 脉为河流，液为洋海。①

所谓金卵无疑是一个纯假设的对象，但它所含的物质的意义是值得注意的。

　　还有一场关于"谁是不灭者"的论争。这场论争萌发于早期的《广林奥义》（Ⅲ.3.8.）：以耶若婆伽仙人为首的哲学家认为，宇宙的"不灭者"是梵。另一方面，有人反对此说，认为"不灭者"不是梵，而是某种物质。到了末期的《白骡奥义》，这场争论仍在某种若隐若现的状态下继续着。"可灭者是原初质料（Pradhāna），不可灭者和不死者是柯罗之神"，这是《白骡奥义》的作者对他的对立面的答复，并透露了这样的信息：即使到了奥义书后期，仍然有人主张具体的物质，而不是幻妄的神灵，为不灭者和不死者。

　　总之，奥义书是印度古代哲学的思想源泉。奥义书所阐述的一整套哲学原理，即：梵我同源，主客同一，梵是精神世界和物质世界的本原，与胜我同体的命我（灵魂）受善恶业行的支配，

---

① 《歌者奥义》Ⅲ.19.1—2。

轮回转生，承受果报；命我又因外持苦行、内修瑜伽而返妄归真，中断轮回，求得解脱，等等，至今仍为绝大多数受过婆罗门教教育的印度人所接受，并且据此来形成自己的人生观和世界观。

二　中期吠檀多

在奥义书时期（公元前5世纪）以后，陆续出现各种各样的哲学派别和宗教团体。传说当时约有二三百家。它们各立门庭，自成宗派；同时又互相辩论，互相批判，形成一种自由争论的学术气氛。它们大致可以划分为两大类：一类是继承和维护婆罗门教传统的，一类是批判和反对婆罗门教传统的。在前一类中，主要有数论、瑜伽论、正理论、胜论、前弥曼差论和后弥曼差论，即所谓正统的六派哲学。在后一类中，主要有耆那教哲学、佛教哲学和唯物主义的顺世论哲学，即所谓反正统或非正统的哲学。在正统的六派哲学中，前弥曼差论和后弥曼差论是直接从奥义书哲学派生出来的学派。这两个学派基本上是围绕着奥义书的"梵—我"这两个主要范畴来立论，对梵—我奥义作了新的发展。两派的哲学目的一致，但达到目的的方法不同。前弥曼差论强调奥义书的实践方面——祭天敬神，瑜伽反思，通过内在的直觉，达到对超验不灭之梵的亲证。后弥曼差论强调奥义书的原理方面——钻研奥义，阐明真理，通过正确的理解，达到对至善至上之梵的彻悟。因此，前弥曼差论又称为"业"弥曼差论，后弥曼差论又称为"智"弥曼差论。

智弥曼差论正是这个时期形成的吠檀多学派，它先后产生了两部重要的吠檀多哲学著作：《薄伽梵歌》（又称《世尊歌》）和《梵经》（又称《吠檀多经》）。前者原是大史诗《摩诃婆罗多》的第6篇《毗湿摩篇》，共700颂，分18章。它的成书时间约在公元前 5 世纪或稍晚，作者传说为广博仙人（毗耶娑）。后者由 555 条格言式的简短经文组成，共分 4 章：通诸义章、无相违章、修习因章和成就果章等 4 章。此书约在公元 200—400 年间写成，作者据说是跋陀罗衍那。《薄伽梵歌》吸收了当时正在发展中的各种不同的哲学思想，其中主要是吠陀的牺牲崇拜，奥义书的梵—我原理，数论的二元论和瑜伽实践等。它发展了梵的理论：梵产生精神世界和物质世界；世界依赖于梵，而梵不依赖于世界。世界是梵之幻现，不像梵那样是根本的存在，但又并非不存在。因此，它采取后期奥义书的原始数论哲学的二元论来说明世界产生的逻辑过程。这是吠檀多哲学刚从奥义书派生出来的初期理论，和《梵经》以及后期的不二论有所区别。《梵经》集中阐明梵、我、幻三者不一不异的哲学原理，表现出鲜明的唯心主义一元论的倾向。奥义书、《薄伽梵歌》和《梵经》标志着吠檀多哲学思想的不同的发展阶段。奥义书提出的"梵我同一"，一切皆幻，唯梵独真——为吠檀多绝对不二论开创了理论的新纪元。而这正是中期吠檀多的一个重要标志。就是说，随着吠檀多哲学自身的系统化，开始产生关于梵、我、幻三个根本范畴的不同解释——二元论→一元论→绝对一元论，而后者成为在乔荼波陀之后吠檀多各个支派的产生和在它们之间的争论的根源。

乔荼波陀的再传弟子商羯罗（Śāmkara，788—820）继承了他师祖的衣钵，同样摄取佛教哲学思想，特别是原始佛教的无常论和龙树的大乘空论；经过消化、吸收后，用来论证、建立他的"无分别不二论"。他对所有的主要奥义书，以及《薄伽梵歌》和《梵经》作了注释。他的《梵经有身疏》是一部不朽的哲学巨著，具有丰富的独创见解，为其后乃至今天的吠檀多论者的主要参考和指导的经典著作。他写了《示教千则》和《辨髻摩尼》，表述他独立的哲学观点和基本的哲学立场。他是一位虔诚的宗教诗人，究竟（终身）梵行实践者，创作了一系列献给神明的美妙赞歌；著名的如《达嚓神象之歌》（献给湿婆神）、《我赞柯利之歌》、《喜之浪花》和《美之浪花》等。他集奥义书时期以来所有吠檀多理论之大成，进一步完善了以"梵、我、幻"为核心的吠檀多范畴系统。

商羯罗以其杰出的理论活动和崇高的宗教实践在当时的哲学宗教界大放异彩。特别是婆罗门教徒把他看作婆罗门教（印度教）复兴的象征。因为此前千余年来，印度佛教鼎盛，气势宏大，包括婆罗门教在内的许多非佛教的宗教哲学派别一直遭受佛教的批判和压制，抬不起头来。现在，商羯罗作为一名婆罗门哲学家研究了佛教大小乘教理；他采取一种"取长补短"或"以退为进"的姿态，择取佛教理论中的优点，为我所用，然后转过身来，批驳其弱点。人们由此议论商羯罗是披着佛学的外衣的佛教敌人。这个问题迄今仍然是印度学术界争论未休的问题。它的结论将会如何，人们可以不管，但不能忽视这一事实：随着商羯罗这位婆罗门教的哲学天才的出现，婆罗门教开始了它的复兴的进程，佛教在印度的意识形态领域的优势逐渐让位于婆罗门教。

商羯罗的主要哲学理论是他开创的"无分别不二论"（Nirviśeṣa-advaita）："无分别"用我们的话说，就是"无规定"；"不二论"就是"一元论"。无分别不二论的核心是"梵、我、幻"的绝对同一，无有差别。商羯罗在他的著作中，特别是在他的代表作《梵经有身疏》中着重阐述这三个根本范畴，以此来确立无分别不二论的理论体系。他首先重申和承认他的前辈——吠陀和奥义书哲学家对自然的一个基本看法：自然（客观世界）不是无因而有；在自然出现之前就存在一个最初的宇宙生因——

梵；自然和万有源出于梵，故梵是客观世界的本原。① 梵的存在是绝对的，但不是一种无知觉的存在。梵既有幻现宇宙的全能，又有遍观一切的全知。全知称为"我"。我又分为二：遍我和命我。遍我是宏观上的我，和梵同体同一；命我是微观上的我，是众生肉体内的灵魂和承受轮回转生的主体，故我是主观世界的本原。遍我和命我的关系正如火和火花的关系；二者既是同一，又是非一。具体地说，梵—我有绝对的一面，又有相对的一面。按绝对说，梵我同体，绝对唯一；按相对说，梵我分工，梵表现为客观世界的本原，我表现为主观世界的本原。其次，主观世界和客观世界有一个从梵—我衍生的过程和一个复归于梵—我的过程；而这两个过程实现的关键在于"幻"。所以，幻在吠檀多哲学上有三个内涵：（一）幻体。幻不能自生，也不能无因而生，必有所本，本即幻体——梵。幻体具有奇妙不可思议的幻力，魔术般地从自身变现出无穷无尽的幻象。（二）幻象。这是指由幻体变现出来的各种存在的形式在它们完全消失前一刹那的现象。幻象虽然千差万别，形式无穷，但不外"名"和"色"两大类；前者即精神现象，后者即物质现象。（三）幻翳。幻如障眼法，障翳着人们的视线，认不出幻象的虚妄，把幻象当作真实的存在。这种错觉或误认叫做"无明"（Avidyā）。无明，意即无智慧，没有正确的知识：既不辨识幻象之假，也不了解幻体之真。商羯罗从这一幻义出发，猜测整个自然是幻象的总体。自然的运动和变化并不是基于自身的规律，而是由于一个超验的绝对体——梵所制约。然而，由梵而幻现出来的自然毕竟不是独立于梵，而是统一于梵。这便是他的无分别不二论的由来。

商羯罗并不像他师祖乔荼波陀那样，把不二论推向极端。为

---

① 《梵经疏》I. 1. 2.

了维护正统婆罗门教的宿命论和来世论，商羯罗没有否定幻象在特定的情况下有相对的存在。他认为，不能把名（精神现象）和色（物质现象）说是"实在的"，或"非实在的"。他常用三个譬喻来说明这一意义：（一）误认绳子为蛇；（二）误认贝壳为银片；（三）误认海市蜃楼为真景。蛇、银片和海市蜃楼的错觉原是虚妄非真，故不能说它们是实在；但在觉知它们的本相之前，蛇、银片、海市蜃楼的幻象并未消失，所以也不能说它们非实在。名和色的幻象也是如此。现象界（精神的和物质的）由梵幻现，本非真实的存在，故不能说它们是实在；但无明障眼，暂时还未识破它们的虚妄性质，现象世界仿佛存在，因此也不能说它们非实在。商羯罗这些譬喻还有一层深义：绳等实，蛇等非实在；若识前者，则无后者。梵体是真，现象非真；若悟前者，则离后者。这样，了幻归真，唯一无二——主观和客观统一于梵。

商羯罗的"无分别不二论"提出后，引起当时印度宗教哲学界，特别是吠檀多论者的强烈反响，其中有赞成的，有异议的，因而形成许多吠檀多支派。例如，光作（Bhāskara，1000）的"异不异论"、罗摩奴阇（Rāmānuja，1017—1127）的"有分别不二论"、摩驮伐（Madhva，1238）的"有二论"、伐拉婆（Vallabha，1479—1544）的"清净不二论"、智比丘（Vijñāna-Bhikṣu，1600）的"梵—我—异论"和力天（Baladeva，1725）的"不可思议异不异论"，等等。其中罗摩奴阇的"有分别不二论"（Viśiṣṭa-advaita）比较典型，它和商羯罗的无分别不二论正好针锋相对。"无分别"和"有分别"的区别在于：

（一）按商羯罗的理论，梵、我、幻三者同体统一；我和幻源出于梵，又将复归于梵，同一于梵，绝对无二，是吠檀多哲学的形成阶段；《薄伽梵歌》继承"梵我同一"理论，同时吸收其他哲学观点，这是吠檀多哲学的发展阶段；《梵经》发展"梵我不二论"，完善了吠檀多哲学体系，是成熟的阶段。所以，奥义书、《薄伽梵歌》、《梵经》三书通常合称吠檀多哲学的三支柱。

7世纪初，一位叫做乔荼波陀（Gaudapāda，又译足目）的吠檀多论师，注解《蛙氏奥义》，写成《圣教论》（或称《蛙氏奥义颂》）。乔荼波陀曾学习当时尚在盛行的大乘佛教，深受大乘唯识宗和中观论的"幻论"的影响；他以佛教的幻论来阐述吠檀多的幻论，从而深化了后者。他把吠檀多的幻论推到极端，认为梦时境界固然是幻，即使醒时境界也同样是幻，即把醒时的现实世界的相对存在也否定。这样，无有分别，故称无分别不二论。

（二）按罗摩奴阇的理论，梵、我、物三者同体不统一：我和物一旦从梵分离以后，便将和梵永远分别存在下去，不复归为一体，故称有分别不二论。罗摩奴阇根据这种有分别的论点，对《梵经》重新注释，写成了《梵经吉祥疏》。他在这部著作中提出梵、我、物三实在论的原理。

1. 梵。梵是神，超验绝对；但梵不是一个空洞的本体，而是具有丰富内容的整体。梵把有限的差别统摄于无限的自身之内，并通过有差别的有限性表现自无差别的无限性。梵是终极的真理，但具有规定、差别，以及包摄一切存在的特征。梵包摄的一切总的不外两类要素：知觉要素（精神）和无知觉要素（物质）。这两种要素产生于梵，又异于梵；梵、我、物三者势似鼎足，永恒分立而不合一。

2. 我。我即知觉要素，也即是"命我"或"命"（主观世界）。命源出于梵，作为众生的灵魂存在于宇宙之间；命具有理性和自我意识，它是真实的、独特的、永恒的、极微细的、不可感知的。命是知者、作者和受用者；它不同于肉体、感官、呼吸，甚至不同于觉性。就人类而言，命依附于肉体和呼吸，又以肉体、感官和意识作为工具，即感官给"命"传递对外在物境（物质世界）的认识，意识给"命"通报内在心境（精神世界）的认识。命的特殊形式也许消灭，但命的本身不会消失。故命有三种：一是永生之命，它位于神宫，永享极乐，无业报，无物性；二是解脱之命，它通过精修瑜伽，作众善业，中断轮回，获得解脱；三是缠缚之命，它由于无明，自受束缚，生死流中，轮转不已。这三种命实质上是同一命在不同的条件下的三种不同的演变历程。

3. 物。物是非知觉要素，亦即物质（客观世界）。由梵体变现出来的另一种要素是物。物分三类：（1）原初物质；（2）时间；（3）纯物质；三者属于非知觉的实体，是经验的对象，有运动和变化。原初物质有三特征：喜（轻清）、忧（冲动）、闇（呆滞）；这三特征从创造世界时起便联合发挥作用，推动原初物质逻辑地转变为现象界——范畴系统（罗摩奴阇实际上采用了早期数论的范畴系统）。时间具有独立的特点，是感觉的对象，是所有存在的形式；世间的年、月、日、时，都按照时间关系来划分。纯物质是永恒不灭的物质；原初物质有"喜、忧、闇"三种特征，纯物质只有"喜"的特征。梵既借原初物质来做宇宙游戏（创造世界），同时又用纯物质来展示自身永恒周遍、无始无终的超验性质。

命和物两个要素和梵的关系，正如属性和本质的关系，部分和全体的关系，肉体和灵魂的关系，肉体因灵魂的存在而存在，因灵魂的离去而死亡。同样，命和物依梵而存在，受梵的制约；梵把命作为它的内体，把物作为它的外体。命和物之间的关系是，命是受用者（主观），物是所受用者（客观），而梵则是命和物的起动者或创造者。然而，命和物虽是源出于梵，依赖于梵，但性质上有异于梵；即使命得解脱，原初物质变为纯物质，也不再和梵统一，只是独立地和梵共存下去。

罗摩奴阇这套梵、我、物三者独立共存的理论是和商羯罗的梵、我、幻三者同一不二的理论相互对立。罗摩奴阇特别反对商羯罗的如幻论和无常论。他的有分别不二论，如果扬弃了它的一神论内容，无疑将是一种多元实在论，是对商羯罗的世界如幻论的批判。

三　晚期吠檀多

这主要是指近代吠檀多哲学。在中期，吠檀多各个支派的争论焦点实际上不在于梵这个至高的精神范畴，而是在于梵、我、幻三者的相互关系上。近代吠檀多哲学基本上继续朝着这个方向发展。近代西方社会科学和自然科学的发展给近代吠檀多哲学家提供比其前辈有利得多的客观条件；吠檀多哲学家一方面研究西方进步思想和科学成果，一方面把吠檀多原理应用于近代印度社会改革上。

在一批近代吠檀多哲学家中 R. M. 罗易（Ram Mohan Roy，1772—1833）是一位最杰出的先驱者。他出身于婆罗门种姓家庭，却先受伊斯兰教教育。他因此通晓波斯语和阿拉伯语，并受到伊斯兰教一神论的影响。1803 年，他发表的第一部著作《一神论》就是用波斯语写的。随后，他学习梵语，研究奥义书。他发现奥义书的基本原理和伊斯兰教的一神论很近似。1816 至1820 年之间，他先后翻译和出版了 4 种奥义书，标志他对吠檀多哲学研究的成果。此外，他受到西方文艺复兴的影响，读过洛克、休谟和卢梭的作品。他也没有忽视对基督教教义的研究。这些学术活动和思想背景使他形成与商羯罗无分别不二论不大一样的吠檀多哲学。可以说，他的吠檀多哲学渊源于早期吠檀多多于中期。

　　可能由于受过伊斯兰教哲学的影响，R. M. 罗易的吠檀多哲学比较简单，没有复杂的范畴论和认识论。他根据《鹧鸪氏奥义》和《侨尸氏奥义》来阐述"梵我同一"的原理。他认为，梵是永恒不灭、不变的实在，包摄一切，产生一切。梵是绝对唯一，但又不是静止不动的绝对唯一，正因如此，梵又永远处于发展和进化之中；而梵的发展和演化过程正是梵创造世界和众生的过程——梵是物质世界和精神世界的基础和生因。他一方面承认世界是由物质原素或最细的原子构成，另一方面又否认物质是世界的终极原因；只有梵才是世界的终极原因。其次，在他看来，"我"在本体上和梵同一，但我在作用上是精神世界的基础。生物界，特别是人类的喜怒哀乐、灵魂转生，都是我的作用。然而，我毕竟是梵的不可分部分。在特定条件下可以复归于梵。

　　基于奥义书的一元论，R. M. 罗易的宗教观也是一神论。在这基础上，他发展了一种可以称之为"泛一神论"的学说。他认为，宇宙只有一个至高之神，他有各种各样的称号：佛陀、菩萨、梵天、基督、安拉、真主，等等；这些称号所代表的只是一个真神。称号反映宗教的形式，一神反映宗教的实质。在 R. M. 罗易看来，世界上存在着各色各样的宗教，但它们所崇敬的神，归根到底不外是一个"名异体一"的神。这便是他提倡"世界只有一个宗教"或"统一的世界宗教"的理论根据。罗易把他的一神论应用于改革印度教的实践上。他积极倡导：印度教应从多神崇拜转为一神崇拜，废除一切偶像，简化烦琐的宗教仪式。他还主张社会改革，要求立即废除违反理性和非人道的童婚、殉葬（寡妇殉夫）、种姓歧视等社会陋习。

　　为了宣传他的吠檀多哲学和宗教改革的主张，R. M. 罗易特于 1828 年在加尔各答创立 "梵社"（Brāhma Samāj）。梵社的精神或宗旨，正如 R. M. 罗易写的《梵社宣言》（1828 年 8 月 20 日发表）说的，"在社里不许带进偶像，不许传道，不许论道，不作祈祷，不唱圣诗；除非是这样的情况，它可以促进对创世主和护世主的沉思，可以推动布施、道德、虔诚、仁慈、美德，以及可以加强不同宗教之间的团结和联合"。但是，《宣言》又说，"对过去或现在崇拜的对象，不论是活或非活的，都不许以蔑视和傲慢的态度进行辱骂和批评。" 梵社由于内部分裂，存在的时间不长，但它毕竟是印度新兴资产阶级的改良主义的反映，在当时是有其一定的历史意义。R. M. 罗易把近代纪元引入印度，在印度人中赢得 "近代印度之父" 的称号，足见其业绩对印度近代的发展的影响。无怪乎后来印度大诗人泰戈尔这样高度评价他："曾经有过一个时代，R. M. 罗易单独地站在人类共同的要求的立场上，奋力使印度和世界各国联系起来。他的眼界并没有被陈旧的常规和习惯弄模糊。他的豁达开朗的胸怀和他的同样豁达开朗的心灵鼓舞他去接受西方的信息而不致轻视东方。他冒着国人的愤怒而力图把一种作为人的人类普遍权利的知识灌输给他们。他教导我们，真理属于所有的人，我们印度人属于整个世界。罗易使印度的意识扩大于空间和时间。即使在今天，他的品格和事业仍然是一种导向创造一个新印度的强大力量。时间并不因到现在而停止，而是举着它的胜利旗帜进入未来。所有的人都要在它的旗帜下一同前进。"[①]

在 R. M. 罗易之后，最杰出的近代吠檀多哲学家要算辨喜（Vivekānanda, 1863—1902）。辨喜于 1883 年大学毕业后，师事当时著名的印度教改革家罗摩克利希那（Rāmakrishna Parmaha-

---

① 泰戈尔：《印度向导 R. M. 罗易》。

msa，1836—1886）。他出身于贵族的刹帝利种姓，但在其师教
导和感召下，献身于印度教的社会和宗教改革运动。他不仅研究
了世界各大宗教的教义，而且使自己熟悉近现代西方哲学和科
学，从而使他能够在新的历史条件下，以比较新的方式方法来研
究和阐述吠檀多哲学。他的新的吠檀多哲学见解构成了他的新的
吠檀多主义的哲学体系。

（一）**本体论**。在本体论上辨喜和传统吠檀多论者一样，首
先承认梵是宇宙本原，梵是创造者、统治者和破坏者。"因神的
统治故，天空得以扩展；因神的统治故，空气得以呼吸；因神的
统治故，太阳得以照耀；因神的统治故，一切存在得以生成；神
是自然界的真实，是你灵魂中的灵魂。"[①] 但是，他认为，创造
者是神，被创造者是世界，后者因而是前者的不可分的部分；在
这一部分复归于创造者时，则为非真实；但在此之前，它是存
在，是真实。下面便是辨喜这一理论的模式：

（a）	绝对
	（c） 时间 空间 因果
（b）	宇宙

（a）绝对——宇宙本体。（b）当宇宙本体体现为宇宙状态时，
宇宙不仅表现为物质世界，而且也表现为精神世界。这是宇宙的
变化：精神是变化的名称，物质也是变化的名称；万象森罗，无

---

① 《辨喜全集》Ⅱ，第 226 页。

穷变化，构成宇宙的整体。（c）具体地说，变化就是时间、空间和因果关系。绝对现为宇宙时，宇宙就是通过它们——时空因果来体现。在辨喜看来，绝对是没有变化的，但变化（时空和因果）却因众生的心理活动而起（和佛教哲学说的"心生则种种法生，心灭则种种法灭"毫无二致）；因为时间、空间、因果等本身没有客观性，不是独立的形而上学的实体。辨喜以海洋和波浪的关系作譬喻，深入阐明他这个哲学模式的内涵："绝对者是海洋，而你和我，太阳和星星，以及所有的一切，都是这海洋泛起的不同形状的波浪。波浪有何差别？差别只是形状罢了；而这些形状就是时间、空间、因果；所有这些依于波浪而显得不同。"①

辨喜这个模式所表述的哲学既不同于商羯罗的梵、我、幻三者同体同一，也有异于罗摩奴阇的梵、我、物三者分别共存。这是辨喜对吠檀多哲学的重要发展，也是他哲学和宗教实践的理论基础。

（二）**认识论**。辨喜的认识论是由他的本体论所决定的。世界是绝对的梵幻现的相对存在。如何认识这个幻现的存在？辨喜认为，梵之幻力（Māyā）是一个关于变化的基本原则，一种使创造成为可能的力量。"幻"不一定指通常的意义——"迷惑"或"错觉"。幻仅仅是对世界本质的事实说明，说明世界存在之所以。幻只不过简单地表明它是我们存在中的矛盾的基础。在我们的存在中充满着善与恶、丑与美、生与死、苦与乐等矛盾。幻本身不是矛盾，而只是矛盾的名称，用以表现矛盾而已。所以，幻本身是中性的。"你可以随意把某物称为物质，称为精神，但事实是，我们不能说它是或不是，或一或多。光明与黑暗永恒对

---

① 《辨喜全集》Ⅱ，第136页。

立存在，这是事实，同时也非事实。睡眠与醒寤也是如此。陈述事物的事实就是幻。"① 显然，辨喜把"幻"看作一种基本的哲学方法，或者说，观察一切事物的哲学根本原则。

其次，辨喜承认"幻"所说明的存在（经验世界）具有（绝对体的）一部分真实性，因而可以作为感官和认识的真实对象。用我们的术语说，超验世界作为超验对象可以作用于内感官，从而产生超验的认识；部分真实的经验世界可以作用于外感官，从而产生经验的认识。两种认识都是真实的。这实际上是对奥义书所说的二梵和二智的一种解释：上梵——超验境界，上智——超验认识，前者是后者的对象；下梵——经验境界，下智——经验认识，前者是后者的对象。这反映辨喜这一看法：无论是经验的境界或超验的境界都不是不可知的。他继承奥义书哲学，不承认此岸和彼岸之间存在着不可逾越的鸿沟。就是说，辨喜不仅没有受到休谟和康德不可知论的影响，反而对他们持批评的态度。

（三）**宗教理想**。在辨喜的哲学中，一元论与一神论是统一的。一元论表现为哲学，一神论表现为宗教；同一真理的两个方面。宗教的形式有多种多样，例如，印度教、伊斯兰教、佛教、基督教，等等。不同的宗教又崇拜不同的神。其实，真正的宗教只有一个，真正的神明也只有一个。之所以出现不同的宗教仪式和不同的神的名字，是因为地域不同，国家不同，民族不同和风俗人情不同而形成。基于这一思想，辨喜提出"世界宗教"或"人类宗教"的理想。他认为，当今世界各种宗教之间存在着相互冲突和相互抨击，但又相互依赖，共同存在。每一种宗教都在宣传自己的教义是最正确的教义。但究竟哪一种宗教的教义是最

---

① 《辨喜全集》Ⅱ，第112页。

正确的呢？要解决这个问题，只有缔造一个"世界性的宗教"才能办到。这个世界宗教是对一切人敞开大门，不分国籍、种族、种姓、姓氏、出身，只要愿意，便可加入。这个世界宗教是完整的和统一的，它只礼拜一个神，一个真正的神，但它并不消灭宗教的差别和不同的宗教派别；它只是对它们进行协调，引导它们走向信仰一个共同的真神。这既是辨喜的宗教理想，同时也是他设想中的一个"乌托邦"式的宗教。这样理想的宗教虽然无法实现，但也看出他怀有创造一个世界大同的宗教的宏伟的抱负。

辨喜是一位虔诚而有独创见解的吠檀多论者，是世界著名的吠檀多哲学的传播者。他旅行美国和欧洲各主要城市，不遗余力地宣讲吠檀多哲学，受到西方哲学、宗教界的重视。他于1897年在加尔各答创建以他老师命名的"罗摩克利希那传教会"，1899年又在喜马拉雅山麓创立旨在宣传和研究吠檀多哲学的"不二论书院"。"罗摩克利希那传教会"发展得很快，除在印度本土各地建立组织外，还在欧、亚、美三大洲的著名都市建立活动中心，形成了"世界综合研究罗摩克利希那-辨喜运动"。这个运动对于西方资产阶级某些哲学派别产生一定的影响。辨喜写了不少哲学论著，其中主要有《业瑜伽》、《王瑜伽》、《信瑜伽》、《智瑜伽》、《吠檀多哲学》、《理性与宗教》等。

第二篇　新吠檀多主义

新吠檀多主义是现代印度意识形态领域中最主要的一种哲学思潮。它是吠檀多哲学在现代的历史条件下，沿着近代吠檀多论者，特别是辨喜所开辟的路线，继续发展而构成的新的形态。它的特点之一是：它把理论（智弥曼差）和实践（业弥曼差）更加密切地结合起来，强调在内心直觉上下工夫，求得对绝对之梵的亲证。然后总结亲证的经验，现身说法，在哲学上构造新的理论体系。特点之二是：它要求研究东西方各国主要哲学流派，并和它们进行横向联系和比较；在比较中吸取它们的优点，丰富自身的理论；它重视现代自然科学的巨大成就及其对社会科学，特别是哲学的冲击，并利用某些科学成果来为自己的原理作注解。特点之三是：它结合现代印度社会生活，赋予吠檀多以新的解释，以便在当代印度思想界中继续保持其主导或支配地位；同时，尽可能地把吠檀多原理应用于解答当代的世界政治问题。

在现代吠檀多论者中有两位最杰出的和最有影响的吠檀多哲学家。他们是奥罗宾多和拉达克利希南。

一　奥罗宾多哲学

奥罗宾多（Aurobindo Ghose，1872—1950）是印度西孟加拉人。早年在英国受教育。1893年回印度，在北方巴罗达邦从事反英的政治活动。1908年被捕，1910年出狱后移居原法属本地治理；在那里他创办一所静修院，带领若干徒众，精修瑜伽，潜心反思。在亲证他所谓“神圣生活”后，总结出一套以神圣经验为基础的新的吠檀多哲学理论，并且不遗余力地为文著书，在国内外广泛传播。在他的许多哲学论著中，《神圣生活》、《人类循环》、《论瑜伽》、《人类的未来进化》等，特别是第一种，是他总结性的主要哲学著作。他的哲学理论核心是由三个方面构成：一体三相论、幻力创业论和精神升降论。

（一）**一体三相论**。这是奥义书中的一个重要原理，谓梵之自体具有三个神奇的特征或三相——真、意、喜（Sac-cid-ānanda）。奥罗宾多发展了这一原理，用以统一一切矛盾，协调一切对立物。1. 真，即真理、真实的存在、纯粹的存在。这是梵的绝对一面。在绝对中，一切平等，诸相寂灭；非一非多，非妄非真。事物的一与多是逻辑作出的明确的判断：因为一是真实，所以多是虚妄；因为绝对是纯在（sat），所以相对是非纯在（asat）。但对真理说来，这种逻辑推断是不全面的，或者说，是片面的。如果把这种片面的推理撇开，在多中求一，必然会发现一在多中；就是说，不离多而求一，不离一而见多；多中有一，一在多中；即多即一，即一即多。真与妄的道理也是如此：真与妄的区别只存在于世间推理之中；在绝对真理中，真与妄或纯在与非纯在的界限完全泯灭，圆融唯一。2. 意，谓意识、心识——我。这是梵的相对一面中的精神因素。梵是绝对的实在，但不是无知觉的实在；它既有宏观的宇宙意识（大我），又有微观的个别意识（小我）。我就是灵魂。是承受轮回转生的主体；换言之，我就是世间圣凡升降，生死持续的基础。奥罗宾多说，"肯定世上有神圣的生活，在凡人的存在中有超凡的感觉，这种看法会变成没有根据，除非我们不仅承认永恒的灵魂是肉体的居住者，是这件可以损坏的长袍（肉体）的穿著者；而且也承认制造肉体的物质是一种适当的和高洁的物质，永恒的灵魂使用这种物质不断地纺织他的衣服，循环往复地制造他的一系列躯体。"① 灵魂不死、轮回转生，是奥义书基本原理之一，也是一切唯心主义宗教和哲学的根本标志之一。奥罗宾多毫无保留地继承了奥义书这一理论，正反映他的哲学的唯心主义的基本立场。3. 喜，谓喜悦，享受，对物质的享受——物质。这是梵的相对一面中的物质因素。精神和物质是两个对立的范畴，但梵本身是精神和物质的基础，同时包摄精神和物质，故精神和物质二者在

---

① 《神圣生活》，第8页。

梵体中得到协调和统一。奥罗宾多说，"既然我们承认纯粹精神在我们之中显示它的绝对自由，承认宇宙物质是我们精神显示的模式和条件，我们就必须寻找一种真理，后者完全能够协调这些对立物，能够在我们的生活中给予它们应占份额，在我们思想中给予它们应有的证明。"① 在奥罗宾多看来，物质与精神是同一物的两个方面，但二者不是截然地对立，更不是相互否定；因为如果物质上升到精神，精神也会与此相应下降于物质。物质不可能完全虚假，即使物质被精神化了，它还是被赋予某种性质或实在性。奥罗宾多试图在此创造一种比其前辈更加全面的对待精神与物质的观点。

（二）幻力创世论。刚才说的梵的第三个神奇的特征——喜悦是梵创造世界的"动机"。梵只是出于自我喜悦而创造世界，故称创世为"游戏"（Lilā），或者说，创世是一种自我享受。自奥义书时期以来的吠檀多论者几乎一致认为梵的"创世游戏"是通过梵的自身中的幻力（Māyā）而实现的。"幻"的本义是虚幻、不真实；而幻现的世界无疑也是虚幻、不真实。人间的经验——苦乐祸福、善恶美丑、成败得失、寿夭穷通、贤愚贵贱，乃至生老病死，无常变易，等等，更加证明了这一点。虚幻产生悲观，悲观产生否定：世间一切相对的和受时间制约的事物都不外是心理上的梦境和错觉，或者是一种神经错乱的情景。正如奥罗宾多所描绘的，世间一切功名成就都是幻觉，"……人类的奋斗，循环往复，无有止境；而人类的生活和本性依然如故，始终是不完美。法律、组织、教育、哲学、道德、宗教教义都未曾塑造出一个完美的人，更不用说完美的人类。……利他主义、慈善与服务、基督教博爱、佛教的慈悲都不能够使这个世界变得更幸

① 《神圣生活》，第26页。

福些；它们只是这里那里施予极其微小的短暂救济，在世界灾难的火焰上洒落几点雨水而已"奥罗宾多认为，这种对世界极其悲观的看法也许是过于夸大，但它确实具有不可否认的力量，为人类千百年来的经验所支持；它本身具有一种十分重要的意义，这一重要意义迟早总会以自身不可抗拒的方式撞进人们的心灵。事实也已经证明如此。世界上一些哲人和智者总结和接受了这一意义，并使之构成一种对世界否定的原则，一种普遍的、压倒肯定的绝对原则。由是产生了对世界持否定观点的各种伟大的宗教和哲学。例如，在印度，否定世界的哲学已由它的两位伟大的思想家释迦牟尼和商羯罗作了最有力和最有价值的阐述。其他哲学家也相继承认和宣传这一否定原则。

奥罗宾多似乎没有百分之百接受这个断然否定世界的原则。他认为，有两条来自同一真实的概念的思想路线：一条是导向普遍的如幻论的路线，一条是导向普遍的实在论的路线。奥罗宾多赞成后者。在奥罗宾多看来，纯粹的实在可以从两个不同的角度来观察：从经验角度看，只见实在幻现的现象，看不见实在的本体；从超验角度看，不仅看见实在幻现的现象，而且能够透过现象看到实在的本身。前一角度的观察叫做"无明"，无明即无知，不知现象依实在而幻起，为现象所迷惑。这便是第一条思想路线和执行这条路线所导致的结果——普通的如幻论。后一角度的观察叫做"明"，明者谓透过现象洞察实在的本来面目，不为实在幻现的现象所迷惑。这便是第二条思想路线，和执行这条路线所导致的结果——普遍的实在论。一般说来，第二条思想路线——"明"为哲学论证提不出事实的根据，不易表述清楚，特别是对此岸和彼岸之间的联系难以作出满意的说明。然而，两条思想路线——"无明"和"明"是一对对立的矛盾；对立不是绝对的，二者可以在一定条件下产生联系。因此，奥罗宾多认为，"如果说这个世界是一个为产生更大的创造性动因的领域，……如果说包含在这个宇宙的安排中有一种强制——强制无明走向知识，强制不完美的形式向完美的形式发展，强制挫折作为走向最后胜利的步骤，强制痛苦为存在的神圣喜悦的出现做准备"，这可能是一个有说服力的解释。这个解释有两层意义。第一，从"无明"说明"明"的存在，二者都是客观的现象。第二，"无明"和"明"是一对对立、又可以相互转化的矛盾。在这里，奥罗宾多列举了几对矛盾转化的例子：从无明转化为知识（明），从不美转化为完美，从挫折转化为胜利，从痛苦转化为喜悦。转化的条件是"强制"。何谓强制？如果可以理解为主观和客观的条件已从量变到了质变的阶段，转化已成为"瓜熟蒂落"的定局，那么这一解释是可以接受的。如果说强制是由某种超自然的力量所操纵，而不是事物本身的内因和外缘所引起的变化，那么这种解释显然还没摆脱形而上学的外罩。尽管如此，奥罗宾多的解释模式不能说没有半点辩证成分。[①]

（三）**精神升降论**。奥罗宾多提出他对"梵"和"幻"的新的解释，一方面用来建立他的理论体系的基础，一方面又用来批判传统哲学的两个偏向——物质一元论和精神苦修论（精神一元论），以论证他的完整不二论的正确性。所谓完整，是说既不执绝对的唯物主义，也不执绝对的唯心主义，而是把二者协调和统一于一个包括物质（精神化了的物质）在内的精神实体。这个精神实体本身是绝对惟一，寂然无二；但同时又外现众相——超验的精神特征和经验的精神特征。这些精神特征总共8个，构成了奥罗宾多著名的范畴系统——精神升降论（或称精神进化论）。8个范畴是：1. 纯在；2. 意力；3. 喜悦；4. 超心

[①]　引文均见《神圣生活》，第373—378页。

智；5. 心智；6. 心灵；7. 生命；8. 物质。这8个范畴实际上是
商羯罗的两个基本范畴"名"和"色"的扩展。"名"是精神
世界，"色"是物质世界；前者即奥罗宾多范畴系统的前7个范
畴，后者即奥罗宾多范畴系统的最后一个范畴。奥罗宾多承认物
质具有物质性的存在，但不否认物质可以精神化。这样，他实际
上把8个范畴都赋予统一的精神性。在这统一的精神性中又细分
为8个精神层次或级别。8个精神级别有两个相关的发展过程：
1. 从第一级（纯在）向下演变到第八级（物质），称为精神下
降过程；2. 从第八级（物质）向上升化到第一级（纯在），称
为精神上升过程。前一过程在先，后一过程在后；前一过程是后
一过程的基础；没有前一过程，不可能产生后一过程。其次，在
这两个过程中，第一个下降过程，好像是种子；第二个上升过程
因有第一个下降过程的种子，故能在一定条件下出现——萌芽以
至开花结果。具体地说，8级范畴中第七级"生命"和第八级
"物质"先按下降过程，生命降至物质——物质获得生命成分。
其次，按上升过程，物质升至生命——物质中生命成分发展的结
果。这就是说，生命和物质的相互发展的关系是：先有生命进入
物质（下降过程），然后才有物质升化为生命的可能性（上升过
程）。由此类推，第六级心灵和第七级生命的关系，第五级心智
和第六级心灵的关系，第四级超心智和第五级心智的关系，……
也是如此。这两个过程合称为"精神进化论"。精神进化论不同
于科学的物质进化论。物质进化论只讲上升过程（进化的结
果），不讲下降过程（进化因素）。精神进化论同时讲两个过程，
而且把下降过程作为上升过程的先导；因为如果不是先有下降过
程，上升过程是不可想象的。从猿到人的进化所以成为可能，因
为猿先有与人性有关的内在成分；要不然，为什么别的动物没有
进化为人类？所以，在奥罗宾多看来，物质进化论是不够全

面的。

奥罗宾多的精神进化论是讲人的精神进化。8级精神范畴中，前3级是超验的圣位，后4级是经验的凡位；居中的第四级（超心智）是圣位和凡位之间的中介范畴。凡人（无智慧者）处于凡位的末位（物质）。凡人通过精修瑜伽和内在反思可以从凡位逐步上升（进化）到圣位。由凡转圣之所以成为可能，就是因为凡中存有圣的成分。精神下降过程实质上就是从圣至凡的过程；精神上升过程实质上就是由凡转圣的过程。或问，人为什么会从圣位下降至凡位？按照吠檀多哲学，那是由于人的最初一念的"无明"所引起的。人为什么又会从凡位上升到圣位？那是由于"无明"转化为"明"（智慧）的结果。因此，奥罗宾多认为，站在超世俗的高度看，"无明"和"明"并不是绝对的对立，在一定条件下，无明是一种促使其自身转化为"明"的力量；它只是最高的意识力量的暂时隐蔽而已。

在这里有必要重点介绍一下8级范畴中的第四级"超心智"。这是一个关键性的范畴，是精神进化论的一个核心概念。根据奥罗宾多的解释，超心智具有"承上启下"和"引下向上"的作用。因为它处于圣位（前3级）和凡位（后4级）之间，无论从圣位下降到凡位，或者从凡位上升到圣位，它都是一个中间的过渡阶段；它上可以接圣位，下可以连凡位；所以它的性质很特殊。这主要表现在两个方面：1. 超心智作为真理意识——作为精神原则，具有关于超验圣位的全部知识；它接近圣位，有圣位的成分，但还不完全属于圣位范畴。然而，由于它是一个中介范畴，它既可以使下降过程通过它而顺利地向凡位过渡，又可以使上升过程同样顺利地通过它而过渡到圣位。2. 超心智是心智（凡位4级中第一级）的最后发展阶段，称为心智的顶峰。当心智在上升过程中进化到这个阶段时，超心智便会帮助它过渡到圣位4级中的第三级"喜悦";同样,当喜悦在下降过程中降至这一阶段时,超心智也指引它向心智过渡。心智是从属于超心智的一种力量,因而二者各有不同的作用——二者在把握实在方面的区别。超心智主要在于把握实在的全貌,而心智由于它自身性质所决定,把整体打破,划分若干部分——心智主要在于制造区别,不仅在能知和所知之间,而且也在它所认识的对象之间。心智和超心智之间的这一区别本身是一个指示器,指明这一事实:心智不外是一种要求实现超心智的冲动。

精神升降论(精神进化论)是奥罗宾多哲学的核心部分,是他对吠檀多哲学的重大的、具有独创性的发展。精神升降论的诞生不仅丰富了吠檀多哲学,而且在整个印度哲学界大放异彩,推动了现代印度哲学向前发展。正因如此,奥罗宾多的哲学受到印度国内外哲学同行的高度重视和评价。

二 拉达克利希南哲学

在现代吠檀多哲学家中,最博学、最具有哲学综合比较才能的哲学家要数拉达克利希南(S. Radhakrishnan, 1888—1975)。他既精研了印度传统哲学,又博通希腊哲学和西方古典哲学。这使他能够对东方和西方古今哲学进行比较研究,并把它们融会贯通,形成自己的哲学体系,为现代印度东西方哲学比较研究作出前所未有的贡献。拉达克利希南早年在南印度教会学校接受中学和大学教育,为掌握英国语言和文学打下牢靠的基础。他转向研究哲学后,一直用英语写作哲学著作,形成一种具有自己特点的优美而流畅的英语风格。他著作等身,其中代表作是《印度哲学》和《唯心主义的生活观》。前者是关于印度哲学发展史的世界名著,后者是他东西方哲学比较研究的结晶。

（一）**唯心主义**。拉达克利希南的哲学，扼要地说，是商羯罗的无分别不二论在现代的继续和发展，是一种立足于吠檀多唯心主义的现代印度比较哲学。他在《唯心主义的生活观》一书中开宗明义便为唯心主义辩解。他在简要地引述东西方古今著名的哲学家关于唯心主义这一概念的论述后认为，观念是实在的部分，我们经常要和它们联系。如果我们不做不同哲学流派之间的争论噪音的俘虏，而是注视那些产生它们的更深层的思潮，那么我们就好像找到了一种坚持唯心主义见解的强烈倾向，当然，在表述这种见解的语言和风格上有所不同。今天，唯心主义在介入我们的问题，并帮助我们对付它们。拉达克利希南甚至认为，把所有的存在归诸于物质，物质便成为一种非具体的东西，而是一种抽象的观念；因此，绝对的唯物主义就是唯心主义。[①]

（二）**直觉主义**。1. 直觉境界。拉达克利希南的哲学核心是直觉主义或直觉认识论。在认识论上他首先区别西方哲学传统和印度哲学传统，前者强调科学、逻辑和人道主义；后者相信自己具有一种比理智更加内在的力量，它使我们亲自体会到实在，不仅仅在其表层或可以辨别的方面，而且在其直接的个体上。对印度教徒说来，哲学是见地，是"见"（Darśana），"见"意即对真理的洞见，而不是逻辑的辩论和证据。他们相信，心灵通过内在的修持可以摆脱思辨理性和过去习气（印象）的影响，使它自身和客体统一起来；而此时客体的自性得到最充分的体现。他们争辩说，他们能够凭借真理的力量来控制自己的命运。知识就是力量。缺乏这种（明在）知识便是烦恼的根源。明（Vidyā）是解脱，无明（Avidyā）是轮回。直觉的领悟是解脱的手段。谁

---

① 参见《唯心主义的生活观》，第16页。

有这种知识，谁就直接地和当即地以此而得救。"谁认识'我即是梵'，谁就完全变成为梵。"① "他悟知那至上之梵，他就成为梵的自我。"② 直觉的洞见与解脱同一。因此，除非我们体会其本质，心灵和梵打成一片，我们是不能够完全地、真正地知道梵的。作为真理之梵同时是神圣的知识和直觉的智慧。直觉的智慧具体化为宇宙的第一原则。知此道理的人便知宇宙的本体，印度各派哲学对吠陀权威的接受就是承认直觉的见解在哲学的奥义问题上是一种比逻辑论证更加伟大的光体。例如，商羯罗把完整的经验（Anubhava）当作一种最高的领悟。这种领悟也许不清楚，却是肯定的、生动的。佛教祖师释迦牟尼特别强调"菩提"（Bodhi，觉悟）的重要性。众所周知，他不喜欢形而上学的细致分析。在释迦牟尼看来，理性的诡辩是高级精神生活的障碍。人们要在心灵上下工夫才能获得对实在的知识。实在（真理）不能靠构思而悟得，而只能靠修持而悟得。在早期佛教中，佛教哲学家提出的"般若"（Prajñā，智慧），或称直觉的洞见就是反映人类心灵的最高活动。印度教和佛教的思想倾向于在追求更高的精神生活中把握人类灵魂的渴望，并把这一事实看作表述宇宙的钥匙。所有批判性的哲学都以此来说明③。2. 直觉知识。拉达克利希南认为，知识有概念知识和直觉知识的区别。他说，西方的唯心主义哲学家如布莱雷德、柏格森、克罗齐（Croce，意大利哲学家和评论家，1866—1952）等提出两种知识：直觉知识和逻辑知识。逻辑知识使我们离开个人和真实而进入抽象观念的世界，而直觉知识则使我们洞见个人真实的世界。逻辑知识即概念

---

① 《广林奥义》Ⅰ.4.10，15。

② 《秃顶奥义》Ⅲ.2.9。

③ 参见《唯心主义的生活观》，第127—129页。

知识，印度哲学家也有两种知识的理论。这两种知识的术语是："现量"（Pratyakṣa）和"现前"（Aparokṣa）。按印度逻辑，前者是特指"感官的直接知识"，也就是我们常说的"感性认识"；后者是指"非感官的直接知识"。直觉知识就是指"非感官的直接知识"。这种知识产生于心灵与实在的直接融合，产生于存在，而不是产生于感官或象征；是对事物同一的真实知觉。这就是说，知识与实在达到了同一：知识的对象并不是一个见于自我以外的对象，而是自我的一个部分。这种和知识同一的对象是一种内在的心灵境界，而不是外在的对象定义。逻辑和语言是一种低级的知识形式，一种降格的知识形式①。

拉达克利希南指出，印度哲学家关于直觉知识的重要说明是"自我知识"。"我"是我们自觉自己的我，正如我们觉知自己的爱和恨，直接地和它有某种的同一性。自我知识是和自我存在分不开的。这好像就是我们所具有的唯一的真正和直接的知识，其余一切都是推理的知识。商羯罗认为，自我知识既不是逻辑的，也不是感性的；它是一切别的知识的先有条件，它是自我观念的对象，人们由于它的直接出现而知道它的存在。自我知识不可能被认证，因为它是一切论据的基础；它是光，这光既不自然，也不是人类，却又同时是此二者。总之，在直觉知识中"能知和所知原是一回事"。

（三）**哲学的宗教观**。拉达克利希南是现代的吠檀多论者，同时也是现代的印度教教徒。他从纯理性角度，而不是从传统教规角度来看待印度教和其他宗教；他甚至反对对宗教的非理性主义的盲从。1920年，他发表了他早期有关宗教的著作《当代哲学中的宗教统治》。在这部著作中，他扮演了一个反宗教非理性

---

① 参见《唯心主义的生活观》，第138页。

主义的英雄角色。他从理性主义出发，强烈地批评宗教抓住人类的弱点不放，没完没了地在说教。他把宗教看作是"哲学中的不安定因素"。他说，"宗教系统虽然是哲学的终点，但不应对哲学有支配性的影响，那是对宗教或哲学的未来都不会预示吉兆，如果宗教变成为哲学的起点和支配动机的话"，然而，拉达克利希南考察了莱布尼茨、柏格森、鲁道夫·尤金等人的观点，他们出于有神论和宗教的偏向而对哲学一元论加以否定。他本人并不像他们那样去扩大宗教和哲学之间的鸿沟。事实上，他在他的早期和稍后的著作中表示了哲学和宗教之间并不存在根本的对立。

　　拉达克利希南批评印度教，目的在于反对印度教的非理性成分，而不是反对作为一个伟大宗教的印度教。1926 年他在《印度教徒的生活观》一书中，特地为印度教的传统优点进行辩解。他认为，印度教不是一套严厉僵死的教条，而是一种生活方式，一种表现出宽容、同情和视野开豁的特点的态度。显然，他后来对印度教从批评而转为辩护——宣扬印度哲学和印度宗教的共同的优点。他的下述一系列著作：《人的精神》（1931）、《东西方的宗教》（1933）、《东方宗教和西方思想》（1939）、《宗教和社会》（1947）等充分反映拉达克利希南已把印度教，不，已把东西方各大宗教的超验神圣和哲学的绝对纯在完全统一起来；除在形式上的仪轨之外，他已看不见宗教和哲学的终极目的有什么两样。拉达克利希南被誉为现代印度第一流的积极的哲学家和人道主义者。他的声音总是站在和谐、统一和完整一边而发，以反对所有倾轧和分裂的现象。可以说，拉达克利希南在哲学实践中，基本上摆脱宗教的形式主义，但摄取和实践宗教的人道主义精神。

第三篇　实践人道主义

人道主义也是现代印度主要哲学思潮之一。在现代印度社会活动中，人们已普遍地接受它作为在个人生活各方面的指导原则。

一　传统实践

在印度，人道主义作为社会实践原则是一个古老的传统；它的源头可以上溯到公元前五六世纪——耆那教和原始佛教时期。耆那教的教祖是筏驮摩那（Vardhamāna，前540—前468），又称"大雄"。在他制定的教规"五戒"中，"不害"（Ahiṃsā）列为首要的第一条。不害，意即不损伤、不杀害生物。按照耆那教的定义，生物界的范畴不仅包括有灵魂的高级和低级的动物，而且包括一切有生长功能的植物。凡自身具有生长能力的东西就具有生命；凡具有生命的东西都不应受到伤害。这无疑是一种万物有灵论，筏驮摩那把它推向极端，以至它变成了一条难以实践的教条。虽然如此，他的"不害主义"包含着深刻的人道主义意义：生物之间，高级如人类或低级如蚂蚁，都不应弱肉强食，相互残杀；而应各得其所，共同生存。原始佛教的始祖释迦牟尼（Śākyamuni，前565—前485）也提出类似的"五戒"，也同样把其中"戒杀生"作为第一条。释迦牟尼"戒杀生"的出发点不是万物有灵论，而是"生物有灵论"。这里的"生物"是佛教所说的"众生"，特指生物界的高级和低级的动物。按照释迦牟尼的教义，众生之所以在肉体形式上有高级和低级的不同，在心灵理智上有智慧和愚昧的区别，完全是因为他们过去的"业行"（过去行动后留在心灵中的潜存的影响）

而产生的不同的果报。但是在生命的本质上，一切众生原无二致；低级生物的灵魂总会由于他们的美善的道德实践而逐步转化为高级生物的灵魂。基于此，他告诫他的信徒，对任何有灵魂的众生，都不能采取暴力行为。这是一条铁的纪律，佛教徒必须无条件执行。众生是否具有灵魂，低级众生的灵魂是否会转化为高级众生的灵魂，这些都属于宗教的问题。但是佛教徒实践"不杀生"的戒律却充分体现了人道主义的精神。释迦牟尼特别注意到印度社会上一种反人道主义的现象——种姓（阶级）压迫。释迦牟尼认为，种姓歧视和种姓压迫，是社会的不公正的现象。为此，他特地创建自己的佛教组织来对抗。他宣布，在他的组织之内，只有一个"释迦"种姓，没有别的种姓；凡加入他的组织的人，不论他来自哪一个种姓，一律改姓释迦，地位一律平等——废除四种姓的区别。释迦牟尼这一反种姓制的行动，引起当时社会的强烈反应。释迦牟尼还教导他的弟子们，作为佛教徒，必须具备四种深厚的人道主义感情：（一）慈（给予他人以欢乐的感情）；（二）悲（拔除他人的痛苦的感情）；（三）喜（见人离苦得乐，心生喜悦的感情）；（四）舍（态度超然，不计较上述思想感情）。这些崇高的人道主义感情还必须在行动上充分体现出来。释迦牟尼的人道主义精神和实践千百年来曾在印度国内外产生过深远而广泛的影响；佛教徒固然接受，就是非佛教徒也都给予它高度的评价。即使今天，在许多佛教和非佛教的国家和地区仍然感觉到佛教人道主义的影响和作用。

二　现代实践

现代印度人道主义者在实践上完全继承了传统人道主义原则；与此同时，接受了西方文艺复兴以来的自由、平等、博爱的思想，形成一种具有印度哲学特色的现代印度人道主义。在现代实践中它主要表现在下述两个方面：

（一）**社会改革**。在理论上，人道主义就是如何看待人的价值问题。按照印度哲学，人的本质就是"我"，"我"与最高之梵同源同体。梵与我正如火与火星的关系。火星源出于火，故与火同一。我来源于梵，故与梵同一。换言之，人和神在性质上同样神圣，在价值上同样高贵。然而，在实践上，神是一个假设的超验客体，不受概念范畴的限制，它是"不可感触，不可描述，不可以特征来定义……"① 但人是具体的实在，是经验的对象，受着主观和客观条件的制约。人的价值并不像神的那样永恒不变，相反，是随着社会的变化而变化；甚至在同一社会制度里，也因不同的阶级和阶层而有不同的人的价值观。印度的种姓制是社会发展的结果。印度教却为此制造臆测的理论根据，说什么梵和人只是在本质上同一，在具体作用上不能同一；因为梵是创造主，而人是被创造者。梵为世界创造四种不同种姓的人，即上边提到的婆罗门、刹帝利、吠舍和首陀罗。婆罗门种姓的价值最高，刹帝利和吠舍的价值次之，首陀罗的价值最低，因而命定地永远处于被压迫、被奴役的地位。印度教关于四种姓不同的人的不同价值的理论，是彻头彻尾地虚伪的，实质上是为巩固四种姓中的统治种姓（婆罗门与刹帝利）对吠舍和首陀罗的统治服务。200 多年前，近代印度人道主义者首先提出反对和废除种姓制的口号。以圣雄甘地（Mahātmā Gandlhi，1869—1948）为首的现代人道主义者接过这一口号，继续为此奋斗。现代人道主义者清楚地看到，种姓制是一种反人道主义、反理性主义的腐朽制度；它是印度社会肌体中的一个痛疽，是阻碍现代印度社会进步的拦

---

　① 《广林奥义》Ⅲ.8.8。

路虎，是印度社会许多不良现象的祸根。因此，他们大造舆论，从各个角度来批判种姓制。他们说，人们既然在理论上承认神和人，也应在实践上——在价值上承认二者的同一；不应该因种姓不同而有不同的人的价值。这就是说，印度人道主义者承认"梵天"的存在，承认他创造了人类的四个种姓，但不承认四个种姓分别生自梵天之口、臂、腿和足，蓄意否定四种姓有高低贵贱之分。他们驳斥种姓主义者说，四个种姓既然都是大神梵天一手创造，那么四个种姓的人的价值自然也是无分贵贱，完全平等；四个种姓之间不应存在着统治和被统治、剥削和被剥削的敌对关系。如果人们一方面承认四个种姓都是梵天的亲生儿子，另一方面又说这些儿子之间存在着高低贵贱的区别，甚至存在着压迫和被压迫的关系，那是十分荒谬的。

现代印度人道主义者特别关心印度的"贱民问题"。贱民是首陀罗的一个派生种姓，也是第五种姓。贱民种姓现有 5000 万人。他们是印度社会底层的劳动人民，但世世代代被侮辱为贱民、不可接触者、外种姓者、表列种姓者，等等。圣雄甘地认为，这些侮辱性的名称不仅是对人的侮辱，也是对神的亵渎。他们事实上不是贱民，而是"神仆"（Hariyāna）我们就为他们正名。甘地一方面批判种姓制，一方面呼吁通过法律程序废除贱民种姓，解放不可接触者。甘地的愿望在 1947 年印度独立后基本上得到实现。印度新宪法保证了贱民种姓平等的公民权利。然而，印度人道主义者要使贱民种姓在社会上，特别是在经济上取得真正的解放，还得走很长的路。

（二）**政治斗争**。在 1947 年印度独立之前，印度人民正在进行一场英勇的反对英国殖民主义统治的斗争，争取民族独立、国家自治。印度人道主义者也被卷进这一伟大斗争的洪流中来。圣雄甘地是这场反英运动的主要领袖。他继承传统的印度人道主义理论，并在斗争实践中赋予它丰富的新的意义。他提出两个重要的政治口号：“独立自治”（Svarāj）、“不害主义”（Ahimsā）。前者是目的，后者是手段。不害主义在政治上的运用就是著名的“非暴力”运动。甘地主张，印度人民对抗英国殖民主义者的暴力镇压，不是采用暴力，而是采用非暴力或和平的手段。换言之，对付英国暴力的策略，不是以牙还牙，以眼还眼，而是以柔制刚，以理服人。对甘地说来，非暴力是一种真理。他说，“非暴力和真理如此交织在一起，以致二者实际上不可能分开。二者像钱币的两面，或者说，像一个光滑的金属圆盘，谁能说出哪一面是正面，哪一面是反面？非暴力是手段，真理是目的。手段之所以成为手段必须在我们运用能力范畴之内。因此，非暴力是我们的最高义务。如果我们慎重使用手段，我们迟早总会达到目的。”① 看来非暴力不仅仅是一种斗争的策略，而且也是一种涉及斗争全局的战略。

甘地并没有把非暴力绝对化。在特定条件下，暴力也是允许的。例如，猛兽伤人时，必须以暴力制服它以挽救人命。但除了这类极其个别情况，必须坚持非暴力作为达到目的的手段。甘地相信非暴力是人的本性。非暴力的积极意义是爱——包含牺牲精神和承受痛苦的爱。甘地给非暴力另一个名称“Satyāgraha”。甘地自己解释这个词意是：“真理的力量”，或有时候作“灵魂的力量”或“爱的力量”。若按原词意义，应为“坚持真理”。以非暴力来对付暴力就是坚持真理。暴力只能伤及人的皮肉，不能触及人的灵魂，而灵魂是永远伤害不了的。坚持真理是一种基于暴力的斗争方法，因而是一种能够触及人的灵魂的方法。它是积极的斗争方法，而不是消极的斗争方法；它是强者的斗争方法，

---

① N. K. 玻色：《甘地选集》，第13页。

而不是弱者的斗争方法；弱者只会使用暴力，而不能坚持非暴力原则。因此，西方有人把"Ahiṃsā"译作"消极抵抗"，那是一种片面的译法，如果不是错误译法的话。

坚持真理的斗争方式有多种，概括起来有如下几种主要的形式：1. 不合作。这包括政治和经济各方面的不合作，凡英国殖民当局提出的，俱不与之合作，除非在英国答应印度人民的独立要求的条件下。2. 和平示威。号召人民不断举行各种各样的反英示威活动，而这些活动的性质完全是和平的、非暴力的。3. 自力更生。提倡自给自足的经济计划，用以抵制英国商品——不买不卖，不使用英国制造的一切物品，特别是英国的纺织品；号召全民自己动手，纺织织布，艰苦朴素，自给自养。4. 绝食抗议。遇到英国殖民主义者残酷镇压群众时，或在其他危及独立要求的重大政治危机中，举行绝食抗议。每次绝食抗议，特别是甘地的绝食，立即引起国内外的强烈反应，把人民的抗英情绪推向更加激烈的高潮。英国殖民统治当局对此最为害怕。甘地的绝食每次都以英方让步而告结束。甘地规定，凡参加坚持真理斗争的战士必须具备他所规定的个人品格上的要求。这些要求大致如下：忠诚老实、言行一致、不畏强暴、不怕挫折、不怕牺牲、坚持原则、奋斗到底、相信上帝。甘地相信，一个具备这些要求的坚持真理者，一定能够创造奇迹，他一个人就能对付一个帝国的强大军队，使强大的暴力在真理力量面前低头后退。

三　自我实践

在 1947 年印度宣布独立之后，印度人道主义者面临一项新的任务，即提高自身和提倡科学。印度人道主义者清楚地知道，国家独立，人民自由，这是建设一个新国家的前提；这个前提虽然已经实现，但并不等于国家的建设完成。相反，目前印度整个国民经济濒临崩溃，大多数人民尚在极端贫困中挣扎。要消灭贫穷，富国强民，在今后很长时期内，还须继续努力，献身于科学实践和教育事业，同时创造物质财富和精神财富，逐步改善和提高国民的生活水平和文化水平。为此目的，印度人道主义者必须提高自身的科学知识和文化修养，准备和人民一道投入伟大的国家的经济建设中去。

印度人道主义者在从事这些科学和文化活动的同时，还在一定程度上起到移风易俗的作用——纠正印度人传统上精神生活和物质生活脱节的倾向。人们都知道，印度的宗教和哲学教人偏向于人生的终极目的，即逃离人世，放弃物质生活，而去寻求内心净化，过一种纯精神的生活。印度人道主义者认为，在像印度今天这样科学落后、人民贫困的国度里，这样一种纯精神的生活不是一种完美的生活；完美的生活应该是精神和物质两种生活的统一，而且应该以物质生活为精神生活的基础。当代著名哲学家和人道主义者 K. S. 穆尔蒂教授说得好："……印度从来就不反对人类对自然的征服，对非凡力量的获得。印度文化一向期望人们摆脱贫穷、疾病和死亡；期望人们控制各种自然因素，掌握一切生存的形式和所有的科学。……像西方哲学为科学技术的革新提供形而上学的构架，印度哲学也将满意地解决这样的问题，即如何能够在技术时代生活而不致引起和传统完全的决裂和异化，如何能够在受益于先进技术的同时体验神圣、庄严、美妙的东西。"① 显然，今天在印度要过好精神生活，首先要参加生产实践和科学实践，为社会和为自己创造尽可能多的物质财富，过好世俗生活。印度传统的道德法典规定，人们须按四个生活阶段来度过一生：1. 净行期（童年从婆罗门老师学习吠陀及有关经

---

① 1985 年 12 月 19 日在南印海德拉巴邦大学举行的印度哲学大会的开幕词。

论）；2. 家居期（学成归家，娶妻生子，传宗接代，主持家政）；3. 林栖期（履行世俗义务后，弃俗出家，隐居山林，修心养性）；4. 苦行期（托钵化食，精修苦行，以期彻底解脱）。前二阶段是世俗的物质生活，后二阶段是出世的精神生活。印度人道主义者认为，在这人生四阶段的生活中，应先过好前二阶段的物质生活，才能顺利地向后二阶段的精神生活过渡；因为前二阶段的物质生活是后二阶段的精神生活的基础。如果为了精神生活而忽视它的基础——物质生活，便不能对至上之"梵"作完整的领悟（物质与精神的统一、主观和客观的融汇）。其次，没有物质生活作为基础的精神生活，充其量也只是一种有限或片面的精神境界。如果一个人真正体会到物质世界乃是"有德（有特征）之梵"的具体表现形式，是与"无德（无特征）之梵"同一无二的，他便不会放弃外在的物质世界，而是使之适应内在的精神世界，逐步使物质统一于精神，达到自然与神性相互融合的高度完美的内在境界，最终获得"灵知的存在"或"神圣的生活"①。

印度人道主义者因为承认人是神的化身，"人就是神"，所以他主张"敬人如敬神"，不离开对人的服务而另找神来拜祭。对他说来，只有把人服务到家才能认识神的存在，才能和神统一起来。② 所谓对人的服务，意即要和人民一起从事生产实践和科学实践，创造一个丰富多彩的物质世界，共同改善精神生活和物质生活。如果离开人类的生产实践和科学实践——离开对物质世界的创造，光在空洞的脑子里去找所谓上帝，那是缘木求鱼，是空中楼阁。不过，也有一些印度人道主义者一方面承认服务于

---

① 奥罗宾多：《神圣生活》，第859页。

② 参见甘地《甘地自传》中文版，第139页。

人，从事社会变革和科学实践是十分重要的，另一方面又认为，从本质上说，社会实践和科学实践不会导致精神的最终的得救，精神得救只有通过宗教的神圣方法才能实现；因为神圣的事情（虔诚信仰、精神解脱）可以意含人对人的服务和友谊，但后者毕竟不能等于前者①因此，这部分印度人道主义者在从事生产实践和科学实践的同时，从未忽略瑜伽实践——个人的精神锻炼和道德修养。瑜伽意为"身、口、意"三者的集中和统一，是一种典型的印度传统精神锻炼方法。按《薄伽梵歌》有如下几种：觉瑜伽、业瑜伽、智瑜伽和信瑜伽。瑜伽无疑是用来协调个人的物质生活和精神生活。例如，按业瑜伽，个人必须从事体力和脑力劳动，为自己、为别人创造尽可能多的物质财富，使自己和其他的人在这现实世界生活得更加美好、更加幸福。但同时，又必须根据觉瑜伽和智瑜伽来观察世界：世界毕竟是现象，如幻非真，个人不应眷恋不舍；相反，应该超然于世界，超然于物欲；但利用物质条件，向高级的心灵境界过渡。一句话，一个印度人道主义者必须尽可能地在物质生活和精神生活之间保持合理的平衡，不可有所偏废。如果说一个印度人道主义者必须着眼于"人间"，那么他必须同时放眼于"天上"，把天上人间二者统一起来，包摄在自己的智慧视野之内。

四　改良主义

如上所述，印度人道主义是综合了印度传统人道主义理论和近现代西方人道主义思想并结合印度社会实际而构成的一种现代印度哲学思潮。印度人道主义者把自己的一切社会实践标榜为社会主义。但他们不敢触动印度大资产者和大地主的利益；相反，

① 参见拉达克利希南《唯心主义的生活观》，第73页。

向这些大剥削者祈求布施。最典型的例子是他们发动的"劝地运动"，劝请大地主大发慈悲，怜悯贫农，施舍小块贫瘠的土地。但这并没有真正感动大地主。又如印度妇女如果没有丰盛的妆奁陪嫁，很难嫁得出去；即使嫁出去，也难免夫家的歧视和虐待。这个陋俗是套在印度人口半数的妇女脖子上的桎梏。印度人道主义者一直在从事反对这一陋俗的活动，但是，这一活动迄今未产生满意的和预期的效果。我们认为，印度人道主义者的社会改革实践，可以说是一种具有印度哲学特色的现代改良主义。

（原载《现代世界哲学》重庆出版社 1990 年版）

《圣教论》（Āgamaśāstra）

——新吠檀多主义的奠基石*

　　《圣教论》传播的吠檀多哲学（Vedānta）是印度近现代哲学流派中的主流哲学。此书曾是我多年的印度哲学与梵学研究中的一个主要课题。今逢我院建院 30 周年纪念，我特将此书的核心理论部分，作一提要式的汇报。

　　一、《圣教论（Āgamaśāstra）》是吠檀多学派的根本经典。 它的作者乔荼波陀（Gaudapāda）是吠檀多学派的创始人。关于他的生平事迹，仅有传说，没有可靠的记载。据说，他的再传弟子是吠檀多哲学集大成者商羯罗（Śānkara 约 788—820）。学者们由此推测乔氏大约生活在公元 7 世纪初期或更早些。乔氏写过一些哲学著作，但公认是他本人的原著只有一部，即《乔荼波陀颂》，也就是通常所称的《圣教论》。此论原是对《蛙氏奥义》的解释，但由于乔氏对奥义书和佛教大乘学说有独到的见解，他的释论又是自成体系，《圣教论》不仅是对《蛙氏奥义》的权威

　　* 《圣教论》的汉译本，巫白慧制作，商务印书馆出版。1999 年初版（3000册），2002 年第二版（5000 册）。目前，商务印书馆通知我，拟第三次印刷出版此书。

性的注解，而且是一部独立的哲学作品。而正是乔氏这部对奥义书作出权威性解释的哲学作品为吠檀多学派以后的发展奠下了第一块基石。

二、《圣教论》的文学形式是古典颂诗，它的哲学内涵则是秘密奥义。因此，我们对它的译释与研究有重点地放在（一）在把本论的梵诗译为汉语时，采用我国传统的颂诗形式和哲学术语，使汉语颂诗最大限度地保持与原著相似的文体与风格；（二）在对每个偈颂进行解释时，着重揭示它所蕴涵的吠檀多奥义，并结合乔荼波陀在本论中所提出的理论加以分析研究，以求弄清楚它的来龙去脉；（三）在这基础上，归纳出构成《圣教论》理论框架的若干基本原理。

《圣教论》全书分四章，共215个颂——圣教章第一（29个颂）；虚妄章第二（38个颂）；不二章第三（48个颂）；炭灭章第四（100个颂）。第一章的题目"圣教"一语，广义上泛指吠陀文献，狭义上特指四吠陀和奥义书，并且表示本论论主乔荼波陀在遵循吠陀－奥义书哲学传统的基础上提出自己的新见解：（一）以"唯一分三"的模式阐述《蛙氏奥义》的"四足"（四分）原理；（二）确认奥义书中设定的超验性的精神实在"梵－我"是真实的存在，绝对唯一，无生不二。以下的第二、第三章特就这两个命题进行全面的论述。第二章称为"虚妄章"是根据"幻"的理论来论证，除了梵－我之外，经验世界的一切，皆是伪妄如幻，非真存在。第三章称为"不二章"，是用"不二、无生、无差别、无分别"等否定模式来否定经验世界的"有二、有生、差别、分别"等妄执。第四章称为"炭灭章"、"炭灭"，义同佛家的"涅槃寂静"。论主在这一章里采用佛家大乘哲学的范畴，再深入论述前二章的"虚妄"和"不二"的观点，并自由地摘引非吠檀多、但具有正确性和权威性的论据。总的说来，这四章《圣教论》正是乔荼波陀用来构建他的新吠檀多主义理论体系的经典著作。

三、新吠檀多主义（这里所谓"新"是说与其前辈论师对奥义书的哲理内涵的理解不一样）即乔荼波陀所提出的"无分别不二论"（实质上是绝对不二论）。乔氏在《圣教论》中所展示这一理论的内涵有三个主要方面（三条基本原理）。

第一，原人—梵—我三者同一不二。"原人"（Puruṣa）是吠陀仙人哲学家在吠陀经中首先创立的，用以表达他们设想的永恒实在——精神世界和物质世界的本原。在本论中，论主用了一个颂（仅仅一个颂）追述原人理论，然后以奥义书的"梵"取代原人。梵，具有和原人一样的特征——宇宙本原；但梵的哲学内涵更丰富，它既有超验绝对的一面，又有经验相对的一面。超验绝对的一面是"否定一切可说者"（本论，第三章第 26 颂）；这叫做"上梵"（本论，第三章第 12 颂），也称为"胜义谛、真谛"。就真谛而言，即使法门无量，佛亦无法可说。但在经验相对的一面，则有法可说，可以大开方便之门，启发、引导一切有情悟入真理。这叫做"下梵"或"俗谛"。按俗谛说，经验世界的诸法（一切现象），依他而起，有生有灭。梵，作为宇宙本原，显然是一个客观唯心主义概念。论主在论中有时把它看做"所知"——客观对象。但是，他并不认为它是纯客观性的。在许多场合，他把"梵"和佛家的"识"或"心"等同起来。这样，梵既是客观性的，同时又是主观性的。梵的主观性又叫做"我"（Ātman）。梵与我，似有分工——梵表现为客观世界的基础，我表现为主观世界的根源；内在地则二者完全同一，即梵即我，即我即梵，梵我一体，圆融互涉。

第二，即梵即我，即我即梵。这个梵我一如的论述，在奥义书中几乎到处都可以看到，但在本论论主看来，比较典型的表述，要算《蛙氏奥义》（第 2 节）："一切皆此梵，此我即是梵，此我有四足"。论主正是根据这则奥义写出《圣教论》开宗明义的第一章第一颂：

> 外慧宽广曰周遍，内慧炽热曰炎光，
>
> 深慧内照曰有慧，唯一住此三分中。

颂中的"唯一"和"四足"是对"此我有四足"的诠释。"四足"即（精神界的）四分：外慧、内慧、深慧、我。此中"我"就是"唯一"。故"唯一"与"三分"亦即"我"与"三分"（详见本论第一章第一颂释）。至于"唯一"与"三分"之间在哲学上的关系，奥义书如《广林奥义》、《歌者奥义》、《石氏奥义》、《慈氏奥义》等，一般地提出"会三归一"（会多归一）的模式。然而，"三分"依"唯一"而起之后，是否独立于"唯一"？"唯一"是否遍在"三分"之中？这些问题似未在奥义书中得到明确的解答。乔荼波陀则在本论中肯定"唯一住此三分中"，意思是说，"三分"依"唯一"而起，"唯一"又同时住在"三分"之中。这里的"住"字具有深刻的哲学意义：它意味着"唯一"与"三分"的非一非异的关系，其中既有"依一分三"的演变过程，又有"会三归一"的还原过程。"三分"之所以能够最终复归于"唯一"正是因为"三分"实质上是"唯一"幻现的外在似真非真的现象——"三分"不是真实的存在，"唯一"才是真实的存在。

第三，特殊的否定系统。乔荼波陀认为，他的吠檀多哲学观点——无分别不二论，是和佛教的"大乘法"一致的。他盛赞此法，义理甚深，难得遇见。他劝告人们应对"大乘法"进行了解、认识。他在后三章提出认识此法的方法——一个复杂的否定范畴系统。这个范畴系统总的划分为两类否定模式：直接否定和间接否定。（一）直接否定是基于两个特定的前提而起作用：（1）设

定的超验精神实在自身具有如下特征：不二、无生、无差别、无
分别、不动、不变、离老死、不可说、不可得、无著、无始、无
终、非物质等；（2）经验世界的一切现象（非真存在），其特征
是：有二、有生、差别、分别、活动、变化、老死、可说、可得、
有始、有终、物质等；和合而生，本无实体，是被否定的对象。
（二）间接否定是基于三个特定的前提而起作用：（1）设定的超
验精神实在天然地具有如下的正面特征：上梵、无相梵、大我、
唯一、第四位、唯心、唯识、圆成实等；（2）超验精神实在自身
神奇地外现种种幻相：下梵、有相梵、个我、三分（杂多）、外现
诸法、似外境、依他起等；（3）幻相毕竟是"摩耶"，纯妄非真，
故可运用"幻"作为中介来进行复归式的否定。

（一）直接否定系统

不二	（否定：）	有二
无生	～	有生
无差别	～	差别
无分别	～	分别
非有	～	有
非无	～	无
不动	～	动
不变	～	变
离老死	～	老死
不可说	～	可说
不可得	～	可得
无著	～	执著
无始	～	有始
无终	～	有终
非物质	～	物质

（二）间接否定系统

上梵	（以"幻"否定：）	下梵
无相梵	～	有相梵
大我	～	个我
唯一	～	三分（杂多）
第四位	～	三位
唯心	～	现起诸法
唯识	～	似外境
圆成实	～	依他起
真谛	～	俗谛
胜义谛	～	世义谛

这两个否定模式事实上概括了《圣教论》四章反复论述的主要命题，构成了乔荼波陀的新吠檀多主义理论体系。在乔氏看来，这个新体系基本上实现了对奥义书的精髓——无差别不二论（绝对一元论）的准确的表达。凡理解他这套理论者，肯定能够"观察此乃无分别，不二熄灭诸戏论"，从而"悟得一切智"，达到"具足智慧者境界"（本论，第三章第34颂）。

四、《圣教论》——吠檀多哲学研究的重要意义。《圣教论》是乔荼波陀在发展吠檀多理论方面所做的里程碑式的贡献，它直接地和间接地推动吠檀多学派朝着成为印度哲学流派中的主流派方面发展。事实上。从乔荼波陀写作《圣教论》并以此创立吠檀多学派那天起，吠檀多哲学就开始在印度意识形态领域中起着主导作用；一直到今天，它的影响依然如此巨大，以至被承认为目前印度统治阶级的官方思想体系。可以说，吠檀多哲学是信奉印度教、占印度人口82%的印度教徒的人生观和世界观赖以形成的思想基础。近年来，我国哲学工作者已注意到对印度哲学的主流派吠檀多哲学的研究的重要性与紧迫性——研究吠檀多，特别是乔荼波陀的《圣教论》所阐述的无分别不二论，对于了解印度人的思维方法和生活方式（人生观和世界观），无论是它过去的传统或现在的倾向，无论是官方的或平民的，同样具有不可忽视的现实意义。

《梨俱吠陀》哲理神曲解读

一 吠陀经

恩格斯在科学地阐述一切宗教的最初发展过程时说，"……根据比较神话学，这一最初过程，至少就各印欧民族来看，可以一直追溯到它的起源——印度的吠陀经……"① 恩格斯在这里说的"吠陀经"是梵语"veda"的音译，泛指吠陀文献。吠陀，在狭义上，是指四部最古老的吠陀本集，即《梨俱吠陀》（Ṛgveda）、《娑摩吠陀》（Sāmaveda）、《夜柔吠陀》（yajur-veda）和《阿闼婆吠陀》（Atharvaveda），通称"四吠陀"或"吠陀本集"。四吠陀的汉译名称是：《歌咏明论》、《赞颂明论》《祭祀明论》和《禳灾明论》。广义上的吠陀，还包括解释四吠陀的梵书（Brāhmaṇa）、森林书（Āraṇyaka）、奥义书（Upaniṣads）以及经书（Sūtras）。此外，还有六种学习吠陀的专用辅助学科：(1) 阐陀论（Chandas，音韵学）、(2) 式叉论（śikṣā，语音学）、(3) 毗耶羯那论（vyākaraṇa，语法学）、(4) 尼禄多论

① 《马克思恩格斯选集》第三卷，人民出版社 1995 年版，第 667 页。

（nirukti，语源学）、（5）竖底沙论（jyotiṣa，天文学）、（6）劫波论（Kalpa，仪轨学）。这六种学科合称为"吠陀支"（Vedānga），散见于吠陀文献本身，其中有的是论文或专书。

二　《梨俱吠陀》

我们在这里所说的"吠陀经"主要是指四吠陀而言。四吠陀中又以《梨俱吠陀》为最古（其余较晚的三吠陀不外是对《梨俱吠陀》的复述和发展）。它是一部集体的诗作，共收不同时期的不同作者的不同内容的神曲 1028 支，编纂成书，共 10 卷。它的作者大都是世袭的婆罗门种姓的祭官、仙人、歌者和诗人。公元前 7 世纪以前，印度还没有文字记事。10 卷神曲完全靠祭司们的记忆和口授，一代一代地用声音传授下来。这样，在《梨俱吠陀》的 10 卷中，比较早的 6 卷（2 至 7 卷）的口授作者分别是六姓不同的婆罗门祭司，其余的 4 卷（1、8、9、10 卷）是几家婆罗门作者混合创作的。

《梨俱吠陀》1028 支神曲结构模式是：每一曲由若干首颂诗（诗节）构成，共 10600 个颂，平均一曲十颂。通常，一个颂包含四个诗行（四句），少数有三行或五行的。诗行一般由 8 个、11 个或者 12 个音节组成。一个颂的诗行照例是格律一致，长短相同，但也有个别罕见的式是由长短不一的诗行混合写成。《梨俱吠陀》的诗律约有 15 种，常见的仅 7 种，而最通用的是其中 3 种：三赞律（Triṣṭubh，4×11 音节）、唱诵律（Gāyatrī，3×7 节）、大地律（Jagati，4×12 音节）。按这三种格律写成的颂几乎占全书三分之二。《梨俱吠陀》的格律讲究音量节奏，交替使用长短音节，属于一类普通长短格或抑扬格。一个诗行中，只有最后 4 个或 5 个音节是最严格规定的；11 音节和 12 音节诗行中间还有一个顿号。《梨俱吠陀》的诗律无疑是后吠陀的古典梵语诗律的基础，但在格律运用上，显得比较集中和自由，不像古典梵语那样复杂和严格。

三　哲理神曲

《梨俱吠陀》的作者们——历代婆罗门种姓的仙人、智者、神学家、哲学家，按照这些古老的诗歌格律写出《梨俱吠陀》神曲的形式；与此同时，他们凭着对千变万化的宇宙现象的猜测、观察，推断和幻想，创造出《梨俱吠陀》神曲的内容（即《梨俱吠陀》的诗歌角色。这些角色总的可以分为两大类：一类是神鬼性质的，一类是非神鬼性质的）。他们在一代传一代的漫长创作过程中，终于成功地完成了 1028 支神曲的创作，题名为《梨俱吠陀》（Ṛgveda）。从哲学角度来阅读、探究这 1028 支神曲，可以发现其中至少有十支神曲，蕴含着相当丰富的吠陀时期的哲理内容——实质上正是印度哲学史的初页内容，是印度人（印度教徒）的思想根源。

本文拟从这十支哲理神曲中选出四支比较典型的哲理神曲，借以概要地揭示印度宗教哲学在吠陀早期的原始思想形态——"吠陀经"的哲理内涵。

（一）《有转神赞》（Bhāva-vṛtta）

（《梨俱吠陀》第 10 卷，第 129 曲，共 7 个颂，作者为住顶仙人 Prajāpati Parameṣṭhi）

>　　1. 无既非有，有亦非有；
>
>　　　　无空气界，无远天界。
>
>　　　　何物隐藏？藏于何处？
>
>　　　　谁保护之？深广大水？

2. 死既非有，不死亦无；
　　黑夜白昼，二无迹象。
　　不依空气，自力独存，
　　在此之外，别无存在。

3. 太初宇宙，混沌幽冥，
　　茫茫洪水，渺无物迹。
　　由空变有，有复隐藏；
　　热之威力，乃产彼一。

4. 初萌欲念，进入彼内，
　　斯乃末那，第一种识。
　　智人冥思，内心探索，
　　于非有中，悟知有结。

5. 悟道智者，传出光带；
　　其在上乎？其在下乎？
　　有输种者，有强力者；
　　自力居下，冲力居上。

6. 谁真知之？谁宣说之？
　　彼生何方？造化何来？
　　世界先有，诸天后起；
　　谁又知之，缘何出现？

7. 世间造化，何因而有？

是彼所作，抑非彼作？

住最高天，洞察是事，

惟彼知之，或不知之。

解读：本曲歌颂的对象叫做"有转神"（Bhāva-vṛtta），亦称为"最胜我"之神（Paramātman）。由于重点阐述"无"与"有"这两个基本哲学概念，故本曲又通称为《有无歌》。这是一首纯哲学的诗篇，反映着吠陀仙人哲学家在使神格哲学化和抽象化的努力中，又跃进了一大步；也可以说，吠陀哲学家开始使用纯抽象的概念来表述他们设想中的绝对实在。然而。由于他们的哲学思想尚未系统化，还处于发展、演变阶段，他们的思维模式和陈述方法，有时近乎唯心主义，有时近乎朴素的唯物主义；这就是说，《梨俱吠陀》哲学家在这个阶段的哲学探索仍然摇摆于唯心主义和唯物主义之间。另一方面，这在印度哲学史上有意无意地为唯心主义和唯物主义以后的发展奠下第一块基石，为唯心主义者与唯物主义者的哲学争论揭开了序幕。

本神曲共有 7 个颂，每一个颂都涉及一个或两个哲学问题，表述一个或几个哲学原理。兹按颂序，逐一讲解：——

颂 1：主要表述"无"与"有"的原理，其次暗示"水"为万有本源。"无"与"有"的原理可以从本体论和辩证法两个方面来说明。从本体论视角看，"无既非有，有亦非有；无空气界，无远天界"这四句中，前两句表述本体不受"无、有"的抽象概念的规定；后两句表述本体中也不存在客观世界。又前两句——"无既非有，有亦非有"反映出"无"与"有"的两个发展阶段：原初阶段和逻辑阶段。

（1）原初阶段：

无→否定→非存在；

有→肯定→存在。

（2）逻辑阶段：

无既非有→否定之否定→有；

有亦非有→有之否定→无。

原初阶段的"无、有"和逻辑阶段的"无、有"显然是有区别的，前者没有经过逻辑的规定，后者经过逻辑的规定。经过逻辑规定的"无、有"要比未经过逻辑规定的"无、有"更加精细、更加深化、更加彻底。吠陀哲学家设想的绝对实在——本体是无规定性的，但在表述时不妨权宜地借用逻辑的规定。"有"与"无"是对它的规定，非有非无也是对它的规定，但规定必然发展到无可规定——回归到无规定性的绝对本体。

从辩证法视角看，"无"与"有"是一对对立的矛盾。这是印度古代哲学家首次提出的朴素辩证思维模式——基本的二重辩证模式。这个模式反映吠陀哲学家的思辨中已隐约地长出了辩证法的萌芽，在直观形式上认识到客观事物的矛盾运动。"无既非有、有亦非有"这两句话是对"无"与"有"作进一步的规定，是意味着"无"与"有"并非静止固定，而是在不断的运动中变化；"无"不是永恒为"无"，"有"也不会永远是有。按形式逻辑，这两句话是反矛盾律的；按辩证逻辑，二者则是对立统一的模式——二者既是对立的，又是统一的。这一点，吠陀哲学家也许尚未完全认识到，但随着对自然进行不断而深入的观察和反思，他们似乎已能够辩证地推断"无"与"有"这对矛盾将会走向统一。

关于"水"是万有本原，此前（即在下边《万有创造主赞》，同书卷第82曲），吠陀哲学家已一再探讨什么东西是万有的本原？万物起源于何处？同时也明确认为"原水"是世界的本原。在本颂中，他们又强调说，有一隐藏之物，此物就是万物之胚胎，被隐藏、保护、孕育在大水之中。这与"是何胎藏，水先承受"之义相同。吠陀哲学家一再阐述物质元素为万有本原，说明他们并不是完全一边倒在唯心论的冥想苦思中。

颂2：本颂提出的"死"与"不死"的理论，是上一颂的"无"与"有"理论的继续。

上一颂讲的"无"与"有"的矛盾和统一，实际上是一个三重辩证模式：

$$\left.\begin{array}{l}(1)\ 无 \\ (2)\ 有\end{array}\right\} 矛盾 \rightarrow (3) \left\{\begin{array}{l}非无 \\ 非有\end{array}\right. 统一$$

即运用"非无"和"非有"的双否定来统一"无"与"有"的矛盾。从这个模式出发，吠陀哲学家推论任何两个相反的命题或判断，甚至"生"与"死"的矛盾，也将同样地发展到合二为一。所以作者住顶仙人在本颂中说，"死既非有，不死亦无；黑夜白昼，二无迹象"。"死既非有"意即"不死"，"不死亦无"意即"不生"。"生"与"死"是一对矛盾，"不生"和"不死"是对矛盾的统一。其模式同"无"与"有"的统一模式一样。颂中还形象地和寓意深刻地用"黑夜白昼"作类比：（1）死与生的矛盾，如同黑夜与白昼，二者正好相反，势无两立；但死与生终归消失在统一上。（2）死与生的统一就像黑夜与白昼的统一。然而，生死是抽象的精神现象，日夜是具体的物理现象；前者矛盾的统一和后者的统一是否是同一性质的统一？是否存在着一个包摄一切矛盾现象（主观的和客观的现象）的统一体？作者在本颂的后四句中对此作了肯定的回答——他设想的超验统一体是存在的；它的特征是，"不依空气，自力独存；在此之外，别无存在"。这个统一体还可以用最简单、但内涵极丰富的名词概念来表述。例如，他歌颂它为"有转神"；又如别的吠陀哲学家歌颂它为"婆楼那天"，为"造一切者"，为"原人"，为"因陀罗"，等等。吠陀哲学家的回答在哲学上是否合理，我们暂不讨论，但有一点是肯定的：他们的哲学诗篇说明他们已直觉地体会到，宇宙是相对而有差别，又是绝对而无差别，以及二者之间的天然而奇妙的关系，尽管他们还不能在哲学理论上解释这一关系。

"无"与"有"或"死"与"生"这个哲学上的基本问题，既是十分古老，又是非常新鲜。吠陀哲学家比古希腊智者早数百年就提出它来讨论。就印度来说，它的提出是正式宣告印度哲学史序页的揭开；同时，预示着吠陀后千年印度哲学家发展成为以"有"为理论基础和以"无"为理论基础的两大思想营垒，特别是佛教哲学的空宗（以龙树为代表的中观论学派）和有宗（以世亲为代表的唯识瑜伽行学派）的出现。

颂 3：讲器世间（客观世间）的生成。本颂和颂 1（后四句）再次强调原水为宇宙本原。但本颂补充了"空"与"热"（火）两个原素，也就是说，宇宙由"水、火、空"三者复合而成。这三种原素相生的模式是：空→水→火→彼一（宇宙胎藏）。这反映有的吠陀哲学家提出新的宇宙生成论，认为世界产生的基础是一个由若干物质原素形成的复合体。（可与中国的五行说和古希腊的元素说比较）。

颂 4：讲人类意识的起源，即情世间（主观世界）的产生。人类的意识或知觉从何而来？又如何产生？由精神产生还是由物质产生？住顶仙人在这里回答说，"初萌欲念，进入彼内；斯乃末那，第一种识"。他的意思是说，意识不是自在天所创造，也不是由物质所构成；它完全独立于物质，而且先于物质构成的肉体，是在肉体构成后进入肉体的。"彼内"就是指"肉体之内"。"末那"是 manas 的音译，意译即是"意识"。作者住顶仙人把意识称为"第一种识"。"种识"也可以说是"母识"，因为它能够产生"子识"。子识有五，即眼识、耳识、鼻识、舌识、身识。这五个子识是种识通过外五官与外五境的接触产生的。住顶仙人这个颂的哲学意义十分重要，它在意识产生于精神还是产生于物质这一哲学根本问题上直接作了回答：意识产生于吠陀哲陀哲学家设想的抽象绝对实在（精神），不是产生于其他物质性的东西。这一思想是其后印度一切唯心主义哲学的总根子和总来源。例如，"欲念"（Kāma）即后来的"无明"（avidyā）。印度唯心主义哲学派别公认为它为生物界最初错误的一念；正是由于这一念，便把本来如幻非真的一切主、客观现象误认为真实的存在。"第一种识"，唯心主义哲学家，特别是因解决吠陀哲学而形成的吠檀学派（Vedānta），在哲学上把它拔高为"我"（ātman）。"我"可大可小；大则与充遍宇宙之梵同一，小则进入某一生物的肉体，作为它的意识和承受轮回的主体。佛教大乘瑜伽行哲学把它作为八识系统的最后一识，称为第八识、根本识或藏识。吠陀哲学这个第一种识实际上正是佛教据以发展而成为它的大小乘哲学范畴系统的心法范畴的基础。

本颂的最后两句"十非有中，悟知有结"的"非有"意即非存在；"有结"意谓存在的关系。这可作二解：一者，种识本来非有，但由最初欲念而产生；一者，现象如幻，本非存在，但智者悟知它有相对的存在。

颂5：阐述天地、阴阳的原理和人类产生、繁殖的模式——情世间形成的具体形式。"悟道智者，传出光带"中的"光带"喻如智者所悟知"有"与"非有"的道理。"其在上乎"意即是"天"；"其在下乎"意即是"地"。智者传出的道理正是天地万物起源与发展的原理、规律。"输种者"意指为父者能够排泄精子，繁衍后代。"强力者"意指为母者具有育种产子的力量。颂的最后两句"自力居下，冲力居上"，其中"自力"是说阴性或雌性者（地）；"冲力"是说阳性或雄性者（天）。这意思是说，两性相交，天地和合，由是产生包括人类在内的一切生物。

颂6、颂7：在这两个颂里作者住顶仙人提出几个总结性的问题：宇宙如何出现？世界如何产生？包括人类在内的一切生物又从何而来？造化的这些秘密，有谁真正知道？作者提出这些问题正好说明他在陈述自己关于本体论问题的见解之后，又对自己的见解产生怀疑，没有把握判断是否正确。我们在本神曲开头的题要中评说，《梨俱吠陀》哲学家在这个时期还没有能力在唯心主义和唯物主义之间作出明确的选择，就是据此而言。

颂6有两个重要的句子——"世界先有，诸天后起。"前一句是说先有物质世界，后一句是说后有精神世界；换句话说，精神世界是因物质世界的产生而产生，是随物质世界存在而存在。这是一种含有浓厚的朴素唯物主义成分的思想。印度传统唯物主义学派顺世论，似乎继承和发展了这一思想，创立了唯一的古代印度唯物主义学说。顺世论的基本哲学观点是，生物界包括人类在内，他们的肉体是由物质原素，即地、水、火、风而构成。"我"（意识精神或灵魂）是在肉体构成之后才产生的。因此，肉体存在，"我"则存在；肉体死亡，"我"亦消失。

颂7的后四句："住最高天，洞察是事，唯彼知之，或不知之"反映作者设想的绝对实在外现为最上之神，住在最高层的天宫。他在观察、监督世界的形成和变化。因此，只有他能够完全了解世界产生和宇宙起源的秘密。

颂6和颂7所表示的观点是相互矛盾的。颂6说世界先有，天神后有，暗示在哲学上是先有物质，后有精神。颂7说有一个最高之神，住在最高层的天宫，他在监督世界创造的过程，寓意在哲学上是先有精神，后有物质。这正好说明作者住顶仙人的哲学思想正处在唯心主义和唯物主义的十字路口。

（二）《宇宙创造主赞》（Viśvakarmā）

（《梨俱吠陀》第 10 卷，第 82 曲，共 7 个颂。作者为地有子仙人 Viśvakarmā Bhaumana）。

　　1. 眼睛之父，心意决定，
　　　　生产原水，创设此二；
　　　　古老边界，划定之时，
　　　　上天下地，从此广延。

　　2. 造一切者，心广遍现，
　　　　总持一切，规律制定；
　　　　至极真理，正确洞见。
　　　　彼等愿望，因得食物，
　　　　甚感满足。彼等同呼：
　　　　是此唯一，超越七仙。

　　3. 彼乃我等，生身父母，
　　　　是此世界，创造之主；
　　　　我等所在，及诸有情，
　　　　彼全知晓。彼乃唯一，
　　　　诸天神祇，由他赐名；
　　　　其余众生，超前询问。

　　4. 往昔仙人，唱彼赞歌，
　　　　举行祭祀，献彼财宝。
　　　　彼等庄严，是诸有情，
　　　　集中住于，动不动界。

5. 在天之外，在地之外，
   诸天之外，非天之外。
   是何胎藏，水先承受，
   复有万神，于中显现？

6. 即此胎藏，水先承受，
   诸天神众，于此聚会。
   无生脐上，安坐唯一，
   一切有情，亦住其内。

7. 尔等不知，彼造群生，
   另有一物，有异于汝。
   口唱圣歌，蔽于迷雾，
   言无真实，玩乐游荡。

解读：本神曲歌颂的对象是 Viśvakarmā。此词意译就是"宇宙创造主、万物创造者、造一切者"；这些都是创世主的称号。本神曲作者在此阐述若干重要的哲学问题。其一，原水说（āpas）。认为水原素是世界构成的原初物质。其二，胎藏说（garbha）。胎藏，即是"胚胎、胎"。另一同义词 hiranya-garbhā，意译作"金胎、金藏、金卵"（《梨俱吠陀》，第 10 卷，第 121 曲）。在吠陀哲学家的猜想中，宇宙形成之前，宇宙是一个物质性的胚胎，孕育在深水之中。孕育期满，胚胎成熟，宇宙胎儿，从"母体"（原水）产出、变成为一个超验性的神奇宇宙容器，森罗万象，包摄天、地、空三界。其三，超验意识说。在《梨俱吠陀》里，manas（意识）泛指众生界的意识。本曲说的"意识"是与众生界的意识不同的意识："另有一物，有异于汝"；此中"一物"是指超验的宇宙意识（宇宙灵魂）。这说明，宇宙创造主既是客观世界的创造主，同时也是主观世界的创造主。其四，无生说（aja）。"无生"的概念（亦见于《梨俱吠论》1. 164. 4）。在本曲，"无生"反映创造主的特征和他本体的特质，故"无生"有二解，一解，是说创造主本体无生，无生自然无灭；一解，是说创造主由于无生，所以有生；有生，意谓创造主具有创造宇宙万有的超验神力。后吠陀的哲学，特别是佛教大乘哲学和婆罗门教的吠檀多哲学继承发展了这一"无生"思想，大大丰富了其内涵，并且各自制作一套为本宗服务的"无生说"。

上述四点吠陀哲理，若从现代视角来看，其中前两点似是朴素唯物主义的；后两点似是原始唯心主义的。

以下按颂序逐一讲解：——

颂1：首先阐述宇宙创造主创造器世间（物质世界）。"眼睛之父"的"眼睛"总说眼、耳、鼻、舌、身五种感官（五根）。"父"即创造主。"此二"是天、地二界。宇宙创造主创造物质世界的程序是：首先生产原水；其次，在水上创造宇宙乾坤。这个说法似为下边颂5、颂6的伏笔。

颂2：歌颂宇宙创造主的超验精神境界，他就是情世间（主观世界）的创造者，所以，他是宇宙间一切事物的支持者，宇宙规律的制定者，最高真理的亲证者，他心智广大，无所不在。"彼等"即众生界；"食物"即生活所需的物质。由于宇同创造主创造了精神世界和物质世界，众生界的物质愿望因此得到满足。"七仙"，有二说：一说是指生主神（Prajāpati）的七个儿子。他们是：摩利支（Marici，阳焰仙人）、阿底里（Atri，噬者仙人）、鸯吉罗斯（Angiras，具力仙人）、迦罗都（Kratu，智力仙人）、补罗诃（Purahā，破堡垒者，毗湿奴神的一个称号）、创律仙人（Pulastya）以及婆悉斯他（Vasistha，最富仙人）。另一说，是指大熊星座（欲称北斗星）。

颂3：描述宇宙创造主所创造的主观世界的具体现象：宇宙创造主作为生物界的生身父母，创造了人世间一切有情；同时又是万神之主，天上大小神祇，均由他赐名封号——由他创造。这是说，惟有他才是唯一的真神（惟一超验的实在），其余所有神众不过是他外现的化身而已。"其余众生，超前询问"意思是说，"谁是宇宙大神？众生如何设供礼拜？该做些什么功德善业？"

颂4：接上颂3，续讲按吠陀经教义做善事、积功德。颂中的"庄严"便是意指善事或功德。庄严有自庄严与他庄严两个方面。自庄严，谓应以远古的苦行仙人为榜样，精修苦行，创作诗歌，赞美神王，祭祀祈祷，以此来积聚功德，庄严自己（颂的前4句义）。他庄严，谓以虔诚热情的态度，宣讲吠陀哲理，教授吠陀祭礼，以此来庄严他人；也就是利益所有生活在"动界"（生物界）和"不动界"（非生物界）的有情（颂的后4句义）。

颂5、颂6：这两个颂是对颂1所说的"原水"理论作进一步的补充与阐述。两颂同时强调，世界之初，唯有原水；原水在先，宇宙在后。因为，原水首先承受着（怀孕着）一个物质性的胚胎，胎内蕴藏着生物界和非生物界的一切。一旦胚胎孕育成熟，宇宙胎儿脱离"母体"（原水），由是宇宙形成，天地划定。颂5的"非天"是吠陀神话里的一类恶神，阿修罗（Asura），因为他只有天神之威，而无天神之德，故被叫作"非天"。颂6中的"无生"和"唯一"都是宇宙创造主的超验特征，表述无生即无灭、唯一即不二的哲理。

颂7：阐述宇宙意识论，并批评那些不懂此理的人。颂的前四句是说，那些不知道至上之神的宇宙意识与众生的个体意识之间的根本区别的人，是为愚昧所蒙蔽。他们口唱圣歌，狂妄自封："我是神，我是仙"，如是自欺欺人、言无真实，终日陶醉于现世的享受，妄想来世再得福乐。

（三）《意神赞》（Manas）

（《黎俱吠陀》第10卷，第58曲，共12个颂。作者为盘豆仙人四兄弟 Bandhvādiy Gaupāyans）

> 1. 汝之末那，已经离开，
> 　　到达遥远，阎摩境内。
> 　　吾人使之，退转归来，
> 　　长享生活，在斯人间。
>
> 2. 汝之末那，业已离开，
> 　　到达遥远，上天下地。
> 　　吾人使之，退转归来，
> 　　长享生活，在此人间。
>
> 3. 汝之末那，已经离开，
> 　　竟至遥远，地之四方；
> 　　吾人使之，退转归来，
> 　　长享生活，在此人间。
>
> 4. 汝之末那，已经离开，
> 　　竟至遥远，虚空四边；
> 　　吾人使之，退转归来，
> 　　长享生活，在此人间。
>
> 5. 汝之末那，已经离开，
> 　　竟至遥远，大海汪洋；

吾人使之，退转归来。
长享生活，在此人间。

6. 汝之末那，已经离开，
　　竟至遥远，光端顶上；
　　吾人使之，退转归来，
　　长享生活，在此人间。

7. 汝之末那，已经离开，
　　到达遥远，树丛水边；
　　吾人使之，退转归来，
　　长享生活，在此人间。

8. 汝之末那，已经离开，
　　到达遥远，日晖晨光；
　　吾人使之，退转归来，
　　长享生活，在此人间。

9. 汝之末那，已经离开，
　　到达遥远，峻岭崇山；
　　吾人使之，退转归来，
　　长享生活，在斯人间。

10. 汝之末那，已经离开，
　　 到达遥远，宇内诸方；
　　 吾人使之，退转归来，
　　 长享生活，在斯人间。

11. 汝之末那，已经离开，
　　到达遥远，极地边疆；
　　吾人使之，退转归来，
　　长享生活，在斯人间。

12. 汝之末那，已经离开，
　　到达遥远，过去未来；
　　吾人使之，退转归来，
　　长享生活，在斯人间。

解读：作者盘豆仙人在这里把抽象名词"manas 意、意识"具体化的一个具有完整人格的超人，叫做"意神"并创作了这支题名《意神赞》对它进行歌颂和祈祷。这支神曲，语言简洁，用意明确，12 个诗节，表述同一哲学命题：末那（manas，意识，灵魂）不灭和转生。吠陀哲学家和诗人把 10 卷《梨俱吠陀》神曲的大部分篇幅主要用于阐述生物界（精神世界）和非生物界（物质世界）的起源问题，而对于生物界特别是人类的意识如何产生、人死亡后是否不灭的问题，则很少涉及，只是到了第 10 卷，才有较多的讨论。例如，任顶仙人在他的《有转神赞》（颂4）中讲了意识产生于最初的欲念，但没有讲意识是随肉体的死亡而消失。别的吠陀哲学家则探讨了这个问题，并且有两种不同的看法。一种看法是像长暗仙人在他的《万神赞》（颂4）说的，"我"（意识、灵魂）就是肉体，肉体由四大物质原素构成；离开四大物质原素，更没有"我"可得。他的意思是在于否定一个抽象的"我"的存在。另一种看法就是本神曲作者盘豆仙人和他兄弟的意见。他们认为意识就是灵魂，灵魂不会消灭；灵魂就在人的肉体之内，灵魂在肉体死亡之后离开，飘忽游荡，展转投生于其他世界；甚至还会返回人间，寻找新的母胎。这正是这支《意神赞》的主题思想。

按吠陀的宗教仪轨，这支《意神赞》是一篇祈祷词，通常是在人死不久，由其亲属对着死者默默念诵。它的内容表明如下重要意义：（1）在死者亲属的想象中，死者的意识（即所谓亡灵）在死者亡故之后仍然存在，不会因肉体的死亡而消失；它在离开已死的肉体后，还会自动去别的世界寻找新的依托（投胎）。（2）死者亲属主观地猜测，死者的亡灵在离开死尸之后，飘忽游荡，有可能去投奔阎摩王国，或飞往海角天涯，或漫游大地空间，或航行汪洋大海。他们一厢情愿地默请死者的亡灵，不要远走高飞，最好还是返回阳世，和活着的亲友团聚，共享人间福乐。（3）这支《意神赞》的 12 个颂中，每个颂都有两个关键性的动词——jagāma（√gam，离去）和 āvartayāmasī（√āvṛt，使之回归）。前一个词表示，死者的亡灵已经离开自己原先依托的尸体，飘忽前往别的世界；后一个词表示，在阳世的亲眷祈愿，使死者的亡灵返回人间，和活着的家人团聚，同享现实生活的福乐。显然，这两个词具有与后吠陀的 saṃsāra（轮回）相似的含义。印度的轮回论在《梨俱吠陀》时期尚未系统地形成，但说这支《意神赞》是它的最初形态，似乎是无疑的。（4）本神曲还提及一个重要的专有名词——"阎摩 yama"。这是阎摩神王的名字，即俗称"阎罗王"。在吠陀神话里，阎摩不是地下或地狱的统治者，而是天上神明之一，和因陀罗、婆楼那等大神平起平坐。不过，阎摩的职责的确是与鬼魂有关。在天的一隅有一个独立王国，它的臣民全是人间早死者的鬼魂和新死者的亡灵。这是一个鬼魂王国，阎摩正是它的行政长官和绝对的统治者。

（四）《包拥神赞》（婆楼那，varuṇa）

（《梨俱吠陀》第 8 卷，第 41 曲，共 10 个颂，今选择其中 7

个，即颂 1、3、4、5、6、7、8。作者为甘婆子仙人 Nabhaka
Kanva）

> 1. 祈祷圣主，婆楼那天；
>   敬礼聪明，风暴神群；
>   善护人心，如牧羊群。
>   其余怨敌，愿俱毁灭。
>
>
> 3. 彼以摩耶，提示宇宙，
>   既摄黑夜，又施黎明；
>   顺随彼意，三时祭祀。
>   其余怨敌，愿俱毁灭。
>
>
> 4. 最胜明神，测量天师，
>   现身大地，创立四维；
>   水天行宫，古老辉煌。
>   是此神王，我等主人，
>   犹如羊倌，放牧群羊。
>   其余怨敌，愿皆消灭。
>
>
> 5. 彼持诸有，全能通晓；
>   太阳名号，秘密奥义。
>   彼乃诗仙，禀赋非凡，
>   繁荣创作，丰富瑰丽。
>   其余怨敌，愿俱毁灭。
>
>
> 6. 一切才智，集中于彼，
>   犹如车毂，装在轮轴。

当即礼敬，遍三界者；
如人集合，牧场牛群，
敌人以轭，迅速套马。
其余怨敌，愿俱毁灭。

7. 彼行宇内，处处现身，
度诸众生，作其依止。
诸天神祇，周匝围绕，
于其车前，虔诚参拜，
听受神旨，如律奉行。
其余怨敌，愿俱消灭。

8. 彼乃海洋，神秘深广，
又如旭日，升空自在；
群生瞻仰，顶礼赞扬。
彼之神足，闪烁异光，
驱散摩耶，直上穹苍。
其余怨敌，愿皆消亡。

解读：婆楼那，梵语原文 Varuṇa，意译"包拥神、遍摄天"。婆罗那与因陀罗（Indra）原是雅利安人崇拜的古神。他们从中亚移民时把这两个古神分别带进波斯和印度。古波斯神曲集《阿维斯特》中的二神：阿修罗（Ahura Mardah）和因陀罗，就是印度《梨俱吠陀》的婆楼那和因陀罗。"阿修罗"在早期的《梨俱吠陀》神话中是对最高之神的尊称，而这个最高之神正是婆楼那。

　　这支《婆楼那赞》是 12 支关于他的神曲之一。它在形式上歌颂婆楼那，但它的内涵却是重要的吠陀哲理；它在神学上反映

《梨俱吠陀》神话的新发展，即这个时期的吠陀神话已从崇拜多神逐渐过渡到崇拜少数几个大神，后者并被赋予创造宇宙的超验神力。婆楼那便是这少数大神中的一个。事实上，这支神曲的作者突出地把婆楼那放在唯一的宇宙大神的位子上，所以这支神曲的每一个颂都以同样的两句话作为结束语——"其余怨敌，愿俱消灭。"所谓"其余怨敌"是说除婆楼那以外的一切神，他们不是被统一于婆楼那，就是被看作不存在——"愿俱消灭。"这是《梨俱吠陀》从泛神论向尊一神论过渡的明显信号。

在哲学上，这支神曲涉及两个重要问题：一是时空，一是摩耶（幻论）。关于时空问题，《梨俱吠陀》哲学家（包括其后的印度唯心主义哲学家）认为，时间和空间没有客观的实在性，而纯粹是主观的概念；或者说，是创世大神如婆楼那所安排的。关于摩耶（幻），他们认为，万有现象，包括时间和空间，本无客观实体，其所以存在，乃由一神（设想的抽象实在）自身的幻力变现出来的；因而，它们的存在是暂时的、无常的，最终还要回归了本体。这是"摩耶"（幻）的基本意义。

吠陀哲学家实际上把摩耶（幻）作为观察世界从产生到消亡的一种最基本的方法，因而在哲学上既是一种世界观，又是一种认识论。自从这个幻论第一次在《梨俱吠陀》被提出之后，数千年来印度的主要哲学流派一直把它作为一个十分重要的哲学理论问题来探讨，特别是佛教大乘哲学——中观论和瑜伽行论两派，以及婆罗门教的吠檀多不二论者，基本上把"幻"作为他们理论体系中的核心概念之一，而他们对此反复深入的阐述，又大大丰富了这一理论。然而，就哲学的根本立场来看，持唯心论观点的哲学家关于"幻"的看法从未离开过《梨俱吠陀》哲学的原始立场，当然，持唯物论观点的哲学家不在此列。

以下，按颂序逐一解读：

颂1："风暴神群"，原文 Maruts，常作复数，是一类次要的自然神。他们原是因陀罗近身卫队。因陀罗有两个别号：Marut-vat（有风暴神群陪伴的）和 Marudgaṇa（有风暴神群侍从的），反映因陀罗和风暴神群的主仆关系。根据本颂，风暴神群不仅是因陀罗的侍从，同时是婆楼那的随员。显然，在吠陀诗人的想象中，婆楼那在《梨俱吠陀》中的神圣地位是和因陀罗一样的重要。颂的后四句，歌颂婆楼那赏善罚恶、爱憎分明的性格：一方面，他像牧羊人爱护羊群那样，善于保护信奉他的善男信女；另一方面，他以其神威镇压反对和不信仰他的敌人，使之消灭而后已。

颂3：本颂和下一颂（颂4）描述婆楼那创造器世间（客观世界）。本颂的头四句是对婆楼那创世神力的歌颂。"摩耶"（māyā，幻）是婆楼那用以创世手段。"幻"实际上就是我们平常说的"幻术"或"魔术"。由魔术变出来的东西是"似真而实假"的幻想，是暂存的、无常的现象。在吠陀诗人设想中的大神如因陀罗、婆楼那等，自身具有与生俱来的魔术。一般说来，神的魔术和人的魔术在本质上和作用上没有什么区别——都是用来变现幻象。但是，在能量上和范围上，神的魔术和人的魔术之间则有天壤之别。神的魔术能够变现出宇宙三界，及其中一切生物和非生物；而人的魔术只能变出像哄儿童的小玩意儿。颂中所谓"彼以摩耶，揭示宇宙"就是这一含义。颂的后四句是说，凡是信仰婆楼那的人，应顺从神意，每天三次准备祭品，供养婆楼那。至于那些不信婆楼那的"怨敌"，愿其完全消灭。

颂4："测量天师"即天上测量师、宇宙建筑师，也就是宇宙创造主。婆楼那在"揭示宇宙"之后，具体作了如下几件事：（1）创立四维，即创立宇宙方位——东南西北，上下四维；（2）测量天地；（3）坐镇"水天行宫"，监视三界众生的一切善恶行为。"水天"是婆楼那的别称。在《梨俱吠陀》末期神话，婆楼那的神权被限于管辖水域，故称为"水天"。

颂5：本颂和下一颂（颂6）讲述婆楼那创造情世间（主观世界）。"彼持诸有"意谓婆楼那是三有（天、空、地三界）的基础，支持着宇宙三有的存在。"太阳名号"即以太阳为首的一切自然现象。婆楼那是全知全能的超级神明，故能完全了解、掌握它们（自然现象）从产生到消亡的过程的秘密规律。像创作《梨俱吠陀》那样伟大的诗歌的天才，也是来源于他的知识库，他才是真正的诗仙。

颂6：婆楼那何以"全能通晓"宇宙间一切现象的秘密？何以是"禀赋非凡"的诗仙？作者在这个颂里解释说，因为"一切才智，集中于彼"。原来一切经验的知识和超验的知识都集中在婆楼那身上，所以他本身就是一切智慧、一切才能的体现；一句话，婆楼那是主观世界的基础，支配着一切高级的精神活动。颂中"敌人"意指不信波楼那的人。这些人就像牧人集合牛群那样，迅速套马，向婆楼那的信徒发动攻击。我们应即祈祷婆楼那，请他施以神威，保护我们，消灭敌人。

颂7：本颂是概述婆楼那的威德：天上地下，严执法规，赏善罚恶，人天服从。颂的头四句是说，不同层次的众生有不同的素质或根性。婆楼那据此而现不同的化身去度化他们，作他们生命最好的归宿处。"诸天神祇"泛指天、地、空三界的高级、中级和低级神灵。他们一致尊奉婆楼那为众神之王，接受、执行他的神旨。"如律奉行"似是特指自然之神而言：他们应各行道，不得有误。例如，太阳神和太阴神应按自身规律在空中正常运行；司昼神和司夜神应履行各自职责，在人间按时间规律主持白昼与黑夜。

颂8：本颂是对婆楼那神奇的摩耶（幻）的总结。本颂讲的

"摩耶"是与颂3讲的"摩耶"相呼应,是同一摩耶的两种表现形式。颂3的摩耶是讲宇宙万象因摩耶而显现,本颂的摩耶是讲宇宙万象因摩耶而消亡;因为宇宙是一个大摩耶(幻相),本来虚假,非真实在;摩耶从显现到消亡是它本身的自然过程。因此,本颂的摩耶可作二解。一解是幻术和幻象:宇宙是伟大魔术师婆楼那使用魔术变出来的幻象,幻象非真,会在一定条件下自行消失,即所谓"直上穹苍"。另一解是幻象和迷惑:世间现象,虚妄如幻,无有多体,非真存在。但凡大俗子迷惑不解,执以为真,由是对他们说来,幻象(摩耶)变成一种精神上的障碍和烦恼。不过,一旦恍然觉悟,识破幻象的虚假本质,消除心理上的迷惑,那时候,便是"驱散摩耶,直上穹苍"的境界。

四　印度哲学思想总根源

解读上述四支《梨俱吠陀》哲理神曲后,人们不难发现,吠陀仙人、哲学家于中提出、阐述了若干带根本性意义的哲理;而这些哲理可以说是印度哲学思想,特别是所谓传统哲学思想的总根源:

第一,原水说(apās)。水,是物质。吠陀仙人、哲学家猜测,水是宇宙构成的物质基础。因此,吠陀的智仙们认为,世界之初,最先出现的物体是一个圆形的胎藏(状如胚胎),它内在蕴藏着天上万神仙众和地下的生物界和非生物界的一切。这个神奇胎藏得到水的承受和孕育。孕育(怀孕)期满,胎儿成熟,脱离母体(水)——胎儿一出娘胎,便变为宇宙的具体形式:开天辟地,世界出现。这是宇宙产生于物质的观点。但有一派吠陀智者则执宇宙产生于非物质。

第二,摩耶说。摩耶(māyā 意为"幻、幻变、幻术")。婆楼那（Varuṇa）在吠陀仙人哲学家的设想中是一位天然地具有神奇幻术的超验大神。他运用他的不可思议的幻术变现出天、地、空三世界的存在；随着时空演变，造化明灭，他又在特定的超验境界，运用同样的幻术，把三世界的存在回收起来——宇宙的回归。摩耶说（幻论）到了后吠陀时代，被所有（唯心主义）哲学派别所接受，成为它们各自哲学体系中的一个最基本的概念和范畴。特别是佛教哲学，它发展、深化了"摩耶说"，认为"摩耶"（幻）是一种客观存在的规律，支配着事物的内在运动——生（产生）、住（暂存）、异（衰变）、灭（消亡）的内在变化。佛家所谓佛教哲学三原则："苦、空、无常无我"就是基于摩耶（幻）的原理而创立的。佛陀在《金刚般若波罗密多经》的著名经末偈颂上总结般若空义时说："一切有为法，如梦幻泡影；如露亦如电，应作如是观。"正是对摩耶（幻）的哲理予以最高度的重视与肯定。

第三，末那说。末那（manas），义即"意、意识"。在《梨俱吠陀》里有好几个同义不同形的单词；如说，欲念（Kāma）、种识（manasoretaḥ）、第一种识（manaso retaḥ prathamam）、心（hṛd）、我（ātman）、气息（Prāṇa）、生命（jīva）、精气（asu）等。在关于人类意识如何产生问题上，吠陀仙人、哲学家有持不同意见的两派。一派执著，意识即是"我"。"我"是在肉体形成之后产生的。肉体是由"地、血、气"的物质原素所合成；离开这些物质原素，"我"便不可得；"我"的消失，同时也就是意识的不存在。这意思是，意识产生于物质。另一派的看法是，意识产生于设想的抽象绝对实在（精神），不是产生于其他物质性的东西。这一思想是吠陀后一切印度唯心主义哲学的总根子和总来源。

第四，有无说。"有"（sat）与"无"（asat）是两个最基本的哲学概念。二者之间的矛盾与统一的辩证关系，是吠陀仙人、哲学家最早观察到的。它在后吠陀的奥义书获得新的发展，"有"与"无"被认为是一种相生相克的关系。公元前六世纪，怀疑论者，在"有"与"无"二句的辩证逻辑基础上，发展为四句模式，即，（1）有；（2）无；（3）非有非无；（4）亦有亦无。随后，释迦牟尼（佛陀）则对四句逻辑模式赋予新的内涵，认为"有"意即是"生"；"无"意即是"死"。这是佛教的观点，适用于佛教徒。但后两句"非有非无"和"亦有亦无"则是外道戏论，佛教徒不应接受。因为佛陀认为，佛教徒修行的目的，完全在于力求克服，以至消除（人的）"生存"（有）与"死亡"（无）的痛苦和烦恼，从而最终获得精神上（心灵里）永恒的解放与安乐。所以佛经云："生灭灭已，寂灭为乐。"此中"生灭"即生死烦恼；"灭已"即在消灭生死烦恼以后；"寂灭为乐"意即取得涅槃寂静的永恒快乐。公元后五世纪，佛家辩证法大师龙树菩萨，提出以"空"义为基础的中观论，通过"二重否定"方法，统摄、融通"有、无、非有非无、亦有亦无"四句逻辑，成功创立了佛教大乘辩证法——《中论颂》的"八不否定、四句逻辑、三谛原理"（简称为中观的"缘生法、缘起论"）。

（原载《东方哲学与文化国际学术研讨会论文集》，2006 年版）

印度唯物论思想探源

　　印度哲学传统地划分为正统哲学和非正统哲学两大系统。正统哲学一般地说是指婆罗门教哲学，细分则有所谓六派哲学——数论、瑜伽论、正理论、胜论、弥曼差论和吠檀多论。非正统哲学，或反婆罗门教的哲学主要是指耆那教、佛教、邪命外道（生活派）和顺世论；当然也泛指一切反婆罗门教的哲学派别。正统和非正统的区别在于是否承认或相信吠陀经典的权威。承认者为正统，反之，为非正统。这种区别方法虽然在印度互相承袭，但是笼统的、不科学的，因为非正统哲学虽然不承认吠陀的权威，却也继承了吠陀的很多思想。科学的区别方法应该以哲学的基本观点作依据，亦即我们通常按唯心论和唯物论来区分哲学流派的方法。根据这一方法——以唯心论和唯物论作为分水岭，上述正统和非正统的哲学派别中，只有顺世论是唯物论哲学，其余各派虽然有的具有唯物论的因素，但基本上属于唯心论哲学。这一方法正确地反映了印度哲学史的总的发展情况：印度哲学发展史的一个最突出的特点，就是唯心论哲学流派在历史发展过程中一直占据着主导的地位；即以唯一的唯物论学派顺世论而言，它本身没有留下可供研究的系统的和可靠的资料。或问，印度哲学是否从一开始就只有唯心论，而没有唯物论？当然不是。和别的国家一样，印度从哲学思想产生起就有唯心和唯物两种形态的思想，并且在以后的演变过程中形成唯心论哲学和唯物论哲学，而前者在相互批判斗争中压倒了后者，使唯物论常常处于潜存的状态。现代印度学家，特别是印度学者正在探寻、搜索印度唯物论思想材料，企图恢复和重建印度唯物论的哲学体系，其故可能就在于此。这也是本文的目的，但本文的范围有限，只涉及最原始的唯物论思想形态。

一　吠陀的朴素唯物论

吠陀是印度最古老的宗教历史文献，是在公元前 2000 年至前 1000 年间创作的；它主要包括四吠陀（《梨俱吠陀》、《娑摩吠陀》、《夜柔吠陀》、《阿闼婆吠陀》）、梵书、森林书和奥义书。四吠陀中，《梨俱吠陀》最古，全书十卷，共 1028 首赞颂神灵的神曲。《娑摩吠陀》和《夜柔吠陀》基本上复述《梨俱吠陀》有关歌咏和祭祀两部分内容的赞歌。《阿闼婆吠陀》是对《梨俱吠陀》咒语巫术的发展，出得比较晚。梵书是解释吠陀祭祀仪轨的著作，森林书和奥义书类似附录，附在梵书之后，主要阐述从吠陀至梵书的哲学思想，并对此做了发展和总结。

吠陀，特别是《梨俱吠陀》的内容，从总的方面说，似有四个方面：1. 神格化自然现象；2. 人格化自然之神；3. 对自然本身的近似猜测；4. 对神的存在的怀疑。后二者是唯物论思想最初的萌芽。《梨俱吠陀》（以下简称《梨俱》）诗人和智者绝大部分都是神话论者和祭祀论者，相信一神或多神创造了世界和人类，一切生物和非生物。但一部分《梨俱》哲学家持相反的看法。他们首先观察宇宙的神奇莫测、千变万化的自然现象，并不是在一种外来的抽象或虚构的神祇支配下发生的。究竟因何发生？如何发生？他们虽然还一时弄不清楚，但他们对虚构的创世主创造世界这一说法表示了怀疑："谁曾看见，彼之初现？无骨架者，支撑骨架？"（《梨俱》Ⅰ.164）在世界产生之前，谁曾看见彼创世主为创世而出现？事实上谁都没有看见他的出现。他是否曾经存在过是值得怀疑的。"无骨架"是指非物质的东西；"骨架"是指物质的东西，非物质和物质二者毫无必然的因果关系、非物质的东西如何能够产生、支持物质的东西？这是一种具有重要哲学意义的无神论式对神产生怀疑的观点，它反映某些《梨俱》哲学家已观察到自然的物质性，因而对物质和非物质有所识别：物质只能产生于物质，而不能产生于非物质。世界是物质的，它产生于物质。所谓创造主是虚构的、非物质的，不能创造物质的世界。有人甚至对神话世界中居于万神之上的因陀罗也持怀疑态度。《梨俱》神话中有两个至上之神，一是婆楼那（Varuṇa），一是因陀罗（Indra），这两个神被歌颂为神格最高、神力最大、最为善神所尊敬、最为恶神所害怕的大神。按《梨俱》宇宙构成论，宇宙划分为三界：天界、空界（大气层）和地界。因陀罗是空界的首席大神。在《梨俱》1028首神曲中，以歌颂因陀罗为主题的就有250首，几乎占全书的四分之一。可见因陀罗在《梨俱》神话地位中是何等的特殊和重要。在歌颂因陀罗的250首神曲中有一首《因陀罗颂》，由12首四句颂诗组成，其中第三颂曰："帝因陀罗，若实存在，速作赞歌，颂彼明神。但有人云：无此帝释；谁曾见之？我将谁敬？"（帝释，在佛经中是因陀罗的别称）这支神曲的作者叫做弃恶子仙人，他在这首诗中竟大胆地对主宰人间天上的因陀罗的存在表示怀疑。他的怀疑有两层含义：一层是，因陀罗究竟是神还是人？一层是，是否真正存在着一个叫做因陀罗的神？这样大胆怀疑公认的大神，说明一部分《梨俱》哲学家已经开始认真探讨宇宙的本原问题，脑海里神话的创世主的幻象逐步让位于理性所推测的客观现实，神是宇宙的本原的信念已在他们的心目中动摇了。

对神的怀疑论是从有神论到无神论的过渡阶段。这个阶段开始了对神作为宇宙本原的否定。然而，吠陀哲学毕竟是哲学思想的萌芽，吠陀哲学家还无法讲清楚宇宙的本原是什么。虽然对神的创世说置疑，但一时也说不上何物可以取代神的地位。因此，只好对森罗万象的自然进行"盲人摸象"式的猜测。1. 水原素说。疑神论的吠陀哲学家似乎首先把水原素看作宇宙的本原，故对水作哲学的猜测比较多。一位名叫住顶仙人的吠陀哲学家在他的《有转神颂》（《梨俱》X. 129）中说："太初宇宙，混沌幽冥，茫茫洪水，渺无物迹。由空变有，有复隐藏，热之威力，乃产彼一。"这位仙人猜测，混沌初开，乾坤未定，宇宙冥冥，空无所有，但有一片洪水，水中温度，有孕育作用。诗中"乃产彼一"意指水在孕育着一物。此物为何？另一位吠陀哲学家生主子仙人在他的《敬谁歌》（同上书卷 121）中对此作了说明："太古之初，金胎始现，万物之主，生而无两；既定昊天，又安大地。此是何神，吾当供养？""洪水泱泱，弥满大荒，摄为胎藏、产生火光；诸天精魄，从此显现。此是何神，吾当供养？"水中孕育的一物乃是"宇宙胎儿"，妊娠期满，宇宙从水脱胎而出，于是天地安立，乾坤始定。不仅非生物界由此显现，生物界的一切有情也产生于此。"即此胎藏，水先承受，诸天神众，于此聚会。无生脐上，安坐唯一，一切有情、亦住其内。"（同上书卷 82）。这是从横向猜测水生宇宙的空间，还有从纵向猜测水生宇宙的时间。祛罪子仙人说："真思与真语，俱生于苦行；由此生黑夜，由此生海洋。后复因海洋，乃有岁神生，协调日与夜，时刻统治者。"（同上书卷 190）年岁是人间时间最大的单位，它周而复始，运转不息，因而统摄一切时刻。在这位仙人哲学家看来，一切时刻即一切变化，而一切变化正是由于年岁（时间）往复的运动。年岁（时间）是宇宙现象演变的总根子。他似乎猜测到时间的运动是永恒的，客观存在的。2. 风原素说。有的《梨俱》哲学家认为风原素是宇宙本原。例如，阿尼罗仙人在他的《风神颂》中说：（风神）"按所定路线，跨越太虚空，飞行无中止，一日亦不息。诸天之灵魂，诸有之胎藏，正是此明神，任意逍遥游。能听彼声音，不见彼身形；吾应具牺牲，敬礼此风神。"《梨俱》Ⅹ.168）此中"诸有"是指天、地、空三界，以及生活在三界中的一切天神，人类及其他生物。就是说，包括天上人间一切生物在内的自然界都是由风原素所孕育、所产生。《阿闼婆吠陀》（ⅩⅠ.6）也有类似的描述，但远不如《梨俱》的生动。3. 多原素说。另有一些吠陀哲学家认为，宇宙的本原不是单一的，而是多样的或多元的。上文所引关于水原素的诗："洪水泱泱，弥满大荒，摄为胎藏，火产生光"，已把水和火这两个原素联系起来，说明太初之际，唯水与火；它们的相互作用，产生宇宙万有。长闇仙人在他的《万神颂》（《梨俱》Ⅰ.164）的长诗中，神化了多种物质，并一一赋予它们创造宇宙的神奇品格。其中有：水、火、风、空、地。这位仙人把这五者同等看待，一视同仁。这反映出：吠陀哲学家尚未弄清楚这五者的相互关系，偶尔只看见它们的"相生"一面，但尚未发现它们"相克"一面。稍晚的《阿闼婆吠陀》（ⅩⅠ.6）也有此说。但同样只写了它们相生的作用，而不知它们的相克作用。和中国古代哲学比较，《梨俱》的多原素说似未达到中国五行相生相克的理论水平。《梨俱》的水、火、风、空、地，无疑是后期各派哲学一致承认的地、水、火、风、空五原素说的滥觞。4. 意识起源说。吠陀哲学家把《梨俱》全书的篇幅几乎都用在描述神话中的宇宙生成论（神明创造世界和原素构成世界），很少涉及生物界的意识起源问题。无疑，他们曾经一再提及"意"（manas，意识、心识）和"我"（ātman，灵魂）。二者有时分开论述，有时视作同一概念。牧者延那子写的《意神颂》（《梨俱》Ⅹ.58）便是把意识和灵魂同一起来，描述意识具有永恒不灭的性质。然而，意识最初如何产生？产生于什么？吠陀仙人虽然谈得很少，但毕竟不能完全避而不谈；因为他们在完成对宇宙起因的猜测后，必然会碰到生物界的意识，特别是人类意识的起因问题。他们对意识起因问题的兴趣虽然远不如他们对宇宙起因问题的兴趣那样浓厚和广泛，但他们总算从两种不同的角度提出了看法。一种看法认为，意识不是自在天所创造，也不是由物质原素所构成；它完全独立于物质，而且先于物质构成的肉体，是在肉体构成后进入肉体的。这便是住顶仙人在他的《有转神颂》（《梨俱》Ⅹ.129）说的："初萌欲念，进入彼内，斯乃末那，第一种识。"此中"彼内"即指肉体之内。"末那"是 manas（意识）的音译。住顶仙人把意识称为"第一种识"。"种识"也可以说是"母识"，因为它能够产生"子识"。子识有五：眼识、耳识、鼻识、舌识、身识。这五个子识是种识通过外五官与外五境的接触产生的。住顶仙人这个颂的哲学意义十分重要，它在意识产生于精神还是产生于物质这一哲学根本问题上直接回答：意识产生于精神，不是产生于物质。这一思想是其后印度一切唯心论哲学的总根子和总来源。例如，"欲念"即后来的"无明"，印度唯心论派别公认它为生物界的最初一念，正是由于这一念，便逻辑地幻现出无穷无尽的主观和客观的现象。"第一种识"，吠檀多学派在哲学上把它拔高为"我"；"我"可大可小，大则与充遍宇宙之梵同一，小则进入某一生物的肉体，作为它的意识。大乘瑜伽行哲学则把它作为八识系统的最后一识，称为第八识、根本识或藏识。吠陀这个第一种识实际上正是佛教小乘和大乘范畴论中的心法的基础。和住顶仙人的唯心论观点相反，长闇仙人提出另一看法："地生气血，我在何方？谁寻智者，问此道理？"此中地、气、血指构成肉体的成分。"我"是意识。意识因肉体的存在而存在。肉体离开它的组成部分——地、气、血，则不存在；肉体不存在，意识也同时消失。故意识因肉体的消亡而消亡，根本没有常存永在的意识（我）。这也可以说，长闇仙人从一种朦胧的唯物论立场对意识产生于精神还是产生于物质这个哲学根本问题作了回答：意识产生于物质，不是产生于精神。这一思想在《百道梵书》又作了发挥，可能为后来唯物论学派顺世论所继承和发展。5. 有无说。有即存在，无即不存在。在《梨俱》中首先提出这一问题的哲学家似乎是祷主仙人。他在他的《众神颂》（《梨俱》Ⅹ.72.2—3）中说："楚主充空气，犹如一铁匠；诸天初现时，有从无产生。诸天初现时，从无产生有，其后生方位，其后生纵向。"（方位、纵向，意指东南西北，上下四维）祷主仙人在此提出有与无的问题，并强调先无后有，有生一切——"无→有→一切"。但对"无"的解释，各家似有分歧。祷主仙人认为，太初之际，空无所有，唯见诸天；诸天创造，才有世界。换言之，诸天先于世界而存在。住顶仙人不同意此说。他认为"无"的意义是说。太初之时，既无诸天、亦无物象，只是渺渺茫茫，洪水一片；水有温度，孕育宇宙，产生万有。他断言，不是诸天先于世界而存在，而是世界先于诸天而出现："世界先有，诸天后起；谁又知之，缘何出现？"（《梨俱》Ⅹ.129.6）用哲学的语言来说，这就是物质先于精神，精神后于物质；物质是世界的始基，精神是它的反映。住顶仙人还进一步考察有与无的关系，把二者看作事物的一对矛盾，并提出统一矛盾的模式："无既非有，有亦非有"；前一句否定"无"，后一句否定"有"。有无同时否定，便得矛盾的统一。吠陀哲学家从发现矛盾到统一矛盾——从否定到肯定，这说明他已能够对事物作初步的辩证观察；也可以说，这是印度辩证思维哲学的萌芽。吠陀哲学家对有与无的解释是十分粗浅和朴素的，但从它提出之时起，数千年来一直是哲学家们所要探讨和解决的重要的哲学问题之一。

二　奥义书的朴素唯物论

奥义书是四分吠陀文献（吠陀、梵书、森林书、奥义书）的最后部分，常称为"吠檀多"（Vedānta），意为"吠陀的结尾"。奥义书现存有 200 余种，其中有早期的作品和晚期的作品。早期的作品约成书于公元前八百至五百年间，此后便是晚期的作品；最晚的奥义书是十五、十六世纪时出现的。公认最古老、最原始、最权威的奥义书约有十四种，它们是：《他氏奥义》、《憍尸氏奥义》、《歌者奥义》、《由谁奥义》、《鹧鸪氏奥义》、《大那罗延奥义》、《石氏奥义》、《白骡奥义》、《慈氏奥义》、《广林奥义》、《自在天奥义》、《秃顶奥义》、《疑问奥义》和《蛙式奥义》。这些是研究奥义书哲学的主要典籍。

奥义书实际上是一种哲学类书或对话录，它们记录的不是一家之言，而是诸家之说；既有唯心论者的理论，也有唯物论者的观点。这可能就是为什么奥义书虽然总结了从吠陀到梵书的主要思想，但没有系统地阐明任何一个学派的哲学体系的原因（这时期尚未形成有系统的哲学派别）。这也是为什么奥义书是印度唯心论哲学和唯物论哲学的总的思想源泉的根据。

奥义书哲学和吠陀—梵书哲学是一脉相承的。奥义书哲学家主要继承了吠陀的梵书的唯心论思想，并作了重大的、有创造性的发展。唯心论思想是贯穿十四种权威的奥义书的主题思想。继承吠陀唯物论思想的奥义书哲学家仅有一小部分。在奥义书中唯物论思想不是受到歪曲的批判，便是被包裹在唯心论和神秘主义外衣之内，或者被唯心论的洪流完全冲刷掉。因此，要在奥义书中探寻意识形态的真珠——唯物论思想，仍需花大气力。

（一）外在世界（宇宙）的本原

有唯物论倾向的奥义书哲学家在排除唯心论者关于"梵"或"我"为宇宙本原的说法后，大胆提出自己关于这个问题的看法：1. 单一原素说。首先，他们毫不含糊地重申吠陀的说法："世界先有，诸天后起"，这是说，宇宙最初的本原是物质，而不是精神。同时，他们承认吠陀提出的水是宇宙最初物质的说法，并且具体地作了发挥，认为太初之时，此界唯水，水生实在，实在即梵，梵出生主，生主育诸神。（《广林奥义》V. 5）又说，大地天空，气层山岳，神人鸟兽，草木牲畜，虫蝇蚂蚁等诸物形状，皆由水构成。（《歌者奥义》Ⅶ. 10.1）"梵对我说，诸水既是我的世界，也是你的世界。"（《忄尸氏奥义》Ⅰ. 7）这一说法十分典型。"梵"和"我"是精神，水是物质，后者是前者的基础，前者来源于后者。其次，"梵、我、水"三者同一同源；"梵"和"我"是精神界的幻象，原非真实，真实者唯"水"，水即梵我的实体。"梵、我、水"三者同一的实际意义在于三者同归于唯一的水。有的奥义书唯物论者进一步发挥了火是宇宙本原的思想。火是宇宙的种子，犹如胎儿，怀在母腹；种子成熟，演变为宇宙万象。"遍知者火，隐于二木，犹如胎儿，孕妇怀育。警觉男子，应具牺牲，每日行祭；此即是彼。"（《石氏奥义》Ⅱ. 1. 8）此中"二木"（araṇyor）有二解，一解为上木和下木，二木和合产生火种，犹如父母交合，产生胎儿；一解为神我（puruṣa）和自性（prakṛti），前者为主观世界，后者为客观世界，二者是宇宙本原火原素的存在的表现。有的奥义书唯物论者把气看作宇宙的本原。气分为外气和内气。外气是体外的空气（风），内气是体内的气息（呼吸）。空气是外在世界的吸收者：火在熄灭后被吸入于空气，太阳和月亮在没落后被吸入于空气。气息是内在世界的吸收者：人在入睡后，他的话语、视觉、听觉、心识都被气息所吸收。这是说，气产生客观世界和主观世界的一切，而这一切又回归于气。气是宇宙之本，万有之源（《歌者奥义》Ⅳ.3.1—4）奥义书唯心论者也以某种方式承认物质原素火和气是宇宙变化的根本。例如，他们把火和气看作外在世界的本原，把"我"（灵魂、意识）看作内在世界（众生）的本原。火和气进入世界，化作与它们所进入的每个对象相应的形式。"我"亦如此，进入生物界，化作与它所进入的每个生物相应的形式，但它亦不住在这些变化形式之内。（《石氏奥义》Ⅱ.9—10）奥义书唯心论者企图在此说明：（1）物质原素火和气是外在世界变化的根本；（2）"我"是内在世界变化的根本；（3）火、气、我三者都是客观存在的。在我们看来，第一点是正确的，第二点是荒谬的，第三点是正误参半：说火和气是客观存在，是正确的；说"我"也是客观存在，则错误，因为"我"是幻想中的精神现象，根本不是实有的客观现象。同样，在《鹧鸪氏奥义》（Ⅱ.1）中有人把"食物"（annam，解作"地原素"）和"我"、"梵"联系起来。他们把食物看作梵的一个方面："谁把梵作为食物来礼拜，谁就获得所有的食物。"他们把"食物"人格化为一切众生之首，梵最初创造的生物。"我"与食物似有两方面的关系：一是食物因遍我而产生，一是食物为命我的基础。另一些唯心论者把"虚空"（ākāśa）和绝对之梵联系起来。他们认为如果把地或空当作梵来反思，便得真解脱。（《歌者奥义》Ⅶ.9.1—2）这些都是把具体物质和抽象精神结合起来、把后者统摄前者的另一形式。这些奥义书唯心论者清楚地知道，他们构思出来的梵是抽象的、假设的，不能作产生物质世界的基础。只有物质原素才能作这样的基础。因此他们假设梵的表现形式是物质原素，与梵同一本体，因而可以代替梵作为产生物质世界的基础。奥义书唯心论者关于梵的种种假设虽然可笑，但他们承认物质原素与梵同体，同是具体现象的基础。这是把真理说对了一半。2. 复合原素说。奥义书的复合原素说是《梨俱》多原素说的继续和发展。有些奥义书哲学家承认，宇宙本原不是单一物质原素，而是由几种物质原素合成的。按《广林奥义》（Ⅰ.2.2），太初之际，乾坤混沌，荡然无物，惟有死寂，笼罩其上。……随后"我"现，由我生水，由水生火，由火出地。按《歌者奥义》（Ⅵ.4.1—7），火、水、地三者复合而为宇宙本原。火以红为形式，水以白为形式，地以黑为形式：这三种形式是物质世界的基本形式，从人间的山河大地到天上的日月星辰都不出这三种形式，或者由这三种形式复合而成。有人认为世界基础是五种物质原素的混合体。（《广林奥义》1.4.17）说："……如是，五重祭仪，五重牺牲，五重的人，世间一切，俱为五重。"五重，指由五种物质的复合。《鹧鸪氏奥义》（Ⅰ.7）对五重作了具体的说明：

表1　外在（世界）五重性：

1. 大地　气层　天空　四方　四维

2. 火　风　日　月　星

3. 水　草　树　空间　人

表2　内在（肉体）五重性：

1. 呼吸　遍气　下气　上气　中气

2. 视觉　听觉　心意　言语　触觉

3. 皮 肉 腱 骨 髓

（遍气，指遍于全身的气息。）

此中视觉、听觉、意识、言语、触觉，属于精神方面，这清楚地反映着表1是解释物质世界的成分，表2是说明精神世界的成分；而无论前者或后者都是以物质为基础的。《鹧鸪氏奥义》这个范畴系统，共有 30 个范畴。《疑问奥义》（Ⅳ.8）提出一个比这更详细的系统，共有 42 个范畴。它们是：

（1）地 水 火 风 空（五大）

（2）地微 水微 火微 风微 空微（五微、五原子）

（3）眼 耳 鼻 舌 皮（五根）

（4）色 声 香 味 触（五唯）

（5）口 手 生殖器 肛门 足（五作根）

（6）言说 操作 性交 大便 行走（五作业）

（7）意 觉 我慢 心 炎光（五意识）

（8）所知 所觉 执我 所思 所照（五对象）

（9）气息（命）

（10）生存（因命而存在）

《疑问奥义》这个范畴系统在概括精神现象和物质现象方面显然比较确切和合乎逻辑，尤其是对精神范畴，作了较细微的发展。后期的数论哲学的 25 范畴论正是以此为蓝本。在这些系统中，哪一范畴是最初的范畴？奥义书哲学家对此是有不同意见的。有人从唯心论出发认为，客观的"梵"或主观的"我"，或主客观合一的"梵—我"是最初范畴。有人从唯物论出发认为，最初范畴是物质原素；梵、我、梵—我是虚构的概念，是离不开物质原素作基础的，3. 金卵说。这是《梨俱》（Ⅹ.129）水育胎藏说的继续。此说推测太初世界的本质是物质，是一个金卵。它也就是世界诸范畴中的最初范畴。奥义书哲学家发展了吠陀的金胎说，改为更加形象化的金卵说："太初之际，此界为无，其后为有。有复发展，变为一卵。孵育一年，卵壳裂开，分成两片：一片为银，一片为金。银者作地，金者作天；表为群山，里为云雾；脉为河流，液为洋海。"（《歌者奥义》Ⅲ. 19）此中"此界为无"有不同的解释。"太初之时，此界唯有，独一无二。亦有人云，太初之时。此界唯无、独一无二，由无生有。"（《歌者奥义》Ⅵ. 2. 1）世界的最初范畴是"有"还是"无"，这里表明有两种对立的看法。一种看法认为，太初之际，世界空无一物，笼罩着一片凝厚而死寂的气氛。梵首先出现，创造了意识（manaṣ），由他产生水，由水产生火。（《广林奥义》Ⅰ. 2. 1）又认为，太初之时，世界唯我（ātman）存在，现形为人（puruṣa），自称"我是"。他感到寂寞，念念想找一个异性伴侣。于是他创造了一个和他大小的女人，并和她结合，繁殖后代，是为人类的祖先。（《广林奥义》Ⅰ. 4. 1—3）这是说，在太初真空状态中，最初出现的是意识或精神。另一种看法认为，由所谓梵或我在太初真空中出现而创造的世界是名称、形式和作业二者的组合体。名称之本是言语，形式之本是眼睛，作业之本是身体。而言语、眼睛、身体三者合成一个"我"或"梵"。（《广林奥义》Ⅰ. 61—3）这表明幻想出来的"我"或"梵"由几种成分构成，本身非实在，但构成它的诸成分却是实在的。所以，事实是，"太初之际，宇宙唯水，水生真实，真实即梵，梵生生主，生主生诸神……"（《广林奥义》Ⅴ. 5. 1）太初之水是物质，是实有；梵从水生，证明太初唯有，有产生无，无以有为基础。（《歌者奥义》Ⅵ. 2. 2）这是说，在太初真空状态中最先出现的是客体或物质。前一看法是唯心的，后一看法是唯物的。

（二）内在世界（意识）的本原

　　奥义书唯心论哲学家把"梵"看作客观世界的本原，把

"我"看作主客世界的本原。梵、我本是同源同体，由于形式或分工的不同而立体一名异的两个最高范畴。"我"又有两重性，或者说，分为两个我：一是内我，一是外我（《石氏奥义》Ⅰ.3.1）内我又称为"生命"（jīvaprāṇa）或"命我"（jīvātman）；外我又称为"遍我"（Vaiśvānara）或"胜我"（paramātman）。"我"在客观上表现为遍我时，则与梵同体；在主观上表现为命我时，则是肉体内的意识（manas）或灵魂（ātman）。遍我是宏观的，命我是微观的，唯心论哲学家构想两个我的目的是显然的。在他们的想象中，两个我因为在本体上同源同一，可以通过特定的瑜伽行法统一起来，同归于梵。但在此之前，二者在形式上和作用上完全不同。遍我是绝对的精神，常存不变，不受客观规律的制约；它是不死者，是精神的控制者，遍于外在的一切，亦住于内在的一切。（《广林奥义》Ⅲ.7.1—15）命我则不然，它的本质虽然是精神，却受客观规律制约，受肉体活动所留下的影响（业）限制——在肉体消亡后，它将随肉体活动留下的善或恶的影响而另寻新的肉体（轮回转生）。唯物论者不承认梵和遍我的存在，只承认肉体的命我；但命我的本质不是精神而是物质，随着肉体消亡而消亡；它根本不会随业转生，另找新体。在奥义书中，唯物论者一再强调"气"（prāṇa 气息、品吸、命根）为客观世界和主观世界的本原。他们把"气"分为外气和内气。外气就是空气（风），是一种永恒的物质；山河大地，日月星辰，都有一个从产生、变化直至消亡的过程，空气则没有这个过程。内气就是呼吸，也是一种永恒的物质；肉体内的诸气（遍气、下气、上气、中气）受着客观条件的制约，会产生变化以至完全消失。呼吸则不受此限制。就是说，呼吸既是一种永恒不灭的物质，又是肉体内的内我。不过，肉体内的呼吸是不是永不停止？由呼吸形成的内我是否也是常存不灭？这是值得商榷的。

但认为"气"是物质，内我也是物质，不能说没有道理。有的唯物论者认为，内我由意识、呼吸、言语三者构成，而"……意识靠食物来维持，呼吸靠水来维持，言语靠热量来维持。"（《歌者奥义》Ⅵ.7.6）明确地承认内我是意识、呼吸、言语三者的集中表现，而这三者是基于物质的。物质又有粗质和细质之分。粗质是食物、水、热量；细质是意识、呼吸和语言合成的内我。（同上书Ⅵ.11.3；Ⅵ.143）所以，他们进一步具体地推断，食物是最初的生物，其他一切生物靠它维持；凡具有食物的细质者便是具有生命的内我。（《鹧鸪氏奥义》Ⅱ.1）甚至说，食物即梵，众生从食物生，生已靠食物维持，灭已还归食物。（同上书Ⅲ.2.1）此中食物是物质的异名。唯物论者似乎在此把唯心论者幻想中的"梵"和"我"还原于物质。

三　唯物论学派的形成和影响

在吠陀和奥义书之后，约公元前6百年间，由于奴隶制的社会和经济继续发展，奴隶主王国之间的割据局面相对稳定，印度出现一个前所未有的意识形态领域中百家争鸣的生动局面。宗教家和哲学家纷纷站出来，竞相建立各自的宗教团体和哲学派别。在这些哲学派别中，有些继承吠陀和奥义书的唯心论思想而形成了唯心论的哲学派别，有些则继承吠陀和奥义书的唯物论思想而形成了唯物论的哲学派别。按照原始佛教典籍的记载，在唯物论哲学派中有所谓"外道六师"。六师，指当时有名的六位有唯物论思想倾向的哲学家。他们是，阿耆多·翅舍钦婆罗、珊阇夷·毗罗胝子、末伽梨·拘舍梨子、富兰迦叶、迦鸠陀·多衍那、尼犍陀·若提子。外道，是佛教徒蓄意加给他们的贬称，说他们是"心外取法"的道人。"心外取法"这话的意思是说，这六位大师承认心外客观之法（物质）是心内主观之法（精神）的基础，前者先于后者；若离前者，则无后者。这正好说明六师的哲学观点是带有明显的唯物论或具有唯物论倾向的。在这六位外道论师中，阿耆多·翅舍钦婆罗的唯物观点比较彻底。他针对婆罗门教哲学的灵魂不灭、轮回转生的唯心论和宿命论，提出灵魂断灭论，也就是佛教徒经常谴责的"断见"。他断然否定吠陀经典的权威，否定梵天创世说，认为宇宙起于无因（因即创造主），自然而生。生物的肉体是由地水火风四大元素和合构成，由肉体产生"我"（意识、灵魂）；一旦肉体灭亡，四大解散，"我"亦随之消失；所谓业报轮回，灵魂转生，纯粹是胡说；梵天创造人类（婆罗门、刹帝利、吠舍、首陀罗四种姓）更是骗人的鬼话。在印度哲学史上，除了耆那教祖尼犍陀·若提子的著作外，其余五位论师的著作留下甚少，但吠陀—奥义书和六师的唯物论思想对后世仍有影响。例如，最有影响的唯心论学派不二吠檀多，它的权威代表跋达罗延那（约公元三至五世纪）、毗荼波陀（约公元 780）和商羯罗（约公元 788—820）在他们的《梵经》、《圣教论》（《蛙氏奥义论》）和《梵经疏》中一再批驳数论的原初质料说（pradhāna）。他们认为，宇宙的生成、演变、毁灭的根源在于抽象的"梵—我"，而不是由于原初质料或物质自性。（《梵经》1.1.2；1.1.5）。这反映起源于吠陀—奥义书的唯物论思想，虽然没有形成过具体的学派（除昙花一现的顺世论外），但它的潜存的影响不仅千年未衰，而且竟使吠檀多这样强大的唯心论学派感到它的无形的存在和威胁。本文在前两节中对吠陀和奥义书的朴素唯物论的初步探讨证实了这一点。因此，我们可以肯定地说：（一）印度从它的文明黎明期起就有反映对自然的近似猜测的自然观，以及由此产生的朴素唯物论思想。（二）在印度哲学史上，唯心论的思想形态和唯物论的思想形态几乎是同时产生的；这两种思想形态有时是楚河汉界，泾渭分明，有时是相互渗透，难分难解；在许多情况下，唯物论作为唯心论的内核被层层包裹起来，或者说，用唯心论把唯物论的内容掩盖起来；把又厚又硬的唯心论外壳敲开，探取唯物论的内核，人们要花大的气力才能办到。（三）在浩瀚的吠陀文献中，神话的故事、虚构的传说和唯心论的思想资料虽然占着最大的比重，但也可以随时随地发现唯物论的思想颗粒或闪光；只要努力搜寻，细心捕捉，取得这方面的足够资料，并运用科学方法进行整理，重建印度唯物论哲学体系，是完全可能的。

（原载《东方哲学研究》1985 年创刊号）

印度古代辩证思维

我们研究印度逻辑学说，一向仅限于它的形式逻辑——正理—因明。至于印度的辩证思维及其逻辑模式，则甚鲜涉及。其实，印度的辩证逻辑思想比它的形式逻辑更加古老，它产生在公元前六世纪佛教出现之前。到了佛教时代，印度的辩证思维已具备比较完整的理论和形式，即恩格斯在《自然辩证法》中所说，达到了较高发展阶段。印度古代这种具有较高发展水平的辩证思维形式，是一种多层次或多重的逻辑模式，很有特色。本文试就印度这种多重模式的辩证思维的起源及其主要的发展阶段——佛教阶段，提出一些探索性的看法。

一 吠陀的辩证思维

印度的辩证思维，最早见于《梨俱吠陀》。公元前一千五百年前后，在社会发展方面，印度正从原始公社社会步入奴隶制社会；在意识形态方面，《梨俱吠陀》神曲，在神话上，逐渐从多神论向一神论和疑神论过渡；在哲学上，正从多元论向一元论和怀疑论方面发展，开始了对宇宙问题的哲学探讨。这时候，《梨俱吠陀》

哲学家虽然还不能弄清楚宇宙究竟起源于什么，无法解释宇宙现象的变化规律，更无法了解宇宙本体的秘奥，但他们都在努力从一种朴素的自然观出发，进行观测、猜度、沉思、探索。因此，很自然，在他们之间产生了各种各样关于宇宙的直观看法。有的哲学家认为宇宙的本原是一神，有的哲学家认为是物质元素——水、火、风、土、空等。例如，《梨俱吠陀》第 10 卷第 129 曲《有转神颂》的第三首诗："太初宇宙，混沌幽冥，茫茫洪水，渺无物迹。由空变有，有复隐藏，热之威力，乃产彼一。"这支神曲的作者是住顶仙人，他在这首诗里似是提出自己的宇宙生成论。他列举宇宙的三种基本元素：空、水、火；由这三种元素相生而产"彼一"（万有）。这就是说，在住顶仙人看来，宇宙的始基是物质，不是精神，更不是荒诞的上帝。诗中又说："由空变有"。按吠陀哲学，此中"空"是一种物质原素，相当于"以太"，或中国古代哲学所说的"气"。"空"不是一个表示"绝无"的概念，所以它能够产生"有"。这个"有"就是具体的物质，即水与火。"由空变有"就是概括说明"空、水、火"三者构成的物质相生的次序：空→水→火→彼一。其次，"空"即是"无"，"无"相对于"有"而言，故"无"与"有"是一对对立的矛盾，也是印度古代朴素的辩证思维的基本模式——二重逻辑模式。这个模式反映吠陀哲学家的思维已含有辩证法的萌芽，在直观形式上认识到客观矛盾的运动。他在同一神曲中对"无"与"有"作了进一步的规定："无既非有，有亦非有；无空气界，无远天界。"① "无既非有，有

---

① 这是《有转神颂》的第一首诗，《梨俱吠陀》哲学家在此诗首次提出"有"与"无"的概念和理论。这首神曲为此又被称为《有无歌》。"有"与"无"概念的形成，揭开了印度哲学史的序页，数千年后的今天，它仍然是哲学研究的主要命题之一。尽管吠陀哲学家对这一命题的解释是推测性的，但从它出现的一刻起，便一直为以后哲学家所发展、丰富。特别是到了公元二世纪大乘佛教兴起时期，"有"与"无"成为空宗和有宗的理论根据，从而构成了两个庞大而复杂的哲学体系——龙树创立的中观论和无着世亲创立的唯识宗。

亦非有"意味着"无"与"有"并非静止固定，而是运动变化。
"无"不是永恒为无，"有"也不是永恒为有。这两句话看上去
是反矛盾律的。吠陀哲学家还未意识到这一点。但这是"无"
与"有"的发展，反映吠陀哲学家的辩证思维又进了一步——
推测矛盾将走向统一。其模式是：

$$\left.\begin{array}{l}（1）无 \\ （2）有\end{array}\right\}矛盾（现象）\longrightarrow（3）\left\{\begin{array}{l}非无 \\ 非有\end{array}\right.统一（本体）$$

这是一个三重辩证模式，使用"非无、非有"双否定的方法统
一"无—有"的矛盾。从这个模式出发，吠陀哲学家推论任何
两个相反的命题或判断，甚至"生"与"死"的矛盾，也将同
样合二为一。所以他又说："死既非有，不死亦无；黑夜白昼，
二无迹象。"（同一神曲的第二首诗）"死既非有"即"不死"，
"不死亦无"即"不生"。"生"与"死"是一对矛盾，"不生"
和"不死"是对矛盾的统一。其模式同"有—无"的统一模式
一样。诗中还形象地和寓意深刻地用"黑夜白昼"作类比：
（1）死与生的矛盾，如同黑夜白昼，二者正好相反，势无两立；
但死与生终归消失在统一体上。（2）生与死的统一，就像黑夜
与白昼的统一。就宇宙现象而言，黑夜与白昼二者截然有别；但
就宇宙本体而言，二者同一，无有差别，故诗曰："二无迹象。"

　　有—无、生—死，是古往今来的重要哲学问题，不仅那些
上古的哲学家曾经反复探讨过，就是今天的哲学家仍在孜孜不
倦地埋头研究。印度古代仙人哲学家在《梨俱吠陀》时期就发
现、提出这个重要的哲学问题，比古代希腊哲学家还早数百
年，这表明古代印度哲学在吠陀时期已经发展到一定的高度。
"无既非有"、"有亦非有"、"死既非有"、"不死亦无"，像这
样的逻辑结构，无疑是神秘式的和反矛盾律的，反映他们对宇
宙客观规律的见解，仍然处于一种"扑朔迷离"的状态。尽管

如此，他们的思维形式是一种不断发展的模式，确实含有朴素的辩证法因素。

二 外道论师的辩证思维

大约在《梨俱吠陀》以后一千年——公元前六百年间，印度奴隶制社会开始向封建社会迈进。在意识形态领域里，思想活跃，众说纷起；宗教家和哲学家争相建立各自的宗教团体和哲学派别。其中著名的有释迦牟尼创立的原始佛教和摩诃维罗（大雄）创立的耆那教，以及外道六师的哲学①。各学派的追随者经常开展面对面的自由辩论，形成学术上的"百家争鸣"的局面。根据原始佛教经典记载，佛在世时的宗教哲学界中争论最大而又令人最感兴趣的哲学问题是：生与灭、断与常、有与无、有限与无限、一与异，等等。辩论的参加者都喜欢使用四重（四句）逻辑模式来解释自己的观点。六师中散若毗·罗梨子的逻辑模式是一个比较复杂而有典型性的模式。遗憾的是，他的学说和其他外道哲学家的学说一样，俱已失传，只在原始佛典中有零星片段的记录。《长阿含经·沙门果经》一则关于他的四句模式的记载说：

> 阿阇世王又白佛言："我昔一时至散若毗·罗梨子所，问言：'大德，如人乘象马车，习于兵法，乃至种种营生，皆现有果报。今者此众，现在修道，现得报不？'彼答我言：'大王，现有沙门果。问如是，答此事如是。此事实，

① 六师（六哲学家）：阿耆多·翅舍钦婆罗、散若毗·罗梨子、末伽梨·拘舍梨子、富兰迦叶、迦鸠陀·迦多衍那、尼犍陀·若提子（《长阿含经·沙门果经》，《大正大藏经》第 1 卷，第 107—109 页）。

此事异，此事非异非不异。大王，现无沙门果报。问如是，答此事如是。此事实，此事异，此事非异非不异。大王，现有无沙门果报。问如是，答此事如是。此事实，此事异，此事非异非不异。大王，现非有非无沙门果报。问如是，答此事如是。此事实，此事异，此事非异非不异。……'"

这段经文表明，在历史上散若毗·罗梨子是释迦牟尼的同时代人，在哲学上他是一位极端的怀疑论者，是释迦牟尼的论敌。我们且来分析这段经文所载有关他的四重逻辑模式：

A.（1）有　　　（3）亦有亦无
　　（2）无　　　（4）非有非无

B.（1）有 $\begin{cases}实\\异\\非异非不异\end{cases}$　　（2）无 $\begin{cases}实\\异\\非异非不异\end{cases}$

　　（3）$\begin{matrix}亦有\\亦无\end{matrix}$ $\begin{cases}实\\异\\非异非不异\end{cases}$　　（4）$\begin{matrix}非有\\非无\end{matrix}$ $\begin{cases}实\\异\\非异非不异\end{cases}$

对照《梨俱吠陀》的三句辩证模式，散若毗·罗梨子的四句模式，似有若干重要的发展：第一，他将《梨俱吠陀》三句模式的前两句的先"无"后"有"的次序，倒转为先"有"后"无"的次序。第二，他把三句模式改为四句模式，即增加了"亦有亦无"一句作为四句中的第三句（吠陀的三句模式的最后一句"非无非有"，除了否定意义外，也暗含肯定的意义；因为"非无"的反面就是"有"，"非有"的反面就是"无"；此"有"与"无"，亦即"亦有亦无"句。这一句只在辩证思维发展到这一阶段才被明确地提出来，以区别"非有非无"）。第三，对四句中的每一句另加三个特殊的规定：实、异、非异非不异。

　　这是怀疑论者特有的一套复式辩证逻辑模式。按A式，散若毗·罗梨子似乎承认"有—无"的矛盾的客观存在，但他不予肯定，因而提出"亦有亦无、非有非无"的规定——一种双肯定和双否定的模式："有—无"虽然客观存在，相互对立，但在某一情况下，二者和平共处，同时存在，故曰"亦有亦无"；而在另一情况下，二者一起消失，俱不存在，故曰"非有非夫"。结论是：有，不能判断为真有；无，不能判断为真无。这是第一式所表示的第一层怀疑。按 B 式，有、无、亦有亦无、非有非无四句各带三个规定：实（实在）、异（不实在）、非异非不异（非实在非不实在）。这是把三个特殊的规定放在 A 式之上，构成一个重叠模式，表示对 A 式进行全面的怀疑论的规定：无论说有、说无、说亦有亦无，乃至说非有非无，都不能越出"实、异、非异非不异"的范围。这是第二式，表示第二层的怀疑。怀疑论师散若毗·罗梨子就是这样运用重叠的怀疑论模式来表述他的"奇特"的怀疑论哲学，把怀疑论推向更高、更复杂的阶段——怀疑论和极端的诡辩论的混合。

怀疑论者这套奇特的复合的辩证模式，从形式上看，的确比吠陀的辩证模式更加复杂。但从纯逻辑角度看，它同样是反矛盾律的，而且比吠陀的模式更加费解：尤其是在四句的每一句上所附加的三个规定——实、异、非异非不异，给人的印象是：在形式上，叠床架屋，画蛇添足；在意义上，玄虚无定，莫知所云，徒然在逻辑上制造更多的困难。

三　佛教的辩证思维

佛教辩证思维的发展有两个阶段：第一阶段是原始佛教辩证思维，第二阶段是大乘佛教辩证思维。

（一）原始佛教的辩证思维。原始佛教亦称小乘佛教，创始人是释迦牟尼（约公元前 565—486 年。）释迦牟尼比较全面地继承吠陀的辩证思想，并加以发展、丰富，从而创立了一个较高级的辩证思维体系——"生灭缘起说"，或称"缘起说"、"缘生法"。在释迦时代，有两种流行的关于人生的哲学观点。一种观点认为宇宙间存在着一种永恒不灭之"因"，人是由此"因"逻辑地转变而成；故此观点称为"转变说"。另一种观点认为，人是物质原素积聚而成，是纯物质的；这一观点称为"积聚说"。释迦牟尼反对此二说，以"缘起说"对它们进行批判。何谓缘起说？小乘佛经说，"彼佛如来身，难成能得成，观察缘生法，复断贪瞋痴。"[1]"诸法从缘生，是法缘及尽，我师大圣主，是义如是说。"[2] 此中"诸法"包括精神和物质两个方面——思维与存在。缘生的"缘"是指产生思维与存在的内外条件或因素。思维因产生它的条件的出现而出现，因产生它的条件的消失而消失。同样，存在因产生它的条件的具备而存在，因产生它的条件的破坏而不存在。释迦牟尼从这个"缘"字悟出事物生灭（矛盾）的客观规律，即事物从产生到灭亡的必然过程。这个过程是一个运动的过程，共有四个阶段：生、住、异、灭。每一阶段都受一定（主观的、客观的、或主客观同时的）条件所制约。事物（抽象的或具体的）必然（1）在一定的条件成熟时产生；（2）在条件相对稳定状态中存在；（3）随着存在的条件的变异而变异；（4）最后因存在的条件的完全破坏而消亡。运动的四阶段只是运动过程中不同的爆发点或质变点；事实上，运动在一个阶段与另一阶段之间，刹那不停，瞬息变易，即时刻处于量变

---

① 《昆婆尸佛经》卷上，《大正大藏经》第 1 卷，第 156 页。
② 《大智度论》卷 18，《大正大藏经》第 1 卷，第 192 页。此颂别处亦作："诸法从缘生，诸法从缘灭，我师大沙门，常作如是说。"

的过程中。四个阶段又是相互联系，互为因果，相互依存，互为条件。运动在一个四阶段的结束，又立即在新的条件下开始另一个四阶段的运动；四阶段有始有终，运动本身无始无终。四阶段是运动的形式，运动是四阶段的依据。这是一条自然的客观规律，既适用于生物界，也适用于非生物界；以此来观察前者的产生和发展的过程，则发现有生、老、病、死的四种现象；以此来观察后者的产生和发展的过程，则看到有成、住、坏、空的四种现象。成、住、坏、空不外是由成的起点至空的终点的生灭矛盾发展的全过程；生、老、病、死不外是由生的起点至死的终点的生灭矛盾发展的全过程。矛盾现象由于是因缘所生，所以是实有；也正是由于因缘所生，所以是可以消灭的。

这样，释迦牟尼在他的缘起说中观察和承认人类和自然界中存在的矛盾现象是发展的、变化的；这是一种具有唯物论倾向的辩证思想。但是，他的缘起说是基于对主观世界观察的结果，而不是基于对客观世界观察的结果。这是他的缘起理论所隐含的唯心论因素。正是由于这些唯心论因素，他在自己的　生的说教中，片面强调对主观世界矛盾的考察，强调如何克服主观世界的矛盾，而由此提出原始佛教的哲学三原则和十二连环因果关系。哲学三原则是：诸行无常、诸法无我、一切皆苦。"诸行"是指主观世界的精神现象，忽生忽灭，变动不居，故曰"无常"。"诸法"是指构成生物的五种成分（五蕴）：色、受、想、行、识。色，即肉体，余四为精神因素。每一生物都是由这五种物质与精神成分的组合而产生；离开这五种成分，则无主体；无主体，故曰"无我"。十二连环因果关系，佛教术语叫做"十二因缘"。小乘哲学认为，人生的过程是受因果支配的，而因果联系着一个人的过去，现在和未来的三段时间。三段时间的因果关系又细分为十二个环节：无明（愚痴）、行（善恶行）、识（托胎

心识）、名色（受胎成形）、六入（胎成出生）、触（初生接触
外界）、受（渐长感受苦乐）、爱（成年欲爱）、取（由爱而求
取）、有（占有活动）、生（未来再生）、老死（来世生死）[①] 其
中无明、行二者属过去世之因；识、名色、六入、触、受五者为
由过去因而得现在之果，合称为过去与现在的一重因果。爱、取
二者为现在之惑；有，则为现在之业；惑与业是现在因，由现在
因再引生未来之果（生与老死），合称为现在与未来的另一重因
果。如是，十二环节构成人生过程的三世两重因果。十二环节，
周而复始，循环运动；它们相互依存，互为条件，没有一个环节
能够独立自存，故十二环节同样是无常、无我。由是而言，"五
蕴"和"十二因缘"本来无常、无我，但常人无知，误认无常
为常，无我为我，从而导致许多人间烦恼，故曰"一切皆苦"。
其次，从十二因缘中可以看出，烦恼的根源在于第一环节的
"无明"。只要消灭无明，其余十一环节就连锁反应地自动消失。
消灭无明的方法是什么？释迦牟尼指出，只有按照他的教义，修
禅习定，求取涅槃的寂静境界。一旦取得涅槃，生死矛盾就会按
人的意志转化，以至于完全的消灭。在悟出这一消灭生死现象的
道理后，释迦牟尼作了一首颂诗，总结他在灵魂深处所得的
"无上觉悟"。他说："诸行无常，是生灭法；生灭灭已，寂灭为
乐。"[②] 前两句是总结矛盾："诸行"是指主观世界中的矛盾，这
些矛盾时刻都在运动变化，故曰"无常"；这些矛盾的运动变
化，就是从生至灭的过程，故曰"生灭法"。后两句是总结解决
矛盾的方法：就人生而言，生灭即是生死；生死乃人所要求解决
的痛苦；而解决这个矛盾的唯一方法就是要修习瑜伽，控制内

---

① 参看《长阿含经·大缘方便经》，《大正大藏经》第 1 卷，第 60—62 页。
② 《大般涅槃经》卷下，《大正大藏经》第 1 卷，第 204 页。

心；内心一旦达到冥然寂静，生与死的矛盾也就自动随之而寂灭。因此，他的统一矛盾模式是：

$$
\left.\begin{array}{l}
(1)\ 生（生）\\
(2)\ 灭（死）
\end{array}\right\}矛盾\longrightarrow(3)\ 消灭\left\{\begin{array}{l}
生（生）\\
灭（死）
\end{array}\right\}统一
$$

释迦牟尼对自己这一哲学总结感到十分得意，并把这首诗作为他初期传道的中心内容。然而，他对矛盾运动的了解，实际上只知其一，未知其二——他尚未悟知自然的客观规律，是不以人的意志为转移的；企图不按客观规律办事，而妄想按人的意志去消灭自然现象，那完全是徒劳的。

　　由于坚持首先消灭生与死的矛盾，释迦牟尼并不像外道论师那样热衷于使用四句逻辑模式。当然，他本人是十分熟悉这种逻辑模式的，但他认为，四句模式，特别是后两句，是外道婆罗门的戏论，佛弟子不应盲从。有一个故事，很能说明他对待四句逻辑的态度。故事的大意是：释迦牟尼有一弟子，名叫鬘童子尊者。一日独坐沉思：佛陀何故不给我讲解这些问题——世间是常还是无常？佛灭后，他（1）还存在，（2）或不存在，（3）亦存在亦不存在，（4）非存在非存在？于是鬘童子起坐，直诣佛处，向佛陀提出上述问题。佛陀反问他说："我曾否说过，你来跟我修学梵行，我为你讲解这些问题？"鬘童子回答说；"佛陀从未这样说过。"接着，佛陀解释他之所以不讲这些问题，是因它们"非义相应，非法相应，非梵行本；不趣智，不趣觉，不趣涅槃。"[①] 智、觉、涅槃，俱是小乘佛教关于超验境界的概念，释迦牟尼在此强调他反对使用四句逻辑的理由有二：（1）凡为佛教徒，应坚持他所提出的三原则：a）诸行无常；b）诸法无我；c）一切皆苦。所谓苦就是生与死。因此，对佛教徒说来，

---

① 《长阿含经·箭喻经》，《大正大藏经》第1卷，第804—805页。

解决生与死的矛盾是最紧要的事情。这个矛盾不先解决，其余一切议论和推理都属无效的戏言。（2）任何逻辑模式只能适用于对经验世界的描述，但无法解释超验世界，更无法说明他本人所证的菩提妙理（这一点，后来为龙树在他的《中论》所论证：佛灭之后，对佛的看法，固然不能说：佛是有或是无、亦有亦无、非有非无。即使佛在世时，也不能持此见解）。在原始佛经中常见释迦牟尼把那些有关四句逻辑的意见或讨论，一律斥为"邪见"或"戏论"，正是与此有关。这些反映着原始佛教的辩证思维状态。

（二）大乘佛教的辩证思维。大乘佛教产生于公元之初，盛行于公元二世纪龙树出现之后。龙树在小乘的缘起说的基础上，创立了"三谛"理论和"八不"模式，使佛教的辩证认识论进一步深化。在四句辩证逻辑模式中，小乘佛教着重发挥了前两句（有、无），批判了后两句（亦有亦无，非有非无），认为后两句是戏论、邪说。以龙树为代表的大乘佛教，一边改善小乘佛教的缘起说，一边将四句模式全盘继承下来，并加以改造、利用。其次，大乘佛教纠正了小乘佛教辩证法只讲主观世界矛盾的偏向，将主观世界和客观世界的矛盾同时包摄在自己的辩证视野之内，从而创立了一种崭新的四重辩证逻辑模式。龙树在他的主要哲学著作《中论》（本颂，第二十四品）说："众因缘生法，我说即是空，亦为是假名，亦是中道义。"在这首四言颂中，第一句是对过去的缘起学说的肯定，后三句是他赋予缘起的新内容。首先，它阐述了"空、假、中"三谛的理论。（1）空谛——"我说即是空"。此中"空"，并不是绝无之空，而是相对于"有"而言。"有"即诸法，亦即一切抽象和具体的事物。诸法依赖于因缘（内因与外缘）而产生、存在、变化、消亡，本身没有常存不变的主体（自性）；没有主体，意味着本来不存在；本来不存在便是"空",或曰"性空、自性空"。自性空,意谓在理论上当体乏空,不待对事物分析后始见其空。(2)假谛——"亦为是假名"。"假"谓假托、假设;给事物假设名称,故曰"假名"。众缘所生之法,既然理论上本无实体,则只有形式上的存在;这样的存在,虽然随顺世俗,有其名言称谓(概念,范畴),但都是假设,并非真实,故曰"假谛"或"俗谛"。(3)中谛——"亦是中道义"。此句的"中"字,表面意义是"居中",但实际的意义是联系"空"与"假"的关系而作的全面的辩证观察。众缘所生之法,本来性空,无有实体,但存假设的名称;执诸法为实有,固然是错误;执诸法为空无,连它的名义上的存在也否定,同样是荒谬。正确的观点是,既不执空而作绝对的否定,亦不执有而作绝对的肯定。此即是"中道义"。故中道的提出,是有所指斥的。外道论师固然执空或执有,就是佛教内部也有此倾向。比如,某些小乘论者,对生与死的矛盾特别敏感。由于未能彻底理解缘生性空、假名为有的理论,他们错误地执诸法为实有,把生死与涅槃这两个抽象的、假设的概念看作是对立的、实有的现象。故一提生死,则起恐怖;一闻涅槃,则生欢喜。部分大乘论者,亦有执空之过。中道正是对这两种偏向的批判。

中道是一种折衷主义吗?按龙树的缘起哲学,中道不是一种折衷主义。正如刚才说的,众缘所生之法,理论上本无实体,故不能说其为有;诸法尚有假名,形式上仍然存在,故不能说其为空。这是诸法本有的特征——诸法的实际。龙树据此而提出的中道观点,是符合诸法实际的正确的辩证观点。因此,如用模式来表示,"空、假、中"三谛的四重辩证关系如下:

$$\left.\begin{array}{l}(1)\ 空 \\ (2)\ 假\end{array}\right\}(本来)\ 矛盾 \longrightarrow (3)\left\{\begin{array}{l}亦空 \\ 亦假\end{array}\right\}统一\ A \longrightarrow$$

$$(4) \quad \left.\begin{array}{l} 非空 \\ 非假 \end{array}\right\} 统一 B （中道）$$

第一、二两句表示诸法矛盾的客观存在；第三、四两句表示辩证认识的发展过程。"亦空亦假"是从肯定角度观察：诸法性空，假名为有；知空则不执有，知假则不执无，故得"统一 A"。这是第一层的辩证认识。"非空非假"是从否定角度观察：将空进一步否定，故曰"非空"，因为诸法有形式上的假定存在；将假进一步否定，故曰"非假"，以诸法在理论上本无自性故。由此获得"统一 B"。这是第二层的辩证认识。第二层认识在哲学上比第一层认识深化。龙树把深化了的哲理称为"中道"。

　　为了使他的中道理论适用于更广泛的范围，龙树提出"八不模式"作进一步的表述。"八不"谓八个相互对立的命题，或四对矛盾。《中论》的第一颂曰："不生亦不灭，不常亦不断，不一亦不异，不来亦不出。"在龙树看来，生灭、常断、一异、来去这四对矛盾，是一切矛盾中的主要矛盾。因为，它们包括了事物的自身、运动、空间、时间等方面的矛盾。其次，这八个命题又是佛教内部一些派别和外道论师所执的主要偏见。例如，小乘部派中，有执生（诸法实有），有执灭（诸法空无）。外道如吠檀多师执我常（灵魂常在）；顺世师执我断（死后灵魂断灭）；数论师主张因中有果，果与因同，故执一；胜数师认为因中无果，果与因异，故执异；一般婆罗门教徒相信人类四姓（婆罗门、刹帝利、吠舍、首陀罗）来自梵天，故执来；他们又相信人的个别灵魂是梵的不可分部分，梵到人类中去，故执去。龙树认为这八种偏见是错误的，必须加以批判。批判的武器是逻辑的否定模式"不"。"不"字有二义：第一，事物本身的内在特征是不生不灭、不常不断、不一不异、不来不去；第二，应按事物的本来面目（本有的特征）作如实的观察或规定，不可执生或执灭，不可执常或执断，不可执一或执异，不可执来或执去。果如是，便得中道，如模式所示：

$$(1) \left.\begin{array}{l} 生 \\ 灭 \end{array}\right\} （本来）矛盾 \longrightarrow (3) \left\{\begin{array}{l} 亦生 \\ 亦灭 \end{array}\right\} 统 — A \longrightarrow$$

$$(4) \left\{\begin{array}{l} 不生 \\ 不灭 \end{array}\right\} 统 — B （中道）$$

（常断、一异、来去的四句模式类此。）从形式逻辑看"八不"似是一个演绎程序，四句模式似是一个归纳程序。但无论演绎或归纳，对"八不"的推论都会得到同一的结论："统一B"的中道。可见，"八不模式"是在更大的范围内表述中道的普遍意义。

《中论》全书五百颂，二十七品，其中有二十五品以中道原理批驳他宗的宗义。正是"破字当头，立在其中"。然而，龙树毕竟不是为破而破，破的目的在于确立自己的哲学命题——涅槃实际（或曰："涅槃"）。何谓涅槃实际？龙树在《中论》（观涅槃品第二十五）中说："无得亦无至，不断亦不常，不生亦不灭，是说名涅槃。"又说："诸法不可得，灭一切戏论，无人亦无处，佛亦无所说。"这首颂无异对涅槃实际的无规定性作"权宜"的规定：a）"不可得，"诸法性空，本无可得，包括生死与涅槃都无可得；b）"灭戏论"，涅槃实际，离四句，绝百非；说生不是，说灭不是，说亦生亦灭或非生非灭，依然像隔靴搔痒，抓不到是处；因此，语言的叙述，逻辑的推断，皆是言不及旨的戏论；c）"佛无所说"，涅槃实际是，"甚深微妙相"，佛陀对此也道不出所以然，只好保持沉默。龙树由此归结说："一切法空故，世间常等见，何处于何时，谁起是诸见？"这样，龙树把中道引入一种只可以意会、不可以言传的超验的神秘主义中去。

四　结束语

如上所述，印度古代辩证思维，特别是佛教徒的辩证思维，确实像恩格斯说的那样，达到了较高发展阶段；但也正像恩格斯指出的那样，它还十分不完善，远非今天哲学所达到的水平。法国印度学家布善教授说："印度人从未明确地承认矛盾的原则，在事实与思维之间和思维与词句之间，都不作明确的区别。佛教辩证法有一种四难推理的模式：（1）涅槃是有；（2）涅槃是无；（3）涅槃亦有亦无；（4）涅槃非有非无。我们对此感到困惑，无法理解"① 这则评论，基本上指出了印度古代辩证思维及其逻辑模式中反科学规律的一面。由于历史和唯心论宇宙观的局限，印度古代哲学家的辩证法常常和神秘主义结下不解之缘。它有某些合理成分，但和它的不合理的糟粕掺揉在一起。人们只有以科学的唯物辩证法为武器，才能辨别其真伪，区分其精粗；才能去粗取精，去伪存真。

（原载《哲学研究》1984 年第 11 期）

---

① 转引自 I . J. Hoffman："Rationality in Early Buddhist Four-fold Logic"；Journal of Indian Philosophy，vol. I，No 1，1982，p. 319。

原人奥义探释

　　从印度哲学史序页开始（约公元前 1500 年），吠陀仙人（神学家、哲学家）直观地观察宇宙变动不居、衍生无穷的现象，猜测其间存在着一个永恒不灭的超验实在。他们在神学上提出一些表述这个设想中的超验实在的方法，其中之一，便是"原人"原理。"原人"被认为是超验实在在经验世界的化身，具足经验世界一切物质性和精神性的特征。从它的无限宏大、充遍宇宙的神奇形象，可以悟知不灭的超验实在。因此，人"原人"出现在吠陀经之时起，它便一直为后吠陀的奥义书哲学家和后奥义书所有传统哲学流派（唯物主义者除外）一致接受，作为唯心主义哲学范畴系统中的最高、最根本的范畴——世界本原、宇宙第一因。这就是"原人"原理，也正是本文准备探讨的问题。

　　本文内容拟分为（一）原人的神学形象；（二）原人的哲学内涵；（三）原人哲学的总结；（四）原人理论的新发展；（五）二元论纪元的开始；（六）文末评说。

一　原人的神学形象

按印度早期神学发展史，在吠陀神学从自然神论过渡到超自然神论阶段，吠陀仙人（神学家、哲学家）发现天、地、空三界的神群中，并不是每一个自然都具有成为创世主的资格。因此，他们从神谱上精选出一小批神德显著的神祇，并特地为它们创作了赞美诗式的神曲——对它们的形象进行崇高美的艺术刻画，浪漫而又庄严地拔高它们的神格，使它们成为合格的宇宙创造主。它们的名字是：因陀罗（Indra）①婆楼那（Varuṇa）②，宇宙创业神（Viśvakarman）③，宇宙万神（Viśvadevas）④，生主神（Prajāpati）⑤，有转神（Bhāvavṛtti）⑥，原人（Puruṣa）⑦。

在这些创世大神当中，"原人"比较突出。原人的梵语Puruṣa，音译作"补卢沙"，意译为"人，自然的人"。那罗延仙人把这自然的人抽象化、神格化为神学上和哲学上的超自然的"原人"。他创作了一支以"原人"为主题的神曲——《原人歌》（《梨俱吠陀》Ⅹ.90）。且看他在这支神曲里如何对"原人"的神格进行崇高美和神圣美的艺术加工的：

---

①　《梨俱吠陀》ⅵ.47。作者：伽尔伽仙人。
②　《梨俱吠陀》，ⅷ.41。作者：那波迦仙人。
③　《梨俱吠陀》，Ⅹ.81。作者：地有仙人。
④　《梨俱吠陀》，卷72。作者：祷主仙人。
⑤　《梨俱吠陀》，卷121。作者：金胎藏仙人。
⑥　《梨俱吠陀》，卷129。作者：最胜主仙人。
⑦　《梨俱吠陀》，卷90。作者：那罗延仙人。

《原人歌》①

1. 原人之神，微妙现身，
　千头千眼，又具千足；
　包摄大地，上下四维；
　巍然站立，十指以外。

2. 唯此原人，是诸一切；
　既属过去，亦为未来；
　唯此原人，不死之主；
　享受牺牲，升华物外。

3. 如此神奇，乃彼威力；
　尤为胜妙，原人自身；
　一切众生，占其四一；
　天上不死，占其四三。

4. 原人升华，用其四三，②
　所余四一，留在世间。
　是故原人，超越十方，
　遍行二界，食与不食。

---

① 本神曲共有 16 颂，这里选用其中 9 颂；即 1、2、3、4、5、11、12、13、14。

② 本颂和上一颂（颂 3）描述原人所创造的两部分众生：一部分住在天上的"不死"者（天上神仙），另一部分生活在地上的"有死"者（世间凡夫）。前一部分众生占原人身躯之"四三"（四分之三），后一部分众生占原人身躯之"四一"（四分之一）。本颂的"食"与"不食"意指生物界（食）和自然界（不食）。"遍行二界"即指此二界。

5. 从彼诞生，大毗罗阇；①
　　从毗罗阇，生补卢莎。
　　彼一出世，立即超越，
　　后造大地，及诸众生。

11. 原人之身，若被肢解，
　　试请考虑，共有几分？
　　何是彼口？何是彼臂？
　　何是彼腿？何是彼足？

12. 原人之口，是婆罗门；
　　彼之双臂，是刹帝利；
　　彼之双腿，产生吠舍，
　　彼之双足，出首陀罗。

13. 彼之胸脯，生成月亮；
　　彼之眼睛，显出太阳；
　　口中吐出，雷神火天；
　　气息呼出，伐尤风神。

14. 脐生空界，头现天界，
　　足生地界，再生方位，
　　如是构成，此一世界。

那罗延仙人在他这支神曲中立体地从几个方面把他自己幻想

---

① "从彼诞生"的"彼"意指"原初原人"（Adhipuruṣa）。毗罗阇（Virāj）意为"遍照者"。补卢沙（Puruṣa）意即"原人"。

中的原人塑造成一个具体的超自然的创世主：1. 超自然的神谱。本曲第 5 颂说"从彼诞生"的"彼"意指"原人始祖"（Adhipuruṣa），它生毗罗阇（遍照主，Virāj），后者才生"原人"（Puruṣa）。用世俗的说法，"原人始祖"是原人的"祖父"毗罗阇是原人的"父亲"。在诗人的心目中"原人始祖"和毗罗阇似是超验的神明，原人是超验神明在经验世界的化身、代理人。2. 广大无垠的体格。原人一出世间，便显示出他的超自然的形象，天然地具有千头、千眼和千足；躯体无限广大，天、地、空三界俱包摄大其体内——他的身体的四分这一是地界凡夫住处，四分之三是天上神仙住处。3. 创世神功，浑然一身。原人身体每一部分都被赋予超凡的功能——口能产生婆罗门，臂能制作刹帝利，腿能长出吠舍，足能踩出首陀罗；胸脯生月亮，眼睛出太阳，口吐雷神火天，气呼伐尤风神；他的脐、头、足分别产生空、天、地三界，以及十方四维。4. 四种姓的始祖。在吠陀晚期，社会已出现四个种姓（阶级），并且作出了高低贵贱的划分。诗人在这里讲述原人创造人类四种姓，似是遵循宿命论，强调说社会的四种姓原是原人之神创造的，四种姓的高低贵贱也是原人之神规定的，因而是固定不可改变的。从形式上看，这支《原人歌》所描绘的酷似一幅神学上的原人画像，形态逼真，很是精美。而从另一角度来透视，它又蕴含着丰富而深刻的原人哲学内涵。

二　原人的哲学内涵

《梨俱吠陀》（10 卷，1028 支神曲）有被称为一幅反映印度上古人民思想生活的壮丽画卷的美誉。全书从形式到内容虽然都是荒诞神话、虚构传说和对幻想中的神明的颂歌，但其中还有一小部分（神曲）是神话与人生哲理、历史真实和社会现状等内容杂糅在一起的作品。《原人歌》便是这样一支典型的神曲。剔去它的神话外罩，丰富而深刻的原人哲学内涵便立刻展现出来。从这个意义上说，原人在《原人歌》里所具有的种种特征正是一个简单的原人哲学范畴系统；

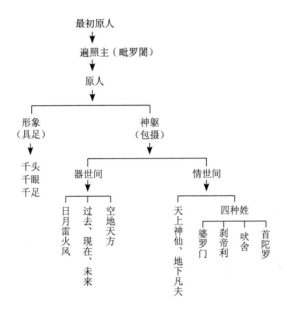

这个范畴系统给我们提供几个值得思考、探讨的哲学基本问题：

（一）**体相同一论**。最初原人→遍照主（毗罗阇）→原人。这是一个原人哲学的本体论模式。最初原人、遍照主，这二者表示同一设定的"实在"，它是超验的、绝对的、常住的、不可描述的，因而是"体"。第三位——原人，它是经验的、相对的、有作用的、可以描述的，因而是"相"。体，本然不生不灭，如如寂静；相，依他缘生缘灭，变动不居。然而，相从体现，是体的外现形式，而内在地又与体同一。因此，最初原人→遍照主→原人这个本体论模式是在表述体之与相，既是同一，又有差别；既有差别，又是同一；差别而无矛盾，同一而又不单调；如是相异相即，圆融无碍。其次，这个模式是对原人同时具有二重神格的阐述。原人第一神格（最初原人、遍照主）是超验性的；第二神格（原人）是经验性的。惟其具有经验性的神格，所以能够游戏三界，变化莫测，乃至创造世界一切生物和非生物；惟其具有超验性的神格，所以能够支配万法的变化，使之沿着它所定的生存路线（自然规律），一步一步地走向复归——复归于永恒的终极。

（二）**一与多原理**。"原人之神，微妙现身，千头千眼，又具千足"。此中"千头千眼千足"代表着一个无限数。这有二层含义——神学与哲学。在神学上，原人是一位由自然人神格化而成的超自然的高级大神，具有无限的神奇威力，能够按自身一个形象变出同样的无数形象。原人的威力是什么性质的威力？《梨俱吠陀》（Ⅵ.47。18）说：

> 彼按本真相，变现种种相；
>
> 正是此真相，藉以显其身。
>
> 摩耶变多相，接引其信众；
>
> 犹如马千匹，套在其车上。

这首颂诗是说空界雷电大神因陀罗运用"摩耶"法力，从自身（一身）变出众多相同的身形，用以应接和教化众多不同根机的信徒。同书（Ⅷ.41）又说：

> 彼以摩耶，揭示宇宙，
>
> 既摄黑夜，又施黎明；
>
> 随顺彼意，三时祭祀。
>
> 其余怨敌，愿俱消灭。

这是说另一位大神婆楼那使用同样的"摩耶"神力宋创造宇宙万有。"摩耶"（māyā）意为"幻术、幻力"。但这些吠陀颂诗说的"幻术"不是人间凡夫玩弄的幻术，而是指天上大神所使用的超自然的幻术，具有不可思议的神奇威力。因陀罗所以能够变一身为多身，婆楼那所以能够揭开宇宙变化之谜，规定时间的运动，制定白天与黑夜变换的规律，就是因为具有这样神奇莫测的"摩耶"幻力。本文开头提到的七位创世大神（包括原人、因陀罗、婆楼那），它们所以能够创造世界，称为创世主，就是因为被赋予了神奇的"摩耶"幻力。那罗延仙人在《原人歌》中虽然没有直接明言原人使用"摩耶"来创造宇宙，但他使用了"神奇"、"胜妙"来修饰原人的"威力"，说明这"威力"就是"摩耶"的威力；否则，原人就不可能具有和别的大神同样的创世资格。在哲学上，所谓一，即吠陀仙人（神学家、哲学家）推测，设想的超验实在；所谓多，是由超验实在幻现出来的经验世界。一与多的哲学关系也可这样来理解：一，即神学上的一神（大梵天宫的大自在天主），同时也是哲学上的真理（设想中的超验实在）。多，即神学上的天界神群和地界众生，同时也是哲学上的依缘而起的色法和心法（精神现象和物质现象）。一之与多，在表现这些外在差别的同时，始终保持着二者天然的同一、同质的内在关系。这便是一多原理；自吠陀经时期起一直被传统的神学家和哲学家（吠陀和奥义书的智者、仙人）广泛使用，作为阐述他们设定的超验实在的主要方法。

（三）**神创世说**。在吠陀经中仙人们（神学家、哲学家）讨论最多的、最集中的意识形态问题是哲学的基本问题——世界本原是什么？是谁创造了世界？在对这个哲学基本问题的回答中，产生不同意见的两派。一派（多数派）执定宇宙存在着一个永恒的超验实在，它浑然充遍，无有形相；超自然的大神是它的化身；化身之神由于永恒实在的超验性而自然具有超验性的威力，并同时藉此创造了世界的一切。另一派（少数派），和多数派的观点针锋相对，不承认有所谓神，更不同意说神创造世界。他们首先怀疑神的存在。例如，他们对因陀罗存在的质疑。《梨俱吠陀》神话里有两个最为重要的大神，一是婆楼那，一是因陀罗。这二神被歌颂为神格最高、神力最大、最为善神所尊敬、最为恶神所害怕。因陀罗是三界中的空界主神。在《梨俱吠陀》1028支神曲中，以歌颂因陀罗为主题的就有250支，几乎占全书的四分之一。可见因陀罗在吠陀神话中的神格是何等特殊和高大。在歌颂他的250支神曲中，有一支《因陀罗赞》，由12首四句颂诗组成，其中第3颂曰："帝因陀罗，若实存在，速作赞歌，颂彼明神。但有人云：无此帝释，谁曾见之？我将谁敬？"（帝释是因陀罗在佛经中常见的称号）这支《因陀罗赞》的作者弃恶子仙人在这首颂诗里竟大胆地对主宰人间天上的因陀罗的存在表示怀疑，这有两层意义：一是，因陀罗究竟是神还是人？一是，是否真的有所谓因陀罗这样的神？这一派另有一些仙人则直截了当地否认神创世说。他们认为世界产生于物质原素，不是由什么神创造。例如，生主仙人在他的《敬谁歌》中说："太古之初，金胎始现，万物之主，生而无两；既定昊天，又安大地。此是何神，吾当供养？""洪水泱泱，弥满大荒，摄为胎藏，产生火光；诸天精魄，从此显现。此是何神，吾当供养？"[①] 在这二颂中，水、火、胎都是物质。如果按颂的神话来解说，所谓金胎或胎藏，是指宇宙胎儿；洪水是指怀孕着宇宙胎儿的母亲。一旦妊娠期满，宇宙胎儿成熟，便像一道火光，从洪水的母腹脱胎而出；

---

① 《梨俱吠陀》X. 121. 1、7。

于是天地安立，乾坤始定——生物界和非生物界从此出现。这些虽然是神话，但也道出作者的真意：世界是由包括火、水等物质原素构成，并非所谓神的创造。所以，住顶仙人带着总结的口气说："世界先有，诸天后起；谁又知之，缘何出现？"[①] 这个颂意，用我们的哲学术语说，就是物质先于精神，精神后于物质；物质是世界的始基，精神是它的反映。这反映部分少数派仙人（神学家、哲学家）此时已颇有朴素的唯物主义思想。不过，就《原人歌》作者那罗延仙人来说，他显然是站在多数派一边，执神创世说。

（四）神定四姓说。 那罗延仙人在《原人歌》中说原人神之创造了包括人类在内的一切生物，而且说是原人把人类划分为四个种姓——原人之口生婆罗门，它的双臂生刹帝利，它的双腿生吠舍，它的双足生首陀罗。在吠陀仙人中无论执神创世说的多数派，或否定神创世说的少数派都没有对此说法提出不同的意见，似乎一致承认人类四种姓的划分，不是神在创世时规定的，便是命中注定的。

这则神话，在另一方面，却是当时社会现实的反映。四种姓制是古今印度社会阶级结构的基础。就印度社会发展史而言，《原人歌》是记录四种姓名称最早的史实资料。公元前 2500 年至前 1500 年间，正是印度原始公社社会向奴隶制社会过渡的时期，社会活动，只有分工，而无固定的职业范围；从事各种劳动的人，也没有种姓（阶级或阶层）的划分。社会上，一般地说，有四种不同的事务：1. 祭祀巫术；2. 政务军事；3. 农耕商贾；4. 各种体力劳动。四种事务由四部分人分别承担。事务还不是职业，四部分人还未划分为四个不同的种姓；人们还可以自由选

---

① 《梨俱吠陀》卷 129.6。

择职业，随意变换工种；社会活动，文化生活，共同参与，相互
交流；异姓通婚，饮食同桌。自选自决，无有限制。例如，闪光
仙人说："黎明女神，唤醒诸有，一切众生；为了国土，生产粮
食，谋求荣誉，聚敛财富，举行祭祀，注意各种，营生手段。"[①]
这首颂诗描写，在印度上古社会里，主要有四种劳动方式，或者
说，有四种不同的工作；1. 生产粮食；2. 追求伟大（荣誉）；
3. 聚敛财富；4. 举行祭祀。闪光仙人虽然提醒人们注意社会上
有不同的劳动方式，但还没有把不同的劳动方式划分为四种固定
不变的职业，更没有说从事这四种工作的劳动者就是四类有贤愚
贵贱之分的种姓。大约到了公元前 1000 年，随着社会生产的继
续发展，社会分工越来越明确，四种工种变成四种固定的不同的
职业；从事这四种职业的变成四种不同的种姓或阶层，即上述的
婆罗门（专门主持各种祭神活动）、刹帝利（专门主管军政事
务）、吠舍（专门从事商业和农业活动）、首陀罗（专门从事笨
重的体力劳动或下等职业）。很显然，四种姓是在社会发展过程
中逐步形成，绝不是仙人们幻想中的神所制定。然而，《原人
歌》的作者那罗延仙人是执神定四种姓说的。这和他执神创世
说是同样的荒谬。

三 原人哲学的总结

在吠陀经之后，对原人原理作总结的是奥义书哲学家。奥
义书的梵文原名是 Vedānta，音译，'吠檀多'，意译"吠陀的
终结、吠陀的总结"。奥义书和别的有关吠陀经的著作不一样，
专门探讨吠陀哲理，因而得名"吠陀哲学的总结"。奥义书哲

---

① 《梨俱吠陀》Ⅰ.113.6。

学家在对吠陀哲学的总结中主要是对原人原理的总结，并在这基础上对它进行了重大的发展。他们首先继承、确认吠陀哲学家这一基本观点——设定宇宙存在着一个永恒的超验存在，而原人就是这个超验实在的体现（外现的化身）。与此同时，他们提出表述这个基本观点的特殊方法、模式——特殊否定和特殊肯定。

（一）**特殊否定**。原人天然地具有两个方面的特征：一是不可说方面，另一是可说方面。在奥义书哲学家看来，吠陀哲学家着重阐述原人的可说方面（相），对原人的不可说方面（体）的阐述，似乎有所不足，奥义书应先就此进行论述。因此，奥义书哲学家一开始便在第一部奥义书《广林奥义》（Ⅱ.3.6）中运用特殊的否定模式来阐明原人的不可说特征（体）："原人非如此，非如此。没有比之更高大者。……他是真理中之真理。"这则奥义提出两个表述模式：1. 双重否定。第一个"非如此"是对原人的可说方面否定；第二个"非如此"是对原人的不可说方面的否定。两个"非如此"合用时，则是否定之否定（肯定超验实在的存在，即原人之体的存在）。2. 双重肯定。"真理中之真理"，第一个"真理"是对经验世界的肯定（即所谓俗谛）；第二个"真理"是对超验世界的肯定（即所谓真谛）。两个"真理"合用时，则是强调原人所代表的超验实在是至高至上的真理。其次，也可以这样来理解："非如此，非如此"是说原人的不可说方面，既不是客观的，也不是主观的；"真理中之真理"是描述原人的可说方面，既是客观的，同时也是主观的；如是客观主观，非一非二，亦一亦二，相涉相融，事事无碍。同书（Ⅲ.7.23）另一则奥义说："他（原人）是你的自我，是内在的支配者，是不死者。他是见不到的见者，听不到的听者，非思维所及的思者，非知识所达的知者。他之外别无见者，他之外别无听者，他之外别无思者，他之外别无知者。"在吠陀经中和在奥义书中，设定的超验实在究竟是物质性的，还是精神性的，始终没有明言。这则奥义则暗示：1. 原人即是内在的自我，自我即是主观精神；2. 不死者是指原人的不可说的"体"，因为体是超验的，所以他是不死，是无形相（《疑问奥义》6.5）、超世间（《歌者奥义》Ⅳ.15.1）；3. 超验实在外化的原人包摄经验世界一切物质的和精神的现象。

（二）**特殊肯定**。原人的可说方面特征即超验实在的外化、原人在经验世界的无穷幻变的具体形象。奥义书哲学家据此发展、建立一个原人范畴系统，藉以最充分地阐述原人在经验世界的一切形式。首先，他们叙述原人在经验世界的诞生故事。按吠陀经，"从彼诞生，大毗罗阇；从毗罗阇，生补卢沙（原人）"。这是说原人的祖父（原人初祖）生毗罗阇（原人的父亲），毗罗阇生原人，原人创造了世界。① 按奥义书，超验实在外现"因陀"（Indha），即人们习惯称呼的因陀罗（Indra），又名"宇宙人"（Viśvānara）。在因陀的右眼是原人，在因陀的左眼是原人之妻子毗罗阇。原人与妻子在心里的空间进行交媾，由是产生下述范畴系统所描绘的经验世界的一切现象②："原人住于一切肉体之内，没有不被他包摄者，没有不被他遍入者。"③

1.12 范畴系统。奥义书哲学家设想经验世界共有 12 种现象（范畴），原人就在它们之内，也就是说，它们是原人外现的 12 种形式：

---

① 《梨俱吠陀》Ⅹ.90.3。

② 《广林奥义》Ⅳ.3.2—3。这一说法类似中国哲学的阴阳交替说。比较《老子》（42 章）："道生一，一生二，二生三，三生万物。万物负阴而抱阳，冲气以为和。"

③ 《广林奥义》Ⅱ.5.18。

$$\left.原人\left[\begin{array}{l}日、月、闪电、虚空、\\风、火、水、镜子、\\人行步声、四维、影子\end{array}\right.\right]（物质世界）$$

$$\qquad\qquad\Big[\ 我（精神世界）$$

最后一个范畴"我"意指肉体内的意识。有些奥义书哲学家认为原人不仅是客观性的，同时也是主观性的；被他遍入的现象或形式，无论是精神性的或客观性的，都具有主观的意识。他们提出原人一身八相系统，并使每个原人形式都具有主观性的特征——意识，藉以展示原人在肯定模式的具体形象和在否定模式的抽象形象一样，蕴含着内外相涉、主客同一的深刻哲理。

2. 一身八相系统。可说的原人一身分作八个同形的原人，每个原人都具有主观性的和客观性的特征：

原人一：地为住处，火为世界，光为意识，一切灵魂的归趣；他的神明乃不死者。

原人二：欲为住处，心为世界，光为意识，一切灵魂的归趣；他的神明乃女人。

原人三：色为住处，眼为世界，光为意识，一切灵魂的归趣；他的神明乃真理。

原人四：虚空作住处，耳为世界，光为意识，一切灵魂的归趣；他的神明乃方位。

原人五：住于黑暗，心为世界，光为意识，一切灵魂的归趣；他的神明乃死神。

原人六：住处是诸色（物质形式），眼为世界，光为意识，一切灵魂的归趣；他的神明乃生命。

原人七：水为住处，心为世界，光为意识，一切灵魂的归趣；他的神明乃婆楼那。

原人八：精液为住处，心为世界，光为意识，一切灵魂的归趣；他的神明乃生主。①

这个范畴系统反映超验原人（设定的超验实在）外现8个经验性的形相，每个都是主客相交、非一非二的综合体（现象）。"此是八个住处、八个世界、八个原人。凡是能够把它们分开、又能够把它们和合起来者，他就是奥义书中所讲的原人。"② 这是对原人八相的哲学总结。此中"分开"意即"演变"——不可说的超验原人外现八个化身，游戏于经验世界。"和合"意即"复归"——超验的原人回收外现的八个化身，使之按规律复归于唯一的超验实在。这则总结是运用"演化与复归"的表述方法的实例。而典型的例子则是下述的 16 范畴系统。

3.16 范畴系统。这是在 12 范畴基础上发展而成的范畴系统，主要增加若干精神范畴，共 16 个：③

原人 {
生命、信仰、意识（精神范畴）

虚空、风、光、水、地
五根、食物、精力、苦行 }（物质范畴）
神曲、业、世界、世界诸名
}

在这里，精神范畴的增设意味着原人哲学越来越向纯唯心主义倾斜，并为以后的原人范畴系统的制作提供了一个蓝本。

其次，"犹如流向海洋的河流，一到海洋便即消失，它们的名字和形式也沉入海里。同理，汇归原人的 16 范畴，一归原人，

---

① 《广林奥义》Ⅲ.9.10—17。
② 《广林奥义》Ⅲ.9.26。所谓奥义书所讲的原人，意指真正理解原人八相论的人。
③ 《疑问奥义》Ⅵ.4。

便即消失，它们的名字和形式也不存在，只叫做原人。那是没有范畴的不死者。……"① 这则奥义说明超验原人外现经验世界 16 范畴，是原人的演变过程；16 范畴按规律汇归原人，是原人的复归过程。原人在哲学上的演变与复归，既是奥义书的哲学理论，同时也是奥义书的哲学方法。

4. 精神升级系统。这个系统主要讲超验原人外现的精神现象有高低级的区别，从低级精神境界逐级上升到最高级的精神境界"原人"——回归到超验实在：

境……高于……根（感官），

意……高于……境，

觉……高于……意，

大我……高于……觉，

不显……高于……大我，

原人……高于……不显，

无有……高于……原人。

最后一级"无有"是说没有任何高于原人的境界。这是精神升级的终点，最高的精神境界。②

以上四个范畴系统，前三个是按横向阐述原人的"演变——复归"过程，后一个是按纵向阐述原人的"演变——复归"过程。后者（精神升级系统）对后奥义书的哲学流派产生极其深远的影响——推动客观唯心主义逐步发展成为主观唯心主义的一元论和二元论。③

---

① 《疑问奥义》Ⅵ. 5。

② 《石氏奥义》1. 3. 10—11。

③ 印度近代吠檀多哲学大师奥罗宾多（Sri Aurobindo. 1872—1950）在他的名著《神圣人生论》中所说的"精神进化论"实溯源于此。（此书的汉译本为徐梵澄所作，商务印书馆 1984 年版。）

四　原人理论的新发展

奥义书哲学家在总结吠陀经的原人哲理的同时，发展了与原人的哲学内涵相似的新概念——"梵"与"我"。他们认为"原人、梵、我"三者在超验意义上同是超验实在的"符号、密码、范畴"："……不死原人，于此大地，永放光辉；不死原人，内我为体，永放光辉；他正是我，此是不死，此即是梵，此即一切。"① 这则奥义完整地阐明原人即梵、原人即我的"原人、梵、我"三位一体的超验的本体论原理；并且阐明"原人、梵、我"是奥义书哲学所着重阐述、论证的中心命题。然而，随着奥义哲学的发展，"原人、梵、我"的次序被颠倒过来，成为"梵、我、原我"或"我、梵、原人"；实际上，在许多场合原人已完全为梵我所代替——原人即梵、原人即我的新理论。

原人即梵。梵（Brahman）是吠陀原人原理在奥义书的新发展；它具有和原人一样的超验特征，而其哲学内涵更加丰富，更加奥妙，成为奥义书哲学理论系统中的核心部分。奥义书哲学家根据原人的不可说和可说的两方面特征，发展为梵的两个形式："诚然，梵有的特征既有绝对的一面，又有相对的一面。绝对的一面是：无相、不死、灵活、彼岸；相对的一面是：有相、有死、呆板、此岸。前者（绝对一面）又称为'上梵'，后者（相对一面）又称为'下梵'"② 奥义书哲学家采用否定表述模式和肯定表述模式来阐述这二梵奥义。1. 否定表述。这是从一个绝对否定视角来反思上梵，全面扬弃上梵的一切规定，彻底透视

---

① 《广林奥义》Ⅱ.5.1。
② 《秃顶奥义》Ⅱ.2.9。

它的"无相、不死、灵活、彼岸"的超验本体——"不可感触、不可描述、不可按特征定义；它是不灭者，故非粗、非细、非短、非长、非赤（如火）、非湿（如水）、无影、无暗、非空、不粘、不臭、无味；无眼、无耳、无识、无精力、无呼吸、无相貌、无量度、非内、非外；它不吞噬何物，亦无能吞噬之者。"①这个系列否定模式，换句话说，是对上梵的奥义作否定的论证。上梵和原人一样"非如此，非如此，是真理中之真理。"又如："……超凡之原人引导它们向梵走去。此是前往诸天之路，前往梵之路。"②此中"它们"是说超验原人外现经验世界的物质现象；与此同时，超验原人又使它们复归于超验之梵（上梵）。这阐明在超验意义上"原人即梵，梵即原人"的原理。2. 肯定表述。这是从上梵幻现种种美妙多彩的具体形象的角度来观察下梵——有相之梵。有相之梵的特征和无相之梵的特征恰好形成鲜明的对照：无相之梵，无规定性，不可描述，不可思辨；有相之梵，有规定性，可以描述，可以思辨。无相之梵的原理模式是"非如此，非如此"；有相之梵的原理模式是"一切即此梵"。③"太初之时，唯梵存在。彼知自己'我就是梵'。因此，梵就是一切。"④此中"梵"具体地说就是大梵天王、梵天世界。奥义书神话：梵天王是先于世界而出现，所以他一出现，立即创造世界，创造了包括因陀罗、婆楼那、苏利耶（太阳）、苏摩（月亮）、鲁陀罗、阎摩、死神等在内的天界神群；同时还创造了地界诸神和人类四种姓，以及低级生物。梵天王俨然像一位神通广

---

① 《广林奥义》Ⅲ.8.8。
② 《歌者奥义》Ⅳ.15.5。
③ 《蛙氏奥义》第二则。
④ 《广林奥义》Ⅰ.4.11。

大的魔术师，变现出整个宇宙（现象界）。① 换句话说，梵就是物质世界的本原、宇宙的基础。晚期的奥义书哲学家总结二梵理论为一真一假——上梵是真，真实的存在、超验的存在；下梵是假，非真实的存在，无常的世俗存在。② 然而，按奥义书哲学，上下二梵，一真一假，由真而假，假本非真，终归一实；如是即真即假，即假即真，真假相涉，二梵同一。

原人即我。如前文所述，原人即梵、原人即我，是在超验意义上阐述"原人、梵、我"三者同一不二的无差别的哲学内涵（设定的超验实在）。在经验意义上，三者各有外在的经验性形式；原人全部经验性的内涵演变为两部分：一部分构成梵的经验性特征，一部分构成我的经验性特征。梵与我的区别主要在于二者在不同的范畴中有着不同的功能——梵被看作客观世界的基础，我被认为主观世界的根源。奥义书哲学家由此构想出二梵（如上节所说）和二我。二我谓遍我（主我）和个我（众我）。③ 前者是超验性的后者是经验性的。超验之我的原理模式是："此我非如此，非如此。此我不可把握，因为它不被把握；此我不可灭，因为它不被消灭；此我无执著，因为它不执著自我；此我无束缚，因为它无苦恼、不受伤害。"④ 其次，超验之我是"无声、无触、无相、无灭、无味、常住、无香、无始无终、超越广大、不变"。⑤ 这两则奥义书重申前边说的，在超验意义上，"原人、梵、我"是同一不二，无有差别。经验之我，似是奥义书哲学家特意提出来，藉以解决经验世界的精神性和心理上的复杂问

---

① 《白骡奥义》Ⅳ.9—10。
② 《慈氏奥义》Ⅴ.3。
③ 《歌者奥义》Ⅴ.12.1—7。
④ 《广林奥义》Ⅲ.9.26。
⑤ 《石氏奥义》1.3.1—17。

题。经验之我是超验之我幻现的外在形式或"化身"。"人、梵、我"是同一不二，无有差别。经验之我，似是奥义书哲学家特意提出来，藉以解决经验世界的精神性和心理上的复杂问题。经验之我是超验之我幻现的外在形式或"化身"。化身的超级形象便是创世之我："世界之初，唯我独存。……除我之外，别无他物。"① 创世之我与创世之梵，同一性质，即同是超验实在的两个经验性的形式："太初之际，唯梵独存，彼知自己，我就是梵。"② 这说明"梵"与"我"二者同具创造物质世界和生物世界的神力，而且还共同为生物界创造了意识："太初之时，此界空无，……彼造意识，并祈有我。"③ 这则奥义涉及的重要哲学问题是：生物界的意识是由神（梵—我）创造、还是由别的什么构成？意识是否就是构成"我"的主要因素和内涵？关于这个主观世界如何产生的问题，吠陀哲学家早已提出，虽然还没有作出肯定或否定的答案。长暗仙人说："从地生气血，何处有我在？"④ 这意思是说："我"就是肉体，它是由地、气、血构成的；离开这些物质原素，所谓之我便不存在。换言之，"我"产生于物质。随后，住顶仙人说："初萌欲念，进入彼内，斯乃末那，第一种识。"⑤ 他肯定了意识（末那，manas）是在物质性的肉体构成之后进入体内的。但是，他没有阐明意识如何产生：意识是神造的、还是物造的、或自然而有？意识是否就是我？后吠陀的哲学家，特别是奥义书的智者，似乎比吠陀人更加重视意识和与此有关的问题。他们努力探索，深入反思，并提出他们的答

① 《广林奥义》Ⅲ.4.1—2。
② 《广林奥义》1.4.9—10。
③ 《广林奥义》Ⅰ.2.1。
④ 《梨俱吠陀》Ⅰ.164.4。
⑤ 《梨俱吠陀》Ⅹ.129.4。

案："创世之父为自我创造了意识（manas）、语言（vāca）和气息（prāṇa，生命）。……诚然，我乃由语言、意识、气息三者构成。"[1] 在这里如果把"创世之父"的神话撇开，一个具体而典型的经验之我便会出现在人们面前——它的三个成分，内涵丰富、形式多样，包摄了经验世界的主要范畴；如下表：

我（三成分）		
语言	意识	气息
↓	↓	↓
地界	大气层	天界
《梨俱吠陀》	《夜柔吠陀》	《婆摩吠陀》
天神	祖先	人类
母亲	父亲	后裔
已知	现知	未知
地身	天身	水身[2]

这个范畴系统反映这一事实：我们所谓之"我"是由意识、语言、气息三者集合构成；离开这三他成分，我便不可得。这三个成分中，"语言"和"气息"是物质，"意识"是精神；三者相互依存，互为条件，谁也不能独立于谁，从而协调一致地构成了一个和合体"我"。这也同时表明意识是在与其有关的物质基础上产生、存在，并不是人们幻想中什么天父或大自在天所创造。

奥义书哲学家还利用二我论来传播唯心主义的所谓因果轮回理论。二我，又称为"外我"（遍我、大我）和"内我"（个我、小我）。外我，谓在肉体之外，充遍宇宙，无始无终，无灭

---

① 《广林奥义》I.5.3。
② 《广林奥义》I.5.3—13。

无相，只可意会，常住吉祥。① 内我，谓在肉体之内，受着生、住、异、灭的自然规律的制约，因而是承受苦乐因果、轮回转生的主体。在理论上，内我是外我的幻现形式，因而始终存在着复归于外我的可能——在奥义书哲学家看来，内我是此岸的经验意识，外我是彼岸的超验境界；此岸和彼岸之间并不存在一条绝对不可逾越的鸿沟。只要设法（如按照奥义书苦修无触瑜伽或持诵 om 字神咒）在肉体消亡之前使内我摆脱过去和现在的业力（行动后留在心灵上的潜隐的影响、习气）的束缚，便能自由地离开肉体（即使肉体尚未死亡），与外我统一起来，获得精神上完全的解脱。这就是首先为奥义书哲学家所创立的比较系统的关于"我"（灵魂）从轮回到解脱的理论。乔荼波陀②在他的《圣教论》中使用生动的譬喻来解释奥义书这一轮回理论。他说，生物的肉体喻如瓶子，瓶内的空间喻如内我，瓶外的空间喻如遍我。瓶内空和瓶外空在形式上有广狭的区别。但在空的性质上二者毫无二致。只要把瓶子打破，瓶内空和瓶外空立即同一起来。③ 同理，肉体、内我、遍我三者的关系，只要设法使内我从善恶行为造成的肉体囹圄解放出来，便可立即与遍我合而为一，恢复精神上的完全的自由和安乐，并最终结束轮回转生的痛苦历程。

上文提到《慈氏奥义》（Ⅴ.3）对二梵论的总结：上梵幻现出下梵，故上梵是真，下梵是假。同理，二我论也是如此：遍我是真，个我是假。二梵论和二我论在奥义书中的发展，说明原人

① 《白骡奥义》Ⅴ.13—14。
② 乔荼波陀是 7 世纪末吠檀多学派的奠基人，奥义书哲学权威。
③ 《圣教论》梵文本，第 50 页，第 3 颂；第 51 颂；第 51 页，第 4 颂；汉译本（巫白慧译，商务印书馆 1999 年出版），不二章第三，第 3 颂（第 107 页）和第 4 颂（第 108 页）。

哲学在从客观唯心主义过渡到主观唯心主义的同时，把二者同一起来，构成一种客观唯心主义和主观唯心主义的混合一元论。

五　二元论纪元的开始

《慈氏奥义》是十三种主要奥义书的最后一部。奥义书哲学家在此书总结二梵为一真一假之后，又对原人的范畴理论作了总结性的发展——提出新的原人范畴系统。这个系统的最高范畴已不是独一无二的一个，而是彼此并列的两个——原人（Puruṣa）和质料（Pradhāna）。① 《慈氏奥义》（V.10）说："有思原人住于质料之中。"这说明原人是一个精神性的实在，质料是一个物质性的实在。原人从一开始就与质料"住在一起"（结合成一对）。这意思是，原人与质料，彼此独立，平等存在；二者相互对立，但又相互依存，所以称原人为受用者（bhota），称自然（物质性实在）为供受用的美食（bhojyam）。源于自然的质料天然具有三个内在的特质（guṇas）：喜、忧、闇。这三者在活动变化而失去平衡时，便成为供原人享用的美食（物质对象）。物质性的"美食"由于内在三特质的持续演变、发展，逻辑地产生一系列精神性的现象和物质性的现象：先有"实我"，次有"大"、"觉"和"14道"②；然后又有人类的三阶段（童年、青年、衰老）和三观念（贪著、分别、骄慢），以及充满"乐、苦、痴"的经验世界。这一系列精神性和物质性的现象，大致可分为二大类：一类是"显"（具体现象），一类是"非显"

①　Pradhāna 意为"原初质料、原初物质"，在此与 Prakṛti（自然、自性）同义。

②　14道——4内作：觉、心、想、自意；5知根：眼、耳、鼻、舌、身；5作根：口、手、足、肛门、生殖器。

（抽象现象）；二类合起来构成一个新的原人范畴系统：

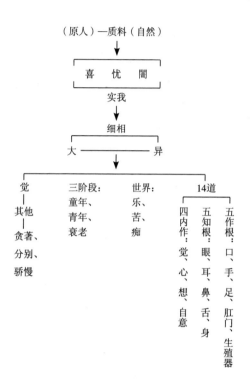

　　站在这个范畴系统的顶峰是两个最高的范畴——"原人"与"质料"（自然）。原人（在括号内）表示"他"静止不动，不带"喜、忧、闇"三特质。质料（自然）天然地具有三特质，一旦与原人结合，便因内在三特质的不平衡的"骚动"而源源不断地衍生出经验世界的一切，作为供原人享用的"美食"（客观对象），而原人（主观精神）就是唯一的美食家似的享用者。

　　原人"美食的享用者"和质料（供原人享用的美食物质），按照这则奥义（《慈氏奥义》V.10），从原初之时起，就是两个独立的实体，但又互相交涉，互相依存；原人并不创造质料（物质），但与质料同时出现，共同存在。因此，原人是真非假，质料也同样是真非假。《白骡奥义》（IV. 5—6）有一个恰当的比喻，谓在同一树上有两只关系亲密的鸟儿。其中一鸟在吃树上的果子，而另一只鸟则在傍观看，不食果子。不吃果子的鸟喻如宇宙大我，吃果子的鸟喻如有限个我（众生），树果喻如经验世间。其次，二鸟意指精神，树果意指物质；但后者并非前者所创造，而是同时出现，同是真实的存在。原人（美食的享用者）和质料（供原人享用的美食）的关系也是如此。原人虽然是美食（质料）的享用者，却不是创造者；原人与美食各自独立存在，谁也不创造谁。《白骡奥义》（IV. 9）还有一个譬喻，谓大自在天创造了世间，正如一个超级魔术师变出的幻象。大自在天象魔术师，故是真；世界象幻想，故是假。正如同书（I. 10）说的，可灭者是质料（Pradhāna，自然、世界），不灭者是柯罗之神（Hara）。这些认为设定之神（原人、大自在天、柯罗）是真，质料（自然、物质、世界）是假的说法是对原人哲学从吠陀到《慈氏奥义》之前的唯心主义绝对一元论的总结，而《慈氏奥义》提出的原人与质料俱真、不灭的理论，则是对原人哲学从一元论向二元论过渡的完成的总结。

六　文末评说

印度有两个传统的哲学观点，即"永恒的观点"和"断灭的观点"；前者佛家叫做"常见"（Śāśvatadrṣti），后者叫做"断见"（Ucchedadrṣti）。这两个观点也是印度哲学史的两条发展基线；这就是说，正统哲学或非正统哲学不是沿着常见路线发展、构建对"永恒精神实在"肯定的理论，便是沿着断见路线发展、

构建对"永恒精神实在"否定的理论。① 换句话说，正统哲学或
非正统哲学不是以常见为它的思想基础，便是以断见为它的思想
基础。原人原理正是以常见为思想基础的正统派哲学用以表述他
们设想的"永恒精神实在"的观点。② 无论是从一元论视角来表
述，还是从二元论视角来表述，都是如此。不过，公平地说，二

---

① 传统印度哲学通常划分为两大派系，即承认吠陀经的神圣权威的正统派和否
定吠陀经神权威的非正统派。正统派有所谓六派哲学，即数论、瑜伽论、正理论、
胜论、前弥曼差论和后弥曼差论。非正统派有佛教哲学、耆那教哲学、顺世论、六
师哲学等。

② 梵语 puruṣa 中印佛教译经大师，通常按普通阳性名词来译，意为"丈夫、
人"。不见译作哲学化的最高范畴"原人"。这可能有两个原因：第一个原因是，佛
教译经师们不知道 puruṣa 在吠陀经和奥义书中的哲学意义；第二个原因是，佛教译
师，特别是印度佛教译师，他们熟悉吠陀经和奥义书，以及印度传统各派哲学，了
解 puruṣa 在这些哲学流派中的哲学内涵，但认为这是"外道"术语，不宜译作具有
"邪见"意味的"原人"。南朝梁真谛法师（499—569）所译的《金七十论》阐述数
论的二元论哲学，后者有一个"25 冥谛"的范畴系统，其中最高范畴是两个——
puruṣa 和 prakṛti。前者（puruṣa）译作"神我"后者（prakṛti）译作"自性"。"神
我"是一个哲学化的术语，但不反映吠陀经和奥义书的哲学含义。然而，不是译师
的唐宗密大师（708—841）却撰写了一部《华严原人论》（《大正大藏》第 45 卷，
第 710 页），大谈"原人"哲学。他在书中提出一个"精神五级升化论"。第一级，
人天境界；第二级，小乘境界；第三级，大乘法相境界；第四级，大乘空相境界；
第五级，一乘显性境界——最高的"原人"境界。这实际上是一个"五级精神范畴
系统"。"原人"是它的最初的、同时也是最高的范畴。"原人"在宗密的绝对唯心
主义理论中是"迷悟一真心"。他在他的《原人论》的结论中说："故须行依佛行，
心契佛心，正本还源，断除凡习，损之又损，以至无为自然，应用恒沙，名之曰佛。
当知迷悟同一真心。大哉妙门，原人至此。"
宗密大师这个精神五级升化论很像《石氏奥义》（Ⅰ.3.10—11）的精神升级范
畴系统。这个系统的最高范畴也是"原人"。密没有读过奥义书，这是可以肯定
的。他的《原人论》的"原人"看来也不是吠陀经中的 puruṣa 的翻译。我们不能说
宗密因受奥义书哲学的启发而提出与《石氏奥义》相类似的范畴系统。宗密的精神
五级升化论与奥义书的精神升级范畴系统，只可以说是两种主观唯心主义哲学在不
同的时空中的巧合；在形式上，二者似有差别；但在实质上——对永恒观点（常见）
的执著上，二者难分轩轾。

元论有一半是对的；这一半承认物质独立存在。吠陀智者和奥义书哲学家在阐述原人哲学的全过程，竭尽仙家智慧，把物质放在精神化的"熔炉"里提炼。但物质并不因此而被熔化、同化。物质依然是物质——物质的客观性。

（原载《东方哲学》第 1 辑，台湾养正堂文化出版社 2001 年版）

奥义书的禅理（下篇）*

一　"禅"的哲学与修持

奥义书哲学家在《歌者奥义》阐述定中26个心理活动（概念）的同时，把它们与奥义书哲学的最高范畴"梵—我"联系起来，赋予它们以"梵—我"的哲学内涵。他们提出表述这一原理的方法是很独特的。例如："……大地似乎在参禅，上天似乎在参禅，水域似乎在参禅，山岳似乎在参禅，天神与人似乎在参禅。因此，在众人中悟得伟大真理者，他就好象获得禅的一部分。……是故应参禅。"这则奥义阐述设定的超验实在"梵"是经验世界的本原，在这个视角上，经验世界的精神现象（如参禅）和物质现象（如天上地下、山水人神）是不一不异的。不一，是说二者（精神现象与物质现象）在经验意义上，相对地有差别；不异，是说二者在超验意义上，绝对地无差别。同书（Ⅶ.6.2）说：

＊《奥义书的禅理》有上下两篇。上篇见于拙著《印度哲学》（第237—250页）。本文是下篇。

事禅如梵者，随禅修所至，随得如意行，彼事禅如梵。

这个颂说明"禅"被赋予"梵"的内涵，二者同一。颂中"事禅如梵"意即在哲理上把"禅"拔高到与"梵"相等，即禅即梵，即梵即禅。"随禅修所至，随得如意行"表示按照"禅—梵相融"原理来修订，禅修到什么程度，便证得什么程度的梵理——"如意行"（亦即"自由、解脱"），"好象获得禅的一部分"（也即是梵的一部分）。在这里，"禅"显然和"梵"一样，是被参究的对象。

二　"禅"与 om 和瑜伽

"禅"作为被参究的对象，等同于圣字"唵"。此字的梵语原文是"aum"，见于奥义书，后又简写为"om"；汉语传统音译作"唵"或"蓬"，意译是"极赞、极至"。《鹧鸪氏奥义》（Ⅰ.8.1）说："om 就是梵，om 就是这个世界的一切"。

这就是说，"梵、禅、唵"二者是形异义同——在哲学上，三者同一超验含义，同是被参究的对象。复次，om 的元音"o"是一个复合元音，由"a + u"复合而成。故 om 包含三个字母"a、u、m"（即最初见于奥义书的形式 aum）。它是奥义书神秘符号系统中的原符号。在神学上，"a"是遍入天（毗湿奴）的代号，"u"是紧思天（鲁陀罗）的代号，"m"是大自在天（大梵天）的代号。在哲学上，om 字具有不可思议的超验作用，它总摄三大神为一神，总摄"原人、梵、我"三位为一体，总摄经验世界所有精神现象和物质现象。它像一个神奇的"容器"，储存着整个宇宙。所以奥义书哲学家强调"om 字就是这个世界的一切"；"aum，此字即一切，它的解释是：过去、现在、未来，一切唯此 aum 字。此外，超三世者，亦唯此 aum 字"（《蛙氏奥义》第一则）。总之，这些奥义是在说明"禅、梵、唵"是被参究的超验对象，并且指出修订者必须采用参禅的方法来参究它们。

"禅"作为参究的方法相等于"瑜伽"。梵语"yoga"，汉语音译为"瑜伽"。Yoga 是从动词根 yuj 派生而成的抽象名词，原义为"（给牛、马）上轭、套轭、相应"。在《梨俱吠陀》（Ⅰ.30—37；X.166.1）里，瑜伽除了保留词根的原意之外，还有"时机、时代"和"财产、财物"等意义，但常见常用的是词根的原义。奥义书中的"yoga（相应）"是说通过禅那而与"梵我"真理相应的方法。禅那，在早期《歌者奥义》26 个心理活动中处于并不重要的第 6 位。随着奥义书禅理的发展，禅那逐步和瑜伽同一起来，上升到左右修订成败的关键位置。《白骡奥义》（Ⅰ.3）说：

> 禅那与瑜伽，随悟即见到，隐藏于自德，神明之自力。
> 彼正是唯一，总持并支配，从时直至我，所有诸因素。

《白骡奥义》这个颂实际上是对《歌者奥义》26 个定中心理活动的次序进行调整，把其中第 6 位的"禅那"、第 7 位的"知识"、第 17 位的"智"和第 18 位的"慧"合成为"禅那"（定）和"悟知"（慧）。二者似有先后，但实际上是相辅相成，是二而一，是习定的重要手段，在向超验的精神顶峰攀登过程中共同起着无可代替的决定性作用。这就是说，"定、慧"的修持，到了超验的深层次时，便能当下直接地顿悟"一切来源于我"的梵我一如的境界。较晚的《慈氏奥义》（Ⅵ.18）提出包括禅那在内的瑜伽六法——瑜伽的六个方面的内容：

> 实现与梵同一，应知其加行规则：调控呼吸、抑制感官、禅那静虑、总持意念、觉观思维、三摩提定。即此六者，称曰瑜伽（yoga）。

这段引文清楚地说明"瑜伽"包含着"禅那、三摩提",三者(瑜伽、禅那、三摩提)事实上都是"定"的意义,是三个内涵相同、名称相异的术语。这六条瑜伽加行规则正是实现禅那与瑜伽同一,构成对被参究对象进行参究的正确方法——藉此能够悟见到"隐藏于自德,神明之力量"。再者,六条规则中的第一条"控制呼吸"和第二条"抑制感官"是瑜伽实践的第一步,是一切禅定的基础。《白骡奥义》(Ⅱ.8—15)对此作了详细的说明:第一,(瑜伽行者首先)选择一个土地平坦、环境雅静、离诸喧嚣的地方。第二,就地盘膝打坐,双目闭合,身体挺直——胸、颈、头三部分端正笔直,然后,感官和意识与外境脱离接触,摄入于心。第三,调节体内气流运动,使用鼻孔,减弱呼吸,犹如御者,驾驭野马;瑜伽行者,控制心意,勿使放逸。第四,潜心静虑,集中思维,到了一定程度,便会在定境中出现某些自然现象(如日月星光,风火水气,烟雾荧光等),自觉身体轻松,颜脸光亮,声音悦耳,气味馨香,排泄容易。这些定中景象被认为是瑜伽行的初步结果,也是在瑜伽实践过程中亲证到梵的初级形象。

在定中亲见梵的初级形象,表明瑜伽行进入纯心理活动(纯精神的意境)。按照《白骡奥义》(Ⅱ.4.1),心理活动有两个阶段,即"意识阶段"和"了知阶段"。前者是说外感官与外在境界接触而产生的认识(感性认识),后者是指内感官与内在对象接触而产生的认识(理性认识)。内在的理性认识正是取得超验性认识的开始。奥义书哲学家高度评价这一内在理性认识的取得。

三　"禅、唵、瑜伽"的修持效应

以上对"禅"作为被参究对象与"唵字、瑜伽"同一的过程中，已部分地涉及"禅那、唵字、瑜伽"的修持效应，三者分开修持，或者合一修持，其最后的效应是完全一样的——获得与梵同一的超验精神效果。

（一）"禅"的修持效应。禅，作为被参究的对象，与"梵"同一，即所谓"事禅如梵"。"禅"作为修持方法，它的修持、参究的对象正是"梵"。按照这个方法，即用参禅的方法来参究"梵"。《白骡奥义》（Ⅰ.10）说：

> 可灭者质料，不灭者诃罗，支配二灭者，乃唯一神明。
>
> 由参究他故，与他同一故，继思其存在，终结摩耶界。

颂中"参究"和"同一"是参禅的方法。参究的对象有三个："诃罗、神明、他"。这三者实质上是"梵"代名词。参究它们，也就是参究梵，与它们同一，也正是与梵同一。"终结摩耶界"是参究梵、与梵同一的修持效应。摩耶界，意为幻伪的世界，即我们说的经验世界。终结，是说结束在这个幻伪世界的生死轮回。同书（Ⅰ.11）进一步阐述禅的修持效应：

> 悟知神明已，脱离诸束缚，由灭烦恼故，断绝生与死。
>
> 参究彼之故，出现第三境，肉体消亡时，升华世自在，
>
> 绝对唯一故，彼愿得满足。

此颂具体地描述定慧加行深入到精神世界的超验阶段时所产生的神奇效应。颂中的"悟知"即是"慧"，"参究"即是"定"。"第三境"意即"第三种情况或作用"。定、慧是同一超验性质，互为因果——定是慧中之定，慧是定中之慧，二者的作用合共三种，但范围各有侧重。"慧"的作用，一是悟知神明，砸碎精神枷锁，二是消灭烦恼，脱离生死。三是"定"的作用，即所谓"第三境"。这包含两种情况：一是在肉体消亡时，灵魂（个我）立刻与神（真我）同一，逍遥自在，充遍宇宙；二是绝对唯一，愿望满足。

（二） **"瑜伽"的修持效应**。上文引了《慈氏奥义》
（Ⅵ.18）所列瑜伽加行六条规则。实践这六条规则将会获得什么
样的效应？同书回答说：

> 按此瑜伽加行，就能够：
>
>> 犹如见者亲见证，辉煌金色创造主，自在原人及
>> 梵胎；
>>
>> 如是智者舍善恶，圆融统摄一切法，汇归最胜不
>> 灭者。

颂中"创造主、原人、梵胎、不灭者"表述同一最高的超验精
神境界。"原人"原是吠陀仙人用以表述设想的超验实在的代
号。奥义书哲学家继承此说，并进一步发展为原人即梵、原人即
我的"原人、梵、我"三位一体的奥义书理论。本颂的"创造
主、梵胎、不灭者"同样是奥义书对原人原理的发展。瑜伽行
者通过苦修瑜伽，亲自见证原人，悟知神明。这正是内在瑜伽的
修持效应：

> 彼实难得见，隐藏不显现，安坐秘密地，住于深远处。
> 藉修内瑜伽，智者始悟知，亲见此神明，舍离苦与忧。
>
> （《石氏奥义》Ⅰ.2.12）

> 五知根与意，活动俱静止，菩提觉不动，此称最妙境。
> 念此即瑜伽，安稳摄诸根，是时离放逸，瑜伽来又去。
>
> （同上书.Ⅱ.3.10—11）

这两个颂总结实践"内瑜伽"过程中所产生的实际效果——摄
眼内外诸根，消除产生意识的条件，体验不动菩提妙境，亲见隐
藏内心深处的神明，"获得二相违忍（苦乐矛盾消失），以及安
乐寂静。……"（《慈氏奥义》Ⅵ.29）

（三）"唵 om"的修持效应。如上文所述，om 是由"a、u、

m"三个字母组成，分别代表印度教三大神明。"a"代表遍入天（毗湿奴），"u"代表紧思天（鲁陀罗），"m"代表大自在天（大梵天）。这就是说，"om"是三大神明的共同密咒（符号、代号）。在神学上，三大神各有不同的形象和特征；在哲学上，三神同一神体，这个神体便是绝对唯一之"梵"。《鹧鸪氏奥义》（I.8.1）说："om 就是梵，om 就是这个世界的一切"。因此，奥义书智者教导，修道者只要虔诚持念圣字 om，便能获得与梵同一的超验效应。《秃顶奥义》（II.2，4）形象地提出"弓、箭、鹄的"来比喻"om、自我、梵"的关系：

> 圣字 om 是弓，箭则为自我，说梵作鹄的，
>
> 瞄准射出去，与梵相结合，如箭之中的。

此颂具体地阐明持念圣字 om 的方法：以"箭"喻如"自我"的意念；以"弓"喻如集中在 om 字上；以"目标"喻如瞄准至上之梵；以"箭中鹄的"喻如坚持冥思，参究下去，直到意念与梵合一。《慈氏奥义》（VI）22—23）称此境界为"有声之梵"与"无声之梵"的结合：

> 应知有二梵，声梵及上梵，了知声梵者，悟入于上梵。
>
> 上下梵之神，名字称曰 om，无声空实在，应记脑门上。

这两个颂阐述二梵原理：1. 梵有绝对一面和相对一面，前者称为上梵，后者称为下梵。上梵又叫做无相之梵和无声之梵（空实在），下梵又叫做有相之梵和有声之梵。2. om 字神咒被看作"有声之梵"，是悟入"无声之梵"的直接手段。om 字甚至被拔高为"上下二梵"的神秘代号。故持念字 om 密咒，即是持念二梵之神的名号，可以得到与二梵同一的效应。

《蛙氏奥义》的权威注释者、吠檀多学派的创始人乔荼波陀在他的名著《圣教论》（商务印书馆 1999 年版）中高度评价持念代表二梵之神的名号 om 字的修持方法。他特在该书第一章末

撰写了四首颂诗，盛赞持念 om 字的效应和功德：

25. 心与 om 字应相应，om 字即是无畏梵，常与 om 字相应者，住何处所俱无畏。

26. 牢记 om 字即下梵，om 字同时是上梵，无前无内亦无外，om 字无二亦无变。

27. 唵字神咒即一切，统摄初中后三际。如是认识唵字己，当即悟得其妙理。

28. 须知 om 字即自在，住于一切之心中，悟得 om 字遍一切，智者安然无忧虑。

四 "禅"的原始超验奥义

六祖惠能大师说：

菩提本无树，明镜亦非台，本来无一物，何处惹尘埃？

从以上的讨论中，可以了解到，奥义书哲学家所阐述的"禅"的原始奥义，就是"原人、梵、我"三位一体的超验圆满奥义。按《广林奥义》（V.1.1），圆满奥义是："彼是圆满，此是圆满，从圆满到圆满。若从圆满取走圆满，圆满依旧存在。……"这则奥义对"超验的圆满"作了最完整、最深刻的表述。超验的圆满，不增不减：不增，是说本来不多一物；不减，是说本来不少一物。不多不少，本来圆满，不正是所谓"本来无一物"的绝妙境界吗？而这也正是奥义书哲学家所要阐述的重要哲学命题之一——"禅"的原始奥义。

摩耶(幻)的奥义

梵语 māyā，音译"摩耶"，意译"幻、幻象、幻术"。

这个词从它在吠陀经的最初出现，便被吠陀仙人、智者、哲学家赋予了深奥的哲理内涵："摩耶"是说包摄在时间和空间中的一切具体的和抽象的现象，只不过是设想中的神在宇宙游戏中变现出来的非实有的幻象。吠陀后的宗教哲学流派，包括佛教在内，一致接受吠陀仙人给"摩耶"所下的这个基本定义："幻、幻象"；并且按各自的理论需要加以发展，成为各自哲学体系中的一个不可或缺的组成部分。实际上，它在所有唯心主义哲学派别中形成了一个认识论上的共识——经验世界的"如幻论"。本文拟从历史和哲理视角，对摩耶"幻论"及其在印度意识形态发展的全过程所扮演的"永不褪色"的角色，试图作一"深入浅出"的探讨。

一 吠陀经的幻论

在吠陀经中，甘婆子仙人似是第一位提出"幻"的概念的哲学家。他把"幻"看作是他设想的神本具的创世神通。他在他所写的一支歌颂大神婆楼那的神曲中说："彼以摩耶,揭示宇宙,既摄黑夜,又施黎明。……彼之神足,闪烁异光,驱散摩耶,直上穹苍。"(《梨俱吠陀》Ⅷ.41)。甘婆子在这支神曲中提出两个摩耶(幻)。第一个摩耶表示婆楼那神以幻术(神通)变出宇宙;第二个摩耶表示婆楼那神以幻术回收宇宙。在他看来,森罗万象的宇宙,包括时间和空间,本无客观实在,其所以出现和(暂时)存在,完全由于婆楼那神的摩取幻力的作用;换句话说,那是婆楼那以幻术制作出来的幻象(第一个摩耶的作用:揭示宇宙)。因为是幻象,所以它的存在受着自然淘汰规律的制约。待到某一特定的时段,大神婆楼那又用幻术把它收回,复归本位(第二个摩耶的作用:驱散摩耶)。其次,从吠陀的"无"与"有"的辩证观点看,第一个摩耶"提示宇宙",意即存在——有;第二个摩耶"驱散摩耶"意即非存在——无。住顶仙人同时用两个"非有"进行否定,使"无"与"有"同一起来:"无既非有,有亦非有"(《梨俱吠陀》X.129)。这是"对立统一"的辩证思维的原始的、粗糙的形式。

伽尔伽仙人是另一位执摩耶(幻)为设定之神的幻术(神通)的哲学家。他在一支歌颂雷电神因陀罗的神曲中说:

> 因陀罗,按照本相变多相,
>
> 　　此为展示其自相;
>
> 因陀罗,彼施摩耶变多相,
>
> 　　千驹套在车轭上。(《梨俱吠陀》,Ⅵ.47.18)

在《梨俱吠陀》神话中有两个威力无比的大神;一是因陀罗,一是婆楼那。吠陀诗人把自然现象雷电人格化为司雷电的大神因陀罗;同时,凭藉丰富而浪漫的想象力,虚构出人格化的因陀罗形象,威武庄严,栩栩如生,具有不可思议的神奇力量:天上地下,纵横腾跃,杀敌降摩,制恶护善,所向披靡,无有匹比。在

《梨俱吠陀》1028 支神曲中，以歌颂因陀罗为主题的就有 250 支，几乎占全书四分之一。这表明因陀罗在《梨俱吠陀》神话世界中是一个何等突出和重要的主神。这个颂就是赞扬因陀罗这位三界主神运用奇妙的摩耶幻术，变现出众多与其本相一样的化身"因陀罗"。这在吠陀神学上叫做"一神变多神"，反映着吠陀经的多神论或泛神论的发展趋势；在哲学上，反映着吠陀哲学家所悟知的"一"与"多"的哲理："一"意谓设定的唯一的超验实在；"多"意谓杂多，经验世界的纷繁现象。"一"与"多"之间的哲学关系是内在地不二，外在地不一。不二，谓设定的超验实在（本体）绝对唯一，不存在杂多现象，不一，由超验实在幻现的经验世界、现象杂呈、纷繁差别。

有些吠陀哲学家在歌颂自己设定的大神的创世神力时，并没有直接使用"摩耶"（幻）一语，而是采取别的说法。例如，那罗延那仙人在他的印度哲学史上的千古名篇《原人歌》（《梨俱吠陀》X. 90. 1—2）中采用"微妙现身"和"升华物外"来表述"幻现—幻归"的二幻原理。"微妙现身"意谓"原人"从自身施出幻术，现身为一位具有千头千眼千足的超级大神，并同时变出一个世界。这世界横有无边无际的空间，纵有无始无终的时间；在它的天界住着大大小小具有神性的生物；在它的地界生活着形形色色的非神性的生物。"升华物外"意谓原人是不灭的主神，但他变出来的幻象（世界）有生有灭。因此，到了特定的时限，原人自会按自然规律将之回收（世界趋于毁灭之时）。

上述三位吠陀仙人显然是执神创世说的哲学家。他们的关于创世说的观点基本上是一致的：他们所设定的神所使用的摩耶（幻术、神通）既能把宇宙变出来，又能把它回收。神是真实的存在，宇宙只是神在神通游戏中变出来的一个广大无垠的幻象，非真实的存在。不过，另有一些吠陀哲学家对摩即（幻）持不同的理解。他们首先怀疑是否真有所谓神的存在？其次怀疑所谓的神是否真有把宇宙制作出来的幻术、神通？他们的看法是，宇宙不是一个绝对的摩耶（幻象），因为它是由物质产生的。宇宙由何种物质产生？或者说，宇宙的本原是什么？吠陀哲学毕竟是哲学思想的萌芽，这些持疑神论的吠陀仙人还无法准确地道出宇宙的本原是什么；尽管知道神创世说不是无可置疑，但一时间也说不上何物可以合理地取代神的位置。因此，对自然，只能进行"盲人摸象"式的猜测。他们当中，有人推测水、或风、或火、或以太（气）、或时间、或多种物质集合是宇宙本原。例如，住顶仙人在他的《有转神颂》（《梨俱吠陀》X.129）中说："太初宇宙，混沌幽冥，茫茫洪水，渺无物迹。由空变有，有复隐藏，热之威力，乃产彼一。"推测开天辟地之初，宇宙空空，惟有一片洪水。水中孕育一物（乃产彼一）。此物为何？生主子仙人在他的《敬谁歌》（《梨俱吠陀》卷121）中对此作了说明："洪水泱泱，弥满大荒，摄为胎藏，产生火光；诸天精魄，从此显现。此是何神，吾当供养？"洪水中孕育的一物乃是"宇宙胎儿"，妊娠期满，宇宙从水脱胎而出，于是天地安立，乾坤始定。这是从横向猜测宇宙的空间产生于水。祛罪子仙人又从纵向猜测宇宙的时间也是产生于水："真思与真悟，俱生于苦行；由此生黑夜，由此生海洋。后复因海洋，乃有岁神生，协调日与夜，时刻统治者"（《梨俱吠陀》卷190）。年岁是人间时间最大的单位，它周而复始，运转不息，因而统摄一切时刻。在祛罪子仙人看来，一切时刻即一切变化，而一切变化正是由于年岁（时间）往复的运动。年岁（时间）是宇宙现象演变的总根子。他似乎猜测到时间的运动是永恒的，是客观存在的。阿尼罗仙人则推测风是宇宙的胎藏。他在他的《风神颂》（《梨俱吠陀》卷168）中说："（风神）按所定路线，跨越太虚空，飞行于中止，一日亦不息。诸天之灵魂，诸有之胎藏，正是此明神，任意逍遥游。
能听彼声音，不见彼身形；吾应具牺牲，敬礼此风神。"诗中
"诸有"是说"三有"，亦即天、地、空三界，以及生活在三界
中的一切天神、人类及其他生物。就是说，包括天上人间一切生
物在内的自然界都是由风原素所孕育、所产生。又如长阔仙人在
他的长诗《万神颂》（《梨俱吠陀》Ⅰ.164）中把多种物质（如
地、水、火、风、空等）神格化为自然神，而每一个神都被赋
予创世的摩耶神力。这在一方面说明像长阔仙人这样的吠陀哲学
家显然是典型的自然神论者和泛神论者；在另一方面也反映着他
们所写的神创世说是以物质为其创作基础；在他们的笔下，物质
只是换上神的名字，或者说，神的名字作了物质的另一种荒诞的
代号。

二　奥义书的幻论

《梨俱吠陀》第十卷记录着吠陀末期的宗教哲学的发展形
势——在神学上，多神论、泛神论基本上完成了向一神论、尊一
神论的过渡；在哲学上，开始了超级自然神的哲学化进程，出现
了纯哲学化的抽象神，萌发了朴素的辩证思想；这些都标志着
"吠陀经的终结"、"吠陀哲学的总结"。奥义书哲学正是在吠陀
终结的基础上构建起来，因而也正是吠陀哲学的继续和发展。

奥义书哲学家首先从吠陀抽象神群中选出"原人"
（Puruṣa）作为表述设定的超验实在的最高范畴，然后提出具有
与原人一样的哲学内涵的"梵"（Brahman）与"我"（Ātman）。
这样，"原人、梵、我"三者构成一个"三位一体"式的特殊的
哲学概念，并且成为奥义书哲学所要阐述、论证的主要哲学命
题。《广林奥义》（Ⅱ.5.1）说："……光辉、不死之原人，在这

大地上；光辉、不死之原人，是内我，在肉体之内；此正是他，正是此我；此是不死，此是梵，此即一切。"这则奥义完整地阐述了原人即梵、原人即我的"原人、梵、我"三位一体的本体论原理。在超验意义上，"原人、梵、我"是绝对的、不死的，是"不可感触、不可描述、不可按特征定义，……"（广林奥义Ⅲ.8.8）；在经验意义上。"原人、梵、我"天然地具有不可思议的摩耶幻力，能够从超验的本体变现出经验的世界，因而是可说的、可以描述的。奥义书哲学家正是根据"摩耶"在超验本体与经验世界之间所起的微妙而神奇的作用，构筑了奥义书哲学的基本框架——原人八相论、二梵论、二我论。

（一）原人八相论。奥义书哲学家吸收了吠陀的"原人"理论，把"原人"拔高为奥义书哲学的最高范畴："原人非如此，非如此，没有比之更高大者；他是真理中之真理"（《广林奥义》Ⅱ.3.6）。此中前一真理是经验性的，后一真理是超验性的。这表明原人具有二重真理。第一重——超验真理，是绝对的、不可以描述的；第二重——经验真理（依超验真理而现起）是相对的，是可以描述的。基于后者（第二重真理），原人先在吠陀经中现身为千头、千眼、千足的创世大神形象，然后再以自身的幻力，转变为奥义书中的"原人八相"——超验原人幻现外在八个似真非真、但形相无异的原人化身。它们各有不同的内涵和外在特点：

原人一：住于大地，火为世界，不死者是他的神明；

原人二：住于爱欲，心为世界，女人是他的神明；

原人三：住于色（物质），眼为世界，真实是他的神明；

原人四：住于虚空，耳为世界，方位是他的神明；

原人五：住于黑阇，心为世界，死神是他的神明；

原人六：住于诸色，眼为世界，生命是他的神明；

原人七：住于水域，心为世界，婆楼那（水天）是他的神明；

原人八：住于精液，心为世界，生主神是他的神明。

原人的这八个化身，外在地虽有这许多差别，内在地却有共同的特征——他们都具有意识，都是生物的灵魂的依靠者和归宿。很显然，所谓原人八相是在哲学上把宇宙划分为八大范畴，是奥义书哲学家对经验世界的精神现象和物质现象进行演绎与归纳的特殊的逻辑模式。正如《广林奥义》（Ⅲ.9.26）总结："此是八住处、八世界、八原人。凡能将它们分开、又和合者，他就是奥义书中所讲的原人"。此中"分开"意即"幻现"——超验的原人幻现八个化身，游戏于经验世界。"和合"意即"幻归"——超验的原人回收外现的八个化身，使之复归于唯一。这便是奥义书哲学家表述"一多"原理方法之一：既用"一多"原理来阐述原人八相论；反过来，又以原人八相论来验证吠陀的"一多"理论。

（二）二梵论（原人即梵）。梵，随着奥义书哲学的发展，几乎完全取代了原人。它被赋予与原人同样的特征，而其哲学内涵变得更加丰富、更加奥妙。"二梵"是吠陀原人说在奥义书中的新的发展，并成为奥义书哲学的理论系统的核心部分。首先提出二梵论的《广林奥义》（Ⅱ.3.1）说："诚然，梵有两个形式，谓有相与无相，有死与不死，呆板与灵活，此岸与彼岸。"这则奥义阐明"梵"的特征既是绝对的，同时又是相对的——唯一之梵的两个形式。一个形式是：无相、不死、灵活、彼岸——超验、绝对之梵；另一形式是：有相、有死、呆板、此岸——经验、相对之梵。《秃顶奥义》（Ⅱ.2.9）称前者为"上梵"，后者为"下梵"。上梵是唯一之神，下梵是（由一神幻现的）多神。上梵是"不灭者，见不到的见者，听不到的听者，超思维之思者，不可知之知者。故舍此，别无见者；舍此，别无听者；舍此，别无思者；舍此，别无知者。此不灭者，犹如经纬，纺成虚空"（《广林奥义》Ⅲ.8.11）。所谓舍此别无见者、听者、思者、知者，正是反映这样的超验实在：全知全能，但超越已知，超越未知。（《由谁奥义》Ⅰ.5）为了把上梵的无相、不死、灵活、彼岸的本体奥义表述得更加完整，奥义书哲学家制作了一个连锁否定模式——运用绝对否定的模式来表述超验实在的绝对本体："不可感触、不可描述，不可按特征定义；它是不灭者，故非粗、非细、非短、非长、非赤（如火）、非温（如水）、无影、无暗、非空、不粘、不臭、无味、无眼、无耳、无识、无精力、无呼吸、无相貌、无量度、非内、非外；它不吞噬何物，亦无能吞噬之者"（《广林奥义》Ⅲ.8.8）。这个否定模式，换句话说，是对上梵的奥义作肯定的论证，即上梵和原人一样"非如此，非如此，是真实中之真实"。然而，上梵外现的幻象——下梵却是"如此，如此"，是可感触的、可见的、可闻的、可知的；是可以用语言文字来描述的。具体地说，下梵是上梵的经验世界的化身——大梵天王。"太初之时，唯梵独存"（《广林奥义》Ⅰ.9.9—10）。据奥义书神话，大梵天出现在创世之前，故他一出现，立即创造世界，创造了包括因陀罗、婆楼那、苏利耶（太阳）、苏摩（月亮）、鲁陀罗、阎摩、死神等天上神群，以及包括人类四种姓的地界神录和生物。（同上书，Ⅰ.4.11）这梵天俨然一位神通广大的魔术师（māyin），祭起摩耶（幻术），变出整个宇宙（现象界）。（《白骡奥义》Ⅳ.9—10）较晚的《慈氏奥义》（V.3）总结二梵原理为一真一假——上梵是真，真实的存在；下梵是假，非真存在。二梵总结为一真一假，正好说明摩耶是奥义书哲学家在真假二梵之间精心设定的哲学"纽带"，以此阐明唯一超验的"一梵"同时显示：一真一假，由真而假，假本非实，终归一真（一梵）；如是真假圆融，悟入唯一，消除心结，获上智慧。

（三）二我论（原人即我）。原人即梵、原人即我，是在超验意义上表述"原人、梵、我"三者同一不二的无差别的哲学内涵（设定的超验实在）。在经验意义上，三者各有外在的经验性形相：原人全部经验性的内涵演化为两部分，一部分构成梵的经验性的特征，一部分构成我的经验性的特征。梵与我的主要区别在于二者在不同的范畴中随着不同的功能：梵被看作是客观世界的基础，我被认为是主观世界的根源。由此再发展：一梵变为二梵（如上节所述），一我变为二我。二我谓遍我（主我）和个我（众我）（《歌者奥义》V.12.1—17）；前者是超验性的，后者是经验性的。超验之我是"非如此，非如此"；"（此我）无声、无触、无相、无灭、无味、常住、无香、无始无终、超越广大、不变"（《石氏奥义》Ⅰ.3.15）。这两则奥义重申前边说的——在超验意义上，"原人、梵、我"是同一不二，无有差别。经验之我，似是奥义书哲学家特意提出来，借以解决经验世界的精神和心理上的复杂问题。经验之我是超验之我藉摩耶而外现的化身。化身的超级形式便是创世之我："世界之初，唯我独存。……除我之外，别无他物"（《广林奥义》Ⅲ.4.1—2）。创世之我与创世之梵，同一性质，即同是超验实在的两个经验性的形式："太初之际，唯梵独存，彼知自己，我就是梵"（《广林奥义》Ⅰ.4.9—10）。这说明"梵"与"我"二者同具创造物质世界和生物世界的神奇幻术；而且还共同为生物界创造了意识："太初之时，此界空无，……彼造意识，并祈有我"（《广林奥义》Ⅰ.2.1）。这里涉及的重要哲学问题是：1）是神（梵—我）创造了生物的精神世界（意识）？2）意识是构成"我"的主要因素或内涵？关于这个问题，吠陀哲学家早已提出，虽然没有作出肯定或否定的回答。长阇仙人说："从地生气血，何处有我在?"（《梨俱吠陀》I. 164.4）。这意思是说，"我"就是肉体，它是由地、气、血构成的；离开这些物质原素，所谓之我便不存在。换句话说，"我"产生于物质。随后，住顶仙人说："初萌欲念，进入彼内，斯乃末那，第一种识"（《广林奥义》，X. 129.4）。他肯定了意识（末那 manas）是在物质性的肉体构成之后进入体内的。但是，他没有阐明意识如何产生：意识是神造的、还是物造的或自然而有？意识是否就是"我"？后吠陀的哲学家，特别是奥义书智者，似乎比吠陀人更加重视意识和与此有关的问题。他们深入探索，并提出他们的答案："创世之父为自我创造了意识（manas）、语言（vāca）和气息（prāṇa命）。……诚然，我乃由语言、意识、气息三者构成"（《广林奥义》I. 5.3）。在这里，如果把"创世之父"的神话撇开，一个具体而典型的经验之我便会呈现在你面前——它的三个成分，内涵丰富、形式多样，包摄了经验世界的主要范畴：

$$
我\begin{cases}
语言 \rightarrow 地界、《梨俱吠陀》、天神、母亲、\\
\quad 已知、地身。\\
意识 \rightarrow 大气层、《夜柔吠陀》、祖先、父亲、\\
\quad 现知、天身。\\
气息 \rightarrow 天界、《娑摩吠陀》、人类、后裔、未知、\\
\quad 水身。（《广林奥义》I. 5.3—13）
\end{cases}
$$

这个表反映这一事实：我们所称之"我"是由意识、语言、气息三者集合而构成；离开这三个成分，我便不存在。这三个成分中，"语言"和"气息"是物质，"意识"是精神；三者相互依存，互为条件，谁也不能独立于谁，从而协调地构成一个和合体"我"；这也同时表明意识是在与其有关的物质基础上产生、存在，并不是什么天父或大自在天所创造。

　　奥义书哲学家还利用二我论来传播唯心主义的所谓因果轮回理论。二我，又称为外我（遍我、大我）和内我（个我、小我）。外我，谓在肉体之外，充遍宇宙，无始无终，无灭无相，只可意会，常住吉祥。（《白骡奥义》V.13—14）内我，谓在肉体之内，受着生、住、异、灭的自然规律的制约，因而是承受苦乐因果、轮回转生的主体。在理论上，内我是外我的幻现。因而始终存在着幻归于外我的可能——内我是此岸的经验意识，外我是彼岸的超验境界；在奥义书哲学家看来，此岸和彼岸之间并不存在一条绝对不可逾越的鸿沟。只要设法（如按奥义书苦修瑜伽或持诵 om 字神咒）在肉体消亡之前使内我摆脱过去和现在的业力（行动后留在心灵上的潜隐的影响）的束缚，便能自由地离开肉体（即使肉体尚未死亡），与外我统一起来，获得完全的解脱。这便是奥义书哲学家首先创立的比较系统的关于"我"（灵魂）从轮回到解脱的理论。乔荼波陀在《圣教论》中使用生动的譬喻来解释奥义书这一轮回理论。他说，生物的肉体喻如瓶子，瓶内的空间喻如内我，瓶外的空间喻如遍我。瓶内空和瓶外空在形式上有广狭的区别。但在空的性质上二者毫无二致。只要把瓶子打破，瓶内空和瓶外空便立即同一起来。[①] 同理，肉体、内我、遍我三者的关系，只要设法使内我从善恶行所造成的肉体囹圄中解放出来，便即与遍我合而为一，恢复精神上的完全的自由和安乐，并最终结束轮回转生的痛苦的历程。

　　正如在上文提到《慈氏奥义》（V.3）对二梵论的总结：上梵幻现出下梵，故上梵是真，下梵是假。同理，二我论也是如此，遍我是真，个我是假。真，意即真实的存在；假，意即非真

---

　　① 《圣教论》梵文本，第50页，第3颂；第51页，第4颂；汉译本，不二章第三，第3颂和第4颂（巫白慧译，商务印书馆1999年版，第107、108页）。

实的存在。非真实的存在，意思是说，这个存在不可能持久，迟早会变化，以至完全消失。换言之，它只有暂时的存在。暂时存在是否意味着绝对的、完全的不存在？我们注意到，奥义书哲学家一再阐述摩耶幻论，揭示经验世界（下梵、个我）的妄伪性质，他们却没有明确地或断然地否定它的暂时存在。而且，他们还在特定的范畴内肯定它的暂时存在："这个世界是由名、色、业三者构成。……生命（气息）诚然是不死者。名、色都是真实（satya），遮蔽着生命"（《广林奥义》Ⅰ.6.1—3）。此中"名"即精神，"色"即物质，"业"即实践；由这三者合成的世界，正是我们说的经验世界。"真实 satya"，用佛家术语说，就是"俗谛"（samvṛt-satya）。在俗谛意义上，名、色都是真实的存在。认为经验世界是真实的另一个重要原因是：经验世界是超验实在的"摩耶"。摩耶尽管是幻象，非真存在，但与超验实在有着千丝万缕的关系。经验世界与超验实在并非两个绝对的互不相干的存在："犹如蜘蛛沿着网络行走，犹如火花发自火源。同理，一切生命、一切世界、一切神灵、一切众生，来自此我。这一奥义就是真实中之真实。生命是真实，在生命真实中的真实则是它（我）"（《广林奥义》，Ⅱ.1.20）。这则奥义阐明经验世界的一切精神和物质现象都是真实（俗谛），而这真实中的真实则是超验之我（真谛）。俗谛与真谛的关系正如火花与火源的关系。火花与火源在形式上是两种不同的现象，但在性质上完全同一非异。同理，俗谛与真谛在俗谛意义上似是两种不同的存在，但在胜义谛上（本体意义上）则是同一不二。

三　佛家和吠檀多的幻论

从上节关于奥义书的幻论的讨论中，清楚地看到摩耶（幻）

在早期的奥义书中常用作神的幻术（神通），神以此变现宇宙（世界）或变一神为多神（《广林奥义》Ⅱ.5.19）。在较晚的奥义书中，"摩耶"意即"幻象"，而幻象就是直指经验世界而言：——

> 应知自性乃摩耶，摩耶作者大自在，
>
> 彼之肢体即众生，一切遍住此世界。
>
> （《白骡奥义》Ⅳ.9—10）

颂中"自性"即自然、自然界；"摩耶"即幻象；"大自在"即大自在天、大梵天王。在奥义书神话里，大自在天被尊为创世主，他像一名特级魔术师那样，施展神奇的魔术，变出一个有各类生物居住的世界。这个世界是一个纯粹的摩耶（幻象），非真存在。奥义书这套世界如幻说，为其后包括佛家哲学和吠檀多哲学在内的一切唯心主义哲学流派所继承、接受。各派又据自宗的理论需要，分别发展为各宗大同小异的幻论。就佛家幻论来说，佛教三藏十二部 3973 卷经典（据吕澂《新编汉文大藏经目录》，齐鲁出版社 1981 年版），几乎每一卷都或隐或显地涉及"幻"的理论。佛家的幻论，语言绚丽多彩，义理透彻深入。它的要旨可以归纳为二义：一是哲学上的幻伪义，一是神学上的幻术义（神通）。前者是主要的，后者是次要的。在神学上，佛家确认佛教神话所讲的诸佛菩萨的超验性神通，但否认大自在天是经验世界的创造主，即不承认任何超级大神，甚至像大梵天王，具有不可思议的创世神力。在哲学上，佛家承认经验世界只不过是一个摩耶（幻象），非真存在。在这里，特选引两部权威的大乘经典，它们对佛家这种世间如幻说的表述是最典型的：a)《金刚般若波罗密多经》（结尾颂）："一切有为法，如梦幻泡影，如露亦如电，应作如是观"。b)《维摩诘所说经》（卷一，弟子品）："一切法生灭不住，如幻如电；诸法不相待，乃至一念不住。诸法皆妄见，如梦如燄，如水中月，如镜中像，以妄想生。"引文中的"一切有为法"和"诸法"正是经验世界的一切精神性和物质性的现象。把经验世界看作"如梦幻泡影，如露亦如电"的幻象，反映出佛教哲学关于幻（摩耶）的理论"要害"。不过，佛教哲学似比别的唯心主义学派略高一筹，它对"幻"提出较为合理的表述：世间任何事物都有一个从产生到消亡的过程，它本身不存在常住不变不灭的成分。事物本身没有不变不灭的成分，意同"无常"；"无常"既是"幻"的异名，也是"幻"的本质。佛教哲学家从这一观点出发，创立佛教著名的哲学三原则："诸行无常，诸法无我，涅槃寂静"（龙树《大智度论》卷22）。此中"诸行"意同精神现象、心理活动；它们因与之有关的内外条件的成熟而产生，又因与之有关的内外条件的破坏而消亡；故曰："无常"。"诸法"包括精神现象和物质现象，它们本身没有不变不灭的成分或主体，故曰"无我"。在佛家看来，"无常、无我"是制约事物自身的规律；因此，事物（经验世界）毕竟"非真存在"。非真存在，意即是"幻"；而"幻"就是"空"，亦称为"涅槃寂静"。这便是佛家从对幻（摩耶）的反思、推理所得的哲学结论。

"吠檀多"（Vedānta）是传统六派哲学的第六派——智弥曼差派。它以阐述奥义书哲学著称，故又叫做"吠檀多派"。这派的开山祖师乔荼波陀（公元7世纪末），既全盘地继承了奥义书的幻论，又吸收了佛家对幻论的较为合理的解释。他对"幻"作出创造性的发展，其中最重要的一点，是他对经验世界的暂时存在的绝对的否定。按乔荼波陀的哲学，设定宇宙间存在着一个超验的精神实在，它是永恒的唯一的存在；由它变现出来的经验世界，只是像魔术师用魔术变出来的一个大幻象，非真存在。然而，人们从来没能洞悉幻象（经验世界）的妄伪性质，往往误认幻相为真相。比如说，按世俗常识，梦时所见的与醒时所见的，有真假的区别：梦境是假，醒境是真。其实，二者都是假，不是真："梦时意识不怀疑，不二仿佛见有二；醒时意识亦无疑，不二仿佛见有二"（《圣教论》汉译本，第三章，第30颂）[①]。此中"仿佛"即"迷惑"，也正是佛家所说的"无明"。"无明"使人误执1. 梦境中有能见的主观和所见的客观的区别；2. 醒时境界，也是这样。"意识所见此二者，是由心动与不动；意识若不起思量，有二境界不可得"（《圣教论》汉译本，第三章，第31颂）。乔荼波陀在这里提出"心动说"来说明有二境界（能见、所见）产生的原因在于"心动"。心动，即意识的思量（分别）。思量若不起，能见所见的区别不可得。他特地引用佛家唯识宗的"唯识无境"的理论来论证他这一心动说的观点："犹如火炬被摇动，仿佛似直又似曲；如是唯识起变动，似有能执与所执"（《圣教论》汉译本，第三章，第47颂）。这个颂意显然来自世亲的《唯识三十颂》（第17颂）："是诸识转变，分别所分别；由彼此皆无，故一切唯识"。这里的"分别、所分别"即《圣教论》的"能执与所执"；"似有"意即"非真有"，也就是"彼此皆无"。这正反映乔荼波陀从极端唯心主义出发，把吠檀多的幻论绝对化，甚至连现象界（经验世界）的暂时存在也被彻底地否定。

乔荼波陀的哲学在印度哲学史上称为"不二论（绝对不二论）"。他的再传弟子商羯罗（约公元8世纪初）承袭他的衣钵，把不二论发展为"无分别不二论"（Nirviśeṣa-advaita），但没有使之绝对化。商羯罗沿用奥义书的"梵、我、幻"三个基本范

---

① 《圣教论》第四章第62颂重申此义："无疑心处梦境时，不二而似有二；无疑心在醒觉时，不二而显似有二。"

畴作为他的无分别不二论的理论构架，并创造性地作出新的诠释；其中对"幻"（摩耶）的阐述尤为精阐。按照他的幻论，"幻"有三个哲学内涵：1. 幻体。幻不能自生，也不能无因而生，必有所本，本即幻体——梵。幻体具有奇妙的幻力，魔术般从自身变现出无穷无尽的幻象。2. 幻象。这是指由幻体变现出来的各种存在的形式在它们完全消失前一刹那的现象。幻象虽然千差万别，形式无穷，但不外"名"与"色"两大类；前者即精神现象，后者即物质现象。3. 幻翳。幻如障眼法，障翳着人们的视线，认不出幻象的虚妄性质，把幻象误作真实的存在。这种错觉或误认，叫做"无明"（avidyā）。无明，意即无智慧、没有正确的知识：既不辨幻象之假。亦不知幻体之真。商羯罗从这一幻义出发，猜测整个自然是幻象的总体。自然的运动和变化并不是基于其自身的规律，而是由于一个超验的绝对体——梵所支配。由梵自身幻现出来的自然毕竟不是独立于梵，而是最终复归于梵。其次，商羯罗并不像他师祖乔荼波陀那样把不二论绝对化，没有否定幻象在特定的情况下有相对的存在。他认为，不能把名（精神现象）和色（物质现象）说成是"实在的"，或"非实在的"。他常用三个譬喻来说明这一意义：（1）误认绳子为蛇；（2）误认贝壳为银片；（3）误认海市蜃楼为真景。蛇、银片和海市蜃楼的错觉原是虚妄非真，故不能说它们是实在；但在觉知它们的本相（绳子、贝壳、阳焰）之前，蛇、银片、海市蜃楼的幻象并未消失，所以也不能说它们非实在。"名"和"色"的幻象也是如此。现象界（精神的和物质的）是梵外现的幻相，本非真实的存在，故不能说它们是实在；但无明障眼，暂时还未识破它们的虚妄性质，现象界仿佛存在，因此也不能说它们非实在。商羯罗的这些譬喻还有一层深义：绳等实在，蛇等非实在；若识前者，则无后者。梵体是真，现象是假。若悟前者，则离后者。这样，了幻归真，唯一无二——主观客观、圆融同一的梵的超验境界。[1]

商羯罗对梵的阐述——无分别不二论提出后，在当时印度宗教哲学界，特别是在吠檀多本派内引起强烈的反响和争论，因而形成许多与商羯罗观点不一致的吠檀多支派，而其中比较重要的支派是罗摩奴阇的"有分别不二论"。此论与商羯罗的无分别不二论正好针锋相对。"无分别"和"有分别"的区别在于 a）按商羯罗的理论，梵、我、幻三者同体同一；我和幻源出于梵，又将复归于梵，同一于梵，绝对无二，无有差别，故称无分别不二论。b）按罗摩奴阇的理论，梵、我、物三者同体不同一；我和物一旦从梵分离以后，便将和梵永远分别存在下去，不复归为一体，故称有分别不二论。罗摩奴阇把商羯罗的"梵、我、幻"三范畴改作"梵、我、物"，即认为"幻"（经验世界）并不是一个空洞不实的幻象，而是实实在在的物质的存在。换句话说，"梵"和由它变出来的"我"和"物"三者是"鼎足之势"，谁也不能同化谁；是永恒分立，共同存在。这一独特的吠檀多观点，可以溯源于奥义书，后者记录着一场关于神不灭还是物不灭的争论。罗摩奴阇很可能就此提出自己的看法：神与物二者同样是不灭者。（《白骡奥义》Ⅰ.10）

四　"幻"即是"物"——结论

我们在前文讨论了吠陀经、奥义书、佛家和吠檀多的幻论，并同时评论了这些幻论基本上是在"幻、幻象、幻术"三种意

---

[1]　S. 拉达克利希南：《〈梵经〉译注》，伦敦 George Allen & Uncoin LTD 出版社 1960 年版，第 357—359 页。

义内兜圈子，但又不约而同地突出三义中的第一义"幻"——它们一致阐述经验世界是一个虚妄的幻象，不是真实的存在。持这一哲学观点的论师。大都是唯心主义哲学家。我们也提到了一些唯物主义哲学家和有唯物论倾向的唯心主义论师。他们怀疑，甚至不接受唯心主义者的经验世界幻象说。他们的看法是：经验世界的存在是真实的，不是虚幻的。看来，哲学立足点的不同，自然对"幻"有不同的理解和诠释。持唯心主义观点的论师，执经验世界只是一个妄伪的、无常的幻象，非真实的存在。持唯物主义观点的论师则与之相反，他们执经验世界就是一个事实的存在，而不是什么幻术变出来的幻象。带有唯物论倾向的唯心主义哲学家，典型的如罗摩奴阇论师，他在他的"有分别不二论"中阐明"幻"即是"物"（经验世界），而且和"梵"一样永存不灭。这一观点，如果不能说是百分之百正确，但说它在某种程度上接近、反映客观实际，似无不可。

（原载《少林文化研究论文集》2001 年版）

种姓制和关于人的
两种对立观点

关于人的观点，就是如何对待人和如何对待人的价值问题。这个问题始终是印度哲学的根本问题之一。历代印度仙人（宗教—哲学大师）和阿阇梨（精通经论的权威学者）对此进行了长期的探究和辩论，因而众说纷纭，莫衷一是。从印度思想发展史看，这些关于人的种种观点或理论，大致可以归纳为两大派别：一派是正统的观点，一派是非正统或反正统的观点。这两种观点实质上是两个对立种姓（阶级）的观点。

一　关于人的正统观点

关于人的正统观点，扼要地说，就是按照婆罗门教（Brahmanism，今称'印度教'）的种姓制（varṇa-vyavasthā 或 caste-system）来对待人、对待人的价值。

何谓种姓制？在古代印度的奴隶制社会（公元前 1500 年前后），人们按职业的不同划分为四个种姓：（一）婆罗门，专司祭祀与巫术；（二）刹帝利，负责国家军政事务；（三）吠舍，从事手工业、商业和农业；（四）首陀罗，从事农业和其他体力劳动①。随着社会生产的发展，这类职业的分工越来越明确，越来越严格。后来，婆罗门和刹帝利勾结起来，人为地把四姓的职业界限固定下来，严禁互换工种。他们还规定，四姓中的前二种姓（婆罗门和刹帝利）是高级种姓，后二种姓（吠舍和首陀罗）是低级种姓。人们在社会的交往中必须遵守这个规定：凡是出身于婆罗门或刹帝利种姓的人，必须按身份高贵者来对待；凡是出身于吠舍或首陀罗种姓的人，必须按身份卑贱者来对待；后二种姓必须服从前二种姓的统治，为前二种姓服务，特别是要为前二种姓做体力的粗活。

所谓高级种姓和低级种姓，实际上就是统治的种姓（阶级）和被统治的种姓（阶级）；种姓制事实上是社会矛盾和阶级矛盾的产物，本身充满着两个对立阶级的尖锐的矛盾。为了缓和、掩盖这种阶级矛盾，为了巩固前二种姓的统治地位，婆罗门特意编造一套愚弄群众的神话。人为什么会划分为四个固定不同的种姓？婆罗门和刹帝利为什么会被规定为高贵的高级种姓？吠舍和首陀罗为什么会被规定为卑贱的低级种姓？低级种姓服从高级种姓和为高级种姓服务，这又是谁制定的规矩呢？婆罗门回答说，人类的四种姓是"梵天"（"原人"之异名）一手创造的：梵天从自己的口腔生产出婆罗门，从自己的手臂生产出刹帝利，从自己的大腿生产出吠舍；从自己脚下生产出首陀罗。（《梨俱吠陀》Ⅲ.53，16；X.90，12）婆罗门和刹帝利是高级种姓，吠舍和首陀罗是低

---

① 四种姓以外，实际上还有一个第五种姓，他们是所谓不洁净的土著居民，以及种姓间通婚所生的"混种儿"。因为他们被排斥在四种姓之外，所以叫做"外种姓者"（out-castes），或者叫做"不可接触者"（achūt 或 untouchables）。他们被打入印度种姓的"另册"，他们的社会地位和生活处境比首陀罗种姓更低、更惨。这一种姓的人口今天约有五千余万。

四种姓中，每一种姓后来又发展了若干"次种姓"。不过，在考查一个人的出身时，一般按其所属的主要种姓来算。

级种姓，这完全是梵天的安排；低级种姓服从高级种姓、为高级
种姓服务，这也是梵天规定的。因此，人类这四个种姓的命运、
等级和价值，在他们未出娘胎之前事先已按梵天的神旨安排好了；
而他们从自己出生人世那天起，就得命定地遵照这种神意的预先
的安排来生活，生生世世，世世生生，永恒如此，不可改变。

　　为了使这样一个种姓划分制度（前二种姓是高贵的、统治
的阶级，后二种姓是下贱的、被统治的阶级）的神话得到大多
数群众的相信和道德伦理的认可，婆罗门还绞尽脑汁、挖空心
思，编写大量有关奴隶制—封建主义的道德伦理的 "法典"
（dharma-śāstras）。其中有一部叫做《摩奴法典》（Mānava-dhar-
ma-śāstra），① 此书迄今仍然被印度学者认为是婆罗门教伦理的
权威著作。法典，顾名思义，是讲法（dharma）的。所谓法，
用今天的话说，就是道德规范或伦理准则。这部《摩奴法典》
（3 章 31 颂）完全承认《梨俱吠陀》关于梵天创造四种姓的神
话，并认为这是至上之神的神圣启示，因而详细地为四种姓定出
四种不同的 "法"（不同种姓的人的行为准则）。这四种不同的
"法" 的界限或范围极其明确和严格，就像四条不可逾越的鸿沟
一样。四种姓者必须遵守《摩奴法典》为他们规定的各自种姓
的 "法"，不得有任何越轨（越出本种姓的法的范围）的行为，
当然不许低级种姓造高级种姓之反；否则，就是触犯 "天条"，
获罪受罚。另一名著《利论》（Artha-śāstra）② 也承认《吠陀》
神话的权威，为四种姓规定同样四种不同的 "法"。（《利论》1
卷 3 章）这些权威的古籍是两千年来替婆罗门教按种姓制来对

---

　　① 传说此书是一名叫摩奴（Manu）的仙人写的，故得此名。成书时间一般估
计是在公元前一百年至公元二百年之间。

　　② 这是一部古代政治经济学的著作，写于公前 321 年至 300 年之间。作者是憍
底利耶（Kautilya）

待人这一观点作辩护的伦理根据。

其次，婆罗门为梵天创造四种姓的神话寻找哲学上的理论根据。在《吠陀》时代的末期（公元前5世纪前后），婆罗门从宗教的仪轨主义转到哲学思辨上来。他们创作了在唯心主义哲学史上具有划时代意义的《奥义书》（Upaniṣads）。① 在此书中，他们把梵天的神话哲学化，提出所谓"梵"，"我"的哲学原理。什么是"梵"（Brahman）？他们从主观唯心主义出发认为，"梵"是绝对的，是唯一的；但有两个方面：不可知方面和可知方面；前者是指"梵"的本体，后者是指"梵"的表现。故在本体上说，"梵"可称为"不可知之梵"，从现象上看，又可称为"可知之梵"。然而，不可知与可知，二者只是名异，"梵"则唯一。（《鹧鸪氏奥义书》Ⅱ.6）② "不可知之梵"是"不可见，无实体，不可说，非固定，……"（同上书Ⅱ.7）是"原人，神圣清净，无形相，无特征，无内无外，不生不灭；……"（《蛙氏奥义书》Ⅱ.1.2；《白骡奥义书》Ⅵ.9）它"既无功德伴随，亦无过失困扰；"（《广森奥义书》Ⅳ.3.22）它"既是因，又是果，"（《歌者奥义书》Ⅵ.1.4）但同时，"既非因，又非果，"（《白骡奥义书》Ⅳ.9）因而，它是"完整统一，寂静无为，"（同上书Ⅵ.1.9）是不可知的。然而，从客观唯心主义出发，"梵"乃"神中之神，宇宙之创造者，世界之护持者，"（《蛙氏奥义书》Ⅰ.1.1）是万物之源，宇宙之本，"众生因它而

---

① 《奥义书》流传至今有数十种，但公认为主要的、权威的仅十余种（13种或18种）。此书是印度唯心主义哲学的根本文献，即使在今天，它依然是印度哲学的主要思想源泉。近世西方唯心主义哲学大师中，有好几位读过《奥义书》；例如，叔本华读了它，赞不绝口，他的唯意志论就是从中吸取养料。

② 《吠陀》后期的《随闻经》（Śrauta-sūtra）称"不可知之梵"为"无德之梵"，称"可知之梵"为"有德之梵"。"德"意即特征、属性。"无德"是指无属性的、抽象的绝对之"梵"；"有德"是指有特征的、具体的相对之"梵"。

生成，生成后借它而存在，离开世间之时，复归于它，……"
（《鹧鸪氏奥义书》Ⅲ.1.1）它"繁殖"自然界和生物界的一切
（《歌者奥义书》Ⅵ.2.3）因为，"梵"是生命（同上书Ⅰ
.10.5），是心灵（同上书Ⅲ.14），是物质（同上书Ⅵ.1.3），是
虚空（同上书Ⅰ.9.1），是光（同上书Ⅲ.12.6）。生命、心灵、
物质、虚空、光，这些都是"梵"的具体现象和特征，虽然不
应按世间的物理学来解释，但也清楚地表明"梵"又不是不可
知的——"梵"有可知的一面。正是"梵"之可知方面创造了
包括人类四种姓的宇宙万有，而这也正好是婆罗门借以引证他们
编造的神话——梵天创造四种姓是符合哲理的。

　　什么是"我"（ātman）？刚才提到："梵"是生命。这里的"生
命"正是指"我"而言。"梵"与"我"是一而二、二而一，它们
的关系犹如火与火星的关系。（《广森奥义书》Ⅱ.1.2）火星来源于
火，与火同体、同一。"我"来源于"梵"，与"梵"同体、同一。
因此，这个"我"或"生命"（灵魂）尽管存在于人的肉体之内，
但在本体上是同"梵"一样的——"不生不死，无去无来，恒新恒
旧，常存永在；身灭'我'亦不灭。"（《石氏奥义书》Ⅰ.1.18）复
次，"身灭'我'亦不灭"，这是否意味着人身灭亡之后，"我"即
复归于"梵"，与"梵"合而为一？婆罗门认为问题并非如此简单，
还有一个"业"（karma）的问题要解决。"业"是个人作善或作恶
所留下的无形、但无法消失的影响或后果。个人之"我"，除了被
关在肉体囹圄之内，还要受着个人所作所为的"业"的支配。在肉
体消亡之后，"我"便脱窍而出，随着个人生前的善业或恶业而转
生于它应转生的地方（天堂、人间或地狱）。比方说，一个人作了
善业，死后他的"我"乘善业的影响而上升天国。但当他的善报一
旦完结——天福享尽，他的这个"我"又将再度降生凡间，或转生
到别的什么地方。这便是所谓"业报轮回"说。（《歌者奥义书》

Ⅵ.10;《鸠沙氏奥义书》Ⅰ.1—2）那么，这是不是说"我"无法摆脱轮回而与"梵"合一呢？不是。通过对"梵"的知识的正确掌握，通过对"梵"的沉思冥想，或者通过对"梵"的虔诚拜祭，（《鸠沙氏奥义书》Ⅰ.1—2；Ⅲ.2；Ⅱ.5）就可以使"我"摆脱业的影响，不再轮回转生，神圣而完美地复归于"梵"的本体。这就是印度宗教—哲学常说的"解脱"（mokṣa）。印度哲学这一套"我"的理论，无疑是典型的唯心论的宿命论。

婆罗门在《奥义书》中创立唯心主义哲学，以及在各种法典中制定名目繁多的教规和准则，其用意和目的是十分清楚的：（一）妄图使人相信人类的四个种姓乃大神梵天所创造，是与"梵"的哲理相吻合的；人的价值是按种姓来区分高低贵贱的：前二种姓的人的价值是高、是贵；后二种姓的人的价值是低、是贱；而这种区别是神意的、命定的、不可更易的。（二）以业报轮回之说来吓唬群众，强使人们接受宿命论：种姓制既然是神意的、命定的、不可改变的，那么人们在任何情况下——即使处于极端不合理的被奴役、被压迫的非人环境中，也得逆来顺受，听从梵天的摆布，切不可做越出本种姓的伦理范围以外的事情；否则，就会得罪神明，得罪社会，纵然今生幸免受罚，但由于"业"的影响，如影随形，也难逃来世应得的报应。（三）勾结刹帝利种姓，充分利用为这两个高级种姓（婆罗门和刹帝利）利益服务的所谓伦理准则和道德规范，以便使婆罗门居于四种姓之首的特殊地位和刹帝利的专制的奴隶主统治进一步巩固和永远保持下去。

历史业已证明，婆罗门这些努力，虽然屡遭反对和批判，但是，是成功的。因为他们那套种姓制和为种姓制服务的、掩盖种姓（阶级）矛盾的、关于人的价值的唯心主义哲学，毕竟赢得了多数印度人的信受，并在漫长的千年（从公元前1500年至

500 年）的考验过程中，形成为一种公认的正统观点——婆罗门教按种姓制来对待人的观点。时至 20 世纪的今天，这种观点依然在多数印度人的头脑中左右着他们对人的看法，如果它已不再起支配作用的话。

二　关于人的非正统观点

在公元前 6 世纪，特别是佛陀的出世（公元前 566 年）和他寂灭（公元前 486 年）[①] 后几百年间，婆罗门教遭受到一次历史上最大的挫折，特别是它的关于种姓制和人的关系的观点，受到这时兴起的许多宗教—哲学派别的严厉的抨击和批判，这几乎从根本上动摇了它在意识形态领域里的统治地位。

在这个时期，印度步入了铁器的历史阶段；虽然奴隶制的生产关系还在加强，以村社为单位的自给自足的自然经济仍占优势，但生产力还是获得前所未有的发展。手工业、农业和商业，不仅在恒河两岸，而且在阎牟那河（雅穆纳河）河口地区繁荣起来。在政治方面，数十个大大小小的奴隶主王国相继建立；据早期的佛经记载，至少有十六个国家，（《长阿含·阇尼沙经》，《大正大藏》第 1 卷，第 34 页）其中如拘萨罗、摩揭陀、犍陀罗等是比较强大的奴隶主国家。这些奴隶主王国为了取得霸权，曾经长期进行互相争夺、互相兼并的残酷的奴隶主战争。到公元前三世纪前后，一位名叫月护的奴隶主崛起于西北，东征摩揭陀国，推翻该国的难陀王朝，建立起新的孔雀王朝。月护王二传至他的孙子阿育王（Aśoka），后者约于公元前 268 年（佛逝后 218

---

① 　关于佛灭年代，学者争论不休，今采用吕澂先生的说法；《印度佛学源流略讲》，上海人民出版社 1979 年版，第 5—6 页。

年）灌顶即位。阿育王野心勃勃，好战喜功，调集强大的军事力量，从北到南，从东至西，扩张领土，征服异国，从而建立起印度历史上第一个统一的中央集权大帝国。阿育王皈依佛教，奉佛教为国教，派遣许多佛教宣讲团分赴全国各地，远至西北和南方邻国，① 弘扬佛法。因此，佛教盛极一时，包括婆罗门教在内的其他宗教和哲学派别与之相比，犹如繁星之与太阳相比，光耀顿隐，黯然无色。

在文化上，特别是在精神觉醒方面，此时发生了刹帝利种姓与吠舍—首陀罗种姓联合起来向婆罗门夺取文化领导权的斗争，打破了婆罗门在意识形态领域里的一统天下的局面；人们对种姓制、对人的关系、对人的价值的看法也与正统观点产生严重的对立。这具体地表现在两大宗教——耆那教和佛教的产生、六派哲学和"外道六师"的出现。据耆那教的传说，当时共有三百六十三个哲学派别。可靠的早期佛经记载则说当时有"六十二见"（六十二种哲学观点）。（《长阿含·梵动经》，《大正大藏》第1卷，第88—94页）耆那教所说那么多哲学派别，虽然是个传说，难以稽考，但这个时期唯心论与唯物论之间、唯心论与唯心论之间众说纷起、百家争鸣的热烈、动人的情景，是完全可以想象的。这些宗教和哲学派别的思想倾向，除六派哲学外，② 总的说

---

① "西北"指邻近印度的西亚地区。"南方"指师子国（又称楞伽岛，今之斯里兰卡）；阿育王特派他的儿子摩哂陀王子和帝须长老为首的佛教代表团前往该国传教，所谓南传佛教（小乘）即于此时始。

② 六派哲学：（一）前弥曼差派；（二）后弥曼差派（吠檀多）；（三）瑜伽派；（四）数论派；（五）胜论派；（六）正理派。这六派的观点表面上似与婆罗门教的观点有所不同，但它们都没有放弃对《吠陀》神话及其神圣权威的承认，而且还从不同的角度阐述《奥义书》中业报—轮回—解脱的宿命论。因此，这六派哲学的根本理论仍然没有脱离《奥义书》的唯心主义哲学范畴，而且是从后者派生出来的；它们对待种姓制的观点、对待人的观点是和正统观点一致的。

来，是反婆罗门教的正统观点的——反对种姓制、反对按种姓来
对待人和人的价值的观点；它们好像不谋而合地组成一条向
《吠陀》经典的权威、向婆罗门在宗教—哲学领域里的统治地位
挑战的联合阵线。

先略说"外道六师"。(《长阿含·沙门果经》，《大正大藏》
第 1 卷，第 107—109 页；《佛说寂志果经》，《大正大藏》第 1
卷，第 270—276 页)"外道"意为佛教以外的宗教和哲学派别，
是佛教对异教使用的一个贬义词。他们是与佛陀同时的六位有名
的哲学大师。他们是反婆罗门教、反正统唯心主义哲学的代表人
物：(一)阿耆多·翅舍钦婆罗。他是唯物主义顺世学派的始
祖，他的学说虽然是渊源于《奥义书》，但他没有继承《奥义
书》的唯心主义哲学，而是接受了《奥义书》所批判的朴素唯
物主义思想。[①] 他断然否定《吠陀》的神圣权威，否定梵天创世
说，认为宇宙起源于无因，自然而生；"我"是地、水、火、风
四大元素构成的肉体，肉体一旦灭亡，复归于四大，"我"(灵
魂)亦即消失。什么业报、轮回、解脱，纯是胡说；四种姓生
自梵天之口、臂、腿和足，更是骗人的鬼话。他主张，人生在世
是十分难得的，应该珍惜自己生存的机会，把人的价值充分利用
到极限，纵情追求物质与欲望的满足。顺世派这种说法颇与希腊
伊壁鸠鲁相类似。佛教称之为断见外道。(二)珊阇夷·毗罗胝
子。他是不定论者，认为在这个人世间，作恶无罪，作善无福；
因果报应这类事情，究竟是有是无，是真是假，既难断定，亦难
相信。(三)末伽梨·拘舍梨子。他是否定论者，认为修善徒

---

① 《白骡奥义书》在关于宇宙起源的第一因的讨论中，批评有人认为宇宙的第
一因是"原初物质"(Pradhāna)或"自性、自然"(Prakṛti)。这是《奥义书》中涉
及宇宙起源于物质、还是起源于精神(物质是第一性还是精神是第一性)的仅有的
讨论。《奥义书》这一批评可能指向数论派，也可能指向顺世派。

劳，作恶无报，今生来世，俱不存在；人身非父母所生，乃物质元素构成，元素解散，人即消亡。（四）富兰迦叶。他是怀疑论者，他怀疑人间是否确有所谓善有善报、恶有恶报的事情；因为人死之后，肉体还归四大（地、水、火、风），心识随即消失，没有轮回再生。（五）迦鸠陀·迦多衍那。他是命定论者，认为人生在世，悲欢离合，苦乐祸福，命中注定；既是命定，作善无福，作恶无罪，人为努力，终归徒劳。（六）尼犍陀·若提子。他是耆那教的创始人，称号"大雄"。他终年裸体，矢志苦行，佛陀叫他为"裸形外道"。他不承认婆罗门教的《吠陀》权威，不承认主宰一切的梵天的存在，但承认"我"（灵魂）的存在和"业"的影响。"业"是指前世的善业和恶业；今生的一苦一乐、或祸或福，都是前世善业或恶业引起的后果。因此，人的灵魂是受他的"业行"支配的。灵魂之所以不能得到彻底的自由——解脱，正是由于"业"的束缚所致。要解除一切（善不善）"业"的束缚，恢复内在心灵的本来面目——解脱境界，最方便的法门就是不伤物命，赤身露体，坚持苦行，磨炼意志。①

　　这六位大师中，前五位的观点基本上是一致的：否定梵天的存在，否定"我"（灵魂）的存在，从而否定业报—轮回—解脱

---

　　①　耆那教的原始教义似是一种万物有灵论：宇宙间一切生物与非生物都有灵魂。因为万物都有灵魂，所以无论生物或非生物一律不能任意损害。耆那教祖规定一条最严的戒律是"不杀生"（ahimsā，无害），就是严禁耆那教信徒伤害或破坏任何生物和非生物。

　　耆那教的创立稍早于佛教，它的经典，像早期《吠陀》那样，师徒口口传授，没有文字记录，直至公元4世纪才有一位名叫有光（Umāsvati）的学者写下第一部耆那教经典——《入谛义经》（Tattvārthādhigama）。此后，随着耆那教的发展，出现一批耆那教逻辑学家，创立一套独特的逻辑理论——"或然论"（syādvāda）或"非极端论"（anekāntavāda）。后期耆那教裂分为两派：白衣派与天衣派；前者仅披薄衣，聊遮身躯；后者一丝不挂，赤露天体。（参看拉达克利希南及穆尔编《印度哲学原著选译》，第250—260页；D·恰托波陀耶：《印度哲学》中译本，第106—108页。）

的宿命论；承认人性同一，本来平等，宇宙万有，自然而生；人是自由的，人的价值是珍贵的，他根本不是什么梵天的创造，也不受任何种姓道德的约束；他有充分的天赋的权利在世界里创造和享受一切物质福利。据传，第三、四、五的三位大师还是出身于下贱种姓，这也是他们在反婆罗门教的唯心主义的斗争中有比较坚定立场的原因。① 第六位——尼犍陀·若提子，除了不承认《吠陀》权威和至高无上的天帝之外，他的其余的观点，特别是关于业报—轮回—解脱的观点，与婆罗门教并无二致。他又是出身于统治阶级的刹帝利种姓。这些似可以说明他在反婆罗门教的斗争中不如前五位大师那样彻底和坚决。② 虽然如此，在当时的宗教—哲学界中，他的声望和影响仅次于释迦牟尼。

在这条反婆罗门教的联合阵线中，主力或领导力量，当然不是上述各派哲学，也不是包括耆那教祖师尼犍陀·若提子在内的"外道六师"，而是释迦牟尼·佛陀和他的佛教。佛陀深刻地观察到，婆罗门在对待种姓和人的问题上，专横跋扈，傲慢顽固，欺压下等种姓，虐待广大贱民；滥行祭司特权，巧立祭祀名目，贪得无厌地从刹帝利、吠舍和首陀罗群众中骗取大量的物质供养；他们不劳而获，坐享现成，是典型的"……富有财宝，库藏盈满……"。（《长阿含·究罗檀头经》，《大正大藏》第 1 卷，第 102—103 页）的寄生者和剥削者。佛陀决心和婆罗门在哲学

----

① 可惜的是，这五位大师，特别是阿耆多·翅舍钦婆罗，遭到婆罗门教势力的仇视和打击，他们的影响受到限制，他们的学说没有被保存下来，只是在别人批判他们的批判中，见其残篇断简、片言只语而已。

② 也可能正是由于这些因素，尼犍陀·若提子得到婆罗门教的容忍和默许，因而获得为数不少的追随者的拥护。他创立的耆那教的教义也得以完好地保存下来。直至今天，耆那教仍然独立存在着，影响仅次于佛教。耆那教信徒，按 1971 年印度人口普查统计，共有二百余万，大部分在西北各省，小部分在东南各省。今天耆那教的居家信徒，多数从事商业，形成一个比较富裕的资本家集团。

理论上和道德伦理上进行较量，冲击婆罗门在意识形态领域里的
垄断地位。

　　佛陀本人出身刹帝利王族，自幼深受婆罗门教的教育，通晓
《吠陀》和《奥义书》。他成道之初，立即提出一套新的哲学理
论，针锋相对地批判《奥义书》中"梵"与"我"这两个唯心
主义的根本哲学概念，企图一举摧毁婆罗门教反人道、反理性的
种姓制的理论基础。佛陀首先把《奥义书》中抽象化之"梵"
还原为神话中具体之"梵"，赋予它以人格。这个人格化之
"梵"被佛陀命名为"大梵天"和"大自在天"，并被剥夺了创
造宇宙和创造众生（包括人类的四个种姓）的特殊神力，但被
允许保持在色界梵天中的最高位置。①　由于被赋予了人格，大梵
天具有一个和下级神仙、下界凡夫共同的特性，即同样要受
"业"的支配，同样要在"轮回"苦海中浮沉往返；所不同者，
大梵天在他的梵王宫中享乐时间比他下级诸神的长，但是一旦梵
天之福享尽，大梵天照样在"业"的支配下谪降人间。②　佛陀还
封大梵天为各类护法神之一，与诸天龙八部一起充当佛陀及其僧
团的忠诚守卫。③　这样，佛陀把抽象之"梵"还原为神话之"大
梵天"，然后又使后者人格化；这一着运用得很巧妙，是以子之

　　　① 按佛教神话，天上人间分为三界：欲界、色界和无色界。欲界有十二处，十
二类众生居住；前六处为地狱、饿鬼、畜生、人、阿修罗和天；后六处纯是天宫。
色界有二十二处，俱为天界，二十二类天神的住地。"色"者，谓虽生为天神，但尚
存色相。天色界有四处，为四种神识的入定地。"无色"者，谓人生此天，色相俱
无，但存神识，终日入定享乐。"大梵天"是色界头四个天宫的第四个天宫。（《长
阿含·世纪经》，《大正大藏》第 1 卷，第 135—136 页）
　　　② "四天王……梵天众生命终，来生人间。"（《长阿含·世纪经》，《大正大
藏》第 1 卷，第 137 页）
　　　③ 所以，几乎每一佛经都有一段"惯例"的开场白，介绍佛陀讲经的因缘、
听众阶层（天、人、魔、鬼等）和听众人数。

矛攻子之盾的办法，利用婆罗门教的神话批判婆罗门教的大神，使"梵天"不知不觉地丧失了创造宇宙和众生的神力。

接着，佛陀提出"缘起"、"无常"、"无我"的理论①来破《奥义书》之"我"。"缘"谓各种客观条件，宇宙间每一具体事物都因一定条件而产生、而存在；同时，也因构成的条件的减损、解散而破坏，以至于消亡。非生物界受着生（生成）、住（存在）、异（变化）、灭（消亡）的自然规律所支配，不可能常住，永不变样。生物界，包括人类在内，受着生、老、病、死的自然规律所支配，不可能有什么"长生不老、永恒不死"之道者或异人。这就是"诸行无常"之真理。人是由肉体与意识（精神）两个主要因素构成，前者是外在因素，后者是内在因素；在这二者中又以内在因素（意识、精神）为第一因，派生出十二种连环的因果关系，即佛教所称的"十二因缘"。② 在这十二种因果关系中，找不着"我"的存在；若这十二种连环关系分离脱节，更是无"我"可得。这是说，无论从人的外在因素或内在因素分析，或从内外因素的和合中分析，都看不见有所谓"我"的存在。于"无我"中计有"我"，

① "无常及苦空，非我正思维"（《杂阿含经》，《大正大藏》第2卷，第1—14页）；"无常苦非我"（同上书卷，第79—86页）。这就是佛教常说的"三法印"：诸行无常，诸法无我，一切皆空。

② 十二因缘：1. 缘痴有行（痴，即无明；无明即无知。无知为缘，引起善不善行）；2. 缘行有识（善恶之行为缘，引起识；识，即托胎时之心识）；3. 缘识有名色（心识为缘，引起名色；名色即胎中的精神与物质的和合状态）；4. 缘名色有六入（名色为缘，引起六入，六入即眼、耳、鼻、舌、身、意六根，或六种感官）；5. 缘六入有触（六入为缘，引起触；触，为出胎后开始接触事物）；6. 缘触有受（触为缘，引起受；受，即感受苦乐等）；7. 缘受有爱（受为缘，引起爱；爱，是贪等欲望）；8. 缘爱有取（爱为缘，引起取；取，即追求取著）；9，缘取有有（取为缘，引起有；有，由贪等欲望引起有善不善行为）；10. 缘有有生（有为缘，引起生；生，即来世之生）；11. 缘生有老死（生为缘，引起老死）；12. 老死（现在之结果）。（《长阿含·大缘方便经》，《大正大藏》第1卷，第60—62页。）

是无知，是错误，从而引起一连串的烦恼和痛苦。若要解除烦恼，脱离痛苦，就要皈依佛陀，相信佛法，抛弃本来不存在的"我"见，勤修智慧，求证涅槃（无常、无我、一切皆空）。

佛陀批"梵"破"我"的目的，无疑在于表示他坚决反对婆罗门教的种姓歧视和为种姓制服务的《奥义书》哲学；在于表明他的不论种姓、不分人天、凡是众生、皆得入佛的平等观和慈悲观——人的本性和他的基本价值不会因他出身的种姓不同而有所改变。佛陀把自己的理论和理想放到实践中去检验。他建立自己的组织——佛教僧团，制定新的、与正统婆罗门教相对立的行为准则和道德规范。他的最典型的、最能反映他的平等思想的做法是：对四种姓一视同仁，佛教组织——僧团的大门向所有不同种姓的人无条件地敞开，不分贫富贵贱，高下贤愚，只要皈依佛法，愿为佛陀弟子者，皆可加入。在回答下等种姓者是否被允许皈依佛法的问题时，佛陀说："人恶下流，我法不尔。"这里的"人"是暗指婆罗门。意思是说，"别人之教，嫌弃下等种姓，不接受他们。我释迦之教不是如此，无论属何种姓，只要愿意，皆可进来。"（《长阿含·小缘经》，《大正大藏》第 1 卷，第 36—37 页）佛陀本人出身刹帝利种姓，族姓"释迦"（Sākya）。他规定，凡加入佛教组织者，必须放弃他原来所属种姓，一律随佛改姓"释迦"，属于一个共同的新的种姓，叫做"释种"。（同上）对此规定，即使高贵如婆罗门或刹帝利，俱无例外。换句话说，任何一个种姓的人，一入佛教，便得摆脱不合理的种姓制的约束，即使出身首陀罗者也可以与出身婆罗门的人平起平坐；一向被鄙视的贱民此刻恢复了人的价值、人的尊严，变成一个有平等权利生活的自由人。又如，在《白衣金幢二婆罗门缘起经》①中，佛陀明

---

① 《大正大藏》第 1 卷，第 216—218 页。

确指出，在"法"（道德）的面前，人人平等；不管出身于哪一个种姓，作黑业（恶业）者，必感黑业报；作白业（善业）者，必感白业报。婆罗门作了黑业，同样要受黑业报，绝不会因他种姓高贵、精通《吠陀》圣典而可以幸免。佛陀这些典型的做法（平等对待一切种姓、一切众生）与婆罗门教顽固地维护种姓制、歧视下等种姓的做法，形成鲜明的对照。

不过，佛陀这套批"梵"破"我"的缘起无我论，表面看来，颇有道理，而且似乎有点朴素的唯物辩证法。可是，这一理论的根本出发点不在于外在的因素——物质，而是在于内在的因素——精神；这就暴露出这一理论的内核还是唯心主义的，而这也是佛陀学说的致命弱点。因为佛陀虽然在哲学上批判了《吠陀》和《奥义书》的"梵"与"我"这两个唯心主义概念，否定"梵天"创造人类四个种姓的谬说，肯定人的平等的价值，但他却把《奥义书》关于业报—轮回—解脱的宿命论全盘继承下来，并加以发展，从而造成他理论中一个无法调和的矛盾。①他虽然挖苦婆罗门的梵天创世说的神话，抨击种姓制的不合理，他却肯定种姓制的存在；在某些地方，他还代表刹帝利的利益在种姓问题上不遗余力地与婆罗门争优劣。② 总之，在反对正统婆

---

① 婆罗门教主张"有我"（有灵魂），在肉体消亡之后，"我"（灵魂）将随"业"的影响轮回转生。佛陀既然认为"无我"（无灵魂），则人死之后，不应有随"业"轮回之"我"（灵魂）。但佛陀一方面断然否定婆罗门教的"有我说"（有灵论），另一方面，又同意它的业报—轮回—解脱的宿命论。这个矛盾使佛陀在理论上显得十分被动，甚至不能自圆其说。

② 佛陀在《大本经》（《大正大藏》第 1 卷，第 1—10 页）中列举若干"过去佛"的原来种姓，多数是刹帝利，而现在佛（释迦牟尼）本人也是出身于刹帝利。以此证明，在四种姓的排列上，婆罗门居于刹帝利之前，但并不表明婆罗门比刹帝利优越。又如，在《阿摩昼经》（《大正大藏》第 1 卷，第 82—83 页），佛陀举刹帝利与婆罗门通婚关系为例来说明刹帝利种姓实际上优越于婆罗门种姓。这也可以说是当时刹帝利种姓和婆罗门种姓在意识形态领域里争夺领导权的一种反映。

罗门教的阵线中，佛陀的影响最大，力量最强；但就坚决性与彻底性而言，他和"外道六师"的第六师耆那教祖尼犍陀·若提子一样，远远不如"六师"的前五师。①

三　正统观点的胜利

从上文的论述，可以看出，持非正统观点的"外道六师"中的前五位大师的哲学观点，基本上是朴素唯物主义的；在对待人的问题上，在哲学的根本问题上，是与婆罗门教的唯心主义势不两立的。不幸的是，他们当中没一家的哲学著作保留下来。作为反婆罗门教正统观点的主力的佛教，却表现出虎头蛇尾，先硬后软。的确，在反对婆罗门教按种姓制来对待人的问题上，在批判《奥义书》的"梵、我"理论问题上，佛教从创立开始就是旗帜鲜明，态度坚决。可是，一涉及哲学的根本问题——宇宙的第一因（本质）是物质，还是精神？是物质不灭，还是精神不灭？是由物质构成包括意识在内的一切，还是由意识产生包括物质在内的一切（存在决定意识，还是意识决定存在）？这时候，佛教便毫不含糊地站到婆罗门教一边，坚持认为，元素（物质）可以分解，神魂（精神）却是不灭。例如，佛陀一方面分析"十二因缘"中没有"我"（灵魂）的存在，另一方面又认为"十二因缘"的产生是由于"一念之差"的"无明"（错误的认识）。这是说，"十二因缘"的最初之因是意识，意识派生出包

①　"外道六师"中，前五师的含有唯物主义成分的哲学观点，以及他们出身于下贱种姓，是决定他们反婆罗门教的坚决性的重要思想因素和社会因素。佛陀和尼犍陀·若提子一样，一方面否定婆罗门教的梵天，一方面又接受它的宿命论；同时，他们二人都是出身于统治阶级的刹帝利种姓，这就不能不影响他们在反婆罗门教的斗争中表现出妥协性和两面性。

括物质在内的一切。又如，佛陀一边批"梵"破"我"，一边接受并加以发展业报—轮回—解脱的宿命论。"破我"与宿命论，这二者是矛盾的。看来佛陀发现了他这一说法中的矛盾，所以不得不采用另一种方式承认"我"（灵魂）的存在，以协调他对宿命论的接受。最典型的例子是，佛陀在《佛说寂果经》（《大正大藏》第1卷，第275页）中说："是四大身，从父母生，魂神所依。……""是有形之身，依所温暖，四大合成，从父母生，魂神依之，当立身心，变现众形。……"这里所称"魂神"正是《奥义书》的"我"的本质。"众形"是指人形、鬼形、畜生形、天神形，等等。"魂神"受到"业"的影响，轮回转生为种种身形。像这样的说法不正暴露出佛陀不但没有把《奥义书》之"我"破掉，反而转弯抹角地接受了它？我们认为，佛陀如果不用别的方式承认宿命论的核心"我"这个概念，他就无法在业报—轮回—解脱的理论问题上自圆其说；而这一点佛陀本人不是不知道的。这个例子清楚地表明，佛陀在克服自己的说法中的矛盾方面是用心良苦的；但同时也说明，在涉及哲学的根本问题时，佛陀的立场马上就移到婆罗门教一边，和后者同一鼻孔出气，主张"魂神"（我）不灭，不是"元素"（物质）不灭；宇宙的本质是不可知之"梵"，不是可知之"质料"。可见，在哲学的根本问题上，佛陀是自觉地向婆罗门教投降，完全倒退并站到原来的《奥义书》地道唯心主义立场上来。

由此很容易使人联想到佛教从印度本土消亡这个重要的问题。在公元前5世纪到公元5世纪这一千年期间，佛教法运亨通，威势鼎盛，称霸印度意识形态领域，压倒包括婆罗门教在内的所有其他的宗教—哲学派别；受到人民普遍的崇奉，对社会的影响至深且广。但从公元7世纪起，婆罗门教开始恢复了活力，能够与佛教分庭抗礼，平分秋色。尔后，形势发生对婆罗门教有利的变化：佛教的影响日趋衰微，佛教的信徒日益减少，以致到最后（公元 12 世纪）作为一个宗教从印度本土消失。这是什么原因？我们认为，导致佛教从印度的消失，固然有其深刻的、复杂的社会原因①，但佛教在哲学的根本问题上向婆罗门教投降，不能不是重要原因之一。我们刚才举例谈到，佛陀为了在业报—轮回—解脱的理论问题上能够自圆其说，不得不用迂回的方式承认"我"（灵魂）的存在。换句话说，在原始小乘佛教时期（公元前 5 世纪至公元 1 世纪），佛教还不敢公开承认有一个不灭之"我"（灵魂）的存在。到了公元 2 世纪，佛教从本身派生出两大哲学派别——空宗与有宗，构成所谓大乘佛教。印度哲学史家都知道，大乘佛教经典，浩若烟海，却没有一部出自佛陀之口，完全是这个时期和稍后的佛教学者托佛名义创造的。这些大乘佛教大师比他们的教祖释迦牟尼更加有胆略和魄力，不但继承了《奥义书》关于业报的宿命论，而且大大跃进一步，把《奥义书》的"梵、我"理论接受过来，并加以发挥和改造——创造性地运用新的概念和新的范畴来阐述，使之发展成为一种崭新的、比任何一种正统哲学体系更加系统化、更加严密的唯心主义学说。毫无疑义，大乘佛教哲学体系的创立，是对《奥义书》哲学传统的一个具有独创性的和意义深远的发展，是对印度唯心主义哲学史的发展的一个极其重大的贡献。然而，印度哲学史上这一重大的发展却给我们提供一个事实：在对待哲学的根本问题上，佛教此时已完全和婆罗门教站在同一立场上，主张宇宙的第一因是精神，从精神产生包括物质在内的一切——大乘佛教所谓

①　例如，从公元 5 世纪末起，外族时断时续地入侵印度，蹂躏佛寺，屠杀佛徒；本土婆罗门教国王对佛教的政治歧视，佛教本身一些不适应社会发展的消极因素，等等。

"一切唯心造"，从而返本还原，和《奥义书》的唯心主义哲学重新统一起来。这一事实正是佛教在它的诞生地印度从衰落到消亡的过程的一个重要的见证。①

（原载《外国哲学》第 3 辑，商务印书馆 1983 年版）

---

① 这里的"消亡"当然不是说，佛教信徒完全绝灭，佛教寺院荡然无存；而是指佛教作为一个有影响的宗教已在印度大部分地区消失，只是在一个小地区里残存着。按 1971 年印度人口普查统计，佛教徒尚有三百二十余万人，大部分在东部地区，小部分在北方地区。

印度逻辑及其源流

印度的逻辑学的形成，比中国古代的名辩学和古希腊的逻辑学晚了数百年，但它自成体系，自有特点，和后二者构成世界逻辑史上的三颗瑰丽的明珠，在东方和西方遥相映照，各放异彩。

印度的逻辑学起源于古代的辩论术。按原始佛教经典的记载，公元前 6 世纪前后，印度的奴隶主阶级互相争夺，互相吞并，最后形成所谓"十六大国"的割据局面①。这在上层建筑的意识形态领域的反映是：持不同见解的宗教家和哲学家纷纷起来，分别组成各种宗教团体和哲学派别，冲破了婆罗门种姓对思想界的世袭的垄断。同时，各教派和各学派之间，互相批判、互相论战，形成一种众说争胜、百家争鸣的自由讨论的学

---

① 十六大国名：1. 鸯伽国；2. 摩揭提国；3. 迦尸国；4. 拘萨罗国；5. 拔祇国；6. 末罗国；7. 车底国；8. 拔沙国；9. 俱卢国；10. 般遮罗国；11. 颇漯波国；12. 阿槃提国；13. 婆蹉国；14. 苏罗婆国；15. 乾陀罗国；16. 剑洴沙国。见《长阿含·阇尼沙经》（《大正大藏》第 1 卷第 34 页）。这些国家的大多数位于今天的比哈尔、北方邦和中央印度。没有一个国家属于今天的阿萨姆、孟加拉、奥利萨、古查拉特、信德和南方地区。

术气氛。在这个过程中产生一种"辩论术"（tarka）。辩论术实际上是辩论程序或辩论规则，如辩论的时间、地点、语言、态度、命题的提出、命题的论证（推理论式）等等。其中最重要的一项当然是论证命题的推理论式。故辩论术又称为"推理学问"（ānvīkṣikī）。孔雀王朝（公元前 322）月护王的开国大臣憍底利耶在他的名著《利论》（Arthaśāstra）中指出，世间学问，总的说来不外四种：推理之学（逻辑）、三吠陀、经济学和政治学。值得注意的是，他把推理学问放在首位。他在《利论》中特地写了一首颂诗，对推理学问，备至推崇。颂曰："一切学问之明灯，成就众事之方便，一切达磨之依据，推理之学恒如此。"从这首诗可以推知，公元前 3 至 1 世纪，学术界的辩论风气如何兴盛，辩论术如何受到特殊的重视。公元初（一说公元 2 世纪末），有一位名叫"足目"（Akṣapāda，又常称"乔答摩" Gautama）的哲学家和逻辑学家，他对前人和当时的辩论术进行全面的总结，写作了在印度逻辑史上具有划时代意义的《正理经》（Nyāya-sūtra）。（有学者认为，此经不是一人手笔，而是集体智慧的结晶）此经的写作为印度的形式逻辑系统奠定了科学的基础，标志着印度六派哲学之一——系统的逻辑学派（正理论）的建立。其后的逻辑学者基本上围绕着《正理经》所阐述的原理进行解释或发展。

印度逻辑学在将近千年的演变过程中，形成了两个主要的流派：一是正理论，一是因明论。前者又分正理论（古正理）和新正理；后者又分因明论（古因明）和新因明。

一　正理论（古正理）

正理论是因所依权威的《正理经》而得名。梵语 nyāya，音译"尼耶也",意译"正理"。作为专有名词时,有时写作 Nyāya(正理论),有时写作 Nyāya-vidyā(正理明),有时写作 Tarka-vidyā(思辨明)和 Vādavidyā(辩论明)。何谓正理?《正理经》(Ⅰ.1.1)说: "正理,谓借助于量来考察对象……"此中"量"即是认识手段或方法,藉此与对象接触而产生认识。故"正理"就是逻辑方法,尤指逻辑的推理,而这种推理又是以实在的知觉和圣言为依据的。

《正理经》全书共有"略诠意明、略诠要义"的简短经文530条,分为五篇;复以"十六句义"为纲,分别阐述本宗的逻辑体系。十六句义是: 1. 量(知识、认识方法); 2. 所量(认识对象); 3. 疑(疑惑); 4. 目的(需要论证或反证的对象); 5. 见边(譬喻或实例); 6. 宗义(本宗的哲学原则); 7. 论式(推理形式); 8. 思择(思辨、辩驳,提出更多的理由论证已论证的命题); 9. 决断(对立敌两方的命题和反命题下最后的判决,即裁决谁是谁非); 10. 论议(立敌双方各自陈述宗义); 11. 诡论方(企图以诡辩取胜); 12. 坏义(意在破坏对方宗义的论诘); 13. 似因(错误的理由); 14. 曲解(歪曲别人的本意,以达到破坏他的命题); 15. 倒难(错误的非难); 16. 堕负(失败的原因)。

先略释"句义"(pāda)。"句义"有作"范畴",但不完全同于"范畴"。它是一个包摄若干范畴的概念,可以说是一个"混合"的范畴或概念。在正理论者看来,"句义"是客观的实在,区别于纯概念性的范畴。

《正理经》的十六句义,基本上是在胜论哲学的逻辑句义上扩展而成的。但十六句义,繁琐重复,包括一些不属于逻辑范畴的项目。从纯逻辑角度看,十六句义实际上只有四个主要的方面:量论、论式、论过、哲学。

（一）**量论**（《正理经》Ⅰ.1.3—9）。"量"即知识或认识，知识手段或认识方法。按正理论的哲学，逻辑的最终目的在于在精神上证悟最高的安乐境界；要获得这样的安乐境界，就得先有正确的知识；而正确知识的获得，则有赖于知识手段——逻辑。正理论承认知识和对象都是实在，获得心灵的安乐是可能的。正理论家正是根据这一要求来组织《正理经》的逻辑体系，把量论置于十六句义的首位。

量论由两部分组成：量、所量。

1. **量**（知识和认识方法）。量有四种：现量、比量、喻量、言量。

（1）**现量**（直接知识、感性认识）。现量是感官与外部对象接触而产生的知识或感觉（简别"我"与内感官的接触，亦排除内感官与外感官的接触。此二者一般属于比量范围）。现量有三特征：1）不可显示，谓不能用名言表达的知识，一种未经概念加工的"原型"知识。此复二义：一者、对象和它的名言的关系尚不明确，我不知道所接触的对象的称谓，即在它被命名之前，我获得对它的认识——一种不通过对象的名称而得的知识；一者，对象和它的名称之间的关系是众所周知的，我因其名称而获得对它的认识，但此一认识并未与我过去不知其名称所得的认识有所不同，因为过去和现在的对象是同一对象故。所以，直接认识对象，名言概念不是必要的；名言概念只有在论述对象时，或者把它转告别人时，才成为必要。2）无有谬误，意即非错觉。夏天，阳光常与地面的热射线混为一体（阳焰），远观者以为水。这是错觉，有谬误。有谬误的认识不是现量。3）决定明了，意即正确无误的认识。若远见一气体，未能定其为烟为尘，产生怀疑，此类怀疑性的知识也不能称为现量。注解家把不可显示的现量称为无分别现量，无谬误和决定的现量称为有分别现量。

（2）比量（以知觉为根据的推理、推理知识）。比量有三种：有前、有余、共见。1）有前比量：a）谓对"证相"（中词）和"有证相"（大词）之间的关系的知觉，并对"证相"加深了解，从而推知未知之事物；如见黑云四起，推知天将下雨。此谓之由因果推。b）谓以所知二事之关系为基础，二事中，今见其一，未见其另一，但据对二者关系的了解，可依前一而推知后一。如烟之与火的关系，见烟知有火，虽然火不是现见的。2）有余比量：a）由果推因，如见河水涨溢、流速，推知前此曾下大雨。b）剩余法，谓一物有可能属于若干范畴，先将与它相异之范畴排除，从余下与之相应的范畴推知它所归属。例如，在实（实体）、德（性质）、业（活动）、同（普遍）、异（特别）、和合（内属）六句义中，声不属于实、业、同、异、和合五者；将此五者排除，剩下只有"德"，便可由此推知声只属于"德"句义。3）共见比量：a）谓根据若干事物的共同性质，从一事推知另一事。例如，物体移动，变换位置。同样，太阳早晚易位，从而推知太阳在运动（古人非科学的猜测）。b）谓"证相"（中词）与"有证相"（大词）的关系不是一种直接的现量关系，但借与"证相"有共同性的事物，推知"有证相"。如藉"愿望"等心理现象，推知"我"（灵魂）的存在。"愿望"是一种"德"（特征），是以"实"（实体）为基础的。由此推知这个基础必然是"我"（灵魂）。总结地说，现量和比量的区别是：现量直接涉及现有的事物；比量既涉及现有的事物，也推论非现有（过去、未来）的事物。这就是说，比量可以用于推断过去、现在、未来三段时间的事情，现量仅限于对当前事物的知觉。

（3）喻量（譬喻、例证、类比）。谓引用正确的同法喻来成立所立（命题），也就是藉公认事物的共同性来推断待知之事物。如说，"野牛如家牛"。家牛和野牛有共同的特点，故一闻"如家牛"，便能直接领会喻中所类比的野牛为何类动物，理解所推论的对象与喻中所说的名称关系。同样，如说"胐豆叶同胐豆子"；或说"乌豆叶同乌豆子"，听者就会因譬喻而推知特定的名称（胐豆、乌豆）与特定的对象（胐豆叶、乌豆叶）二者的共同关系，从而去采摘所需的豆叶来作草药。其他许多事物都可以通过譬喻来理解。

（4）言量（声量，主要是指圣者的示教或证言）。圣者具有对事物的直接和正确的知识，并愿将所得知识传给世人，故曰"圣者示教"。āpta（圣者、至人）一词，原意是"证得、悟得"，是指按直接悟得的知识行事的人。这一定义不仅适用于智者和雅利安（高种姓者），而且也适用于非雅利安（低种姓者），只要他们是根据正确知识进行活动。言量又分见义言量和非见义言量；前者是论此岸现见事物之语言，后者是论非现见、但信其存在于彼岸之事物的语言；故前者为世俗语，后者为圣者语。又此二者的区别还在于点明：圣者的现量知识，固然可信；圣者的非现量知识（如言"我"之存在），也同样可信，因为后者可以据正确的比量推知。

2. 所量（量的对象、认识的对象）、《正理经》列有十二个对象：（1）我（灵魂）；（2）身（身体）；（3）根（感觉器官）；（4）境（感觉对象）；（5）觉（觉知、知性）；（6）意（意根、内感官）；（7）作业（活动）；（8）过失；（9）死后转生；（10）果报；（11）苦；（12）出离（解脱）。在这十二个对象中，身、根、境三者属于物质对象；觉、意、作业、过失、苦五者属于精神对象；其余灵魂、转生、果报、出离俱为猜测或虚构的对象。正理论者认为，这十二个对象总摄其余一切主观的和客观的对象；它们是实在的，是可知觉的，但有常与无常两类。我（灵魂）和出离（解脱）是常，余皆无常。

十二对象中，"觉"和"意"有特定的含义。《正理经》认为，"觉"和"知觉"、"认识"是同义词。"觉"虽然作为内在的对象，但非无知性。这与数论哲学相反，后者认为"觉"是冥然无知的。"意"（内感官），它的职能与外在五感官不同。眼等五种外感官，各司其职，互不交涉（如眼不能闻，耳不能见，……）。但肉体内还有一个特殊器官，它能同时接收和贮存外在五官传来的"信息"，并引起对这些复杂的信息的认识和概念加工。这个内感官就是"意"或"意根"。此外，记忆、推理、措词、怀疑、直观、做梦、想象等心理活动所以成为可能，正是由于这个内感官的存在。

（二）论式（《正理经》1.1.32—39）。论式是用作比量推理的逻辑形式。《正理经》首先提出五支论式，其后正理论者一直坚持五支。这既有逻辑因素，也有心理因素（以更多而明确的语言来说服别人）。论式的推理有别于单纯的推理，后者即后世所谓为自推理，前者即所谓为他推理。《正理经》对此没有说明，但《正理经疏》作者似已觉察到。所以他说，真理因论证形式而变得更加确定明了。

论式的五支是：宗、因、喻、合、结。

1. 宗。谓陈述所立义，以（待因）论证之法（宾词）说明所别之有法（主词）；如言"声是无常"。

2. 因。因者：（1）用同法喻陈述所立义的成立，亦即以同喻从正面来论证所立法；如言"声是无常，所生法性故；凡所生法者，见彼无常，如碟等"。（2）用异法喻陈述所立义的成立，亦即以异喻从反面来论证所立法；如言"声是无常，所生法性故；凡非所生法者，见彼是常，如'我'等"。

3. 喻。又称"见边"（有二：所见边及未见边。喻是所见所知的一边，宗是未见未知的一边；由前者推知后者，故曰见边）：（1）同喻，与所立同一法或同一性质，具有推知未见边（所立）的见边作用。所立有二：一者，有别于有法的"法"（宾词），如"声是无常"中的无常性；一者，有别于法的"有法"（主词）"声是无常"中的声。后一义借同法喻（具有推知未见边作用的见边）而得确认："声是无常，所生法性故，犹如碟杯等"。此中碟杯等是声的同法喻，说明所立与能立之间存在一致的关系。（2）异喻，正与同喻相反，与所立相异，不具有推知未见边（所立）的见边作用，如言"声是无常，所生法性故；凡非所生法者，见彼是常，犹如'我'等"。此中"我"等，非所生法性，与所立法异，是不具有所立的无常性的见边；它所反映的，是它与所立之间的截然对立的关系。然而，由于知道"我"等这一见边，因非所生法而具有非无常性，便可推知声具有与之相反的性质——声是无常，所生法性故。

可见，同喻，是指用同法因来说明与所立法相同而具有所立性质的见边；异喻，是指用异法因来说明与所立法相异而不具有所立性质的见边。在前一见边，看见所立能立二法关系中，一法有而证实另一法亦有，便可推知在所立中的二法，同样是一法有而证实另一法亦有。在后一见边，看见所立能立二法关系中，一法缺而证实另一法亦缺，便可推知在所立中的一法，同样是一法缺而证实另一法亦缺。

《正理经》作者认为，上述论证程序在似因中是不可能成立的，因为似因不是正确的原因。所以，因喻的同法理论，精致周密，甚难理解，唯博学者知之。

4. 合（总结所立和喻之应用）。谓藉譬喻之力，总结：（1）同喻如此（同所立）；（2）异喻非如此（异所立）。这是说，在同所立喻中，碟杯等所生法，见是无常，便可推断声所生法亦如此（无常）。在异所立喻中，"我"等非所生法，见非无常，便可推断声非如此（常）——既否定声之非所生法性，又肯定声之所生法性。这是对同、异两种譬喻所起的正反作用的总结。

5. 结（据因等经文，重申所立宗，作最后结论）。谓根据譬喻，重申同法喻和异法喻，由此作出最后的结论：所生法性故，声是无常。这也是将宗、因、喻三者联系起来总结。就同法因而言，"声是无常"这个句子——宗；"所生法性故"——因；"碟等所生法亦是无常"——喻；"如是，声是所生法，声是无常"——合；"因此，声是无常，所生法性故"——结。就异法因而言，结论亦如此："声是无常，所生法性故"；因为，"我"等是非所生法，故见是常，而声不是非所生法，故是无常。最后结论仍然是："声是无常，所生法性故"。

兹将五支列式如下：

（1）宗（命题）：声是无常。

（2）因（理由）：所生法性故。

（3）喻（例证）：分同法喻和异法喻。同法喻：凡所生法必是无常，如碟等；异法喻：凡非所生法必是常，如"我"等。

（4）合（应用）：声亦如是（碟有所生法性，碟是无常；当知声有所生法性，声是无常）。

（5）结（结论）：故声是无常。

在足目仙人之前和在他的时代里，别的哲学家曾经提出十支论式，即在上述五支之上，另加五支："求知、质疑、能力（实现愿望的能力）、目的、除疑"。耆那教贤臂论师（约公元前433—357年）也曾提出另一个十支论式：宗、宗别（特殊的宗）、因、因别（特殊的因）、异宗（反命题）、遮异宗（对反命题的否定）、见边（例证）、疑虑、遮疑（排除疑虑）、结论。足目仙人的五支论式无疑是在研究、整理各种十支论式之后提出来的。五支论式的建立标志着印度形式逻辑发展到系统化的阶段。

（三）论过（《正理经》Ⅰ.2.4—9）。论过即逻辑错误，在十六句义的后四句中论列甚详：似因五种，曲解三种，倒难二十四种，堕负二十二种。严格说来，唯似因是逻辑错误，其余三者——曲解、倒难、堕负，皆属辩论态度和辩论规矩。《正理经》不立宗过和喻过，但列因过。正理论师认为，逻辑错误主要出自似因（谬误理由），宗之真伪，毋需推理。宗只有犹疑。五种似因如次：

1. 不定。"不定"义同"非一端"。不定，谓所引因不能集中论证任何一种命题，不能由此导出任何有决定意义的结论。如说，"声是常，非触性故；瓶有触性，见是无常，声非如此，故说：由非触性故，声是常"。在瓶这一见边中，"有触性"和"无常性"此二特征，均与所立能立无关。此外，极微（原子）见有触性，又有常性。显然，"非有触性"之因无法决定"声常"这一命题。如举"我、觉"等为见边，则前边经文（1.1.34条）已说："因，谓以同法喻成就所立与能立。"此中"觉"可作声之同喻，但"觉"虽然非有触性，却是无常。结果，所引"非有触性"之因，使"常性"成为不定。如是，在上述两见边中，由于"因"之不定，造成所立与能立之间缺乏共同关系——因缺因相（因应具的特点），所以是似因。

"非一端"，意谓所用之因，既可在"常"一端，又可在"无常"一端；既可为"有"的一端，又可为"无"的一端，如是遍于"常"和"无常"，而与二端发生关系，故称不定因。

2. 相违。（1）谓同一论者提出两种相矛盾的说法。一是："变异（世间）停止存在，常性被否定故"；一是："变异继续存在，消亡被否定故"。前一说法的"常性被否定"，意为"变异无常"，正与后一说法的"变异继续存在"相矛盾。（2）谓所引之因违反本宗公认的教义，或者，违反自己所立的命题。

3. 论点相等。"论点"指双方论点，"相等"谓所用之因，对双方同等有效，同时，亦同等无效。例如，一方说，"声是无常，不具常法（常之属性）故"。另一方说，"碟等亦是无常，不具常法故"。如是，"不具常法"之因，对双方同样有效，反过来说，对双方同样无效。此因使人对双方的命题产生怀疑，故非正因。

4. 所立相同。"相同"意谓所引之"因"和"所立"一样有待进一步论证。如说"影子是实体，移动性故。"此中影子是实体抑或不是，固然有待论证，所引"具移动性"之因，同样需要研究。这样的因是未知因，故是似因。

5. 过时语。谓所引"因"的部分含义已过时，或落后于时间，无助于对当前的命题的论证。如说，"声是常，（皷与槌）联合敲打发出故，如颜色。颜色是由光与瓶联合显示，它既存在于过去，亦存在于它显示之后。声亦如此。由皷与槌联合敲打发出的声音，或如斧砍树发出的声音，既存在于过去，亦存在于它发出之后。因此，皷与槌联合敲打发出故，声是常。"然而，"联合敲打"之因已过时，或已落在时间之后，非正确因。且言譬喻。光与瓶联合显现的颜色的时间，并未超出已有颜色存在的时间；因为，只有在光与瓶联合时，颜色才被看见：否则，看不见。声则不然。声音只有在皷与槌停止联合敲打后，才从远处听到。这是说，声音是在皷与槌联合敲打时间之外。其次，声音不产生于皷与槌的联合敲打。如众所知，因有果亦有，因无果亦无。若说鼓与槌联合敲打是声之因，则当敲打停止时，声亦随之而止。由是而论，所引之因，缺同法喻，非能立因，只是一似因。

（四）哲学。对正理论家说来，逻辑只是手段，哲学才是目的。他们在《正理经》中一边讲逻辑，一边宣传正理论的哲学观点。总的说来，他们在《正理经》主要表述两种观点：一是客体实在论，一是"我"常论（灵魂常存论）。

客体实在论（或概念实在论）。正理论者继承上古的原素说，认为宇宙万有是由地、水、火、风、空五大原素组合产生的。原素是物质，但有粗体和细体之分。粗体可见、可闻、可触、可嗅；细体即极微（原子），极端微细，无法分析，故不可见、不可闻、不可触、不可嗅。粗体之物是各种物质成分组合而成的产物，故有变化、消亡的过程。细体——极微本身，是物质的最后成分，不是合成之物，故是常恒不灭。正理哲学家根据这一理论认为，一切对象或客体，无论其为主观的或客观的，都是实在的，可以觉知的；但有常与无常之分。何者为常，何者为无常，又必须根据实际的感觉（经验）而定。凡在实践中觉知受生成、变化、消亡的规律制约的东西，便可断定其为无常，如瓶、碟、杯等。凡觉知与此相反者，便可断定其为常，如穹苍、时间、空间、灵魂、心性；以及事物的某些特征，如"同"句义（普遍）和"异"句义（特殊）等；这些现象是否受生成、变化、消亡的规律制约，不可能用认识方法判断，故结论只能是：它们是永恒的。正理哲学家在《正理经》所列的十二个认识对象，正是这样认识和归类的——承认它们是实在的，但分属常与无常两类：十二对象中，唯"我"（灵魂）和出离（解脱）是常，其余（身、根、境、觉、意、作业、过失、转生、果报、苦）皆归无常。由于正理论家承认对象的实在，所以他们批判佛教中观派的诸法本空论；由于他们承认对象是客观的，所以他们也反对佛教唯识宗唯识无境的说法。

我常论（灵魂不灭论）。不可否认，正理论家的对象实在论包含一些唯物论因素，但他们在《正理经》着力阐述的是"我常论"——灵魂不灭论。在《正理经》所列的十二个认识对象中，居于首位的一个便是"我"（灵魂）。灵魂、轮回、解脱本是唯心论者在幻想中虚构的对象或境界。在正理论者看来，如果他们的逻辑证实了"我"（灵魂）的永在，那么"轮回"和"解脱"便可顺理成章，推而知之。《正理经》常用"声无常"和"我常"这两个对立的命题作为对照，目的不仅在于论证"声是无常"，而且更重要的，在于论证"我是常"。为此，《正理经》提出下述几个主要的论点：（1）精神现象是"我"的表现。在精神世界中，贪欲、嗔恨、勤奋、快乐、痛苦、认识等，是"我"的属性；属性不是"我"的本身，但离开"我"，属性则不存在。（2）"我"是认识的主体。认识有两个层次。第一层，五种外感官（眼、耳、鼻、舌、身）与外在对象接触而产生的五种认识。这五种认识，各有范围，互不相通（眼只能见，不能听；耳只能听，不能见……）。第二层，身内还有一个内器官或内感官。外五官与外五境接触而得的"信息"（认识），传送给内感官。内感官把这些由五种不同的渠道输入的"信息"作为自己的对象接收下来，产生"内意识"。内意识的重要功能就是将内感官收到的"信息"作综合处理——分析、贮存（有的"信息"可以立刻利用，有的留作记忆资料）。这个内意识就是认识的主体"我"。（3）"我"是轮回的主体。在生物界中，一个生物死亡之后从一个肉体换取另一新的肉体（托生于另一母胎）之所以成为可能，正是因为有"我"的存在和它与"业力"的关系（业力是行为过后留下在心灵上不可磨灭的影响）。

没有"我"，不可能有死后的转生。初生婴儿自然而然地有喜、忧、惧的心理现象和躺在母怀中吸吮母乳的动作，反映婴儿在转生前贮存在他灵魂中的"习气"（vāsanā）在起作用。

正理论者这些有关"我"的理论是荒谬的。但是，"我"的常在、转生、出离，是印度各种宗教坚信的教条，同时也是印度各派哲学必须探讨、研究、回答的重要哲学问题。正理论作为一个重要的哲学派别，当然不能例外——不能不作出自己对这一问题的回答。

《正理经》的传承和注释。《正理经》从成书时起以迄现在，仍然是正理学派的根本经典。后世正理论家基本上是在它的基础上，确切地说，是在它所规定的原理范围内进行发挥、注释。公认完整地继承《正理经》传统的、并对它作了权威性注释的正理哲学家，是公元 5 世纪的富差延那和他的《正理经疏》。此后，比较著名的正理论家有：6 世纪的显作和他的《正理评释》；9 世纪中叶的语主和他的《正理指针》、《正理评释本义注》；10世纪的邬陀延那和他的《正理正义》、《正理花束》、《辨我谛论》和《解成就论》等。公元 6 世纪时，佛教因明从传统正理学说派生出来，尤其是佛教大哲学家，因明权威陈那的崛起，对《正理经》体系进行了深刻的批判和改造，给予正理学派以巨大的冲击。虽然如此，上述作者和其他保守的正理论家，仍然坚持《正理经》的观点，极力维护正理论体系的完整性，并在他们的著作中对佛教徒的批判进行了针锋相对的反批判。

二　新正理

新正理（Navya Nyāya）。公元 13 世纪前后，印度东部米提拉地区出现一批新正理学家，他们写作了一系列著作，广泛地涉及逻辑、认识论、物理学、数学、语法学等领域。最突出的是，他们在印度哲学中采取新观点和新方法来论述正理学说，从而形成一个新学派——新正理。

新正理派的首席理论家是殑伽自在（1200 年），他写作了一部公认为新正理的经典著作《谛如意珠论》。此论共分四篇：现量篇、比量篇、喻量篇、言量篇。此书着重对认识论、逻辑和语法哲学作系统的论述。殑伽自在称自己的学说为"新正理"，意在区别于《正理经》时代以来的"旧正理"，区别于 10 世纪最后几位正理大师如邬陀延那、阇延那、婆娑伐若的学说。"新正理"一词，并不意味着殑伽自在正理论的逻辑和哲学上有什么惊人的独创，而只是表示他在阐述传统正理体系上使用较新的方法。这是说，他论述正理哲学的方法有若干与旧正理论者不同的特点：他吸收了许多旧正理所没有的胜论哲学观点，比较虚心考虑、接受他宗的批评；例如，他把那些为法称批判过的旧正理观点全部抛弃。此其一。他的《谛如意珠论》的内容是按四量次序（现量、比量、喻量、言量）来安排，突出认识和认识方法——认识论；不像旧正理著作一律模仿《正理经》的十六句义的论述提纲。此其二。尤为重要的是，旧正理论家曾经受过佛教因明学家的批判，也曾接受过耆那教逻辑的影响。他们一向把佛教因明学家，特别是陈那和法称，作为他们的反击对象。殑伽自在生活在佛教几乎从印度本土消失的时代。在他看来，继续批判佛教因明似乎已无多大的现实意义，何况佛教因明的确比旧正理论更加科学。所以，他把新正理的批判矛头集中指向弥曼差派和吠檀多哲学，以及当时流行的学派；不像旧正理论者那样，专门和佛教因明家争论。此其三。此外，新正理论者，无论在理论系统的组织方面，或在给重要的哲学或逻辑术语下定义方面，都持一种比其前辈更加严肃认真的态度。这些是新正理的主要特点。而正是由于这些特点，新正理论者曾经被指责将正理学说的研究引入了歧途——把正理学说从一种注重实践的哲学变为一种经院主义的哲学。

在殃伽自在之后，新正理论者继续在发展他们论述逻辑的方法和技巧，但主要是在解释殃伽自在的观点。所以，像胜天（1425—1500）、罗怙主（1475—1550）、摩度罗主（1600—1675）这些新正理派后起之秀，在论述新正理时，从未离开过殃伽自在的《谛如意珠论》所规定的基本原则。此外，明智论师的《正理精华》也是一部仅次于《谛如意珠论》的新正理派的代表作。

三　因明论（古因明）

"正理论"通常是指婆罗门的正统逻辑，"因明论"则专指佛教逻辑——佛教论师在批判正统逻辑的基础上所创立的一种新的逻辑体系。因明（Hetuvidyā）意为研究推理原因的学问。按玄奘（公元 600—664）的《大唐西域记》，因明这门学问是：考定邪正，研核真伪。故因明亦即正理。因明从陈那（约公元426—495）时起区分为"古因明"和"新因明"。陈那之前的因明称为"古因明"，陈那时期和其后的因明称为"新因明"。

古因明。公元 2 至 5 世纪中叶，大乘佛教兴起，提倡佛教徒要解放思想，批判小乘佛教消极遁世的狭隘观点，冲破一些不合理的教条框框，深入世间，接近群众，博通三藏，广学五明。五明，谓声明（语法学）、工巧明（技艺、天文、历法）、医方明（医学）、因明（逻辑）、内明（本宗学说）。前四明为世间法，后一明为出世间法。大乘论者不但要精修出世间法，而且还要精通世间法。这是大乘和小乘在理论上和实践上主要区别之一。大乘论者为什么要学因明？窥基（公元 632—682）答得好："求因明者，为破邪说，安立正道。"（《因明入正理论疏》卷上）。在窥基的心目中，正道即佛法，邪论即别的宗教哲学。窥基这几句话道出了大乘佛教提倡学习因明的目的——利用因明的逻辑手段来批驳其他哲学派别的观点，扩大本宗学说的影响。大乘论者以此作为一种强大的精神"动力"，因而在因明这一逻辑领域中取得了令人注目的研究成果，写出了有创见的因明著作。其中比较系统的作品有：龙树（约公元 250）的《回诤论》和《方便心论》，弥勒（约公元 375）的《瑜伽师地论》（卷 7、15），无著（约公元 400）的《显扬圣教论》（卷 11）和《大乘阿毗达磨集论》（卷 16），世亲（公元 400）的《如实论》等。这些早期佛教逻辑作品基本上是模仿《正理经》的模式而写的，但亦有佛教的特点，尤其是在推理的"因支"和哲学观点上是和《正理经》有鲜明的区别。

（一）**逻辑范畴**。《方便心论》使用了八个逻辑范畴，仅占《正理经》十六句义的一半。它们是：譬喻、随所执（宗义）、语善、论失、量、至时语（相应的语言）、似因、负。《瑜伽师地论》规定七个范畴：论体性（论题本身）、论所依（命题成立的依据）、论处所（辩论场所）、论庄严（善自他宗，立论得当，具说服力）、论堕负（辩论失败）、论出离（辩论前观察辩论的气氛是否己有利，有利则发言，反之，不发言）、论多所作法（具上六点，知己知彼，或立或破，得心应手，才辩无竭）。（此论梵文原本，还有"言过"一项，共八个范畴。）在这七个范畴中，实际上只有"论所依"才是真正的逻辑范畴。论所依有"所立"和"能立"两部分；前者即宗法（整个命题），由"自性"（所别）和"差别所成立"（能别）二分构成；后者即论证宗的手段，共有八种：立宗、辩因、引喻、同类（同喻）、异类

（异喻）、现量、比量、正教量。在《大乘阿毘达磨集论》中，能立亦是八种：立宗、立因、立喻、合、结、现量、比量、圣教量。别的因明古师还主张四种能立：宗、因、同喻、异喻。世亲则以宗、因、喻三者为能立。按严格的逻辑意义说，1. 在八种能立中，三量（现量、比量、正教量）不属于能立。三量是基于归纳程序的自我推理或认识论，亦即后来新因明所谓为自比量；前五种才是能立的真正成分（推理手段），亦即新因明所谓为他比量。然而，弥勒和无著把三量和五支合并于能立，似有意把与逻辑有密切关系的范畴（三量、五支）从其他无关紧要的范畴区分开来，构成一个与婆罗门的正理论不同的逻辑系统。2. 宗亦不能包括在能立之内。宗是由自性（主词）和差别（宾词）构成的命题，本身是被论证的对象，是所立，不是能立。能立只能由因支与喻支充当。然而，把宗看作能立的成分，是古因明（也包括正理论）的一个共同的特点。

（二）**量论**。在龙树的《回诤论》和《方便心论》仍见沿用正理派的四量：现量、比量、喻量、言量。（《正理经》Ⅱ. 2. 1，还提到另外有争议的四量：传承量、义准量、容有量、无体量。但正理论者不承认此四量为推理依据。龙树可能有同样的看法，也未采用此四量。）到了弥勒和无著的《瑜伽师地论》，四量减为三量：现量、比量、正教量（本宗教理，亦即言量）。《如实论》则只采用二量：证智（现量）和比智（比量）。这为其后的新因明提供立二量、废余量的先例。关于量的定义，主要是现量和比量的定义。按《瑜伽师地论》，现量有三义：1. 非不现见（必须明显而直接）；2. 非已思应思（已思为过去的思想，应思为未来的想法。现量的认识必须不与这两种思想相混）；3. 非错乱境界（必须是正确无误）。现量又分四种：色根现量（外感官与外境直接接触而产生的认识）、意识现量（内感官和内对象接触而产生的认识)、世间现量(公认的常识)、清净现量(超验境界)。比量的定义有二：1. 与思择俱(推理论证)；2. 已思应思所有境界(推论过去未来的事情)。比量有五种：相比量(如见烟相知有火)、体比量(从现见的一物推知未来另一物的存在；如见车之一轮，推知车子的存在)、业比量(从对一行动的觉知，推论行动的发动者；如远见一静止的对象，推知是树；当觉知此物移动时，推知那是人)、法比量(法指事物的属性，从其中一属性，推知其余属性的存在)、因果比量(因果关系的概念；从因推果，亦可从果推因)。显然，《瑜伽师地论》这五种比量是《正理经》的三种比量(有前、有余、共见)的扩展形式。

(三)论式。按因明古师，能立与论式是同一内容的两种形式。一般地说，八种能立亦即八支论式，四种能立即是四支论式，三种能立即是三支论式。就论式演变而言，无著的《大乘阿毗达磨集论》和安慧的注释《大乘阿毗达磨杂集论》和世亲的《如实论》一致沿用《正理经》的五支论式：宗、因、喻、合、结。弥勒和无著在《瑜伽师地论》和《显扬圣教论》则采用三支论式：宗、因、喻(包括同喻和异喻)，即删去五支的后二支：合、结。可以推测，无著的三支论式是在他的五支论式之后提出的，前者是对后者的改进。尤其重要的是，这是三支论式的最初形式，是其后新因明三支论式的基础。

无著的三支论式隐约似有"因三相"的影子，因为三支论式中因支是能立，而成为真能立的因，它必须具备因三相的功能。但最早提及因三相的名称的是《如实论》。因三相是因明论的核心，因三相规律的发现标志着印度逻辑的一个有划时代意义的发展。谁是它的发现者？这在当时是一个有争论的问题。胜论派争辩说，胜论师赞足曾在他的逻辑作品中提到因三相的理论，他应是因三相理论的创立者。佛教因明家否定此说，而主张世亲是首先发现因三相理论的哲学家。《如实论》的作者，如果真是世亲，则因三相理论的首创者无疑是世亲；即使不是世亲，《如实论》也使这一问题得到澄清：在陈那之前，因三相的说法已为佛教因明学者所知道。《如实论》所载因三相的名称是：1. 根本法（pakṣa-dharma 宗法）；2. 同类所摄（sapakṣa-sattva）；3. 异类相离（vipakṣa-vyāvṛtti）。发展和完善因三相理论，无疑是新因明的创立者陈那之功（见下文"新因明"）。

（四）**论过**。论过是指似能立中宗、因、喻的逻辑谬误。1. 似宗（谬误的命题）。《正理论》不承认命题有谬误，故不立似宗。首先举出似宗的，是佛教因明学家。《如实论》列举了四种似宗：自义相违、世间相违（或称信相违）、证智（现量）相违、比智（比量）相违。2. 似因（错误的理由）。《方便心论》采用了《正理经》的五似因：论异（不定）、相违、类同（论点相等）、所立相同、过时语。《如实论》则将五似因精简为三似因：不成、不定、相违。《瑜伽师地论》认为凡违反喻的二支（同喻和异喻）和三量（现量、比量、正教量）的命题或理由，都是逻辑的谬误。逻辑谬误主要在相违（矛盾），故总的有二过：不定、所立相似。古因明和正理论一样，不举喻过。至于"曲解"、"倒难"和"堕负"这些非逻辑意义上的范畴，古因明基本上采用正理论的分类法，只是有删节而已。

佛教的古因明虽然是按正理论的逻辑框架构筑而成，但古因明的哲学目的和正理论的哲学目的则是针锋相对。正理论企图通过逻辑手段来论证它的"我常说"（灵魂不灭论），古因明则想利用逻辑推理，驳倒"有我说"，证实"无我论"。

四 新因明

新因明标志着佛教逻辑发展的高级阶段。这个时期开始于陈那（约公元425）而结束于法称（约公元625）。在陈那和法称之间，尚有一批不知名的因明学家，留名而为后人所知的仅有一位天主（商羯罗主，约公元450）。

（一）陈那。陈那先学小乘，次习大乘；师事世亲，通晓法相唯识，精究古今因明。按我国藏传佛教，陈那著有因明七论，即：《集量论》、《集量论释》、《观所缘缘论》、《观所缘缘论释》、《观三世》、《因明入正理论》（作者应为陈那弟子商羯罗主）和《因抉择》。按《南海寄归内法传》（卷四），汉传有八论，即：《观三世论》、《观总相论》、《观境论》、《因门论》、《似因门论》、《理门论》、《取事设施论》和《集量论》。此外，还有一卷《佛母般若波罗密多圆要义论》。藏传七论俱有藏语译本。汉传九论中，除《观三世论》、《因门论》、《似因门论》和《集量论》外，其余都有汉语译本。在这些著作中，陈那初期作品《理门论》（或称《因明正理门论》）和后期的《集量论》是他的代表作，成功地体现了他一方面批判继承了包括正理论在内的古因明，一方面发展创立了新的因明体系。

1. 陈那的新因明系统。陈那的新因明系统包括五个方面的内容：

（1）真能立。此即"宗、因、喻"三支推理式。宗，谓按自己的意乐而提出，能够作为因的所立，又无诸矛盾；因，谓具备三相，立敌双方明确无疑；喻，谓能与因密切配合，成立所立；这样的三支论式叫做"真能立"。

（2）似能立。若论式的三支的条件与上述相反，叫做"似能立"，亦即"假能立"——犯逻辑的错误。三支错误的名称是：似宗、似因、似喻。似宗有五种：自语相违、自教相违、世间相违、现量相违、比量相违。似因有十四种：（不成四种）两俱不成、随一不成、犹豫不成、所依不成；（不定六种）共不定、不共不定、同品一分转异品遍转、异品一分转同品遍转、俱品一分转、相违决定；（相违四种）法自相相违因、法差别相违因、有法自相相违因、有法差别相违因。配以三相而言，缺第一相（遍是宗法性）则有四不成过；缺第二、三相（同品定有性、异品遍无性）则有六不定过和四相违过。又后二相配合，构成所谓九句因：1）同品异品俱有；2）同品有异品无；3）同品有异品俱；4）同品无异品有；5）同品异品俱无；6）同品无异品俱；7）同品俱异品有；8）同品俱异品无；9）同品俱异品俱。九句因中，唯第二和第八两因是正因，余非正因；其中第四及第六属法自相相违过，余五因属不定过。

似喻有十种：（似同法喻五种）能立法不成、所立法不成、俱不成、无合、倒合；（似异法喻五种）所立不遣、能立不遣、俱不遣、不离、倒离。

（3）立具（量论）。陈那立二量：现量、比量。（废除言量）现量有四种：色根现量、意现量、贪等心所的自证分现量、离教分别的修定者现量。（这四者与古因明相同）比量有二：1）依据远因推理，如从现量或比量而产生的知识；2）依据近因推理，如了解或忆知此因与当前所立宗的关系而产生的知识（如了解烟而知有火）。

（4）真能破。谓正确指出对方的逻辑错误，亦即指出对方的似宗、似因、似喻。此有六个方面：支缺（缺一有三，缺二有三而无全缺）、宗过、因过不定、因过相违、喻过。

（5）似能破。此谓无理的指责、反驳，亦称"倒难"。

1）似宗过破，亦称"常住相似"；2）缺因过破有三：至不至相似、无因相似、第一无生相似；3）似喻过破有二：生过相似、第三所作相似；4）似不成因过破有四：无说相似、第二无异相似、第二可得相似、第一所作相似；5）似不定因破有九：同法相似、异法相似、分别相似、犹豫相似、义准相似、第一无异相似、第三无异相似、第一可得相似、第二无生相似；6）似相违破，唯有一过：第二所作相似。上述过类，有数项是重复的，去掉重复，即得十四种。

2. 陈那对古因明的改造。正理论的系统次序是：量论、论式、论过；把量论放在第一位、而把逻辑论式置于第二位。古因明把这个次序颠倒过来，但古因明和正理论一样，不区别能立与所立，没有发挥因三相的作用，论过系统杂有许多非逻辑的成分，表现出逻辑体系松散，逻辑概念混乱。陈那的新因明正是在这些方面进行了创造性的改革。

第一，严格划分能立和所立，继承和发展三支论式。古因明有两个重要的特点·一是能立和所立不分。因明古师把能立的八项、四项或三项（见上文"逻辑范畴"）统统称为能立。在陈那看来，这样的归类是笼统的、不科学的。能立，是为成立自宗的命题而作的推理、论证；所立，是被论证的对象。前者只能是因与喻，后者只能是宗。能立所立，界限分明，不应相混。窥基说："……今者陈那，因喻为能立，宗为所立。自性差别，二并极成，但是宗依，未成所诤；合以成宗，不相离性，方成所诤，何成能立？故能立中，定除其宗。"（《因明入正理论疏》卷一）宗本身由自性（主词）和差别（宾词）两部分构成。当二者未用系词连接起来时，只是两个孤立的成分，立敌双方可能同意它们各自所表示的意义，因而不致引起诤论。但当它们由系词串起来后，构成一个宗法（命题），则论敌未必同意，由是引起诤论。能引起诤论的宗，自然是所立，不可能是能立。所以，陈那认为，能立与所立是两个不同的逻辑概念，具有不同的逻辑内涵，二者必须分开，不可混为一谈。二是能立与论式不分。因明古师既不区分能立与所立，也不区别能立与论式，而常将论式包括在能立之内。按陈那的新因明，能立是因、喻，所立是宗，二者俱是三支论式的成分。古因明的论式有多种：（1）五支论式（宗、因、喻、合、结）；（2）四支论式（宗、因、同喻、异喻）；（3）三支论式（宗、因、喻）。陈那舍前二式，继承后一式，并使之成为新因明的三支论式。兹将古因明的论式和新因明的论式对照如下：

古师论式	陈那论式	
宗：声是无常；	宗：声是无常；	
因：所作性故；	因：所作性故；	
同喻：犹如瓶等，于瓶见是所作与无常；	喻	同喻：若是所作，见彼无常，犹如瓶等；
合：声亦如是，是所作性；		
结：故声无常；		异喻：若是其常，见非所作，犹如空等。
异喻：犹如空等，于空见是常住与非所作；		
合：声不如是，是所作性；		
结：故声无常。		

此表说明，陈那的三支论式比古师的五支论式更加精致、合理；因为五支论式中的"结"是宗支的重复，而"合"实际上已包摄在喻支之中。陈那删去合、结二支，加强了喻文的作用，不仅使喻支取代合、结，而且使之与因支相联合，因、喻共同显示因三相的后二相的特点和功能，有效地体现他所谓"说因宗所随，宗无因不有"的原则。

第二，完善因三相的理论。因三相理论是因明学的核心，是陈那所着重阐述的因明理论。三相是：（1）遍是宗法性（整个小词必系于中词）；（2）同品定有性（中词所指事物必须完全或部分地与大词所指者相一致）；（3）异品遍无性（凡与大词相异之物必不与中词相一致）。前边提到《如实论》载有因三相说。佛教逻辑学家和胜论逻辑论师激烈争论因三相理论的"发明权"的归属问题：一说应属于佛教宗师世亲，一说应属于胜论大师赞足。这些争论无助于问题的解决。其实，早在公元初，正理论者和耆那教逻辑学家就提出了一些与因三相有关的论点，这些论点已被足目仙人吸收在他的《正理经》中："因者，谓由同法喻故，能立所立；如是，亦由异法喻故，能立所立。"（《正理经》Ⅰ.1.34，35）这两条经文足以说清楚因和喻的关系，以及它们的共同功能：（1）因（中词）可藉同喻从正面成立所立（论证命题）；（2）因（中词）同样可借异喻从反面成立所立（反证命题）。这两点无疑蕴含着因三相的后二相的因素，虽然还没有对所立（命题）的有法（小词）和法（大词）进行简别。对于正理古师和因明古师这些有关因三相的说法，陈那是熟悉的，但他并不偏执一家之言，而是博采众说，然后批判继承，发展自宗的因三相理论。

第三，删繁就简，科学整理论过目录。古正理和古因明把论式成分和论过目录截然分开，只承认因支有逻辑错误，而不承认宗、喻两支有过。陈那根据三因相的理论，将论式和论过二者的逻辑关系联系起来，确定了宗、因、喻三支在逻辑上的真伪条件——正确的论式和错误的论式；特别是关于后者，他科学地整理出似能立中宗、因、喻的29种逻辑错误。这就是说，陈那在重复、繁杂的论过目录（曲解、倒难、堕负）中，删繁就简，科学筛选，仅保留十四种与古因明相类似的倒难，其余不是略去，便是改造和吸收在似因和似喻之中，从而构成一个比较合理的论过系统。

第四，修改、重新定义旧的术语。在新因明系统中，陈那仍然采用许多古因明术语，但对若干重要的术语则加以改造或重新定义。（1）改 pratiynā 为 pakṣa。古正理和古因明的宗支的名称是 pratiyātanā 意为"宗法、所立宗"。陈那把它改为 pakṣa，意为"宗"。这一修改是重要的。按梵文原义，pratiyātanā 只有命题或论题的一般意义，而 pakṣa 既有命题的含义，又有"一方"的命题的含义。因为命题是一方提出的，另一方未必同意；不同意，自然引起诤论。立方提出命题的本意，就是准备和敌方诤论，这正符合新因明"唯随自意乐"而提出命题的原则。因此 pratiyātanā 和 pakṣa 虽然同有一般命题的意义，但后者比前者更有一层"引起诤论"的含义。（这一修改后来遭到保守的正理论师显作的攻击）（2）改 pakṣa-vyāvṛtti 为 pakṣe'sattva（pakṣa-asattva）。《如实论》所使用的因三相的术语是：pakṣa-dharma（根本法、宗法）、sapakṣa-sattva（同类所摄）、vipakṣavyāvṛtti（异类相离）。陈那的因三相术语是：pakṣa-dharmatā（遍是宗法性）、sapakṣe sattvam（同品定有性）、vipakṣe' sattvam（异品遍无性）。显然，陈那修改了第三相，把古因明的"vyāvṛtti 相离"一语改为"asattva 遍无"。后者无论在语言上和内涵上都比前者更具有"全不周延"和"断然无关"的意味，道出了异品的本质。（3）确立二量，废除余量。关于量，古师有多种多样的主张：1）二量：证智（现量）、比智（比量）；2）三量：现量、比量、圣教量；3）四量：现量、比量、言量、喻量；4）五量：对前四量加一义准量；5）六量：对前五量加一无体量。此外，还有人主张续加传承量、容有量，等等。陈那但选二量——现量、比量，简除余量。其中对圣教量的否定，更有意义。在陈那看来，正教或圣教（圣者或权威的言论或语录）也必须符合现量的规律，经得起比量的推敲；否则，同样会犯逻辑上的谬误，同样言而无效。基于此，圣教量（言量）一语就显得多余。（4）删去现量的第三定义。《瑜伽师地论》的现量三定义：1）非不现见；2）非已思应思；3）非错乱境界。陈那认为第三个定义不妥。现量自然是非错乱境界，否则，便不是现量，故把"非错乱境界"这一定义删去。（后来为法称所恢复）

陈那对古因明的改造，特别是对古因明三相理论的发展和完善，使印度逻辑达到纯形式逻辑的科学阶段，和亚氏的三段论法愈益近似。这些是陈那对印度逻辑和印度哲学史的重大贡献。

3. 陈那的哲学。陈那在哲学上是一位忠实的法相唯识论者。他毕生致力于改造印度的形式逻辑，创造性地建立与古因明有别的新因明，但他并没有因此而忘记宣传自宗的哲学观点。他在讲逻辑的同时，又讲认识论，而把自宗的哲学巧妙地与认识论结合起来。认识论即"量"的理论。陈那的作品，特别是他最后的、最主要的、专门阐述量的理论的《集量论》便是他的逻辑理论和哲学观点的总结。《集量论》全书共六品，247 颂：（1）现量品（48 颂）；（2）自义比量品（51 颂）；（3）他义比量品（50颂）；（4）观喻似喻品（21 颂）；（5）观遣他品（52 颂）；（6）观反断品（25 颂）。他的哲学观点集中表述在现量品中。

陈那在《集量论》中并未对唯识论作正面或公开的宣传，而是巧妙地将哲学意图寓于"量"的解说中。如上所说，量，意即"知识来源"、"知识手段"或"实证知识"。按陈那的因明，量只有两种，即：现量、比量；前者是直接知识或直接感觉，后者是推理知识或间接知识。陈那在《集量论、现量品》中把现量划分为"世俗现量"和"瑜伽现量"；用我们的术语说，就是经验的直接知识和超验的直接知识。世俗现量又分根识现量、意识现量、自证现量。根识现量，谓五根感官（眼、耳、鼻、舌、身五官）直接与外境接触而产生的认识；意识现量，谓主观世界中有内感官（意根）和内境界（法尘，亦即外感官与外境界接触而产生的认识），前者和后者接触而产生的认识；自证现量，谓对内在的喜怒哀乐等的体会。意识现量和自证现量都是把内在的意象作为对象，故无论认识或认识的对象也都是纯心理的、纯精神的。世俗现量还有一层含义，认为外部事物，大至山河土地，小至针线草芥，都是一种实际的存在；但从本体上说，则这一切本来虚幻，原非实在。因此，在世俗现量中，无论其为内在的主观现象，或者是外在的客观现象，都是刹那起灭，瞬息变化。和世俗现量相反，瑜伽现量则是真正的现量，永恒的实在。瑜伽，是一种内在的反思方法，它要求修瑜伽者把思虑、语言、行动完全集中于精神上的某一点或一疑点。当在这一点上获得成功的突破或大彻大悟时，能量的"见分"（主观意识）和所量的"相分"（客观对象或内在意象）立即统一，出现一种绝对的精神境界——内在的自证现量或超验现量。

在这些论述中，陈那很少或根本没有涉及唯识二字，可是句句都是为他的唯心论哲学——唯识论作注脚。陈那在对因明学和认识论的阐述上，可谓舌灿莲花，妙辩无碍，但目的是为扩大自宗哲学观点的影响服务的。此即所谓万变不离其宗。

（二）天主（商羯罗主）。 天主师事陈那，继承了陈那的衣钵。他的唯一因明作品《因明入正理论》是用更加简洁的语言和更加系统的形式，复述了陈那的《因明正理门论》的主要内容。《因明入正理论》的开首颂讲的"八门二益"就是他的因明系统的总纲。颂曰："能立与能破及似唯悟他；现量与比量，及似唯自悟。"此中能立、能破、似能立、似能破；现量、比量、似现量、似比量，即为八门。前四门是为悟他（启发他人）；后四门是为自悟（提高自己）。在这八门系统中，天主以因三相作为理论的核心，阐明三支论式的真能立的条件，同时，突出因支；只有具备因三相的因才是正因，才能正确地成立所立之宗；反之，即使缺三相之一相，亦成谬误，为似能立。似能立包括似宗、似因、似喻，三者各有不同数目的逻辑谬误——论过。关于论过，天主在陈那所定的 29 过上，再加四不极成过：能别不极成、所别不极成、俱不极成、相符极成；由是构成 33 过，即：似宗 9 过，似因 14 过，似喻 10 过。陈那原定的宗过是五种相违。他大概由于强调"随自意乐"而立宗，特举五种相违，表明自所立宗无此五过；略去四不极成。天主认为，宗的两部分宗依，即所别（主词）和能别（宾词）需要区分开来，先征得立敌双方的赞成——极成，然后合起来构成有诤议的宗体。如果两分宗依中有一分得不到一方赞成，所立之宗便有不极成过。其次，不极成过与似因似喻诸过有密切关系，为了强调这一关系的重要性，对似宗增补四不极成过，是必要的。这些便是在《因明正理门论》似宗只有五相违过，而在《因明入正理论》似宗增加四不极成而为九过的原因。天主在论中对真能立的条件和似能立的谬误（过）一一举以易懂的实例，扼要说明；同时，还将《因明正理门论》所保留的十四种倒难删去，这样更加简明概括，重点突出，既便于理解，又有利于应用。这是《因明入正理论》的最大优点，也是天主对新因明的发展的重要贡献。

（三）**法称**。他是新因明的理论天才，印度中世纪伟大的逻辑学家和哲学家。据晚近印度著名佛教学者罗怙罗论师的考证，法称的年代约为公元 625—685 年。传说他是陈那的再传弟子，曾在中印度摩揭陀国护法论师门下学习过。西藏和尼泊尔的佛教资料则传法称的老师是一位名叫"自在黑"的逻辑学者。我国唐代译师义净（公元 635—713）在他所译的《观所缘缘论》中提及法称的名字，在他所著的《南海寄归内法传》（卷四）中列有印度当时著名的佛教学者的名单："……近则陈那、护法、法称、戒贤……，法称重显因明……。"法称排在护法之后，这似乎为法称是陈那的再传弟子这一传说提供一个旁证。

法称的因明著作，藏传共有七论二注。七论是：（1）《正理滴论》；（2）《释量论》（或《量评释论》）；（3）《净理论》；（4）《量决定论》；（5）《成他相续论》；（6）《观相属论》；（7）《因滴论》。二注是：《释量论注》和《观相属论注》。在西藏，从其传译时起，即为佛教学者重视，宏扬讲习，历代未衰。汉语译本，晚近才见两种：一是《释量论》（1980 年法尊据藏文译本转译），一是《正理滴论》（1982 年王森译）。这两论无疑是法称著作中的主要作品。《正理滴论》是对陈那的论式学说的发展，《释量论》是对陈那的量的理论的解释。法称在这二论中提出许多发前人之所未发的创见。

1. 《正理滴论》。此论共分三品：现量品、比量品、为他比量品。法称的因明理论基本上遵循着陈那和天主的路线，也可以说一脉相承。但法称在《正理滴论》中对陈那的论式理论提出了若干重要的补充和修改。

第一，重新估价喻支作用。《正理滴论·为他比量品》说："正因三相，如前已说，仅此已足令义显了，是故二喻，初非因外，别能立支。由此不复别说喻相。即于因中，喻义已显故。言正因者，谓于同品，定唯是有，复于异品，一切远离。……"法称在此提出在理论上可以考虑不必写出喻的形式（喻依）的看法。因为，在三支论式中，宗为所立，因、喻为能立，而能立的主要成分是因。因，具足三相便为正因，正因便能满足建立所立宗的逻辑要求。正因三相的第一相同品定有性，本来就包摄了同喻的作用（同喻体）；第二相异品遍无性包摄了异喻的作用（异喻体）。二喻的喻体既已移入因中，则余下二喻的喻依（形

式）就显得不是绝对必要，或者说，变成可有可无。法称所说
"……是故二喻，初非因外，……由此不复别说喻相。即于因
中，喻义已显故。"可能就是这个意思。其次，陈那在改革五支
为三支论式时，似已觉察到这一逻辑问题——喻体摄在因中，喻
依有名无实。但他在《因明正理门论》中没有对此作出交代，
仍将二喻名称留在三支论式中。法称认为，喻依既是名不符实，
留在论式，显然已无必要。不过，法称对此（将喻支从三支式
中除名）仍有保留，因为他知道，在惯用的比量语言中，人们
还不能立即抛弃旧的术语，如云"如瓶"、"如虚空"等；这些
术语在个别情况下也许还有某种程度的补充论证的作用。

　　第二，发展正因理论，重新规定推理根据。因谓原因，推理
依据。正因（可靠的推理依据）是具足三相的因。按逻辑古师，
作为推理依据的原因，种类繁多，又不准确。法称对它们进行了
精简，规定只有三种因可以作为正因——可以作为真正推理根据
的原因：（1）不可得比量因（非知觉或非现量）；（2）自性比
量因（同一性）；（3）果比量因（结果）。不可得比量因者，如
说："此处无瓶，瓶可得相，虽已具足，而瓶不可得故。"（《正
理滴论·为自比量品》）意谓以前所得关于瓶的印象或记忆，仍
然完整、清楚；若瓶在原处，即可认识；今瓶不在，故说没有
瓶。就现量而言，瓶相不可得；但就比量而言，瓶相可以推知。
这是一种"以遮为显"的推论方法，即从反面的否定方式来说
明不能现见之物，不等于它的不存在。如言"此处无烟"。人们
对烟的特征是熟悉的，但目前此处无烟，虽知烟是什么，烟亦不
可得。烟的"不可得"不等于它的不存在，因为人们可以根据
以往对烟相的了解推知烟"是存在的"，虽然它目前在此"不可
得"。此即从"不可得因"比知"可得"之果。自性比量因者，
谓二物同一性质，从其中之一推知另一。如说："此物是树，因

为它原是白杨。"白杨是树的一类，今见此物是白杨制品，故推知它是树。白杨是因（中词），树是法（大词），此式说明因与法同一性质。果比量因者，谓二物有因果关系，可由因推知它的果。如说："彼处有火，以见烟故。"此式说明烟与火的因果关系。自性比量因和果比量因是以现量的事实作为推理依据，是从正面的肯定模式来说明现实事物之间的逻辑关系。因此，三因中，第一种因是否定判断，第二、第三两种是肯定判断。但无论哪一种判断，凡成为正因者（正确的推理根据），一定要和它所判断的"法"（大词）有"相随不离"的关系（中词必须系属于大词）。这就是说，因是否成为正因，取决于它是否与所判断的"法"有无相随不离的关系。论式中有了正因，便能正确地支持宗（命题）的成立。法称的三因理论的重要作用，就在于使比量论式更加符合逻辑的规律，更加便于应用。

第三，删除论过系统中的"不共不定"和"相违决定"。这是似因中六种不定过的两种。本来只要能立因具足三相，便可成立所立。但是，如果因三相中的后二相（同品有、异品无）有缺陷：因不是与同品和异品都发生关系，便是与它们不发生关系，或者与它们发生颠倒的关系（该与之发生关系时而无关系，不该与之发生关系时而有关系），这样的因便称"不定因"；不定者，谓不一定能够成立所立（命题或论题）。何谓不共不定？不共，谓此亦非有，彼亦非有，双方或两处都不存在——二者都无，两边非有。如立"声常，所闻性故"。所闻性之因，唯声上有，除声之外，皆不具所闻性。若以所闻性之因而立声常之宗，则不仅在无常性的异品中找不到反面的因，即在具有常性的同品中也找不到正面的因。此即天主所谓"常无常品，皆离此因"。这就是不共不定过。异品与因不发生关系固然必要，但同品不与因发生关系，则无从决定。故此不定过实质上产生于缺乏因之第二相（同品定有）。陈那在论"九句因"时，到第五句"同品非有，异品非有"，就发现有问题：一般的不定过是由"同品异品俱有"构成，但"同品异品俱无"所构成的不定过，不同于一般的不定过，它只限于某一特定的事物（如"声"）。陈那把这一特殊不定过暂定为"不共不定"保留下来。法称认为，在正常情况下，逻辑思维不会出现这种"不共不定"的形式。故在不定过的名单上将它除名。何谓相违决定？谓两个对立命题（命题和反命题）各有三相具足的理由来支持，形成一种"旗鼓相当、不相上下"的局面。例如，一方立："声是无常，所作性故，譬如瓶等。"另一方立："声常，所闻性故，譬如声性。"就各自的宗义而言，双方的论据都充分——有具足三相的正因。在陈那看来，这也是一种不定的谬误。法称认为，这是由双方各按自宗立量，忽视共同讨论的问题所造成的混乱，是一种不正常的推理现象，不应该列作一种似因。

法称废除"不共不定"和"相违决定"，解决了陈那以来在过类系统中一些悬而未决的疑难问题，重申辩论中语言与思维一致的逻辑原则。

2.《释量论》。此论共有四品，1454$\frac{1}{2}$颂。（1）为自比量品（342颂）；（2）量成就品（285颂）；（3）现量品（541颂）；（4）为他比量品（286颂）。法称自注了第三品"为自比量品"，后人续注其余三品，而把法称注的第三品作为第一品。按陈那《集量论》原来的品序，"为自比量品"应为第三品。

《释量论》的梵名：Pramāṇavārttika，亦可译作《量评释论》。"评释"（vārttika）有这样的含义：注释者在注释原著的同时，又可自由抒发己见。按印度注释经典的传统，注释家喜欢用"……评译"作为自己注释作品的书名。在法称之前已有正理论师显作（约公元550年）的《正理评释》（Nyāya-vārttika）和弥曼差派鸠摩里罗（约公元600）的《输卢迦评释》（Śloka-vārttika）。法称效法他们，将自己对陈那《集量论》的注释题名为《量评释论》。这似有两层意义。第一层，法称把这些非佛教学者（特别是显作论师）作为书中的批判对象；第二层，他在注释《集量论》的同时，发挥自己关于因明论的新见解。可以说，《释量论》既是一部对《集量论》的权威性的注疏，同时又是法称本人的一部杰出的创作。

　　正如陈那在《集量论》中所做的那样，法称在《释量论》中总结自己的因明学和哲学。和陈那一样，法称通过对量的论述来表达自己的哲学观点。法称从他对现量理论的深入研究似乎形成了一种实在论的观点，他开始承认客观世界的实在性。这是一利唯物论的倾向，在哲学上比陈那进了一步。因此，有些他的同时人（非佛教哲学家）说他的哲学是主张存在实有的经量部哲学，他和陈那不是同一学派。不过，当仔细考察《释量论》时，不难发现，法称和陈那一样，在哲学上是一位十足的法相唯识论者。法称在《释量论》对《集量论》的瑜伽现量作了详细的阐述，表明他相信在心灵中存在一种超验的精神境界。法称认为，这种精神境界就是瑜伽现量，瑜伽行者可以在禅定的反思中直接地觉知；而这样觉知本身就是"瑜伽智"（超验知识）。法称由此确信：由修瑜伽而产生的现量，脱离思虑分别之网，消除忧愁、恐惧、骄傲、梦想，洞察世间一切俱非真实，唯有自我意识中的瑜伽智和瑜伽境才是真实。显然，这是地道的唯识无境的主观唯心论。

　　法称的因明学说，对印度逻辑史的发展说来，具有划时代意义的贡献。在他之后，所有印度逻辑学派和逻辑著作都或多或少地受到他的学说的影响。佛教因明固不待言，耆那教逻辑也在许多方面吸收了他的思想。新正理派接受他的批判，抛弃了许多不科学的论点。我国藏传佛教有藏译因明注解约十七万颂，其中解释法称作品的约有十三万七千颂，就中《释量论》独占十万五千颂。可见法称学说如何盛行于藏族地区。近世东西方各国印度学家大多数根据法称的著作来研究因明，特别是他的纲领性的《正理滴论》已被看作因明学必读的课本。此论除了有梵本、藏译本刊行外，还有中、俄、德、英、法、日等文字译本，流通于世界学术界。

（原载《外国哲学》第 8 辑，商务印务印书馆 1986 年版）

耆那教的逻辑思想

耆那教（Jainism）哲学是印度哲学史上的一个重要流派，是所谓三大非正统哲学之一①。它在逻辑理论和方法上独树一帜，对印度的辩证逻辑的发展产生过影响。本文拟对此作一评介。

一　引言

耆那教的逻辑思想是印度古代辩证思想之一，它的主要的逻辑理论是"非一端论"。非一端论承认事物自身存在着矛盾，但对矛盾着的双方，既不肯定或否定矛盾的此方，亦不肯定或否定矛盾的彼方；而在某一特定条件下，可以肯定或否定矛盾的此方；在另一特定条件下，可以肯定或否定矛盾的彼方。这种逻辑表述一种徘徊于唯物论与唯心论之间的"骑墙"哲学，一种近似折衷主义的哲学。耆那教哲学承认物质永恒不灭，但又同时承认灵魂（命）常存不死；承认物质构成客观世界，但又同时承

---

① 三个非正统哲学派别是：顺世学派、佛教和耆那教。

认物质构成主观世界；承认命、业（行动后留下不易磨灭的潜在影响）是物质的，但又同时主张宿命论、命定论、因果轮回论；总之，它虽否定大自在天（创造主）的创世全能，但同时又不否定精神的永在。这是耆那教在哲学理论上不可克服的矛盾。它的逻辑思想和模式，看来既是为了解决自身中的理论矛盾，也是为了替自己的非一端论哲学的立场辩护。

二　知识论

耆那教逻辑思想的基本内容是它的知识论和非一端论。它的知识论有两个方面，一是知识手段（来源），一是知识种类。前者有三种，后者有五种。三种知识手段是：现量、比量和闻量。这些术语，各派通用，但解释各异。比如，现量，一般是指感官与客体接触而产生的感觉或知识。这种知识是直接知识、直观知识或感性知识。但按耆那教哲学，这不是直接知识，而是间接知识；因为这种知识本身不与对象直接接触，而是通过一个中介物——感官而产生的（见上文 mati 的解释）。又如闻量（亦作"言量"或"圣教量"），对正统哲学派别来说，是指吠陀经典和婆罗门仙人的权威性言论；对佛教哲学来说，是指佛陀的言教和他寂灭后结集的经律论三藏。耆那教哲学不承认吠陀本集，不接受婆罗门仙人的示教，也不信受佛教的三藏，它只承认耆那教的经典和耆那教祖师的教导。（耆那教经典的结集，写成文字，比其他哲学派别晚，约在公元 4 世纪左右）因此，耆那教哲学的闻量，仅限于耆那教经典和耆那教祖师的言论，以及由此而获得的知识。

通过知识手段所得的知识共有五种。它们是：觉知智、所闻智、极限智、意分别智和纯一智。

1. 觉知智。这种知识是以外在感官和内在非感官（意识）为手段所取得的知识，它的内容一般是：认识、记忆、（对事物的）归纳或演绎，等等。觉知智有四个阶段：（1）义执。义即对象，执即接触；在此阶段，感官与外界客体进行最初接触；如初闻声，但尚未辨是何声音。（2）意愿。在感官与对象接触后，产生一种要求了解对象的真相的愿望；如欲辨别所闻的声音是何声音。（3）无碍。在明白欲知之事的真相以后，理解无碍，判断正确；如知道所闻声音是何声音。（4）执持。这个阶段总结上边三阶段所得的正确的认识或印象，并铭记于内心；以后的认识、回忆、归纳、演绎等功能的再现，正以此为基础。这四个阶段中的第一个阶段是以感官为手段所获得的知识，后三个阶段是以非感官（意识）为手段所获得的知识。用我们的术语说，第一个阶段是感性认识阶段，后三个阶段是理性认识阶段。

2. 所闻智。这是从耆那教经典和耆那教祖师的权威性教导中所得的知识。经典是文字，言论是声音，这些都是感官的对象，故所闻智是在觉知智之后。所闻智按作用又分四种：（1）利益所闻智。意谓因所闻的权威言论而得到的精神上的启发；（2）观想所闻智。意谓按所闻的耆那圣教而进行禅观冥想、苦修磨炼；（3）受用所闻智。意谓因正确掌握所闻理论，故能运用自如，得心应手；（4）综合所闻智。意谓运用所闻的权威理论，从各个可能的角度进行综合观察，不执一端和片面之说。

3. 极限智。这是一种内在的知识，涉及范围极远、极广，有如"千里眼、顺风耳"，能够观察远距离的物象，听闻远距离的声音；所谓极限，就是说这种知识的作用可以发挥到最大限度。不过，极限仍然是有限，并不是无限，超过它的极限，它便失去作用。

4. 意分别智。这也是一种内在的知识。意，即心理活动；分别，即了解功能；意谓这种知识的了解功能能够洞察他人的心理活动。它像一种以心传心的心理交感术，或像佛教所谓的"他心通"，通晓他人的内心境界；而且它的了解范围是无限的，因而比前一知识更为高级。

5. 纯一智。纯一，即"纯粹独一"，或"至上唯一"；意谓这一知识的了解功能是最纯净、最高级，能够完全彻底了解一切事物的本质和现象，而它的了解范围超越时空，不受任何规律所限制。这一知识是最高的超验心理功能，是耆那教智者苦修所达到的终极目的。

上述五种知识中，耆那教哲学家认为，前两种——觉知智和所闻智，是间接的知识；后三种——极限智、意分别智和纯一智，是直接的知识。觉知智是感官直接与外界事物接触而产生的知识，一般划归于直接知识范畴。但耆那教哲学家对此另有解释。他说，直接有二义：一是相对直接，一是绝对直接。感官与外界事物的接触无疑是直接的，但由此产生的知识却是间接的，因为这一知识本身不是直接与客观对象接触，而是间接通过感官而产生。所以，觉知智是间接的知识，充其量也只能叫做相对的直接知识。后三种知识，按常规来看，应该属于理性认识，因而是百分之百的间接知识。但耆那教哲学家认为，后三种知识才是真正的直接知识——绝对的直接知识；因为一旦获得这三种智，这时阻塞在内在意识与外在对象之间的障碍（业），无论是精神的或物质的，都已部分地消除（如在极限智阶段），或完全消除（如在意分别智和纯一智阶段），从而使内在心灵能够直接接触外在对象的粗体（现象）和细体（本质）。又极限智，由于只消除内在与外在之间的部分障碍，故与前二智（觉知智和所闻智）

一样，有时会犯错误的判断和错误的理解。①

　　在耆那教哲学这套知识论中，值得注意的是，它把感官反映外在客体而产生的直接知识看作间接知识，把纯主观的思维活动看作直接知识；换句话说，把感性认识当作间接知识，把理性认识当作直接知识。这是一种头足倒置的知识理论。关于"直接"与"间接"的解释，耆那哲学家认为，在纯主观世界中存在着意识和意境（意识的对象），意识直接与意境接触而产生的知识，才是真正的直接知识。至于客观现实的知识，是间接的知识，因为这种知识是通过一个中介物——感官而获得的，不是知识本身直接与外境接触而产生的。这种说法是十足的诡辩，同时，也反映出，耆那哲学家在物质构成客观世界和主观世界的理论上，夸夸其谈，其目的不在于说明经验的世界，而在于强调超验的世界；就是说，耆那教哲学的宇宙构成论虽有些唯物主义成分，但知识论是纯粹的主观唯心主义。

三　非一端论

　　非一端论是耆那教逻辑的理论根据，同时也是耆那教哲学的基本立场。何谓非一端？《百论疏》有几处提及："……若提子计神非一非异。"② 若提子，梵语全名为"离系亲子"（Nirgrantha）是耆那教徒的古名。神，指"神我"（puruṣa）和"觉"（buddhi）。关于此二者，数论执是一，胜论执是异。耆那教哲学则认

---

　　① 参见 Tattvārthādhigama-sūtra（English version），*A Source Book in Indian Philosophy*，ed.，by S. Radhakrishnan and C. A. Moore，1957，pp. 252—254。*Indian Philosophy*，by S. Radhakrishnan. 1956，Vol. 1. pp. 294—304。

　　② 吉藏：《百论疏》破神品第二、破空品第十，《大正藏》第四十二卷，第260 页、第304 页。

为二者非一非异；因此，不执"一"一端，不执"异"一端。摩陀婆论师（Mādhava，公元 14 世纪）在他的《摄一切见论》中引用耆那教逻辑学者的一首颂，以解释非一端论的目的。颂曰："种种宗义相对立，怀抱嫉妒互攻击，愿诸学派皆无二，耆那教理无偏倚。"[1] 颂中前两句描述印度古代哲学界（唯心主义哲学界）中有这样那样的流派，它们各立门户，持片面之见，执一端之说，相互诘难，造成对立。颂中后两句表明耆那教哲学的非一端的立场——在各种对立观点之间保持一种不偏不倚、不执一端的中和态度，目的在于综合、调和它们的一端之说或极端之论。颂中所谓"无二"，意即耆那教哲学对待各宗学说，应该一视同仁，无分轩轾。

耆那教哲学家之所以采取这种非一端论的态度，是因为他们发现，在关于本体这个哲学的根本问题上，存在着两种迥然不同的看法：一种看法着重于观察宇宙的整体性和同一性；一种看法着重于观察宇宙的特殊性或差别性。执前一看法者，认为整个宇宙唯一同一，无有差别，它的本原是某个单一的实在，万物来源于它，又回归于它。执后一看法者，认为宇宙现象，千差万别，根本不存在某个单一的、包摄一切的实在，宇宙只是无数各自分离、彼此独立、互不相涉的实在或成分的集合体。显然，前一观点完全基于综合法，后一观点完全基于分析法。而此二者正是一系列矛盾的哲学观点和理论的根源。比如，人们比较熟悉的绝对一元论或不二论和绝对多元论，便是来自这两种对立看法的最典型的一对矛盾理论。从一元论和多元论又派生出其他对立观点；诸如，常论与无常论、有论与无论、宿命论与人为论、因中有果说与因中无果说、可说论与不可说论，等等。

---

[1]　Mādhava's Sarvadarśanasangraha（Sanskrit text）p. 34.

在耆那教哲学家看来，这些对立的观点都是片面的观点，只能反映真理的一面，不能反映真理的全貌，因而是片面之谈，一端之论。非一端论，正是针对这类一端论提出来的，目的在于克服片面之说，调和一端之论，以便全面地、正确地反映真理。因此，非一端论有如下几点的主要内涵：1. 凡基于逻辑提出来的一种理论，只是在某程度上、在某种条件下、或在某一点上，符合部分真理。2. 当某一学说自认为代表完全的真理，拒绝从别的任何角度去考虑与它对立的理论，这时，应将此学说放到特定的范围、特定的系统中进行检验。如果检验证明正确，则视它为一个个别的真理。3. 把众多个别的真理综合、调和起来，使之构成一个与完全的真理相符合的全面观点。正像用一条线穿连众多个别钻石而成的一串钻石项链。项链喻如完全的真理，个别钻石喻如个别的真理，穿珠的线喻如非一端论。这意思是说，完全的真理是因非一端论将许多个别真理综合、调和之后而被认识的。结合宇宙问题来看，宇宙是一个完全的真理，它具有同一性和差别性。执其同一性的认识和执其差别性的认识，二者表面上是矛盾的，但就其各自特定的范围而言，二者都是对的，只是任何一方都代表不了完全的真理；只能说它们彼此部分地符合真理，因为每一方是真理的一部分。在这个两种观点发生矛盾的场合，非一端论找到了最合适的用武之地。如果接受非一端论，将这两种表面上矛盾的观点正确地综合、调和起来，构成一个全面的观点，二者之间的矛盾便可解决，获得符合完全真理的认识。

为了进一步阐明非一端论的理论特点，耆那教哲学家采用了两个譬喻。第一个譬喻是水与海的关系。当我们想到一片大水，如果不去辨别它的位置、时间、颜色、味道、深度、广度，等等，那么出现在眼前的便是一个海洋。另一方面，如果我们研究这片洪水的地点、时间……等等，我们看到的便是大大小小、深广不同的水域而不是整个海洋。这就产生两种认识。一种认识，把大片洪水看作单一的海洋；另一认识，看到许多大小不同的水域。两种认识都对。前者所以是对，因为它并不认为差别的水域是彼此分离的，而是认为它们联合起来展示一个共同的形式——海洋。后者所以是对，因为众多不同的水域这一事实是存在的。然而，两种认识中谁都没有全面掌握实在，因而谁都没有完全符合真理，虽然二者综合、调和起来可以形成一种全面的认识。与此类似，如果把宇宙看作一个共同的存在、唯一的真实，同时，把"真实"的外延无限扩大，以至包摄时空的一切，宇宙便作为一个无数实在的集合体展现在我们面前，虽然我们也同时知道在这个综合的存在，事物既是互相联系，又是彼此分离。"一元论"或"非二元实在论"便是属于这一类型的理论。另一方面，如果把宇宙万象看作彼此分离的实体，具有种种特征和属性，宇宙便不复显观为唯一的实在，而是变为无数的实在，物质的和精神的。在那种情况下，"实在"的外延受到了相应的限制——不再是一股的实在，而是此类或那类的特殊的实在。"多元论"或"多元实在论"就是属于这一类型的理论。因此，可以说，一元论和多元论的观点，在各自相应的特定范围内，都是正确的；而一旦以非一端论作为渠道，互相沟通、互相补充，便构成一个符合完全真理的观点。

第二个譬喻是树木与森林的关系。树木在两种特定条件下表现为两种形式：一是特殊形式（一株株不同的树），一是普遍形式（树木的总体——森林）。前者包含后者，后者存在于前者。当我们对树木不是逐株辨别，而是作总体的观察时，我们看到的是一片茂密森林，郁郁葱葱（这可以说是一种一元论的观点）。此时，树木的特殊形式并不是停止存在，而是寓于它们的普遍形式之中，显现为暂时的不存在。反过来，如果我们不是看树木的总体，而是逐株考察它们，那么展现在我们面前的便不是森林，而是一株株大小不同、高矮不等的树。（这可以说是一种多元论的观点）此时，树木的普遍形式并不是不存在，而是寓于它们的特殊形式之中，表现为暂时的消失。执树木特殊性的认识和执树木普遍性的认识，表面上是矛盾的，但在它们各自的特定范围内，都是对的——部分地和真理相应。然而，二者谁都不能与完全的真理相符合。只有运用非一端论将两种对立的认识加以综合调和，构成一个全面的认识才能做到。同时，也只有由非一端论综合调和而构成的观点，才能合理地解决两种认识之间的矛盾。综合—调和正是非一端论的特殊作用。

下边几个实例可以说明耆那教哲学家如何运用非一端论来解决实际的哲学问题：

1. 常论与无常论。"常"谓宇宙永恒不变；"无常"谓宇宙瞬息万变。故执常论者，认为世间事物常存永在，无始无终；执无常论者，认为世间事物刹那变化，有始有终。二执对立，截然相反，似乎难以调和。但在非一端论者看来，在二执之间并不存在绝对的不可调和性。事物的内在运动具有两种形式。运动持续，贯穿三世（过去、现在、未来），永不停息，显出无始无终的特征；这是运动的"常"的形式。另一方面，运动变化，刹那生灭，刹那异样，显出运动中每个极小的分隔单位具有有始有终的特征。因此，无论常论或无常论，在各自特定的范畴内，反映真理的一个侧面，而不是真理的全部。但当二者经过非一端论的综合和调和，即可构成一个全面的观点，克服二者间的矛盾，正确反映完全的真理。

2. 有论与无论。"有"即存在，"无"即非存在。这也是一对严重对立的论点。执有者认为事物具有绝对的存在性；执无者则否认这一存在性。非一端论者认为，二者各执一端，观点片面，不能正确反映完全的真理。事物确有存在（有）和非存在（无）的两个方面，但二者并非截然两段，毫无联系。比如牛奶与奶酪。牛奶是牛奶，不是奶酪；奶酪不是牛奶，但不离牛奶。牛奶是牛奶存在的一面，奶酪是牛奶非存在的一面；但牛奶和奶酪并非截然分家，两无关系，因为牛奶是奶酪的原料，奶酪产生于牛奶。有与无的哲学，理亦如此。所以，凡事都有消极（无）和积极（有）的两面，二者在其各自范畴内说明一定的、但非全面的哲理。二者虽然有表面上的矛盾，但没有不可调和的对立；只要接受非一端论，二者便可综合、调和起来，构成正确反映真理的全面观点。

3. 可说论与不可说论。"可说"即可以描述；"不可说"即不可以描述。执可说论者认为，宇宙万物，无论其为抽象或具体，皆可运用语言和概念来描述。执不可说论者认为，抽象事物，神秘叵测；具体事物，错综复杂；它们的本质，离语言，超概念，是难以表述的。在非一端论者看来，二者都犯片面之过。宇宙的事物，大至须弥，小至芥子，都有粗体与细体之分。细体是事物的本质部分（终极的元素）或高深莫测的意境；这些是不可以描述的。粗体是事物的外部或感官的对象，或低级的意识活动；这些是可以描述的。用我们今天的术语说，"可说"是就现象而言，"不可说"是就本体而言。非一端论者认为，正确的哲学观点在现象与本体的问题上，不应有所偏废，而应综合二者，全面观察；这样，才能在哲学上正确反映真理。

4. 因中有果说与因中无果说。这是一对从上边的矛盾观点派生而来的对立理论。因中有果说承认绝对的存在，它既为宇宙万有之因（起源），又是宇宙万有的果（变化）。在绝对存在中，因中见果，果不异因，故云因中有果。由于因中有果，故能由因转变为果，因果有潜在的必然关系；换句话说，果现之前，果存因中，果由因变，果不异因，故又云转变说。因中无果说首先否认绝对的存在，而以极微（原子）为万物因；因非单一，而是多种，多因集合，产生结果；但果不在因，果与因异，故称因中无果。由于因中无果，果在众因积聚过程中出现；换句话说，果现之前，果不在因，果由因聚，果异于因；故又云积聚说。显然，因中有果说基于绝对一元论，因中无果说基于绝对多元论。在非一端论哲学家看来，二说各执一端，俱为片面之见，虽然各自涉及因果理论的一个方面。因果关系，如金与镯。金在制成镯子之前，本性具有转变为镯子的潜力，潜力是因，因包含着果，可以说，果（镯子）在出现之前就藏在因（金）中，此即果在因中，因中有果。然而，果（镯子）存在于因（金的潜力），但毕竟尚未见具体之镯——由于必要的辅助条件不全，未能从金生产出金镯；在这种情况下，可以说，果不在因，因中无果（镯子的形式不在金内）。其次，金镯若还原为金，金再制成耳饰，则镯子的具体形状消失，而以耳饰形状出现的金仍有生产镯子的潜力——实际消失了的金镯形式依然潜隐在金之中。因此，执因中有果者，正如有人只看到金的潜在作用（金可以转变为镯子的潜力），而忽视由金制成的各种金饰；执因中无果者，正如有人只知道金饰各个不同的形状，而忽略在制作它们之前金的潜在作用（金中可以转变为各种金饰的潜力）。总之，执此二说者各自看到因果真理的一个侧面，未及全面。非一端论者认为，要圆满阐述因果关系的理论，只有发挥非一端论的综合—调和的功能，统一二说，才能做到。①

---

① 参见 Anekānta, The Principal Jaina Contribution to Logic, by Sukhlalji Sanghri; Studies in the History of Indian Philosophy, ed., by D. Chattopadhyaya, 1979, Vol. Ⅲ, pp. 12—23。

四 逻辑方法

逻辑方法即逻辑的应用。这由两个方面组成：观点构成法与逻辑判断法；前者称为"七分法"（七种构成法 nayavāda），[①]后者称为"七支法"（七种判断法 saptabhangī-naya）。按耆那教哲学家的意见，一种正确的非一端论的构成，需要仔细观察、周密分析作为先导，就是说，首先要公正地、全面地考察各种不同和对立的哲学观点和学说，区别它们各自涉及的内容，评价它们在各自特定的范围内的作用，等等，然后以此为基础，逐步形成正确的非一端论的理论。打个比方：一所房子有若干犄角，每个犄角是房子的不可分割部分，但不能代表整所房子。从房子的一个方向取景所摄的景像，虽然是真实的，但毕竟不是房子的全景。只有从房子的前后左右、上下四周的各个角度取景，才有可能构成一幅反映房子全貌的图像。与此相类似，非一端论正是从不同的角度对不同的哲学观点作分析后所构成的一种全面的理论。而正是这种从不同角度观察而形成的理论能够在哲学上综合、调和现行各派的对立观点，正确地说明真理的全貌。

观察问题的角度主要有七个，即"七分法"。七分中前四分为"义分"，着重对意义的理解，后三分为"声分"，着重于语法的运用。四种义分是：1. 通例分，谓按照通例，统一差别论和无差别论，从总的方面理解事物的普遍性与特殊性，而不加以严格的区别。2. 摄持分，谓按无差别的观点，或按类的观点，观察事物的共同性和同一性。3. 随说分，谓按有差别的观点，

---

① naya 原文为"引导、系统、观点、理论"。为便于理解起见，本文译作"分"。分者，部分、方面、角度之义，亦与原义接近。

或随顺俗说，观察事物的个别性或差别性，而不忽视它们的整体性或共同性。4. 正观分，谓按当前所见所闻，提出率直或直观的见解，把过去和未来从"现实"一词的意义中排除出去，从而避免陷入过去和未来的幻想迷宫之中。其次，三种声分是：1. 声音分，此即语法，谓按语法规律去理解词的意义和作用，以及词与词之间的关系，并加以准确的运用。2. 定义分，这是关于派生词的使用问题。一些语法学家把所有语词看作是字源学上的派生词，这些词常有词同义异、义同词异，或一词多义，等等的区别。例如，śakra 和 Indra，前者意为"能者"，后者意为"雷雨"；但二者俱指天帝因陀罗。因此，应研究词义，特别是那些多义词，以便给每个词以准确的定义。3. 如义分，谓按照词义，对词的作用或活动范围加以限制和规定。

耆那教文献还提到另外两"分"，即"实义分"和"转义分"。但这二者并不是在上述七分之外，而是七分的补充或伸延，同时是七分的最初基础。1. 实义分，是关于实体的阐述，即讨论事物的普遍性、共同性、无差别性、统一性等方面。七分中的通例分、摄持分和随说分三者属于此分。摄持分论述纯粹的无差别——同一性，因此又是基本的实义分；随说分和通例分，论述差别（特殊性），但同时，也不可避免要涉及某种形式的无差别（同一性）。此二者亦属实义分，但不是纯粹的实义分，或者说，是一种混合类型的实义分。2. 转义分，是关于思想模式的论述，即讨论事物的特殊性、排斥性、差别性等方面。七分中的正观分、声音分、定义分和如义分四者属于此分。这四者中，正观分从一开始就探讨差别（特殊性），而不是讨论无差别（同一性）。因此，正观分称为"自性"或"根本"的转义分。其余三分，在某种程度上，是根本转义分——正观分的补充。

复次，七分法中，前一分的定义范围比后一分要宽；而定义范围最窄的是末一分——如义分。耆那教哲学家说，正理论、胜论、数论、吠檀多、佛教等哲学家，只采用七分法中的前四分，从四个方面看到的部分道理，误作全面真理。耆那教哲学家则完全接受七分法，从七个或更多的角度来考察重要的哲学问题，由此构成的观点和理论比其他哲学家更全面、更正确。耆那教哲学家喜欢用六个盲人摸象的譬喻，来说明执一端论者的片面性。哲学问题所以常常在其他哲学派别中引起争论，正是因为各执一端，以偏概全，把真理的一个侧面误为真理的全面①。

　　七支法（七种判断法）。这是耆那教哲学一家独具的逻辑形式，专门用来论证它的非一端论。耆那教哲学在以七分法构成全面的非一端论观点的同时，把它放在自己独创的逻辑中去检验，或者说，非一端论者首先按七分法构成非一端论的观点，然后根据这一观点，创造一种独特的逻辑，用以对事物作出与非一端论相符合的判断。在介绍这一特殊论式之前，有必要先解释一下这一论式的一个特殊名称，或者说，它的定义。耆那教哲学把这一逻辑论式叫做"syādvāda"。这个梵文术语是由两个单词组成的复合词：一个是 syād，一个是 vāda；前者意为"也许、或许"，后者意为"学说、理论"；二词合译，可作"或许说、或然论"。按耆那教哲学家的解释，"或许"（syād）一词的含义是对非一端论的肯定，对执一端论的否定。还有一个含义："或多或少"（kathamcit），意即对任何事物不作全盘的肯定，也不作全盘的否定，而是从某一角度或在某一方面，作"或多或少"的肯定或否定。显然，或许说（syādvāda）是非一端论（anekāntavāda）

<hr>

① Tattvārthādhigama-Sūtra（English version），A Source Book in Jndian Philosophy，pp. 253—254.

　　Sanmati Tarka（English version）ibid. , pp. 269—271.

的同义词，二者是一，又是二。是一，二者的目的在于综合、调和一端之说或片面之见；是二，非一端论是基本观点，或许说是为基本观点服务的逻辑论式。因此，可以说，这个特殊的论式（七支法）是非一端论和或许说组合的结果。七支法就在这个基础上首先构成它的基本模式——"就某一方面而言，它也许是；就某一方面而言，它也许不是。"从这两个基本模式出发，再扩展为七个模式，也就是七种判断，或七重判断。非一端论哲学家习惯举"陶罐"（ghaṭa）作为说明这种判断法的典型例子：

1. 就某一方面而言，它也许是陶罐（syādasti）；

2. 就某一方面而言，它也许不是陶罐（syānnāsti）；

3. 就某一方面而言，它也许是陶罐，也许不是陶罐（syādasti ca nāsti ca）；

4. 就某一方面而言，它也许是不可描述的（syādavaktavya）；

5. 就某一方面而言，它也许是陶罐，同时也许是不可描述的；

6. 就某一方面而言，它也许不是陶罐，同时也许是不可描述的，

7. 就某一方面而言，它也许是陶罐，也许不是陶罐，同时也许是不可描述的。①

我们刚才说，按梵语原义，syād 一词，含有"也许、或许"的意义。把 syādvāda 译作"或许说、或然论"，从表面意义上看，既类似既不肯定，也不否定的怀疑主义，也类似非此即彼、

① Syādvāda-manjari（English version）ibid. , pp. 260—268.

Mādhava's Sarvadaraśanasngraha, pp. 32—34.

Radhakrishnans' Indian Philosophy, Vol. 1, pp. 302—304.

或此或彼的或然主义。但从实质意义上看，耆那教哲学家是把或许说和非一端论统一起来，以阐述耆那教哲学的"综合—调和"理论，即用或许说的逻辑模式来表述和论证非一端论。在这一意义上说，或许说并不是对任何事情不敢肯定，也不是不敢否定；也不是表示非此即彼，或此或彼；而是在某一特定条件下，既作肯定的判断；在另一特定条件下，也作否定的判断。它没有非此即彼、或此或彼的模糊含义。现代印度学者认为，为了使耆那教哲学这一逻辑模式显得更加明确，最好去掉"或许"（syād）的表面意义，而采用它所表示的"非一端"（anekānta）的实质意义，把这七个判断写作下列七个公式：

　　1. 就某一方面而言，S 是 P（S→P）；

　　2. 就某一方面而言，S 不是 P（S→$\widetilde{P}$）；

　　3. 就某一方面而言，S 是 P，也不是 P（S→P∧$\widetilde{P}$）；

　　4. 就某一方面而言，S 是不可描述的（S→ ~ ）；

　　5. 就某一方面而言，S 是 P，也是不可描述的（S→P∧ ~ ），

　　6. 就某一方面而言，S 不是 P，也是不可描述的（S→$\widetilde{P}$∧ ~ ）；

　　7. 就某一方面而言，S 是 P，也不是 P，也是不可描述的（S→P∧$\widetilde{P}$∧ ~ ）。

　　第一式是肯定判断。这个肯定判断是有条件的，它只在某一特定情况下才成立。举例来说，"就某一方面而言，这个陶罐是红的"。"陶罐是红的"这一肯定判断，是在某一特定的时间、环境下作出的，而不是说这个陶罐在任何时间、任何情况下都是红的。所以，这个判断的公式是："就某一方面而言，S 是 P"。

　　第二式是否定判断。这个否定判断也同样有条件的，是在某

一特定情况下作出的。例如，"就某一方面而言，这个陶罐不是红的"。"陶罐不是红的"这一否定是在某一特定的时间、环境下而说的，而不是在一切时、一切处给它以永恒的、绝对的否定；也就是说，不是指陶罐在任何情况下都不是红的。因此，这个判断的公式是："就某一方面而言，S 不是 P"。

第三式是一个复合判断。一件复杂的事情，它有多种特征，随时变化；一个简单的判断，难以包括它的全部特点。例如，陶罐有时是红的，有时不是红的。这时候，需要对它作复合的判断："就某一方面而言，这个陶罐是红的，也不是红的。"这个复合判断包括了对客体的性质的肯定和否定两个方面，但是也是有一定条件的，就是说，不是在任何情况下都可作此判断。因此，这个判断的公式是："就某一方面而言，S 是 P，也不是 P"。

第四式是一种"默然"判断。复杂的事情，有时可以同时用肯定和否定来描述；但有时候，事情的复杂性超出了肯定与否定的范畴。此时，只好说，"就某一方面而言，它是不可描述的"，或者说，对于此事的某一方面，只能对它的肯定或否定保持沉默。例如，陶罐在进烧窑之前是黑的，在烧窑上釉后变成红的。如果有人问：陶罐在一切时、一切处经常的颜色是什么？唯一的回答是："在这一情况下，这是不可描述的"。按非一端论哲学家的意见，在某一情况下，若被迫回答肯定和否定范围以外的问题时，只能如此回答。因此，这一判断的公式是："就某一方面而言，S 是不可描述的。"这个"默然"判断具有较为浓厚的哲学意味。它反映哲学家的智慧不仅在于有能力对问题立即作肯定或否定的回答，而且在于善于观察事物的实质，发现某些问题，性质特殊，矛盾面广，不可能一时作出肯定或否定、或肯定与否定同时的回答。

其余三式是由前四式混合构成的复合判断。第五式由第一与第四式组合而成，第六式由第二与第四式组合而成，第七式由第三与第四式组合而成。①

这七个判断模式中，"是"、"不是"、"不可描述"三个判断是基本的。这三个模式是耆那教逻辑的三段式，有点像黑格尔哲学的"肯定、否定、否定之否定"。但是，耆那教哲学的三段式并不在于反映事物内在运动和发展的逻辑规律："不是"并不是对"是"的扬弃，"不可描述"也不是对"不是"的否定。"不可描述"不是从对"不是"的扬弃而产生的积极东西，它只是对肯定和否定范畴以外的事物持一种无可奈何的超然态度。这和黑格尔的三段式的丰富辩证思想内容是无法比拟的。其次，按对立统一的辩证规律看，七个命题中的第一和第二两个命题是讲矛盾的存在；第三至第七个命题是讲统一的方法：

1. 就某一方面而言，$S \rightarrow P$
2. 就某一方面而言，$S \rightarrow \widetilde{P}$ ⎫（矛盾）对立

3. 就某一方面而言，$S \rightarrow P \wedge \widetilde{P} \cdots \cdots$（矛盾）统一

4. 就某一方面而言，$S \rightarrow \sim$
5. 就某一方面而言，$S \rightarrow P \wedge \sim$
6. 就某一方面而方，$S \rightarrow \widetilde{P} \wedge \sim$ ⎬（矛盾）统一。
7. 就某一方面而言，$S \rightarrow P \wedge \widetilde{P} \wedge \sim$

这样，统一矛盾的模式有两个：一个是"$S \rightarrow P \wedge \widetilde{P}$"（S 是 P 亦非 P），一个是"$\sim$"（不可描述）——不论 S 单独存在，或者是 S，或者是非 P，或者是 P 又非 P，都是不可说的。前者是"肯定与否定"同时的模式，后者是"俱否定"的模式。耆那教

---

① 参见 An Introduction to Indian philosophy, by S. C. Chatterjee and D. M. Datta, 1594，pp. 82—88。

哲学承认矛盾对立的客观存在，在七句逻辑中的每一句之前冠以一个"就某一方面而言"的规定，表明它是有一定的辩证道理的。它的两个统一矛盾的模式，虽然比《梨俱吠陀》有所前进，但仍然没有摆脱神秘主义和非科学性。

五　思想渊源

从逻辑思想发展史看，印度逻辑的理论体系似可划分为两个支系和两个来源。第一个支系是正理—因明系统，从早期的论破法或辩论术（tarka）发展而来①。第二个支系是三重逻辑、四重逻辑，七重判断（即包括耆那教逻辑在内的辩证逻辑）；后者比前者在渊源上更加古老，可以追溯到公元前 1500 年前的《梨俱吠陀》。吠陀哲学家在探索本体问题的过程中，首先创立了辩证思维的形式——对立统一的三重逻辑模式②：

$$
\begin{matrix}
1.\ \text{有} \\
2.\ \text{无}
\end{matrix}\Bigg\}\ (\text{矛盾})\ \text{对立} \qquad
3.\ \begin{matrix}\text{非有} \\ \text{非无}\end{matrix}\Bigg\}\ (\text{矛盾})\ \text{统一}
$$

---

①　公元前 6 至 3 世纪，印度宗教哲学界，百家争鸣，盛行辩论。辩论的目的在于"立破"。立者，谓建立本宗学说；破者，谓批判他宗理论。公元前 2 世纪以后，辩论术向正理—因明论式过渡，辩论形式，日臻完善，发展成为一种严密的推论科学或逻辑体系；但辩论的目的——立破，并没有因此而有所改变。相反，由于使用比较科学的论式，辩论的目的更加明确，更易获得有效的实现。足目仙人（Aksapāda）在他的《正理经》中提出五支论式（该经十六范畴的第七范畴）：宗（命题）、因（理由）、喻（例证）、合（应用）、结（结论）。这是正理论的逻辑论式，同时也是因明的前期（古因明）论式。公元 5 世纪，陈那批判、继承正理的五支论式，精简为三支论式：宗、因、喻。然而，无论正理的五支论式，或是因明的三支论式，目的都在于立破。《因明入正理论》开宗明义就申明："能立与能破，及似唯悟他。现量与比量，及似唯自悟。"能立，即立自己的学说；能破，即破他人之观点；悟他，谓启发他人；自悟，谓教育自己。

②　《梨俱吠陀》，第 10 卷，第 129 曲。

"有"与"无"实际上是两个完整的命题的略写："它是有"，"它是无"。它们在逻辑上合乎矛盾律，在哲学上又有极其重要的意义——它们迄今仍为哲学家潜心参究的哲学根本问题。"非有非无"是统一矛盾的模式，在逻辑上虽然是违反科学的统一规律，但在哲学上（客观唯心论哲学）却反映吠陀哲学家在对本体问题的探索中已有所突破。他们似乎已发现，本体是绝对唯一，离诸名言概念，只可称之为"无"；本体又为宇宙之源，万有之本，故显现为"有"。因此，既不能执其为"有"而排斥"无"，亦不可执其为"无"而摒弃"有"；不执有，故曰"非有"，不执无，故曰"非无"。"有、无、非有非无"是对本体的逻辑规定。"有、无"是第一层规定，"非有非无"是第二层规定，一层比一层精细、深化。然而，本体绝思辩，离概念，对它的种种的规定，是为了"悟他"和"自悟"而作的权宜之计，因为规定必然要发展到无可规定，最终回到无规定性的绝对本体。

《梨俱吠陀》这个三重辩证逻辑模式，为以后的哲学家所继承和发展。怀疑论者散若毗罗梨子的四重逻辑[①]和耆那教徒的七句逻辑（七重判断），都是在这个基础上发展而成的。对照《梨俱吠陀》的三重逻辑，怀疑论者和耆那教哲学家主要对统一（矛盾）的模式作了补充——他们的统一（矛盾）的模式比较精致、复杂，在探讨本体的方法上比吠陀仙人有所前进。由是可见，印度逻辑的第一支系——正理—因明（形式逻辑），是科学的逻辑工具，既可以为唯物论者用来表述经验世界，也可以为唯心论者用来表述超验世界。它的第二支系——三重逻辑、四重逻

---

　① "有、无、亦有亦无、非有非无"。见《长阿含经·沙门果经》，《大正藏》第一卷，第108页。

辑、七句逻辑（辩证逻辑），部分（矛盾的模式）是合理的；部分（统一模式）是不合理的。唯物论者只能利用它的合理部分，唯心论者则可兼用它的合理和不合理部分来探讨神秘的本体问题。

六　几点评论

如前所论，耆那教的逻辑理论——非一端论，是印度辩证思想之一，属于印度逻辑系统的第二支系；它基本上是一种探讨本体问题的逻辑理论。它的形式，特别是它的统一矛盾的模式，严格地说，称不上科学的逻辑模式。现代许多学者之所以把非一端论比作怀疑论、折衷主义或相对主义，很可能就是这个原故。

是怀疑论吗？按思想来源，非一端论是有怀疑论的成分。但就它的实际内涵而言，它几乎与怀疑论划清了界线。首先，怀疑论对任何事情不作肯定的回答。非一端论恰恰与之相反，对任何事情都作肯定（或否定）的回答，只要这个肯定（或否定）的回答，在非一端论者看来，仅仅适用于某种特定的范围。这就是说，非一端论对问题的回答，无论是肯定的或否定的，不是在笼统而无规定的情况下，而是在某一特定条件下作出的。其次，怀疑论主张认识，不超过感觉（感性）范围。非一端论则认为，感觉知识之外还有认识；甚至认为，感觉（感性认识）不是直接的知识，感觉以外的知识（内在的理性认识）才是直接的知识。希腊怀疑论的鼻祖皮浪对任何事情不作判断，以求"灵魂的安宁"。非一端论者企图调和各派的对立观点、协调各派的敌对立场，以求统一矛盾，和平共处。非一端论和怀疑论之间，如果还有共同之处，那就是在这一点上——不争谁是谁非，但求心灵安静。

是折衷主义吗？非一端论的作用，是把两种对立论点综合、调和起来，使之构成一种全面的观点。这与折衷主义相仿佛。但二者之间仍然存在不同之点：折衷主义是把两种截然相反的观点、理论或原则拼凑在一起，企图建立一种超乎二者之上的哲学体系；而非一端论并不是在两种对立观点之上建立一个新的哲学体系，而是在它们之间进行沟通和调和。非一端论首先肯定两种对立观点在各自特定范围内是正确的，反映部分的真理，但谁都不能代表完全的真理。其次，它把二者统一起来，使它们共同反映真理的全貌。由此看来，非一端论与折衷主义之间，如果不是有原则的区别，至少也不能混为一谈。

是相对主义吗？相对主义的一个重要特点，就是片面夸大事物的相对性（特殊、有限方面），把相对性加以绝对化，否认事物的绝对性（普遍、无限方面）。与此相反，非一端论的主要作用在于缩小事物的相对性，缓和两种观点或理论之间的敌对性，防止它们极端化和绝对化。相对主义还有观念论的相对主义与实在论的相对主义之分。有人认为，应把非一端论列为实在论型的相对主义，似有一定的道理。[①] 但如果说非一端论不能列入观念论的相对主义，则未必正确。耆那教哲学的知识论中的"五智"，前二智可以说属于实在论范围；后三智则全然是脱离实在的纯精神活动，并被耆那教哲学加以绝对化，可以说完全属于一种典型的观念论的相对主义。

无疑，就怀疑论、折衷主义和相对主义而言，不能说非一端论一点不沾边儿，但也不可以在它和它们之间画等号。然而，如果把非一端论比作一种调和论，似乎不能说不合适。非一端论的核心就是综合与调和。它承认事物是多端的（具有多种特征），

---

① Indian philosophy, by D. Chattopadhyaya, 1927（中译本，第136—139页）。

其中任何一端（某一特征），在它特定范围内，反映事物的部分真理；但这一端只能说明它本身，不能反映其他诸端（其他特征）。坚持某一端，排斥另一端；或以片面之见，当作全面真理，都是不对。非一端论的作用正是在于综合、调和一端之说和片面之见，使之构成全面的观点，以反映全面的真理。就这方面来说，非一端论似有一点辩证法，或许说也不能不算是一种逻辑。有人认为，非一端论只是就一些老生常谈的哲学问题，如"常、无常"、"变、不变"，等等，作常识性的判断。[①] 今天看来，这些确实是常识性问题，但在公元前 6 世纪和以后一千年间，却是宗教哲学界一直在潜心研究、认真辩论的哲学根本问题。非一端论就是在这样的背景下出现的，其目的显然在于参与争论，并以"貌似公正"的态度，调和、解决这些对立观点。今天应该指出的是，这些关于"常识性问题"的争论，完全是唯心主义哲学阵营的"内讧"。耆那教哲学家打着反对吠陀权威的旗帜，标榜自己为批判婆罗门教的"大雄"（伟大的英雄），但是他们并没有跳出唯心主义的圈子，站到唯物主义哲学（顺世学派）一边；相反，他们坚持唯心主义立场，始终和其他唯心主义的一端论者站在一边。他们的所谓非一端论就是基于这种共同的唯心主义立场端出来的，因此，如果说耆那教逻辑的非一端论对印度哲学曾经起过什么作用，那便是它在唯心主义哲学阵营的"内讧"的舞台上扮演过一个"和事佬"的角色。

（原载《南亚研究》1984 年第 2 期）

---

① Indian philosophy, by D. Chattopadhyaya, 1927（中译本，第 137 页）。

印度哲学思想精华

——印度哲学传统与现代化[*]

传统与现代化似乎是一对相互矛盾的概念。前者意指旧的文化遗产和哲学传统，或者说，旧的意识形态；后者是指现代的物质文明（现代的尖端科学和先进的社会结构）和与此相适应的现代精神文明（现代的意识形态）。显然，旧的意识形态不仅不能适应现代科学和社会日新月异的新形势，而且还会相反地拉它的后腿，成为现代化建设的进程中的绊脚石。就印度而言，这种矛盾现象是显而易见的。记得印度前总理拉吉夫·甘地1985年12月19日在南印度海德拉巴大学举行的印度哲学大会60周年纪念会开幕式上的致词，他特地谈到印度文化传统和现代科学之间的关系问题。他大意是说，当代印度哲学家的重要任务是要努力保持和发扬印度文化传统中的优点，要使这些优点不仅不应妨碍，而且还应在发展印度现代科学和为印度社会创造现代物质财富方面起到鼓舞和推动的作用。拉吉夫·甘地先生的讲话表明，印度文化传统既有其精华部分，也有其糟粕部分。他已看到后者（糟粕部分）在妨碍着印度现代化的进程，因而呼吁当代

---

* 本文为中印"传统与现代化"国际学术讨论会论文。

印度哲学家在对待文化传统时既要剔除其糟粕部分，又要发扬其精华部分，并使其现代化，以适应印度科学和社会现代化的需要。印度文化传统中的精华部分无疑是它的哲学思想。它是如此绚烂多彩，富有活力。本文拟就此略论一二，以供讨论。

一、唯物主义思想。由于某些特殊的历史因素，流传至今的印度哲学思想在形式上主要是由正统唯心主义哲学流派形成，唯物主义似乎并不包括在内。这一现象容易引起人们的误解，以为印度哲学思想是纯粹的唯心主义思想。其实不然。印度哲学中的唯物主义思想并不比别国的哲学少。早在印度文明的萌芽期，朴素的唯物主义思想就已和唯心主义同时存在。最古的印度经典《梨俱吠陀》记载：吠陀仙人在讨论宇宙成因时提出物质原素说，认为水或火，或几种物质原素合成是宇宙的成因——宇宙本原[1]。有的仙人甚至认为，人类的意识（我）也是由多种物质合成的[2]。有的仙人还幻想出一个"宇宙金胎"，猜测宇宙最初像一个胎儿怀在水中，由水孕育，怀孕期满，宇宙脱胎而出，化为天地，划定乾坤[3]。由此断言："世界先有，诸天后起"[4]；这意思是说，物质世界首先存在，然后产生与之相应的精神世界。到了吠陀末期，奥义书哲学家直接继承了吠陀的特质原素说，并把宇宙金胎说发展而为"宇宙金卵说"[5]。奥义书哲学家还暗示在唯物主义者和唯心主义者之间曾经有过一场关于物质不灭还是神灵不灭的论争[6]。这场论争开始于奥义书初期，一直延续到奥义书后期。

---

① 《梨俱吠陀》 X.129。
② 同上书，Ⅰ.164.4。
③ 同上书，X.82；121。
④ 同上书，X.129.6。
⑤ 《歌者奥义》Ⅲ.19。
⑥ 《白骡奥义》Ⅰ.10.Ⅱ13.Ⅱ8.Ⅱ.9。

结果，产生了印度哲学史的最早的二元论——数论学哲学①。

吠陀奥义书的物质原素说对奥义书以后的哲学产生巨大的影响，形成一个统一的自然观：地、水、火、风四大原素（或：地、水、火、风、空五大原素）是构成宏观物质世界的基本材料，同时也是微观物质世界（特指生物界的肉体）的构成基础。结果，出现为所有唯心主义哲学流派共同承认的原子学说（尽管各家解释略有出入）和一个比较彻底的唯物主义学派——顺世论。顺世论进一步发展这一自然观，阐明生物界的肉体是由四大物质原素合成；肉体在合成后立限产生意识（灵魂）。由此推断，生物的肉体的合成成分（物质原素）一旦破坏、分解，意识（灵魂）便立即随之而消失，不可能再托胎转生。这一说法是和所有唯心主义哲学派别的观点针锋相对的，顺世论因此遭到它们的反对和围攻，并被逼退出印度哲学史舞台。

印度的唯物主义作为一个学派在形式上似已失传，但是在许多哲学理论问题上，人们仍然强烈地感觉到它的存在。它首先在唯心主义占主导地位的印度意识形态领域中起着一定的平衡或抗衡（唯心主义）的作用，使得强大的唯心主义学派如佛教哲学和吠檀多哲学都不得不承认物质的客观存在。原始佛教的"法有我无"论和"三世实有"论，以及有限不二吠檀多的"梵、我、物"三范畴永恒鼎立论，显然包含着某些唯物主义思想倾向或因素。在塑造印度人（主要是印度教徒）的人生观方面，唯物主义思想的作用尤其明显。印度人一般地接受人生四目的说。四目的是：法（学习经典和科学）、欲（结婚生子）、财（积集财富）、解脱（出家修道）②。其中第一、二、三项是物质

① 《鹩鸲氏奥义》Ⅰ.7《疑问奥义》Ⅳ.8。

② 《摩奴法经》（Manusmrti）Ⅳ.35。

方面的目的，第四项是精神方面的目的。这四个目的的排列表明，以传统哲学思想作为指导的印度伦理人生观仍然或多或少地保持着远古吠陀时期的朴素唯物主义思想因素，在现实的生活中把特质需要放在首位，有意无意地默认物质先于精神，物质是精神的基础。今天，印度正在讲现代化，大力发展现代尖端科学，为印度社会创造更加丰富的物质财富，以期最终消灭印度的贫困；在这方面，唯物主义思想因素无疑将起着更大的作用，因为构成指导现代化的思想和理论，如果说不是全部，至少部分属于唯物主义哲学范畴。

唯物主义思想还开阔了印度哲学家关于宇宙的哲学视野。吠陀仙人曾经认为，他们所在的这个世界（地球）是一个由物质素构成的世界。这个物质世界划分为天、空、地三界①。其后，很可能由于天文学的进步，哲学家猜测这个物质世界之外，还有别的物质世界。例如，释迦牟尼认为宇宙无边无尽，世界（星球）数目共有"三千六千"② 这个数目无疑是纯粹的臆测。但是，它的意义并不在于对世界数目的猜测，而在于表明释迦牟尼发现在人类生存的这个星球之外，还有无数的外星球，和生活在那里的众生。而这个在近代自然科学出现之前无法证实的观测，今天已被现代宇宙科学证明并非胡说。此外，还有些哲学家对宇宙的时限（寿命）进行猜测，提出宇宙（世界）周期说——世界四期（Yuga）循环说③：宇宙有生成、存在、变化、毁灭的运动过程。这个过程很长，共分四大阶段（时期）。它有一定的时

---

① 《梨俱吠陀》Ⅹ.129；Ⅰ164.4；Ⅹ.825.121；129.6；Ⅹ.66.11.；Ⅹ；129.1；3。

② 《阿含经·世纪经》，《大正大藏》第1卷，第114页。

③ 《摩奴法经》（Manusmrti）Ⅹ.64；《摩奴法典》（Manava—dharma—sartra）Ⅰ.68。

限，时限一到，过程即告结束，接着开始另一个过程；这样，循环往复，运动不止。这种古老的宇宙周期学说，虽然缺乏精确的科学数据，而且常常和神话传说杂糅在一起，但它告诉我们，早在 2000 多年以前，印度人就发现各个天体有不同的运行期，宇宙运动有其起点和终点，一个起点——终点的结束，另一个起点——终点接着开始。这些说法和现代的宇宙周期的科学假设，不能说毫无共同之处。

二、辩证思维学说。印度辩证思维在世界思维规律的科学研究中占有重要位置。伟大的科学导师恩格斯在他的名著《自然辩证法》中对它作过正确的评价："……辩证思维……只对于人才是可能的，并且只对较高发展阶段上的人（佛教徒和希腊人）才是可能的，而其充分的发展还晚得多，在现代哲学中才达到。"[1] 恩格斯在此讲的"佛教徒"是指印度的佛教徒——佛教的辩证法大师而言。恩格斯这个评价表示了对印度的辩证思维的高度赞赏，比之希腊辩证法并无逊色；同时，更重要的是，它点出印度辩证思维有三个发展阶段即初级发展阶段、较高发展阶段和同现代发展可能阶段。

（一）初级发展阶段。这大概是指吠陀时期最初的辩证思维。吠陀仙人的辩证思维形成于《梨俱吠陀》末期（第十卷），标志着吠陀哲学思想越来越趋于成熟。吠陀仙人从事物本身中发现矛盾，提出"有"与"无"的对立[2]。从对立中发现矛盾着的双方有内在的联系，因而进一步提出"非有"与"非无"的同一模式[3]：

---

① 《马克思恩格斯选集》，人民出版社 1972 年版，第三卷，第 545 页。

② 《梨俱吠陀》 X．129；Ⅰ 164.4；X．825.121；129.6；X．66.11.；X；129.1；3。

③ 同上书各卷、曲、颂。

$$\text{矛盾} \begin{Bmatrix} \text{有} \\ \text{无} \end{Bmatrix} \text{对立} \quad \begin{Bmatrix} \text{非有} \\ \text{非无} \end{Bmatrix} \text{同一}$$

这个模式反映吠陀仙人已发现事物内在的矛盾和它的对立同一规律，并且有了初步的认识。这一发现和认识具有十分重要的意义，它揭开了印度哲学史的序页。数千年后的今天，它仍然是哲学研究的重要课题之一。

（二）较高发展阶段。吠陀哲学家虽然发现了矛盾（有无）和对立同一规律，但是他还是知其然而不知其所以然。公元前6世纪佛教产生之后，教祖释迦牟尼创立"缘起说"的教义，对矛盾的对立同一规律的所以然在理论上作了较为合理的解释。当时流行着一首脍炙人口的佛偈："诸法从缘生，诸法从缘灭，我师大沙门，常作如是说。"[①] 这首颂概括地说明佛教教主说法的核心是"缘起说"（缘生论）。按照这一理论，一切事物（无论其为主观的或客观的）永恒处于一个运动过程。这个过程有四个阶段，即生（产生）、住（暂存）、异（变化）、灭（消亡）；每一阶段受着与它有直接和间接的主观和客观条件所制约：事物在条件成熟时产生，在条件稳定时存在，在条件更换时变化，在条件破坏时消亡。原始佛教根据这四个阶段所揭示事物从生到灭的客观规律，总结出它的三个基本哲学观点——无常、无我、空。事物由于有关条件而合成，时刻因条件的变化（运动）而变化（无常），本身没有永恒不灭的主体（无我），所以是"空"；又由于在消亡之前还有暂时的存在——它的客观暂存性，所以把它假设为"有"。原始佛教由于小乘教条的局限，只停留于讲矛盾（空有）的消极面（对立），不讲矛盾的积极面（同一）。到了公元2世纪，大乘佛教辩证法大师龙树，以他的理论

---

① 《智度论》十八（引《昆勒论》所说）。

天才，对"缘起说"作了重大的发展；创作了他的不朽著作《中论》，确立了大乘中观辩证理论体系——八不否定、四句模式、三谛原理。1. 八不否定。在龙树看来，世间矛盾可以总摄为"八句四对"：

（1）生，（2）灭（第一对）；（3）断，（4）常（第二对）；

（5）一，（6）异（第三对）；（7）来，（8）去（第四对）。

"不"是一个否定模式，冠于八句之前作为把四对矛盾的对立归于同一的手段：

$$
\left.\begin{array}{l}(1)\ 不生\\(2)\ 不灭\end{array}\right\}（第一对）\ 同一；\quad \left.\begin{array}{l}(3)\ 不断\\(4)\ 不常\end{array}\right\}（第二对）\ 同一；
$$

$$
\left.\begin{array}{l}(5)\ 不一\\(6)\ 不异\end{array}\right\}（第三对）\ 同一；\quad \left.\begin{array}{l}(7)\ 不来\\(8)\ 不去\end{array}\right\}（第四对）\ 同一。
$$

龙树特地把"八不否定"放在《中论》的开章颂中，突出它作为全书所要论证的主要命题。2. 四句模式。这是一个"二重同一"的模式，对矛盾的对立作层层的同一：

$$
\left.\begin{array}{l}(1)\ 生\\(2)\ 灭\end{array}\right\}对立——(3)\ \begin{array}{l}亦生\\亦灭\end{array}\right\}同一A——(4)\ \begin{array}{l}不生\\不灭\end{array}\right\}同一B
$$

"同一A"是第一层辩证认识，"同一B"是第二层辩证认识；后者在哲学上比前者深化。龙树把深化了的哲理称为"中道"。3. 三谛原理。四句的哲学内涵在中观理论上表述为"空、假、中"三谛。三谛是龙树在发展和完善大乘缘起学说方面的里程碑。"空谛"谓事物依赖于内因外缘（主、客观条件）而产生、存在、变化、消亡，本身没有常存不灭的主体（自性），没有主体，意味着本来非实在，故说为"空"。"假谛"，本非实在的事物只有假象、假名和暂时的存在，故称为"假"。因此，若执原是虚假的事物为实有，便是错误；但另一方面，认定虚假事物为绝对的不存在，连它的假设的名称也被否定，同样是荒谬。正确的大乘哲学观点是，既不执空而作绝对否定，亦不执有而作绝对的肯定。这便是"中道义"。故龙树总结三谛原理为中观哲学的基本范畴和框架："众因缘生法，我说即是空，亦为是假名，亦是中道义。"①

（三）现代辩证法发展阶段。龙树这套辩证思维模式和原理包含着一定的和科学接近的合理因素，具有向现代辩证思维的更高阶段发展的可能性。恩格斯所说那些在辩证思维科学中达到较高发展阶段的佛教徒，我推测主要是指以龙树为代表的佛教徒。然而，龙树毕竟是一位宗教哲学家，他的辩证法主要是为其宗教目的服务的，不可避免有它的局限性；从现代辩证法来考察，它的局限性尤其明显。例如，唯心主义的外罩、神秘主义的色彩、宗教的目的论等。因此，要继承龙树这份辩证法遗产，使它能在现代思维科学中发挥作用，还需要对它作充分的发展——发掘和发挥它的合理因素，辩识和剔除它的不合理因素。

三、正理逻辑学说。印度逻辑、希腊逻辑和中国名学世称东西方三大逻辑系统。公元前 5 世纪前后，印度宗教哲学界盛行相互批评，相互辩论，逐渐产生若干公认的辩论规则，称为"辩论术"或"推理学问"。孔雀王朝（公元前 322 年）月护王的开国功臣侨底利耶在他的著名《利论》中写了一首称赞"推理学

---

① 《中论》（本颂）第二十四品。

问"的诗:"一切学问之明灯,成就众事之方便,一切达磨之依据,推理之学恒如此。"当时学术辩论风气之盛,可见一斑。公元初印度逻辑学说集大成者足目论师写作了《正理经》。此经是一部具有划时代意义的逻辑巨著,它总结作者的前辈和同时人的逻辑学说,并在这基础上创立了具有鲜明印度思想特色的逻辑体系,从而为印度形式逻辑奠定了科学基础。《正理经》的创作标志着印度传统六派哲学之一"正理论哲学"(逻辑学派)的建立,而印度逻辑也因此获得正式的学名"正理论"。此后,历代逻辑学家基本上围绕着《正理经》所阐述的理论进行解释和发展。

印度逻辑学说在将近千年的演变过程中,形成了两大流派,即正理论和因明论。前者分为古正理和新正理,后者分为古因明和新因明。新正理是因十二三世纪一些正理论家采用新的科学方法来阐述传统正理论而得名。新正理的首席理论家是殑伽自在。古因明是公元四、五世纪从古正理派生出来的佛家逻辑。新因明是因改造古因明而得名。新因明的创立者是佛教逻辑宗师陈那(约公元 425 年)。他主要把古因明五支论式精简为三支论式,进一步完善推理依据,确立因三相的科学规律。这是陈那对印度逻辑学说的重大发展和贡献。陈那在他不朽作品《集量论》和《正理门论》中所阐述的因明原理已被证明是一种独特的、并与现代逻辑不相悖逆的逻辑科学。现代逻辑学家已有人试用数理逻辑来探讨、剖释《正理门论》的逻辑"奥义"。

陈那的新因明在中国的唐代先后传入中国的汉族地区和西藏地区。在差不多同时,又从中国汉族地区传至日本和朝鲜。在他之后,印度又出现一位逻辑天才法称论师(约 625 年)。法称完全继承陈那的学说,并作了重大的发展。法称的著作共有七论二注①，从传入中国西藏地区时起，即受到当地佛教徒的重视，翻译讲习，历代未衰。

　　法称的因明学说对印度逻辑发展史说来，具有划时代意义的贡献。在他之后，所有印度逻辑学派和逻辑论著都或多或少地受到他理论的影响。中国藏传佛教有藏语因明注解 70 万颂，其中解释法称作品的约有 13 万 7 千颂。可见法称学说在西藏地区传习之盛。近世东西方印度学家多数根据法称的著作来研究因明，特别是他的《正理滴论》已被看作因明学必读的课本。此论除了梵文原本和藏语译本外，还有中、俄、德、英、法、日等国文字的译体，流通于世界逻辑学术界。无怪乎现代逻辑学家同声称赞印度正理因明、中国名辩和希腊逻辑是世界逻辑史上的三颗瑰丽的明珠，在东方和西方遥相映照，各放异彩。

　　四、直觉瑜伽学说。"瑜伽"一词（意为：相应、相合）最早见于吠陀，但具有哲学内涵的"瑜伽"应从奥义书开始。在奥义书中，瑜伽有两重含义。一是指内在的直觉修持法；持此法者可以求得矛盾（喜忧、善恶、生死）统一于梵的超验境界②。一是外在的健身修持法，持此法者可使身体健康，防治疾病。瑜伽基本上是一种坐禅方法，类似中国的静坐气功，从调息止念入手。奥义书关于瑜伽的基本坐式是这样规定的："上身三部（胸、颈、头），挺直稳定，感官与识，同入于心。"③"控制活动的修持者，调理气息，运气轻微，通过鼻孔，进行呼吸。"④各家唯心主义哲学据此发展了各自的瑜伽方法和理论。其中波颠

---

　　① 七论：《正理滴论》、《释量论》、《诤理论》、《量决定论》、《成他相续论》、《观相属论》和《因滴论》。二注：《释量论注》和《观相属论注》。

　　② 《石氏奥义》Ⅰ.2.12。

　　③ 《白骡奥义》Ⅰ.10.Ⅱ13.Ⅱ8.Ⅱ.9。

　　④ 同上书、曲。

阇利（约公元前 2 世纪）写作了《瑜伽经》，总结了奥义书时期以来的瑜伽学说。他在吸收数论哲学范畴系统作为理论基础的同时，着重阐述瑜伽在实践方面的具体细节，以及各级瑜伽修持所得的经验效果和超验效果。他开创了以"瑜伽"为名的正统六派哲学之一"瑜伽论"。

印度的瑜伽学说流传到近现代已为世界各国社会科学家所熟悉，而它作为一种卫生保健、防治疾病的有效方法也受到世界医疗卫生界的重视和推广。当然，瑜伽最重要的方面是它在哲学上作为一种内在直觉方法。印度古今一切唯心主义哲学流派一致接受它作为实现内在最高精神境界的重要手段。印度唯心主义哲学是以"复归说"（还原论）为理论基础。不二吠檀多认为，梵—我即一切[①]，一切即梵—我[②]。这是说，绝对唯一之梵我幻现出相对之梵我；相对之梵我最后又复归于绝对之梵我。佛教大乘哲学认为，三界唯心，万法一心[③]；又说，一切唯识，唯识所变[④]。这正如《大乘起信论》所说的"一心二门"——绝对之真心现起相对之二门："心真如门"和"心生灭门"；而相对之二门最终将复归于绝对之真心。而实现复归的手段正是瑜伽的修持方法，即通过内在的如理沉思（定）和观察（慧），体验到精神世界中主客同一，能所不二的最高超验境界。当代吠檀多哲学家舍尔玛曾就此提出一个从我到我的解释模式"我——我"。他根据奥义书哲学确认一个超验的"我"的存在，它自身既是主体，同时又是客体；因而，它的主体中具有客观性，客体中具有主观性；在它的主体和客体之间不可能截然分开，因为二者同是

---

① 《广林奥义》Ⅱ.6.1；Ⅱ.4.6。

② 同上书、曲。

③ 《华严经》三十一；《大乘本生心地观经》八。

④ 《唯识三十颂》第一颂。

"我"的表现①。这个解释使人联想起现代物理学家通过外在的科学实验，在物质的微观世界中发现对象和意识之间存在着一种不可分离性。这一发现和吠檀多哲学家运用瑜伽的内修方法，在精神的微观世界中悟知主体和客体之间有着不可截然分开的关系似乎是同一微妙境界。宇宙真理包摄着，同时也体现在物质和精神的一切方面。物理学家是在物理领域中，通过严谨的科学实验来体验它，吠檀多哲学家是在超物理领域中，通过湛深的瑜伽沉思来领悟它。两家探求真理的途径，各异其趣；但两家所达到终极目的，则是同一真理境界。中国的谚语说："异曲同工"，"殊途同归"，就是这个道理。

　　哲学是文化的核心。上文所讨论的是试图概述印度文化，特别是它的精华部分——一些具有先进性的哲学思想，在印度各个历史阶段都曾起过指导意识形态和促进科学技术的作用。到了现代，这些哲学思想仍然保持其本身的先进性。并且具有和现代文明相协调的适应性；总之，仍然是印度创造现代的精神文明和物质文明的潜能。当代印度哲学家的任务，正如拉吉夫·甘地强调的，就是如何在当代尖端科学技术突飞猛进的形势下，再次发挥这些精神潜能的作用，使之与印度现代化建设相适应，为印度人民在创造现代化社会的奋斗中提供相应的理论指导和思想基础。

　　最后，我愿引用 K. S. 穆尔蒂教授一段话作为结束："印度从未反对人类对自然的征服，对非凡力量的获得。我们的文化常常有从贫穷、疾病和死亡中解脱出来的强烈愿望；常常想控制物质原素，掌握存在的一切方式和全面的知识。……正如西方哲学

---

　　① I. C. 舍尔玛：《当代危机中的哲学》，1985 年 12 月 19 日—23 日在南印度海德拉巴邦大学举行的"印度哲学大会"60 周年纪念会上的总报告。

为技术革新提供了形而上学的构架，但愿印度哲学也将满意地解决这些问题——如何在技术时代圆满地生活而不至于分裂和异化；如何在享受最先进的技术利益的同时，体会到最神圣、最崇高和最美好的东西。"①

（原载《齐齐哈尔师范学院学报》1991 年第 4 期）

---

① K. S. 穆尔蒂《主席致词》，1985 年 12 月 19 日—23 日在南印度海德拉巴邦大学举行的"印度哲学大会"60 周年纪念会。

印度传统哲学纲要

印度婆罗门教（Brāhmanism，即今之印度教 Hinduism）的根本经典是吠陀文献——四种吠陀（《梨俱吠陀》、《夜柔吠陀》、《娑摩吠陀》和《阿达婆吠陀》）、婆罗门书、森林书和奥义书。吠陀文献也是印度一切哲学流派的思想渊源。这些哲学流派传统地和一般地划分为正统哲学和非正统哲学。凡承认吠陀文献的权威性和神圣性、又不反对婆罗门教传统的哲学流派称为"正统哲学"；凡否认吠陀文献的权威性和神圣性的哲学流派被称为"非正统哲学"。正统哲学中主要有所谓六派哲学——数论、瑜伽论、正理论、胜论、业弥曼差论、智弥曼差论（吠檀多论）。非正统哲学中主要有耆那教哲学、佛教哲学、顺世论哲学，以及所谓外道六师哲学。

从印度哲学发展史来考察，有两个最基本的哲学观点，即"永恒的观点"（Sāśvatadrṣti）和"断灭的观点"（Uechedadrṣti）。用佛家的术语说，前者就是"常见"，后者就是"断见"。这两种观点就像两条基线；正统哲学或非正统哲学不是沿着常见路线发展、建立自己的哲学框架，就是沿着断见路线发展，建立自己的哲学框架。换句话说，常见和断见是正统哲学和非正统哲学的思想基础和理论基础。例如，在本体论上，正统哲学家从常见视角来表述他们幻想中的超验实在是唯一的或唯二的永恒不灭的存在（如数论师执超验实在为二元，即自然与神我）；非正统哲学家按断见来观察，认为永恒不灭的实在是物质（如顺世论师所执四大或五大为宇宙本原）。

兹先按本体论、认识论和解脱论列一简表，然后作扼要的说明。

一、本体论：

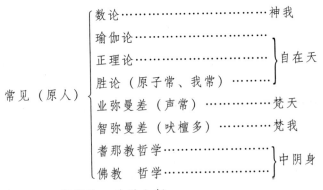

```
                  ┌ 数论……………………神我
                  │ 瑜伽论…………………
                  │ 正理论…………………┐
                  │                      ├ 自在天
         常见（原人）┤ 胜论（原子常、我常）………┘
                  │ 业弥曼差（声常）………梵天
                  │ 智弥曼差（吠檀多）………梵我
                  │ 耆那教哲学……………┐
                  └ 佛教　哲学……………┴ 中阴身
```

断见……顺世论、外道六师

二、认识论：

```
                  ┌ 命我——业报轮回（生、老、病、死）
   无常（如幻）苦 ┤
                  └ 世间——世间（生、住、异、灭）
```

三、解脱论：

```
                        ┌ 升天享乐
   禅那—瑜伽→（灵魂）┤
                        └ 涅槃解脱
```

说明：

（一）原人 Puruṣa，是印度文明初期（约前2000—1500年）吠陀哲学家首先直观地设想出来的永恒的超验精神实在。吠陀—奥义书之后的哲学家，特别是正统的六派哲学，继承吠陀哲学家的思想，接受他们关于超验精神实在的设定，并且各自加以发展，如数论把它叫做"神我"，胜论和瑜伽论称它为自在天，弥曼差二派称它为"梵"。六派哲学对这个设定的精神实在，虽然给予它以种种不同的称谓，但对它具有永恒不灭的品质，则是意见一致。

（二）无常是"幻"的同义词，因为人世间（客观世界）的一切现象是变易无常，所以等同于"幻"，即幻现的假象。无常是对客观世界观察、分析得出的结论。结论虽然一致，在此之前的分析方法并不尽同。例如，业弥曼差（吠檀多论）认为主观世界和客观世界皆是至上之梵以其自身的幻力（māyā）幻变出来的，主观世界和客观世界既是幻变的假象，自然不能永久存在；不能永久存在，意即无常。又如胜论，它从物质分析，认为物质世界是由地、水、火、风四大原子构成。原子有合有离的运动，合则产生世界，离则世界消亡。由是得出结论，世界没有永恒的性质，故是无常。胜论一方面承认原子本身不会消灭，但另一方面又说原子的运动受着大自在天（梵天）的制约。胜论的原子说有一定的朴素唯物主义因素，但没有突破唯心主义的外壳。瑜伽论采用了数论的范畴系统，但它认为大自在天是这个范畴系统中的第一的、根本的范畴，支配着无明、神我的转变。

（三）世间（器世间、客观世界）是无常、如幻。命我（情世间、主观世界）也是如此。命我也叫做生命、意识、心识、灵魂，它居于生物肉体之内。肉体由四大原素构成，受着生、老、病、死的自然规律的制约，所以是无常；这是所有哲学派别（唯心主义的或唯物主义的）共识。至于命我（灵魂），则有两种对立的观点。正统六派哲学执灵魂不灭论，认为在一个肉体灭亡之后，灵魂自动地又随所谓生前的"业力"（意即生前所作所为的或善或恶留下在心灵上的精神烙印，及其此时对死者的灵魂所起的束缚的影响）而去找新的肉体（另投母胎）。非正统的顺世论哲学朴素地认为，人死如灯灭。意识（灵魂）因肉体的存在而存在，因肉体的消亡而消亡，根本没有所谓轮回转生之说。显然，前一观点是地道唯心主义的，后一观点是朴素唯物主义的。即以正统派中有唯物主义成分的正理论和胜论而言，它们认为肉体是由原子合成的，但执著住于肉体内的灵魂却不因肉体的消亡而消亡，而是会在肉体消亡之后去另找新的肉体；因为灵魂是承受轮回不灭的主体。非正统的耆那教哲学和佛教哲学，在灵魂承受轮回转生问题上，也采取同一立场，特别是佛教，它在形式上不承认有"我"（灵魂）的存在，却在实质上承认有一个类似、或者说，代替灵魂的"中阴身"（中有身 antarābhava）。这个中阴身专门用作轮回转生的主体。所以，在涉及灵魂转生的轮回问题时，唯心主义哲学固不必说，就是有唯物主义倾向的正理论和胜论，以及反正统的耆那教哲学和佛教哲学都执唯心主义的宿命论。

（四）非正统哲学——耆那教哲学、佛教哲学、顺世论哲学，以及外道六师，它们一致反对婆罗门教传统所谓三纲（吠陀天启、祭祀万能、婆罗门至上），不承认大自在天的创世神力，也不认为存在着一个永恒不灭的"梵"（原人在吠陀后的发展）。然而，除了顺世论和外道六师之外，耆那教哲学和佛教哲学并非"彻底的"反婆罗门教的哲学；在某些哲学宗教问题上，特别是关于灵魂转生、上下轮回的看法上，它们若隐若现地站在唯心主义的宿命论立场上，和婆罗门教哲学同一鼻孔出气。

耆那教哲学认为宇宙是一个原子结构，但提出两个宇宙的基本范畴："命"（jīva，有意识的）和"非命"（ajīva，无意识的）。这两个构成宇宙内涵的范畴是永恒的、非被创造的、独立的。它又执生物界是由灵魂与肉体（物质）合成，但灵魂有别于物质，而且常存不灭的；灵魂被因于肉体之内的原因是灵魂中有起着限制、支配灵魂作用的"业力"（过去和现在的善恶行为留在心灵上不可磨灭的烙印——潜存的影响）。除非获得彻底的解脱，住于究竟涅槃，灵魂绝对没有办法和业力分家，业力始终在制约着灵魂。肉体是灵魂的死敌。耆那教祖师由是倡导修持五戒（不杀生、不妄语、不偷盗、不邪淫、不贪欲）和折磨肉体的苦行；只有这样苦修才能使灵魂摆脱业力的约束，打碎肉体的桎梏，取得涅槃解脱。

佛教哲学创立"缘起论"。这一理论在印度哲学发展史上被认为是一伟大的创造性的贡献。"缘起"意即"众因缘生法"。"因"即事物自身内在的因素，"缘"即与事物有关的外在条件。事物（无论是物质性的或精神性的）是基于其内因与外缘和合而产生，离开其内因与外缘便不存在。事物本身不存在永恒不灭的主体或性质；相反，事物本然地受着生（产生）、住（暂时存在）、异（变易不居）、灭（终极消亡）的客观规律的制约。所以，用佛家缘起论来洞察，天上人间俱是如幻无常，只有暂时的存在。在另一方面，佛教哲学对《梨俱吠陀》加以继承和发展。"种识"即第一意识。佛教小乘哲学给它起了不同的名称。例如1）经量部把它叫做"细意识、随界（随眠）"，细意识理论是继承原始佛教传统原理，同时也为以后大乘哲学的发展提供基础；2）大众部叫做它为"根本识"；3）化地部叫它为"穷生死蕴"（六识以上的细意识）；4）上座部把它叫做"有分识"；5）犊子部称它为"补特伽罗 Pudgala"（经量部不承认此说）。佛教的这些部派不管对意识（manas）有什么不同的说法，但都没有直接把意识作为承受轮回的主体，就像婆罗门教那样。然而，它们又不能否认业报轮回，不能否定有承受轮回的主体的存在。为了解决自家这个理论上的矛盾，佛教提出"中阴身（中有身）"的理论。意谓每一生物身中存在着一个特殊的"细身",叫做"中阴身",生物死后,中阴身从其尸体"脱落"而出,去找另一个新的肉体——重新投胎。这一说法正好反映佛教的宗教观在业报轮回、灵魂转生问题上和婆罗门教有"异曲同工"之妙。因此,在非正统哲学派别中真正反对婆罗门教的,只有唯物主义的顺世论一派。也正因为此,除了顺世论之外,其余正统或非正统的哲学有一个共识:经验世间是如幻、无常;无有快乐、只有痛苦。

解脱(mukta、mukti)。在经验世界里,生物界,特别是人类,是在生、老、病、死的自然规律束缚下生活、挣扎;人人都亲身体验到这个"五浊"婆婆世界,惟有众苦,无有快乐。这是正统和非正统印度仙人、智者、神学家和哲学家的普遍共识。这个共识是印度一切唯心主义哲学范畴中的中心概念和思想。不过,他们另有一个"精神革命"的共识,即他们认为,生老病死的自然规律,不是绝对无法抗拒,而是可以通过苦修瑜伽来对付。瑜伽是心灵的内在禅功;当禅功达到超高深时,便顿然产生超验智慧。超验智慧就是精神上一把无坚不摧的法剑,它能够截断那条使人的灵魂流转六道的生死流,能够彻底斩断一切引生烦恼污染的魔术般的生活网络的联系;最后,它能够让心灵直趋最高的神妙境界。这就是所谓"解脱";意即,解除轮回缠缚,脱离生死樊笼。这也正如佛家常说的"生灭灭已,寂灭为乐"的涅槃境界。

印度古代社会和文化

一　印度古代社会

印度古代社会的基本结构是一种半奴隶和全封建式的种姓划分制，或简称"种姓制"。种姓，用我们的话说，就是"阶级"或"阶层"。种姓制就是阶级社会。印度古代种姓（阶级）主要有四个：婆罗门种姓，刹帝利种姓，吠舍种姓，首陀罗种姓。

印度的种姓制出现于《梨俱吠陀》晚期，即公元前 1500 年间。《梨俱吠陀》是印度最古的神曲集，创作于公元前 2000 年。它第一次在一首神曲中叙述四个种姓是如何产生的。这首神曲说："原人之口，是婆罗门，彼之双臂，是刹帝利；彼之双腿，产生吠舍；彼之双足，出首陀罗。"（《梨俱吠陀》第 10 卷，第 90 曲）曲中的"原人"是吠陀经中至上之神的名字。说"原人"之神从它的口、臂、腿和足分别创造了人类的四种姓，这诚然是荒诞的神话，但提到的四种姓的存在却是历史的事实。这首神曲现实地反映印度古代社会已发展到一个十分重要的阶段——阶级社会已形成它的雏形。《梨俱吠陀》的早期（公元前 2000 至前 1500 年）是印度原始公社社会向奴隶制社会过渡的时期。这时，社会只有分工不同，没有职业区别，更没有种姓划分。社会上一般地有四种事务：1. 祭祀巫术；2. 军事行政；3. 工农商业；4、其他笨重的体力劳动。人们自发地和自由地分成四部分分别从事这四种事务。（《梨俱吠陀》第 1 卷，第 113 曲）事务还不是职业，四部分人还未构成种姓，彼此可以随意变换工种，自由进行社交活动。到了《梨俱吠陀》的后期（公元前 1500 年以后），随着生产的发展，社会分工越来越明确，四种事务变成四种范围固定的职业，从事四种事务的人变成四种不同的种姓（阶级）——婆罗门、刹帝利、吠舍、首陀罗。此后，四种职业的范围越来越固定，四个种姓的界限越来越森严；就是说，四个不同的种姓从事四种不同的职业，彼此不能调换工种，不能有超出各自种姓范围的社交活动；四个种姓像是四个各自封闭、相互隔断的世界。这样，便形成一个半奴隶、全封建的"种姓制"社会。种姓的形成意味着阶级的出现。四种姓中前三种姓，特别是前二种姓（婆罗门种姓和刹帝利种姓）是高级种姓，属于统治阶级（或阶层）；后一种姓（首陀罗）是低级种姓，属于被统治的阶级（或阶层）。这便是古代印度阶级结构和社会矛盾的基本形式。

从历史角度看，种姓社会中的统治和被统治的关系是前此征服和被征服的关系的发展。这是说，早在种姓社会形成之前存在着征服和被征服的关系，并由此孕育着统治和被统治的关系。种姓制，梵语的原名是 Varṇa-prasthána。此中 Varṇa 一词意为"颜色"和"肤色"。公元前 2000 年，中亚游牧民族的一支雅利安人从西北入侵印度，征服了西北部印度的土著居民，并把被征服者和战俘当作他们（征服者）的奴隶。奴隶主和奴隶们在肤色上有着鲜明的差别；前者的肤色是洁白的，后者的肤色是黝黑的。谁是奴隶主，谁是奴隶，一看他们的肤色便可立即辨别。

Varṇa（肤色）一词由此逐渐转义而为"种姓"。四种姓中前三种姓（婆罗门、刹帝利、吠舍）是白肤色的雅利安人，是奴隶主；后一种姓（首陀罗）是黑肤色的土著和战俘，是奴隶。再如，佛教神话中的天神"因陀罗"（Indra）。因陀罗原是《梨俱吠陀》神话中的雷电神。佛教借来作为佛教护法神之一，并封他为三十三天主，称为"帝释因陀罗"。但是，因陀罗的本来面目根本不是什么大神，而是地地道道一个凡人。Indra（因陀罗）原意为"首领、将军"，是雅利安部落的一个骁勇善战的首长，他曾率领雅利安侵略军征服印度。因为他战功显赫，普遍受到雅利安的诗人和歌者的赞扬，他们在《梨俱吠陀》中创作了250首神曲（约占《梨俱吠陀》1028首神曲中四分之一），专门歌颂他的业绩和威德，浪漫主义地把他神格化为主宰天上人间的天帝"因陀罗"。据《梨俱吠陀》的记载，因陀罗的敌人是：黑魔（Vritra），三头怪（Viśvarūpa），波尼妖（Pani）、达沙（Dāsa），达修（Dasyu），阿修罗（Asura）等恶神。他们经常向因陀罗挑战，并为因陀罗所降伏。这些被因陀罗降伏的所谓妖魔鬼怪，实际上是印度的土著居民，是被征服者，是奴隶；而以因陀罗为代表的雅利安入侵者则是征服者，是奴隶主。显然，种姓社会中统治和被统治的关系从雅利安人入侵印度时就已经以征服和被征服或奴隶主和奴隶的形式出现了。四种姓的确立只是标志着这种统治和被统治的关系业已发展到定型的阶段而已。

二　婆罗门的正统文化

随着种姓制社会的建立，自然出现一种与之相适应的意识形态或上层建筑，后者的形式是一种被称为婆罗门正统文化。

我们在上节提到的《梨俱吠陀》是一部集体创作的神曲集，

它的作者们都是雅利安族的婆罗门诗人和歌者。他们根据《梨俱吠陀》又陆续编写出另外三种吠陀，即《婆摩吠陀》、《夜柔吠陀》和《阿达婆吠陀》（每部约有千首神曲）。所谓正统文化就是指以这四吠陀为中心的文化。婆罗门作者在他们这些作品中编造大量神与人、神与物（包括生物和非生物）相互交涉的神话和传说，力图使人相信他们愚弄群众的谎言：大梵天或大自在天（创造主）从自身中的四个部位（口、臂、腿、足）产生人类四个不同等级的种姓；他规定婆罗门、刹帝利和吠舍为高级种姓，首陀罗为低级种姓；高级种姓统治低级种姓，低级种姓服从高级种姓，为高级种姓服务。人类这四个种姓的命运、等级和价值，在他们未出娘胎之前就已为大梵天安排好了，而他们从投生到人间那天起，就得命定地遵照神意的预先安排来生活；世世代代，永恒如此。这说明，以四吠陀为中心的婆罗门正统文化的作用是在为维护和巩固种姓社会的统治和被统治关系服务的。

在吠陀末期，婆罗门哲学家对四吠陀的唯心论哲学思想进行了总结，并在这基础上创作了一部千古不朽的唯心论哲学巨著，一部集印度古代唯心论哲学大成、印度古今唯心论哲学的根本经典——《奥义书》。《奥义书》从成书时期起以迄中世纪先后共出现二百余种，其中公认为最原始的和最权威的仅有十余种。《奥义书》的中心内容是把吠陀神话中的至上之神大梵天（大自在天）抽象化而为哲学上的"梵"，并发展了与"梵"有同源关系的"我"和"幻"，"梵、我、幻"三者的关系是《奥义书》的理论脉络，也是《奥义书》哲学家用以阐明他们的本体论和认识论的三个根本范畴。在《奥义书》哲学家看来，"梵"是"真理中之真理"（《广林奥义》Ⅱ.1—17）。他们同时运用否定模式和肯定模式来表述这一真理。按否定模式，梵是"不可感触，不可定义；它是不灭者……非内非外，它不吞噬任何一物，亦无能吞噬之者"(《广林奥义》Ⅲ.8.8)。所以，梵的本身，无形无相，无有瑕疵；超越一切，高于一切；没有任何东西比它更高，比它更细，比它更大。(《白骡奥义》Ⅲ.9—10)《奥义书》哲学家把这一否定表述归结为一个富有神秘主义色彩的公式："非如此，非为此"(《广林奥义》Ⅱ.36)。按肯定模式，"太初之时，唯梵存在，彼知自身：我即是梵。以是之故，梵乃一切……"(同上书 Ⅰ.4.10—11)。此中"一切"是指现象，梵指本体。现象依梵而起，依梵而灭；梵即一切，一切即梵。梵甚至体现为食物、气息、心灵、知觉、欢乐；梵是每一生物的产生、存在、变化和消亡的原因。(《鹧鸪氏奥义》Ⅲ.2—6)这意思是说，梵不仅是客观世界的本原，同时也是主观世界的基础。《奥义书》哲学家也把这一肯定表述归结为一个具有同样神秘主义色彩的公式："那是我，那是你"(《歌者奥义》Ⅶ.9.4)。

　　《奥义书》哲学家在构思"梵"这个概念的同时，创造了"我"这一范畴，并赋予它具有和"梵"同一的性质。"梵无异于我，若言梵我有异者，是不知梵也"(《广林奥义》Ⅱ.4.6；Ⅳ.5.7)。也就是《歌者奥义》所谓梵在我中，我在梵中。《奥义书》哲学家提出"梵"和"我"这两个名异体一的基本范畴的目的是很清楚的。他们以"梵"着重说明客观世界的本原问题，以"我"着重说明主观世界的本原问题，特别是有关梵天创造人类四种姓、众生灵魂不灭，业报轮回等一系列问题。为此，他们把"我"一分为二——进一步把"我"发展为二我说：内我和外我。内我又称为生命或命我；外我又称为遍我或胜我。遍我是大我，是宏观世界的精神；命我是小我，是微观世界的灵魂。大我是体、是一；小我是相、是多；相因体现，多从一生。(《秃顶奥义》Ⅱ.1.4，10)故大我与小我的关系，正像蛛蜘和它的网丝，亦如火与火花。网丝虽非蜘蛛，但产自蜘蛛；火花不同于火，但源出于火。小我不是大我，但不离大我，是大我的不可分的部分，二者同一本源。大我不生不灭，不受自然规律的制约；小我有生有灭（至少在形式上），受着自然规律的支配，承受所谓轮回转生的果报。然而，小我毕竟是和大我同源，即使万劫轮回，转生不止，也不会中断消亡；除非有朝一日，它摆脱世间缠缚，恢复自我完全的自由，享受回归于大我的至上的妙乐。

《奥义书》哲学家实际上是在阐述二梵论，并为种姓制社会提供理论根据。二梵，即上梵和下梵。上梵是梵的绝对方面，下梵是梵的相对方面。上梵具有一种不可思议的"幻力"，幻现出下梵的千差万别的现象，包括人类四种姓制的社会形式在内。很显然，婆罗门哲学家企图借《奥义书》这套唯心论的观点来证明，种姓制社会中的统治和被统治的关系不仅是"天意"，而且根据权威的《奥义书》哲学，也是合理的。

在确立《奥义书》哲学为种姓制的理论根据之后，婆罗门哲学家和伦理学家即着手为这个制度制定具体的法规，编写了大量的"法典"。法（Dharma），用今天的话说，就是道德规范或伦理准则。有一部迄今自然公认为权威的作品《摩奴法典》，它的作者摩奴仙人完全承袭《梨俱吠陀》传统，肯定后者关于大自在天创造人类四种姓的传说，因而精心地为四种姓制定四种不同的"法"（不同种姓的人的行为准则）。这四种不同的法的界限或范围，泾渭分明，极其严峻，就像四条不可逾越的鸿沟一样。按照《摩奴法典》，在种姓制的社会中，每一种姓必须遵守法典为它规定的法，不得有任何越轨的行为（即超出本种姓的法的范围外的活动）；否则，就是触犯法规，亵渎神明，将受到社会严肃的谴责，甚至被摈出族。另一部古典政治学名著《利论》也承认吠陀神话的权威，为四种姓制作伦理上的辩护。

婆罗门种姓的神学家、哲学家和伦理学家所创作的吠陀文献

（包括四吠陀、梵书、奥义书、法经等等）构成印度古代正统文化的总体，并相应地反映着它的社会基础（奴隶制和封建制的混合形式的种姓社会）的发展。婆罗门的正统文化虽然常常遭受到反婆罗门学派的抨击和批判，但历史业已证明，在漫长的千年过程中（从公元前 1500 年至 500 年），它经受了考验，毕竟被多数印度人所接受。时至二十世纪的今天，它仍然是印度人的意识形态和品格、气质赖以养成的文化传统，是他们永恒珍惜和引以自豪的精神遗产。

三　反婆罗门的非正统文化

随着历史的发展，正统的婆罗门文化从自身中派生出一种和自己对立的文化。这种文化，人们称之为反婆罗门的非正统文化。所谓非正统，就是对吠陀文献和婆罗门传统的否定。非正统文化包括耆那教、佛教、唯物的顺世论哲学在内的其他反婆罗门教的宗教团体和哲学派别以及它们的经典和论著。

约公元前 6 世纪，即在释迦牟尼出世和他寂灭后几百年间，奉吠陀文献为圣典的婆罗门教遭受到一次巨大的冲击，特别在它的种姓制和人的统治和被统治关系的理论，受到这时正在兴起的许多宗教—哲学派别的严厉谴责和持续批判；这几乎从根本上动摇了它在精神文化方面的独占地位。因为，在这段历史时期，出现了一种矛头指向婆罗门种姓的造反形势——刹帝利、吠舍、首陀罗三个种姓的群众联合起来反对婆罗门种姓在文化领域中的垄断。在这些新兴的宗教、哲学派别中，主要有耆那教、佛教、外道六师（富兰那·迦叶、末伽黎·拘赊黎、珊阇夜·毗罗底子、阿耆多·翅舍钦婆罗、迦鸠陀·迦多衍那、尼健陀·若提子）和六派哲学（数论、瑜伽论、正理论、胜论、弥曼差论、吠檀多论）。据耆那数的传说，当时共有三百六十二个哲学派别。比较可靠的早期佛经则记载有"六十二见"（六十二种哲学观点）。耆那教所说的数目（362 派）虽然是个传说，难以稽考，但可以使人想象这个时期唯心论与唯物论之间、唯心论与唯心论之间众说纷起，百家争鸣的动人情景。在上述宗教、哲学派别中，六派哲学一致承认吠陀文献的权威，继承吠陀——奥义书的哲学，因此，可以说是地道的婆罗门正统哲学，属于正统文化系统。其余派别，从总的方面看，反对婆罗门的正统文化——反对种姓制、反对婆罗门种姓在上层建筑的特权；它们好像不谋而合地组成一条向吠陀文献的权威、向婆罗门在宗教、哲学领域中统治地位挑战的联合阵线。

这条反婆罗门联合阵线中的成员外道六师，虽然不是主力，但他们反婆罗门的情绪特别强烈，反婆罗门的观点特别突出。"外道"，是佛教给他们的贬称，意为佛教以外的宗教和哲学派别。六师是和释迦牟尼同时的六位哲学大师，其中比较有影响的是二人：一是阿耆多·翅舍钦婆罗，一是尼健陀·若提子。阿耆多·翅舍钦婆罗是一位杰出的唯物论者，据传是他创立印度哲学史上唯一的唯物论学派顺世论哲学。他的学说可以溯源于《奥义书》，但他没有继承《奥义书》的唯心论哲学，而是接受了《奥义书》唯心论哲学家所批判的朴素唯物论思想。他断然否定吠陀文献的神圣权威，否定大自在天创世说，认为世界起于无因，自然而生，按照他的学说，不仅物质世界产生于物质，就是精神世界也产生于物质。他特别指出生物界的意识，也就是人们所谓的自我（灵魂）。意识（自我）这个精神实体是因肉体产生而产生。肉体由地、水、火、风四大物质原素构成，受着生、老、病、死的自然规律的制约。一旦肉体的四种成分（地、水、火、风）解散，肉体便即消亡；随着肉体的消亡、意识（自我）

也立即消失。什么轮回转生、灵魂解脱，纯粹是唯心论的谬论；什么四种姓创自梵天的口、臂、腿、足，更是骗人的鬼话。他主张，人生在世是十分难得的，每个人都应珍惜自己生存的机会，把人的存在的价值充分利用到极限，纵情追求物质与欲望的满足。阿耆多·翅舍钦婆罗这一观点颇与希腊的伊壁鸠鲁相类似。正因阿耆多·翅舍钦婆罗只承认人的存在只限于今生，而根本没有所谓来世，引起了唯心论的宿命论者的不满，妄斥之为"断见外道"。尼健陀·若提子是耆那教的创始人，信徒们称呼他为"大雄"。他终年裸体，矢志苦行，人称之为"裸形外道"或"苦行外道"。和阿耆多·翅舍钦婆罗一样。他不承认吠陀文献的神圣性和权威性，不承认有主宰一切的大自在天的存在，但他却承认善恶业报和灵魂转生。他提出一种叫做"非一端论"的哲学观点，非一端论承认事物自身存在着矛盾，但对矛盾着的双方，既不肯定或否定矛盾的此方，亦不肯定或否定矛盾的彼方；而在某一特定条件下可以肯定或否定矛盾的此方；在另一特定条件下，可以肯定或否定矛盾的彼方。这是近似一种徘徊于唯物论和唯心论之间的折衷主义哲学。由于这种哲学，耆那教在理论上遇到不可克服的矛盾；它一方面承认物质（原子）永恒不灭。另一方又承认精神（灵魂）常存不死；一方面承认物质构成客观世界，另一方面又承认物质构成主观世界；一方面承认命、业（行动后留下不易磨灭的潜在影响）是物质的，另一方面又承认宿命论、命定论、轮回转生论。虽然如此，耆那教哲学，在总的方面，仍不失为一种具有一定唯物因素的哲学和一种具有强烈反婆罗门倾向的哲学。

在这条反婆罗门文化的联合阵线中，主力或领导力量是释迦牟尼和他的佛教组织。释迦牟尼深刻地观察到，婆罗门人在对种姓和人的问题上，专横跋扈，傲慢顽固，欺压下等种姓，虐待广大贱民。他决心和婆罗门在哲学理论上和道德伦理上进行较量，冲击婆罗门在意识形态领域中的垄断地位。

释迦牟尼原名悉达多，出身于刹帝利种姓的释迦族。"释迦牟尼"是他成道后信徒们给他的尊称，意为"释迦族圣人"。他自幼拜师婆罗门，接受婆罗门的正统教育，因而通晓婆罗门的正统文化（吠陀文献），熟悉婆罗门的理论传统。在成道之初，他即提出一套新的哲学理论，针锋相对地批判《奥义书》中"梵"和"我"这两个唯心论的根本概念，企图一举摧毁婆罗门教反人道、反理性的种姓制的理论基础。释迦牟尼首先把"梵"从抽象化的绝对状态中还原为神话中的具体神格；一方面命名它为"大梵天"或"大自天"，另一方面又否定神话赋予它的所谓创造万有的"幻力"——剥夺它创造宇宙和包括四种姓在内的一切众生的特殊神力。在生、老、病、死的自然规律面前无论其为天上的神仙，或为人间的凡夫，一律平等，同样受着各自"业力"的支配，在轮回苦海中浮沉往返。天上人间所不同的，天神在天宫的享乐时间要比人间的长；但是一旦天福享尽，包括大自在大在内的一切大小神明都要谪降人间或别的什么地方。释迦牟尼处理天上和人间的关系的手法是很巧妙的，他是以子之矛攻子之盾的办法，利用婆罗门教的神话改造婆罗门教的主神，使后者不知不觉地丧失创世的神力。

释迦牟尼提出他独创的缘起说，论证万有"无我"（万有无永恒的主体），以此来破婆罗门哲学的"有我论"。缘起说是释迦牟尼对印度哲学的发展的重大贡献。他根据这一理论建立他的哲学三原则："诸行无常，诸法无我，一切皆空（涅槃寂静）"，即佛教的著名"三法印"。缘起说和三法印，不仅是小乘原始佛教哲学的理论基础，而且也是后来大乘佛教哲学的理论基础。

缘起，即所谓"诸法从缘生，诸法从缘灭"。在释迦牟尼看来，这是一条客观规律。"缘"，具称应为"因缘"。因谓内因（内在因素），缘谓外缘（外在条件）。内因与外缘和合产生一切抽象和具体的事物（一切因果关系）。原始佛教哲学家常用下述四句话来表达缘起说的核心意义："此有故彼有，此生故彼生；此无故彼无，此灭则彼灭。"意谓在自然的普遍联系规律中，一物的存在或不存在在一定条件下会连锁地引起另一物的存在或不存在；一物的产生或消亡在一定条件下会连锁地引起另一物的产生或消亡。其次，事物本身从产生到消亡贯穿着一个四阶段的运动过程。这四阶段是：生（产生）、住（存在）、异（变化）、灭（消亡）。每一阶段都受一定（主观的、客观的、或主观和客观同时的）条件所制约；就是说，事物必然（一）在一定的条件成熟时产生；（二）在条件相对稳定的状态下存在；（三）随着存在的条件的变异而变异；（四）最后因存在的条件的完全破坏而消亡。四阶段本然地相互依存，互为条件。运动在一个阶段与另一个阶段之间，刹那不停，瞬息变易，即时刻处于量变的过程中；佛家所谓"刹那生灭"，就是这个意思。运动在一个四阶段的结束，又立即在新的条件下开始另一个四阶段的运动；四阶段有始有终，运动本身无始无终。由此，释迦牟尼总结出他的哲学命题：精神世界不存在永恒不变的现象（诸行无常），物质世界不存在常存不死的主体（诸法无我）。从这个命题推断："一切皆空"（按本体而言，一切事物本不存在。）释迦牟尼根据这套缘起论来观察，婆罗门哲学中的"梵"和"我"的概念是十分荒谬的。

释迦牟尼在对婆罗门持严厉的理论批判态度的同时，在伦理和社会实践上也同样和婆罗门针锋相对。他认为，婆罗门把四种姓划分为统治和被统治的关系是没有道理的；人类虽然有四个种姓的划分，但人的本性和人的价值是平等的，应该对四种姓一视同仁，平等看待。释迦牟尼把他们这种平等思想放到实践中去检验。他建立起自己的组织——原始佛教的僧团，制定新的、和婆罗门相对立的行为准则和道德规范。他把他的组织的大门无条件地向所有不同种姓者敞开，不分贫富贵贱，高下贤愚，只要皈依佛法，愿为佛弟子者，皆可加入。他规定，凡加入他的组织的人，必须放弃他原来所属种姓，一律改从佛姓"释迦"，叫做"释种"（释迦牟尼的种姓）。任何种姓的人，一入佛教组织，便不受不合理的种姓制度的约束，即使出身首陀罗下等种姓者也可以和出身婆罗门种姓者平起平坐；一向被鄙视的贱民，此刻恢复了人的尊严、人的价值，变成一个有平等权利生活的自由人。释迦牟尼这些典型反种姓制的做法和婆罗门教顽固地维护种姓歧视制的做法，形成鲜明的对照。

释迦牟尼这套批"梵"破"我"的缘起说和反种姓歧视的平等思想，在当时的历史条件下，是有一定的进步意义的。特别是他的缘起说仍有一点朴素的唯物辩证法。不过，他这一理论的出发点不是在于外在的因素——物质，而是在于内在的因素——精神。这就暴露出他这一理论的内核还是唯心论的，而这正是他的学说的致命弱点。因为他虽然在哲学上批判了《吠陀》和《奥义书》的"梵、我"唯心论，否定了大自在天创造人类四种姓的谬说，肯定了人的平等的价值，但他却把《奥义书》关于业报—轮回—解脱的宿命论全盘继承下来，并加以发展，从而造成他理论中一个无法调和的矛盾。他虽然否定四种姓起源的神话，抨击种姓制的不合理，但他却肯定种姓制的存在；在某些地方，他还代表刹帝利种姓的利益在种姓优劣问题上不遗余力地和婆罗门决一胜负。总之，在反婆罗门的理论和实践的斗争中，释迦牟尼和他的信徒们是主要的力量，但毕竟由于唯心论世界观的局限，表现不够坚决，不够彻底；甚至在某些重要问题上（如业报和轮回问题），他竟和婆罗门哲学家站在同一立场。

四　结束语

如上所述的两种印度古代文化——维护不合理种姓制的正统文化和反对种姓制的非正统文化，在今天，前者依然占绝对优势，具有强大的影响力；后者早已奄奄一息，削弱到几乎无法存在下去的境地。例如，佛教作为一种宗教已从印度本土消失；耆那教只剩下为数有限的信徒。其他宗教、哲学派别不是为新兴的湿婆主义和毗湿奴主义所代替，就是完全消亡；它们的言论仅见于对它们的批判的文献；顺世论哲学正是如此。然而，在现代的历史条件下，在新的生产关系和社会基础上，印度又产生了同样的相应对立的两种文化：一是维护婆罗门封建道德伦理的传统文化。一是现代科学和唯物论的社会科学结合起来的非传统文化。这两种文化究竟谁战胜谁，目前虽难预料，但从社会发展史和现代科学趋势看，后者是与社会发展规律相适应，因而终将占优势，似是毫无疑义。

（原载《东疆学刊》1986 年第 1 期，延安师专

《东疆学刊》编辑部出版）

论佛教的两点哲学概括

——断常二见

一

在中国的大、小乘佛典中，人们常常看到佛陀或他的弟子们对断常二见的批判。这个批判，除了它的宗教意义之外，还有更重要的历史意义和哲学意义。

大约在公元前6世纪，印度进入带奴隶制性质的封建种姓制社会；婆罗门教的"三纲"（吠陀神圣、祭祀万能、婆罗门至上）业已确立。在这个历史时期，婆罗门哲学家为了给种姓制度制造理论根据，在吠陀和梵书的哲学基础上，创立了以"梵—我"为最高范畴的唯心主义的奥义书哲学体系，并使这一哲学体系成为正统的婆罗门教的理论基础，在古代印度（甚至在现代印度）的意识形态领域中牢牢占据着主导的地位。也正是在这个历史时期，印度思想界出现一种类似我国春秋时期的"诸子百家"的形势：持不同见解的哲学家和宗教家纷纷亮相，形形色色的哲学派别和宗教团体相继创立。他们在宗教哲学问题上自由地各抒己见，各立门庭；并且针锋相对进行辩论，相互批评。真像"百家争鸣"的盛况。据耆那教的传说，这个时期的宗教哲学观点约有三百余种，按佛教传说，约有六十二种或九十余种。

这个时期的哲学家和宗教家大致可以分为两大类：一类是维护婆罗门传统的，一类是反对婆罗门传统的。他们的思想体系也同样可以划分为两个类型：一个是属于婆罗门传统的思想体系，一个是背离婆罗门传统的思想体系。在反婆罗门的哲学阵营中，主要有耆那教哲学、唯物论的顺世论哲学和佛教哲学。佛教哲学家把佛教以外的一切哲学观点归纳为两种基本的观点——"常见"和"断见"。[①] 前者在哲学上承认事物中存在着一个常存不灭的主体。后者在哲学上否定事物中存在着一个常存不灭的主体。从印度宗教哲学思想史角度看，佛教哲学家这两点哲学概括具有重要的意义，它是一个总纲，是一条主线，把一部从奥义书开始一直延续二千余年的印度宗教哲学史贯穿起来。揭示出印度宗教哲学中五花八门的形而上学的理论的共同的本来面目。

二

常见，这实质上是奥义书哲学的核心。奥义书哲学家在继承和发展吠陀和梵书哲学的基础上创立一个绝对的精神实在。这个精神实在在奥义书中有三个名称——原人、梵、我；它们是同一范畴的三个称谓，以不同的形式，但又集中地表述这个精神实在的根本特性"常性"，即它的绝对性、永恒性、不灭

---

① 《长阿含·梵动经》，《大正藏》第 1 卷，第 88—94 页。《涅槃经》27，《大正藏》第 2 卷，第 605—838 页。《大智度论》7，《大正藏》第 25 卷，第 108—114 页。

性。"太初之际，唯我独存，原人为形；环顾四周，除我之外，不见其他。"① "不死原人，于此大地，永放光辉；不死原人，内我为体，永放光辉；他正是我，此是不死，此即是梵，此即一切。"② 这表明"原人、梵、我"三者是同一常存不死的本体，它是"一切"的基础和本原——情世间和器世间的基础。有的奥义书哲学家认为"我"有两个方面："胜我"和"命我"。我在客观上表现为胜我时，则与梵同一；在主观上表现为命我时，则是肉体内的命我（灵魂、意识、命根）。前者寂然不动，清净自在；后者承受善恶果报，轮回转生。二我在形式上有区别，在本质上则是同一不灭的实在。

断见有破立二义。破义是对精神的永恒性的否定；立义是对物质的不灭性的肯定。断见源出于吠陀的"疑神论"（怀疑神是否存在，神是否先于世界和创造世界）和诸大原素说。到了奥义书时期，一部分奥义书仙人哲学家受到吠陀疑神论的启发，直接继承了吠陀的物质原素说，并且加以发展。他们首先肯定吠陀哲学家以"水"为宇宙本原的说法。"太初之际，此界唯水，水生实在，实在即梵；梵出生主，生主育诸神。"③ 奥义书哲学的精髓是"梵我"同一的原理。梵—我是最高精神范畴。在这部分奥义书哲学家看来，二者的物质基础是"水"。所以他们说，水既是梵的世界，同时也是我的世界。换句话说，水既是物质世界的基础，同时也是精神世界的基础。还有一些奥义书哲学家或以火，或以地，或以气，或以几种原素的复合为世界的本原。

---

① 《广林奥义》Ⅰ.4.1。
② 《广林奥义》Ⅱ.5.1。
③ 《广林奥义》V.5.1。

在奥义书之后（公元前六世纪以后），正如我们在前边说的，出现了许多哲学流派和宗教观点，它们大都在奥义书哲学的基础上发展起来的。其中最重要的、在历史上具有持久影响的派别，有所谓正统的六派哲学——数论、瑜伽论、正理论、胜论、前弥曼差论，后弥曼差论，以及反婆罗门正统的顺世论。六派哲学在形式上各立门庭，各树旗帜，但在哲学的根本立场上，却一致坚持奥义书"梵—我"常存的原理，它们不是执"梵"为常，就是执"我"为常；并据此发展各自的哲学体系。继承和发展奥义书断见理论的，仅有顺世论一家。

显然，常见和断见是两种对立的哲学见解。常见是要在主观上确立一个永恒不灭的精神实在；断见是要在客观上确立一个永恒不灭的物质实在。这就是说，无论是执常见的哲学家，或执断见的哲学家，都是想根据自己的立场来建立一个（主观上的或客观上的）不灭的实体。

三

断常二见，正如我们在本文第一节说的，是佛教哲学家在概括当时为数众多的哲学观点后提出来的。佛教哲学家之所以这样做，并不是因为要讲哲学、宗教发展史，而是因为要对这些观点进行批驳。在佛教徒的心目中，只有佛教才是修持正道的宗教，只有佛教的教义才是至真至善的理论。除此之外，一切非佛教的宗教或哲学派别都是"外道"，它们的学说或见解都是"邪说"。而所有外道的邪说概括起来不外两种基本的观点——"常见"和"断见"。如果把这两种见解批倒，也就等于挖掉一切邪说的根子。佛教首先批判常见。常见即是"我见"——常见有我说。

佛教针锋相对地提出"缘起无我说"。[①] "缘起"同时也是"缘灭"。前者是阐明事物的产生和存在完全依赖于与事物有关的主观和客观的条件,后者是阐明离开这些有关条件,事物便不存在;事物本身不存在,自然没有事物的主体;没有主体,"我"则无从成立。佛教哲学家根据这一原理来观察精神世界和物质世界。精神世界是由47个[②]或51个[③]心理要素构成。如果把这些心理要素——分开,精神世界立即消失,找不到精神界中常存不灭的主体或"我"。同样,组成物质世界(包括生物界的肉体)的成分是地、水、火、风四大原素的原子,一旦原子分离,物质世界(包括生物界的肉体)立即消亡,不存在物质界中常存不死的主体或"我"。这就是说,精神世界和物质世界本身没有独立不变的性质,无法逃避客观规律的制约——必然要经历一个生(生成)、住(暂存)、异(变易)、灭(死亡)的自然过程。因此,任何受自然规律制约的事物不可能有什么常存不灭的成分;而执著事物中有常存不灭的主体,或一个不死之"我",这无疑是一种荒谬的邪见。佛教这一套缘起无我说是有一定的辩证道理的。但是,当它批判断见时,却使自己陷入理论上的困难。断见是顺世论的基本哲学观点。顺世论认为,意识(灵魂)产生于肉体,肉体产生于四大物质原素的组合;一旦四大的组合遭到破坏,肉体立即死亡,而意识也因之而消失。生物的肉体灭亡之后,不可能有不死的灵魂留下再去轮回转生。婆罗门教是执常见的,自然反对顺世论的断见。佛教是不执常见的,是批判婆罗门教有我(灵魂)论的。但在对待顺世论问题上却和婆罗门教站

---

① 《中阿含经》十九、三十;玄奘译《缘起经》;鸠摩罗什译《中论颂》观四谛品第二十四。

② 同上。

③ 玄奘译《俱舍论》。

在同一立场，批判顺世论的断见。这样，佛教在理论上似乎难以自圆其说。

　　公正地说，佛教对常见的批判是有一定的积极意义的，因为它为印度唯心主义哲学的发展提供了一条基本的线索，对精神世界和物质世界作出了一种类似朴素的辩证唯物主义的分析，论证了不存在"常存不灭"的主体。然而，在批判断见时，佛教没有摆脱婆罗门教常见的影响。这不能不是它的批判的消极面。

（原载《南亚研究》1988 年增刊）

关于《阿毗达磨俱舍论·破我品》

　　《阿毗达磨俱舍论》最后一章《破我品》，苏联著名学者彻尔巴茨基（Th. Stcherbatsky，1866—1924）认为是一篇十分重要的佛教哲学论文。根据他的研究，《破我品》是《俱舍论》的一篇后加的附录；不过，它的时间并不比本论晚多少。《破我品》之所以被作为《俱舍论》的最后一章，正因为它对全论的中心思想作了最概括的和最有总结性的表述，就是说，《破我品》实际上就是《俱舍论》的结论。

　　一九一九年，彻尔巴茨基根据《俱舍论》藏文译本，把《破我品》转译成英文，以《佛教徒的灵魂理论》（The Soul theory of the Buddhists）为题发表于《俄罗斯科学院公报》。翻译时，他还参考了称友（Yaśomitra）的《阿毗达磨俱舍论疏》（Abhidharmakośa vyākhya，梵本），核对了真谛和玄奘的汉译本。他还写了一篇短序冠于译文之前，表示自己对阿毗达磨哲学的一些重要看法。这儿，仅将他的这篇短序以《关于〈阿毗达磨俱舍论·破我品〉》为题，译出介绍，以后如有机会，当再介绍他的《佛教徒的灵魂理论》——《破我品》的译文。

——译者

在公元第 5 世纪末，声振遐迩的世亲，编纂了一部题为
《阿毗达磨俱舍论》的佛教教理的宏伟纲要。在这部著作里，我
们发现一篇特别的附录，缀于最末的一章，作为全书的一种结
论，专门讨论了关于佛教否认灵魂存在（我的存在——译者）
这个争论很多的问题①。

《俱舍论》一开头就声明：为了取得解脱，对于活动在生命
过程中的各种元素（dharma 法），作一个透彻的辨别，是必要
的；然后，进行阐明这些元素、它们的分类和特征（第一、第
二品）。在第三品，详细叙述各类不同的生物或世界，它们是由
于刚才所讲的元素力量的作用而产生的。随后的两品（第四、
五品）则集中考察使世界运动的一般原因和维持生命进程的特
殊原因（karma 业行，anuśaya 随眠）。这样，这五品说明被称为
普通世界进程的静力和动力（duhka 苦 samudaya 集）。剩下的三
品是关于生命的净化，或者，更确切地说，是关于生命运动的静
止化（nirodha 灭，mārga 道）。第六品描写一幅佛教圣者
（āryapudgala 圣人）的画图；最后两品（第七、八品）讨论圣位
的一般和特殊的原因，就是，纯洁的智慧（prajñā amalā 无垢慧）
和超越的沉思（samādhi 禅定）。在所有被分析的存在元素里，
都没有提到有灵魂，即没有谈及有代表某种在生命各个元素之间
的统一体。那是真的，意识（vijñāna 识）占着一个中心位置，
但是，它同样是无常的，它的作用，同样被定为最后将归于消
灭。有些元素必然地一个跟着一个产生；有些元素必然地共同存

---

① 这一章全名：《破我品第八》（aṣṭamakośasthānambaddha pudgalaviniścaya）。

在，即经常同时出现。这个进程构成它们"彼此相互依赖产生"（Pratītya samutpāda 缘生），或者，生命被看作是相互依赖的元素力量的一种作用。在结束他的阐述时，世亲自觉要求在一篇上边提及的特别附录里，对于整个体系的否定部分，即灵魂的否定（破我——译者），作某些考虑。

佛教被视为印度哲学思想发展中的一环，而在它之前，数论体系很可能已在印度学术（śāstra）的严密而完全一致的形态里达到一种高度发展的形式。我们还不知道有任何使人信服的议论提出来怀疑这一传说：佛陀在两位著名的数论导师①的指导下，研究过系统的哲学。从同样的传说来源，我们推测这些大师们很可能已经拒绝了物质的三种原始成分②的教义。佛陀对灵魂的否认，在走向更高度的一致性的同一方向中迈进一步。一个永恒被动的灵魂和一个主动的、但无知觉的知觉（buddhi）在一起的局面③，的确是数论体系中一个很弱的论点——一个招致批评的论点。数论的这一表现在不断变化进程中（nitya pariṇāmi 变易）的永恒物质，被佛陀改变为不同的元素；这些元素出现于生命中像一些瞬息的闪现，没有任何永恒的实在物所支持。数论和佛教这两种教义有时候被称为激进体系（ekāntadarśana 片面见解），因为，一种只执定永恒存在的教义（sarvamnityam 一切是常），另一种则主张普遍变易（sarvaṁ anityam 一切无常）。

这里，没有必要对这两个体系作更详细的比较，但是，它们两者之间的密切联系并没有逃过学者们的注意。我在这里要坚持

---

① 阿蓝迦兰（Ārata kalāma）和郁头蓝子（Udrnrāmaputra）。——译者。

② 可能指数论的"自性"（prakṛti）、"神我"（puruṣa）和"变易"（pariṇāmi）。——译者。

③ "永恒被动的灵魂"可能指"自性"；"无知觉的知觉"（Buddhi），即"大"——译者。

的是这一事实：一种密切的关系，不仅可以用相同的论点来表示，而且可以用反对，不，用抗议来表示。当佛陀把有一个永恒的"我"的教义叫做"愚者之教"的时候，那是清楚的，他是向一种已确定了的教义作斗争。任何时候，他的说法都强调"没有灵魂"（无我——译者）或者错误的人格主义（satkāyadṛṣti身见）；在他的话里，人们会很清楚地感觉到有一种反对、或甚至敌对的意思。佛陀的这种教义和它的积极的相应部分——活动在生命中，不同的元素和它们的活动一定会逐渐地被制止，直到取得永恒的寂静——是全部佛教的中心论点。戴维斯夫人（Mrs Caroline Rhys Davids）正确地评述："这种反实体主义（antisubstantialist）的宗旨是如何谨慎地和忠实地被信奉和维护着！"我们还可以补充，佛教哲学史可以描绘为更深地悟入佛陀的这种原始直觉（他自己相信那是他最伟大的发现）的一系列努力。

　　当考虑到佛教哲学的晚期发展的总的方向时，人们会无意地想起一位近代思想领袖一般地说过关于哲学的话："我们越是试图钻进哲学家的主要概念……我们感到它不知不觉地在我们手里走了样。"一位哲学家的原始直觉可能是很简单，但他要花整个生命来使它成为一个清楚的公式。正当他表示了他因感到有责任去修改他的公式而在心里想到些什么的时候，他立刻修改这种刚想到的修改，等等。"他的教义可以这样无限地发展，而所有它的复杂性不外乎在他原始直觉与他运用表现方法之间的一种不可共通性。"① 教团中最早的分裂已会涉及这些玄妙的哲学问题。

　　《说事》（Kathāvattu）就是用关于灵魂的可能的真实性问题的冗长讨论来开始阐述各种不同的观点。圣正量部

---

　　① 柏格森（H. Bergson）：《哲学的直觉》（L'intuition philosophique），《形而上学评论》（Reve de Metaph）1911年版，第810页。

（Āryasammitīyas）和犊子部（Vatsiputrīyas）这两派倾向在一种承认人格的元素里有某种、但很微弱的统一体的意义上来解释"没有灵魂"的教义。他们的反对者，一切有部（Sarvāstivādin）甚至否认这一点。一切有部主张，不同的元素真实地存在于所有三个时间；就是说，不仅构成现在的一些元素的短暂闪现真实地存在，就是过去和未来的闪现也这样存在着。对他们说来，"没有灵魂"等于是过去、现在和未来的全部无限的元素群。龙树进一步把"没有灵魂"，或"空"，提升为一种类似的实在。结果是：诸元素的相互依赖是一个公认的事实，但它们被否认有任何实体的存在（niḥsvabhāva 无自性）。这种"空"以一种不可思议的方式发展为（vivarta）现象生命的多样性。马鸣①把"没有灵魂"看作一种总的意识（ālayavijñāna 阿赖耶识），它有属于多方面的不同的元素；这样，给予原始教义，一种唯心主义的诠释。由于世亲，佛教哲学又一次受到唯心主义的解释，最伟大的佛教哲学家陈那和法称带着微细的修改而遵循这种解释。后来，"没有灵魂"被理解为一种多神主义的意义，同时，人格化而为最初的法身佛毗卢遮那（Vairocana），至于这种有神概念人格化而为阿弥陀佛（Amitābha），并由崇拜他而产生一种的宗教，都可以作同样的看法。

　　佛教在现在和过去表现出所有不同的形式，可以看作是要以和谐的直觉达到教主的原始观念的许多努力。所有这些努力都先以对生命的诸元素的分析作为必需的条件。世亲写他的论文，不是按照他自己的观点，而是遵循克什米弥的毗婆娑师

---

　　①　《大乘起信论》（Mahāyānaśrādhodaśāstra）的作者。杰科比（H. Jacob）教授和我自己从正理派论著（Nyāyaśāstras）涉及佛教唯心主义这一事实而提出的按年代的论辩，一定要修改；因为，如所表现那样，唯心主义的观点在佛教哲学的发展进程中，出现过多次。

（Vaibhāsikas）的教示。他计划在一部较晚的作品里来阐明自己的观点，而这部作品他只完成其便于记诵的颂文部分。上边提到的附录似乎是一种中间部分——介于这两部作品之间的一种联络。

目前，似乎应该把附录译出来，不必等待《阿毘达磨俱舍论》全书的翻译和出版①。这个附录讨论了全部佛教的中心论点，同时，是一篇组织严谨，风格优美的杰作；而世亲正以这种写作风格而著称于佛教界。

欧洲学者将会看到他们的伟大印度前辈②在作诠释教义中的困难论点的同样工作，而在这些工作上，他们也曾花过很多力气。他们将会看到他恰好提及他们引用来支持他们的解释的、佛陀说法中的相同章节。他们将会发现在"没有灵魂"的科学教义和见于说法的通俗方式中的"灵魂轮回"之间，并没有"显著的矛盾"。他们将会把功绩归于有学问的佛教徒的这个普遍的信念：佛陀在他的说法里，常常采用形象的语言，以便接近未受教育的人民的朴素心灵。正如我希望的，在阿毘达磨中，他们将会找到那些他们会徒劳地在许多风格纷繁的流行著作中寻觅的东西。

（原载《现代佛学》双月刊 1964 年第三期）

---

① 彻尔巴茨基译《破我品》时，《俱舍论》尚未有欧洲文字的译本。——译者。

② 这是指世亲。——译者。

佛教二重认识论

　　认识某一事物，实际上是指认识一个人所认识的事物。任何一种认识，除了认识客体之外，还有关于这一认识的认识。这种元认识意味着其中有一种对该认识的真实性的认识。这样，任何一种认识，不仅有认识性的要求，而且还有真实性的要求。比如说，"这是一支笔"，必然涉及（a）对一支笔现前存在的认识，而且还涉及，（b）对该认识的认识，以及（c）对该认识的真实性认识。换句话说，我的认识（a）"这是一支笔"，必然暗示（b）"我知道我认识'这是一支笔'"以及（c）"我知道我对'这是一支笔'的认识是真实的。"

　　现在的问题是，我们如何知道（b）及（c）？陈那倡导自明性和自证性的认识论理论，强调每一种认识既知道认识的本身，也证明认识本身具有认识的真实性。为了证实这一观点，他提出二重认识论（dvairūpya jnāna 二相智）。按照他的说法，每一种认识都具二重的形式，也就是，作为认识本身的主观的形式（自相，似自，现似自）和客观的形式（境相、似境）。换言之，每一种认识都有认识形式和实体形式。按正理论的次第型的认识论，我们先有（a）一个最初的反思，然后有（b）和（c）作为随后的反思。陈那反对这一理论，提出同时型的认识论，认为（a）（b）（c）三种情况是在同一组条件下发生的。

在认识形式（现似自）中，一种认识了解其自身，并且把它和别的认识区别开来。这便是称为自明性（即自证性或自显性）的认识论。这一理论是陈那根据无常学说而提出的认识论的根本理论。如果说一种认识是一种无常的、在另一瞬间就停止存在的精神状态，那么我们不是在该认识刚一产生的时刻获得对该认识的认识，就是要否定对该认识的认识的可能性，因为在另一瞬间该认识就不再为随后的认识所认识（不承认无常论的人也可以支持这一理论，光作论师在前弥曼差派中就是这样作的）。因为对一种认识的认识是一个在经验中产生的事实，它只能在自明性的认识论范围内来理解；这是说，在认识对象的同时，也知道这一认识的本身。

认识的实体形式（现似境）是由对象所决定的，所以它能够确立认识的真实性。对象就是认识所依据的真实基础。事实上，对象不仅有引起认识的作用，而且能使这一认识和别的认识区别开来。认识由对象来决定，用譬喻的说法，这种由对象构成的认识规定性叫做具有对象形式的认识。认识在具有对象形式时，便有成为真实的充足条件。所以陈那这样写道："认识真实性的证明，仅在于它具有对象的形式。"

真实的认识是对对象的认识；但问题在于：无论什么对象它都认识吗？还是只认识某个特殊的对象，而仅仅由于对这个特殊对象的认识，它才成为真实的认识？陈那坚持说，既然真实的认识仅仅来自特殊的对象，它就必须表现那个对象的形式。换句话说，特定的对象是和每一认识相对应的，而正是那个特定的对象规定认识的内容；惟有这一规定性才是对那个认识的真实性的证明。这样，当我们对某物的蓝颜色有一个鲜明的认识时，我们承认这一认识是由认识某物是蓝色、不是黄色所规定的；同时，这一规定性是由于在认识本身中反映出某物是蓝色的现象（现似，行相）所造成的。只是在这时候，认识才能说是对象的正确反映（真实表象）。如果认识和对象对不上号（不一致，不合），认识便不是由对象所决定，这就会导致荒谬了。要使认识成为真实，它必须反映对象的原来形式。这一点只有在认识以对象形式而产生才有可能。因此，认识的真实性在于和对象的形式的同一性。陈那解释说："在认识中，无论出现事物的什么形式，例如，某物是白或非白，它是一个在被认识的形式中的对象。"当陈那谈及形式的一致性时，人们不应从字面上来理解，因为认识不能等同于对象。认识和对象分属于两个不同的范畴。一是认识范畴，一是实体范畴。因此，谈论二者的一致性是无意义的。总的意义是，每一认识必然涉及一个对象，而每一个真实的认识也必须如实反映它的对象。如实反映对象，形象地说，就是具有对象形式的认识。这一点，慧作论师以新生儿为例作了说明。新生儿和他父亲相像，人们便说他具有他父亲的相貌，虽然事实上他不可具有和他父亲一样相貌的作用。这种说话方式只是一种譬喻的说法而已。

二重认识论是以一种更为基本的"有相智"理论为依据的。按照这一理论，认识绝不能没有它自己的形式。这和正理论观点相反。正理论认为认识单纯地反映对象的形式，而其本身却不具有任何形式。然而，必须说清楚的是，二重认识论的主张绝不意味着这二者是两个不同的认识实体。这二者只是为了概念的分析而加以区别的。

陈那主要是一位瑜伽行学派（唯识宗）的哲学家。这一学派的哲学观点，为二重认识论提供足够的理论基础。按瑜伽行学派的观点，"识"的本身同时表现为主观和客观（见分和相分）。

其实，既没有主观，也没有客观。这些都是思维结构（遍计所执或妄执或比度）。一个人如果摆脱了主观和客观的二元论（圆成实性或离能所二取性），便能证得纯唯识的境界（即唯识性）。

（原载《法音》1986 年第 1 期。本文原是英文论文，作者是印度德里大学教授 S. R. 跋特博士。汉译是巫白慧作的）

梵本《唯识三十颂》汉译问题试解

近日重温了《唯识三十颂》的梵语原文和玄奘法师的译语译文，同时也认真选读了《成唯识论》，做了一些研究，自觉有几点新知和收获。特别是对玄奘法师的《唯识三十颂》译文的准确性和艺术性加深了理解和确认，这在不小程度上使我自己能够澄清和解决有关玄奘法师《唯识三十颂》译文中的一些"热点"问题。

一 梵语"vijñapti"一词的解释

记得不久前有学者对《唯识三十颂》梵本原文中"vijñapti"一词提出与玄奘法师译文不同的译法，认为梵语"vijñapti"是"了别、表别"的意义，而不是玄奘法师所译的"识"义。近来又有学者谈论"vijñapti"一词的译义问题，确认vijñapti是"了别"义，而不是"识"主。[①] 问题似乎很清楚，玄奘法师将

[①] 参看慧仁《关于玄奘大师〈唯识三十颂〉翻译问题之辨析》，《法音》2003年3期。

周贵华：《唯识与唯了别》，《新中国哲学研究50年》中卷，人民出版社2005年版，第1369—1379页（此文是一篇富有创见的学术论文。无疑，这是一家之说，留下可供评论的空间仍然不少）。

vijñapti译作"识"义，如果不是误译，便是不够准确。这不仅是一个梵汉对译的学术问题，也是一个唯识哲理的理论问题。笔者觉得有必要进行一次认真的思考和仔细的探讨，以便弄清玄奘法师的译文（把 vijñapti 译作"识"）是否正确。

"vijñapti"一词出现在梵本《唯识三十颂》的第 2、3、17、25、26、27 六个颂里，其中除第 2、3 两个颂外，其余四个颂的 vijñapti（识）是与 mātra（唯）组成一个复合名词"vijñapti-mātra"（唯识）。到了第 28 颂，vijñāna（识）代替了 vijñapti 组成另一个复合名词"vijñāna-mātra"（唯识），这就是说，颂文作者世亲菩萨似乎把 vijñapti 与 vijñāna 等同起来，二者在《唯识三十颂》的理论体系中可以交替使用。玄奘法师很有可能体会到这一理论要点，因而把这两个不同形式的名词都译成"识"。或问：vijñāna 与 vijñapti 二者是表示同一"识"义吗？我们不妨从这两个词的词根说起。vijñāna 是由名词 jñāna 加上前缀 vi 构成（vi-jñāna），同样，vijñapti 是由 jñapti 加上前缀 vi 构成（vi-jñap-ti）。jñāna 和 jñapti 二者来自同一词根"√jñā"（属于第 9 动词变位）。jñāna 是从"√jñā"的直陈式异化而成的抽象名词。jñapti 是从"√jñā"的役使式异化而成的抽象名词。jñāna 和 jñāpti 是否表示同一义？玄奘法师对此有权威性的诠释：

> 毗助末底执慧为疑，
> 毗助若南智应为识，
> 界由助力义便转变，
> 是故此疑非慧为体。[①]

此中"毗助若南智应为识"正是阐述 jñāna（智）转义为 vijñāna（识）的理论。"毗"是前缀 vi 的音译，"助"是汉字，

---

① 护法等菩萨造，三藏法师玄奘译：《成唯识论》，第七卷。

意即"帮助、增加、连接"(事实上是连字号"-")。"若南"是动词"√jñā"(或名词 jñāna)的音译,意即是"智"。"毗助若南"还原为梵语便是"√jñā"(或 jñāna)加上前缀 vi,合成为"vijñā"(或 vijñāna),从而将"智"(√jñā, jñāna)转义为"识"(√vijñā, vijñāna)。√vijñāna 的直陈式是 vijānāti(认识、知道),由此进行抽象名词化后,变成为 vijñāna(识)。动词 vijñā的役使式是 vijñāpayati,由此进行抽象名词化后,转义为 vijñapti(识)。可见, vijñāna(中性名词)和 vijñapti(阴性名词),二者词形不同,但二者同具的基本意义"识"并没有改变。至于 vijñāpti 为何在《唯识三十颂》的第 2、3 二颂中译作"了、了别"?玄奘法师在《成唯识论》(卷二)阐述"识"的能缘作用时说:"此识行相所缘云何?谓不可知执受处了。了谓了别,即是行相,识以了别为行相故。"又说:"……相分是所缘,见分名行相。"玄奘法师的这些论述是在给识的能缘作用下学术性的定义:识的能缘作用是"见分",见分又名为"行相",而行相也就是"了别"(用普通的术语说,就是"特征、特性"), vijñāna 和 vijñapti 二者同是"识",同具"了别"行相,为什么在第 2、3 颂中不用 vijñāna 的了别行相,而用 vijñapti 的了别行相?这自然是颂文作者世亲菩萨圣智的决定。我们只能作这样的推测: vijñapti 是从"√vijñā"的役使式(vijñāpayati)异化而成的抽象名词,它所保留的"了别行相"比较突出,用它来表述第 2、3 二颂的内涵(有关识的一个重要特征"了别")显得更加合适。而玄奘法师将出现在这两个颂里的 vijñapti 译作"了、了别"则完全与颂文作者在唯识理论上的要求相吻合。

二　"vijñaptir viṣayasya"的译义问题

在上一节,我们讨论了 vijñapti 一词既有"识"的本义,又

有识的"了别"义,以及后者(了别)被用于第 2 颂和 viṣaya
结合,构成一个依士释复合短语(不一致定语与名词的组合)
"vijñaptir viṣayasya"。这个短语直译为"境的了别"或"了别于
境"(属格作位格解)。玄奘法师则译作"了别境识"。此"识"
字,不见于梵语原文,是玄奘法师对原文作的补充。法师这个
"识"的补充是否必要?是否符合原文含义?按照我们对原文的
理解,"境的了别"中"了别"是指"八识"中哪个识的了别?
没有说明,易起误解。然而,此第 2 颂的了别,属于前六识的了
别(前六识的行相、特征),这对唯识学专家来说,是不言而喻
的。安慧论师(Sthirmati)在解释第 2 颂时明确地说:"此三能
变者,谓异熟,谓思量,与谓境了别。……由色等境现似故,眼
等六识,于境了别。"① 这就阐明第 2 颂的了别,就是前六识的
了别(行相)。安慧论师所谓"于境了别"是解释识的了别(能
缘、见分)与境(所缘、相分)接触的关系。而这个识(在第
2 颂里)是特指"前六识"而说的。因此,我们可以这样认为,
玄奘法师在翻译 vijñaptir viṣayasya(了别境)时特意补充一个
"识"字,组成"了别境识",不仅是必要的,而且具有理论上
的重要意义:第一,点明在第 2 颂里的了别(vijñapti)是前六识
的了别,而不是别的识的了别;第二,提醒读者不要忘记 vijñap-
ti 的本义是"识","了别"只是它的行相,以及二者(识、了
别)在唯识理论上的位置和关系;第三,帮助读者准确地学习、
了解《唯识三十颂》的理论体系。

---

① 徐梵澄译:《安慧〈三十唯识〉疏释》,中国佛教文化研究所 1990 年版,第
7—8 页。

周贵华的论文(见《唯识与唯了别》,《新中国哲学研究 50 年》中卷,人民出
版社 2005 年版,第 1369—1379 页),如果不是忽略,便是似未理解这一"八识理论
要义"。

三 "asamviditakopadisthānavijñaptikam" (不可知执受、处了)的读法

这是《唯识三十颂》第 3 颂中的一个复合词。如何读法，即如何将复合形式中的各个成分（单词）分开来读，按六离合释（梵语构语法），可以有几种读法。

1. 作为持业释复合词。在复合形式分解后，其中定语与所限定的名词处于同位状态（二者的性、数、格一致）。读如下：

asamviditakam（不可知）upādim（执受）；

asamviditakam（不可知）sthāna（处）；

asamviditakām（不可知）vijñapti（了）。

在这表里，定语"不可知"支配（限定）着"执受、处、了"三个名词。就是说，"识"的三个行相（特征）都是不可知的。

2. 作为相违释复合词。在复合形式解体后，它的各个成分（名词）独立分开。读如下：

asamviditakopādi（不可知执受）；

sthāna（处）；

vijñapti（了）。

这个模式表示"识"的三个不同的特征：不可知执受、处、了。而定语（asamviditaka）只与名词（upādi）结合，组成一个依士释的复合词"不可知执受"（asamviditakopādi）。

3. 按安慧论师的解释。安慧论师认为识的"执受、处、了"都是"不可知"。他把这一个复合词分为两部分：

第一部分：不可知执受处。

第二部分：不可知处了别。

他对第一部分解释是："于此不可知执受处，于此处不可知处了别，此是阿赖耶识。此之谓不可知执受处了。执受者，近取也。……又彼执受，不能一一分别此即是此，故曰不可知。"他对第二部分的解释是："处了别谓器世间位了别。此识亦由不断所缘行相而起故，说为不可知……"① 安慧论师如理讲清楚"阿赖耶识"的三个特征："执受、处、了"，而这三者"由此所缘性甚微细故"，所以都是"不可知"。安慧论师似乎把 asamviditakopādisthānavijñaptikam 作为持业释复合词来分析，看来是正确的。这也证明玄奘法师的译文是对的。

本文是一篇发言稿，用以参加有关玄奘法师《唯识三十颂》译文的讨论，试图论证玄奘法师译文的准确性。提出的论点未必正确，只是随喜功德，供对此讨论有兴趣的学者参考、批评。

（原载《法音》2006 年第 2 期）

---

① 徐梵澄译：《安慧〈三十唯识〉疏释》，中国佛教文化研究所 1990 年版，第 9—10 页。

《〈入论〉汉译问题试解》

最近根据《因明入正理论》梵文原著对照玄奘法师的汉译，我再次学习，似有若干新的体会：

一 《入论》的初颂（八门二益），
可以理解为开章的"归敬颂"

"归敬颂"是古代印度文坛的一个独特的写作通则、规格。无论文艺创作者，或宗教—哲学理论家，他们在自己作品的最初一页上所写的第一个颂，几乎无一例外地是"归敬颂"。归敬颂通常包含如下内容提要：（一）对神明和前辈作家表示尊敬与归依，祈求他们赐予智慧与加庇；（二）说明作品的主题思想和全书纲要；（三）表明写作的目的与动机；在于阐述正确的理论体系，或在于辨明、能决学术上的疑难问题。

古代佛教理论大师，可以说，一律遵循这样的格式来开始写作。请看龙树菩萨《大智度论》的缘起论（归敬颂）：

智度大道佛善来，智度大海佛穷底；

智度相义佛无碍，稽首智度无等佛；

有无二见灭无余，诸法实相佛所说；

常住不坏净烦恼，稽首佛所尊重法。

作者在这两个颂里，首先对佛陀和佛所尊重的法（过去、现在、未来三世诸佛所说的教义）稽首敬礼，信受奉行；其次，说明撰写《大智度论》的目的，在于消灭"有无"二见，在于实践智度理论，求证诸法实相的超验境界。

再看龙树菩萨在他的《中观论·因缘品第一》里所作的两个卷首归敬颂：

不生亦不灭，不常亦不断；

不一亦不异，不来亦不出。

能说是因缘，善绝诸戏论；

我稽首礼佛，诸说中第一。

这两个颂的第一颂的四句是作者首先用来概述《中观论》的"八不理论"的主题和框架。其次，在第二颂里，作者点明"八不理论"就是"因缘"理论（即缘生偈："众因缘生法，我说即是空，亦为是假名，亦是中道义"）；而作者郑重表示，他阐述这一佛家的重要哲学，目的在于"熄灭诸戏论"（戏论，即种种非佛家学说）。最后，作者肯定地认为，中观哲学的"八不理论"是属于释迦牟尼佛陀所说的正法，故他向佛陀顶礼致敬，称赞佛陀乃智者中最神圣、最睿智的第一智者，佛法乃所有哲理中最正确、最圣洁的哲理。

又如马鸣菩萨在他的《金刚针论》所作的卷首归敬颂：

南无妙德主！

身口意敬礼，妙音世之师；

马鸣如理趣，阐述金刚针。

"妙德"和"妙音"是文殊菩萨的称号，作者首先统一自己的身、口、意三业，虔诚地向文殊师利菩萨顶礼致敬，然后向菩

萨表示自己的心愿；将"如理趣"（按照佛家正确理论方向），
阐述金刚针论（一篇批判婆罗门教一神论和种姓制论文）。马鸣
菩萨这个归敬颂，形式简明，但包括两个要点；一是向文殊师利
菩萨稽首致敬；二是表明按照佛教正确的理趣，写作批判婆罗门
教的《金刚针论》。

现在，让我们来学习因明论师在他们的著作中所作的归敬
颂。首先是陈那《因明正理门论》的卷首归敬颂：

> 为欲简持，能立能破，
>
> 义中真实，故造斯论。

这个颂的形式，看似简短，但包含重要的内涵。第一、作者
在颂的前两句里，鲜明地具体地列出本论的主题和纲要；第二、
作者在颂的后两句交代清楚他写作《正理门论》的目的是打算
扼要地阐述"能立能破"的真实义理。

法称《释量论》第一章的卷首归敬颂：

> 敬礼普贤尊，光辉遍照者。
>
> 甚深广大相，摧毁分别网。

这个归敬颂是典型的。作者首先向普贤菩萨顶礼致敬，请求
加庇；然后在后一句表明他造论的目的在于"摧毁分别网"（即
消灭一切背离佛家正理的异端邪见）。

再看天主《因明入正理论》的卷首颂：

> 能立与能破，及似唯悟他；
>
> 现量与比量，及似唯自悟。

卷首颂，是归敬颂的一个形式，作者在本颂的前两句，郑重
地表明他将采取正确的"能立与能破"的佛家逻辑，因明学来
启发还未明白或尚不懂得因明义理的人，使之领悟，以至掌握这
门因明科学；同时，作者在颂的后两句里严肃地表示是在运用正
确的"现量与比量"的推理来提升自己的思维科学（即所谓正

智）。这个颂，又称为"八门二益"颂，它充分展示着作者"利他与自利"的慈悲益世的菩萨思想。

最后，我们不能不来欣赏十一世纪耆那教逻辑大师柯利贤（Haribhadra）在他的《因明入正理论疏》所作的卷首颂。这个颂是一个典型的包含多方面内容的归敬颂：

> 稽首敬礼，正等智慧，宣教导师，耆那自在；
>
> 入正理论，因明注疏，我今制作，显了其义。
>
> 诸真智者，虽已述作，综合根据，广为宣说。
>
> 我无妙慧，复少兴味，但为众生，起怜悯故。

在这归敬颂里，作者首先向以前的逻辑导师稽首致敬；其次，表示将制作《因明入正理论疏》来解释《入论》的理论体系，以及有关的疑难问题，第三，赞扬前辈论师注释宣讲《入论》的功德；第四，自谦虽少智慧，但为怜悯与利乐众生，故造此注疏。柯利贤论师的这个归敬颂可以说是归敬颂形式的样板。

二　梵语《入论》中副词 eva 的译法与妙用

梵本《入论》一节关于因同品、因异品的原文：

梵语原文：tatra kṛtakatvaṃ prayatnānāntariyakatvaṃ vā sapak-ṣa evāsti vipakṣe nastyeva ityanityadau hetuḥ

汉语直译："在这里，所作性或勤勇无间所发性，于同品中肯定有，于异品中肯定无。如是因在无常等。"

奘师翻译："此中所作性，或勤勇无间所发性；遍是宗法，于同品定有，于异品遍无；是无常等因。"

从梵语原文和对原文的两种译法来看，似有两个值得讨论的问题。一个是原文中的两个副词"eva"的作用及翻译；一个是原文没有"宗法"一语，但在奘法师的译文中却增补了"遍是宗法"。我们先来讨论第一个问题，梵语副词"eva"是一个加强气语的不变词，直译可作"肯定地、确实地"。这节原文有两个 eva，一个插在 sapakṣa 与 asti 之间，表示所作性或勤勇无间所发性（因）在同品中肯定地有；另一个插在 vipakṣe nasti 之后，表示所作或勤勇无间所发性（因）在异品中肯定地无。在词义上把两个"eva"同样译作"肯定地"是确切的，然而，同品和异品是两个相异的逻辑范畴，二者与因的关系恰好是一正一反的关系。"eva"在这两个不同的逻辑范畴里所起的强调作用显然是有所区别。如何识别这一区别？如何在汉译中把它合乎因明原理地反映出来？玄奘法师敏锐地观察到这一点，因而把同一梵语语气副词"eva"译成为不同的副词性的汉语单词，即"遍"和"定"，并以前者（遍）修饰第一相（遍是宗法性）的"是"字，和第三相（异品遍无性）的"无"字；以后者（定）修饰第二相（同品定有性）的"有"字。这一译法完全符合因三相的逻辑原理；因为"遍"字说明了因对宗（有法）的包摄或周遍的程度和范围，并且使因与同品和因与异品的一正一反的关系鲜明地揭示出来；而"定"字反映奘法师在翻译《入论》的同时，已为翻译《门论》作准备；这就是说，他把强调第二相（同品中有）的"eva"译作"定"，是为九句因的第八句正因（同品有非有异品非有）作伏笔，或者说，预设论证。显然，奘师的这一译法——把原文的两个"eva"分别译作"遍"与"定"在因三相的逻辑关系中，无疑是起到了画龙点睛的作用。

　　11 世纪耆那教因明学者柯利贤论师在他的《入论疏》（Nyāyapraveśavṛtti）中也有对"eva"的精辟论述——

　　问：这里表示强调语气的 eva 是要说明什么？答"此中 eva是为了说明'于一处有'，在同品中［因］于一处有，无有过失。"其次，表明勤勇无间所发性等是正确因，遍于同品一处，而此一处远离异品。

柯利贤论师这段释文中有两个关键性的词，即"遍"（vyɑpin）和"一处"（ekānta）。一处，是说同品范围内的一部分；遍，是说因遍于其同品中的一部分，而不一定要遍及同品中所有部分，而这一部分恰恰又是与其异品绝缘的。天主在"同品有、异品无"之后使用加强语气的"eva"正是要阐明因与同、异品的一正一反的逻辑关系。柯利贤论师这个解释——因"遍于同品一处"，"而此一处远离异品"，与玄奘法师的汉译——同品定有异品遍无，在意义上毫无二致。柯利贤和奘法师对"eva"的理解如此默契一致，说明这两位因明权威有关因与同、异品的阐述是完全正确的。

三　梵语原文缺宗法性问题

在上节，我们根据柯利贤论师的释文，阐明了两个问题中的第一个问题，即原文中的两个"eva"的作用和汉译问题。现在，讨论第二个问题，即原文没有提宗法性问题。

柯利贤论师在上节关于"eva"的解释之后，补充一则有关的对话：

问：如果［因］于同品中有，则在此之外，余处［因］于宗［有法］非有故，法性不能成立。答：不是定理未被理解故；宗法性不言而喻故。

在这里，有人提山质疑：上节原文没有提及第一相（宗法性）。因除了于同品中有、异品中无之外，不与宗法性（宗有法）发生关系；果如是，便缺宗法性，整个论题便不能成立。论主回答："不是定理未被理解，宗法性不言而喻故。"不言而喻，似有二层含义。第一，"说因宗所随"这个定理，不言而喻，天主论师是完全理解的。第二，在讨论同、异品时，宗法性（定理）的存在是不言而喻的，但没有必要用具体形式表现出来（这反映柯利贤论师是在遵循"同、异品应除宗有法"的规定）。然而，奘法师的汉译却把原文所缺的"宗法性"补上（遍是宗法性）。这是为什么？我们推测其原因是：其一，因的第一相是正因相；第二、第三相是助因相。在这里即使是重点阐述后二相，也应首先冠以第一相，表明助因相的作用在于加强、支持正因相的能立功能，从而具体地体现"说因宗所随"的原理。其二，这段原文是对因三相理论的总结，应该三相并提；这样做，又可以和原文初页中最先提出的因三相次序相应、一致。其三，基于如上的考虑，替原文补写"宗法性"，并非在与论敌辩论时，否定"同、异品除宗有法"的作法。

四　关于"若于是处，显因同品，决定有性"的读法

梵语原义：yatra hetoḥ sapakṣa evāstitvaṃ khyāpyate

汉语直译："在这里因于同品中的肯定有性能揭示出来。"

奘师译文："若于是处，显因同品，决定有性"

原文是喻支中同法喻的定义，句型是一个主谓结构、被动态的直言判断句。同样，汉语直译的句型也是一个主谓结构、被动态的直言判断句。柯利贤论师对这句原文有准确的解说。他说：

所指之因，即所说之相，在同品中的肯定性被揭示出来。在同品中，即所说之相在同品之中；有性，即存，在被揭示出来，即用语言表述出来。

柯利贤论师这个解释完全契合原文含义。

奘法师的译文是主从蕴涵的假言判断句。我国学者很可能据

此而误读成两个句子，把"因于同品中"误作一个"因同品"的术语。按原文的句型和句义，这个被动态句子是在于强调因（所作性）在同品中肯定存在，并非在构筑一个"因同品"的术语。基于此，奘法师的译文"显因同品，决定有性"，应读作"因于同品中，决定有性。"这句话里的"同品"实质上是"同法"的异名，根据论主天主对因支的"品"利喻支的"法"所下的定义，如果说这里的"同品"可以理解为"因同品"的话，那么其内涵显然比宗同品丰富得多；前者既同延于宗有法（所作性），又同时联系着宗法（无常）；后者仅与宗法（无常）发生关系。有些学者把这个定义理解为"显因及同品（宗同品）俱决定有"，这就不无牵强之嫌。

五　关于宗支译文的删节

梵语原文：tatra pakṣaḥ prasiddho dharmi prasiddhaviśeṣeṇa viśiṣṭaya svayaṃ sadhyatvenepsitaḥ/pratyakṣādyaviruddha iti vakyaśeṣaḥ/tadyathā/nityaḥśabdo 'nityo veti//

汉语直译："在这里，宗是极成有法，以有极成能别及差别性故；按照自己意愿，所成立性。还应补充：不违现量等。例如，立声是常或是无常。"

奘师译文："此中宗者，谓极成有法，极成能别，差别性故。随自乐为，所成立性，是名为宗。如有成立声是无常。"

核对原文，奘法师在译文中作了两处删节。一处是pratyakṣādyaviruddha iti vakyaśeṣaḥ（余言应说：不违现量等），按原文，这个句子是在"……是名为宗"与"如有成立声是无常"之间。句中的"余言"意即"补充说明"。天主在给"宗"定义后，再补充一句"不违现量等。"在天主看来，这句话是成立一个极成的宗的前提。天主提醒立论者，尽管立宗可以"随自乐为"，但不要忘记"不违现量等"这个重要前提，否则，所立宗便成"似宗"。事实上，这句话也是为下文所论的似宗而作规定——之所以成为似宗，就是因为所立的宗与现量等相违。奘法师在译文中删去这个句子，似乎是因为他认为在宗支的定义中，只讲成立极成的所立；即仅仅阐明正宗，不涉及似宗。因此在论述正宗时，"不违现量等"这个前提，是不言而喻，毋须明言。

关于第二处的删节是"声常"二字。按原文，tadyathā/nityaḥ śabdo'nityo veti//（例如，成立声常或无常）。这个例句是一个选言句型，用以说明"随自乐为，所成立性"，谁都可以按照自己的意乐成立所立："声是常"，或者"声是无常"。原著作者的用意是显然的：执声常者（尤其是吠陀语法学家或声论师）可以按照自己的意乐成立"声常"宗；持声无常论者（特别是佛教徒）也可以按照自己的意乐成立"声无常"宗。奘法师的译文中，把原文的选言句型改为直言句型；删去"声常"，留下"声无常"作例子。从逻辑和语言角度看，删去"声常"无关宏旨。但从佛教徒的立场说，把"声常"删去，似有特殊意义。在印度，无论是婆罗门教传统的正理论派或是佛教的因明学派，他们首先是宗教家和哲学家，其次才是逻辑学家。对他们说来，逻辑仅仅是手段，而不是目的；哲学才是目的。在任何一个辩论场合，他们总是利用各自的逻辑手段来达到宣传本宗或本派的主张的目的。不难理解，在所有重要的正理和因明论著中，开宗明义就有作者表明自己写作目的的卷首献词（归敬颂的形式）。天主在《入论》的开章颂中就说得很清楚：他撰写《入论》在于"悟他 parasaṃvide"（启发他人的正智）和"自悟 ātmasaṃvide"（提高自己的觉悟）。柯利贤论师的《入论疏》有两个开章颂（归敬颂）；一个表示为了把"入论"的因明原理表述清楚；一个表示为了怜悯众生而写。不消说，玄奘法师作为一位伟大的佛教徒和梵汉佛典权威，在译述三藏圣典中自然怀有同样自利利他的崇高愿望。这里，他把"声常"二字删去，突出地反映他如何高度地热爱佛教教义，如何坚定地维护佛教正统；因明正理的首要任务在于宣传自宗的哲学。"声常"是外道邪见，"声无常"是佛教的正见。一个真正的佛家因明论师不能单纯地为讲因明而讲因明，应该借助因明这个科学的推理工具来传播自宗的佛教哲学。就以《入论》而言，它应该重点地宣传佛教正确观点：一切有为法（包括声在内）皆是无常。基于这一看法，在译文中列举正面的例子"声是无常"就足以说明问题，不必再引反面观点"声常"。奘法师之所以把原文"tadyathā/nityaḥ śabdo'nityo veti//（例如成立声常或无常)"译作："如有成立声是无常"，而删去"声常"的例子，其理由很可能就在于此。

如上讨论，是我自己提出的，自己解释的问题。我的解释是否恰当，暂且不论。但是本文的目的在于力图论证奘师《入论》的译文的准确性和艺术性这一点，则是它的作者的本意。

（原载《因明新论》，中国藏学出版社 2006 年版）

印度"原人说"与中国"原人论"

引　言

在中国佛教哲学史上，讲"原人"哲理的哲学家似乎只见华严宗宗师之一宗密法师一人（706—841）。他写作了《华严原人论》，创立了以"原人"为第一范畴的哲学范畴系统。原人的原始形态可以溯源于印度哲学史初页、公元前的吠陀经。宗密法师的《原人论》似可推测为印度原人说曾经间接传播到中国并在中国获得新的发展。"间接传播"意思是说，在汉译佛教经论中，尚未见有佛家论师评说吠陀"原人"理论的记述。宗密法师的"原人论"是他本人独创的中国原人理论，而无意中、凑巧似的，与印度的原人说相类似，但无直接传承的关系。

《梨俱吠陀》是一部神曲集，成书约于公元前1500年，是婆罗门族诗仙、神学家和哲学家的集体创作。全书共收1028支神曲，编为10卷。其中有一支神曲叫做《原人歌》（第10卷，第90曲），作者名叫那罗延（Nārāyana）。他正是第一位吠陀诗仙、哲学家提出"原人"这一抽象概念，把它人格化为一个具体之神，一个同时是超验性和经验性的原人的原始形态。

让我们先来讨论印度的原人说。

一　印度的原人说

按印度古代哲学史，印度的原人说有二个发展阶段：第一个阶段为"吠陀原人说"；第二个阶段为"奥义书原人说"。在上篇《原人奥义探释》一文中，已经将这二个阶段的印度原人说作了系统的阐述。本文为了便于与中国原人说比较说明，特在这里扼要地复述该文的部分主要内容。

Ⅰ. 吠陀的原人说：

印度的始作祖师是印度上古时期的吠陀哲学家那罗延仙人（Nārāyana Nattya）。他创作了一支描绘印度古代社的神曲《原人歌》。这支《原人歌》在神曲形式的外在包装下，蕴藏着微妙而深奥的宇宙哲理内涵。就其复杂、奇妙的特征（概念）来论，它正是一个简明的原人哲理范畴系统：

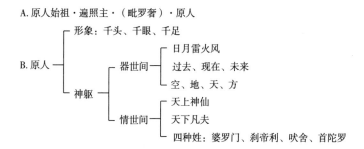

从这个原人范畴系统，可以清楚地看到：（一）原人是范畴系统中的最高范畴、根本范畴。原人本具"体"与"相"的两个方

面：体，是超验性的绝对；相，是经验性的相对。相对性的原人有三个发展的阶段：1. 原人始祖；2. 遍照主神；3. 原人处在前两个阶段的状态时，表现为一种无形相的超验性存在；到了后一阶段，原人便转变为有形相的超验性形象。（二）超验性的原人天然地具有超验性的创造力，所以能够创造包括人类四种姓在内的宇宙万有。

Ⅱ. 奥义书的原人说

奥义书是印度哲学思想的总源头。印度传统的主要哲学流派，包括佛教哲学在内皆可寻根问底于它们。奥义书被誉为伟大的世界著名哲学全书之一。奥义书因为是专门探讨和阐述吠陀哲理的，所以得名"吠陀哲学的总结"。奥义书哲学家在对吠陀哲学的总结中，主要是对吠陀原人原理进行总结，并在这基础上作了创造性的发展。他们提出两个新的概念——"梵"与"我"，并赋予这二者与原人一样的经验性和超验性的特征和内涵，由是构成奥义书哲学的理论核心：原人即梵、原人即我的"原人、梵、我"三位同一超验本体的本体论原理。正如《疑问奥义》（Ⅵ.5）所说："……不死原人，于此大地，永放光辉；不死原人，内我为体，永放光辉；他正是我，此是不死，此即是梵，此即一切。"这则奥义完整地阐明"原人、梵、我"三者在超验意义上同是超验实在的"符号、密码、范畴"，是相即相异、相异相即的奥义。

为了对原人原理作更完整的表述，奥义书哲学家制作了一系列以原人为第一范畴的范畴系统。兹举其中几个比较典型的范畴系统如下：

其一，12 范畴系统。奥义书哲学家设想经验世界共有 12 种现象（范畴），原人就在它们之内，也就是说，它们是原人外现的 12 种形式：

$$
原人 \begin{cases} \left.\begin{array}{l} 日、月、闪电、虚空 \\ 风、火、水、镜子 \\ 人行步声、四维、影子 \end{array}\right\} —（物质世界） \\ 我（精神世界） \end{cases}
$$

最后一个范畴"我"意指肉体内的意识。

其二，16 范畴系统。这是在 12 范畴基础上发展而成的系统，主要增加若干精神范畴，共有 16 个：

$$
原人 \begin{cases} \left.生命、信仰、意识（精神范畴）\right. \\ \left.\begin{array}{l} 虚空、风、光、水、地 \\ 五根、食物、精力、苦行 \\ 神曲、业、世界、世界诸名 \end{array}\right\} —（物质世界） \end{cases}
$$

在这里，精神范畴的增设意味着原人哲学越来越向唯心论倾斜，并为后奥义书的哲学流派制作原人范畴系统提供了一个蓝本。

其三，七级精神升化系统。这个系统主要讲超验原人外现的精神现象有高低级的区别，即从低级精神境界逐级上升到最高级的精神境界"原人"——回归到超验实在：

境……高于……根（感官）

意……高于……境

觉……高于……意

大我……高于……觉

不显……高于……大我

原人……高于……不显

无有……高于……原人

最后一级"无有"是说没有任何高于原人的境界。这是精神升级的终点，是最高的精神境界。①

---

① 《石氏奥义》1、3、10—11。

以上三个范畴系统，前二个是按横向阐述原人的"演变→复归"过程，后一个是按纵向阐述原人的"演变→复归"过程。后者（七级精神升化系统）对后奥义书的哲学流派产生极其深远的影响——推动客观唯心主义逐步发展成为主观唯心主义的一元论和二元论。

二　中国的原人论

（一）中国的"原人论"即本文"引言"中指出的宗密法师所撰的《华严原人论》[①]。宗密法师在他这部哲学著作中提出一个"五级精神升化范畴系统"：

第一级：人天境界；

第二级：小乘境界；

第三级：大乘法相境界；

第四级：大乘空相境界；

第五级：一乘显性境界——最高的原人境界。

这个哲学范畴系统是在阐明"原人"既是最初的同时也是最高的范畴。在宗密的绝对唯心理论中，"原人"是"迷悟同一真心"。此心（精神）通过长期苦修菩萨行、佛行，逐步净化升华，实现完美极致，从而证悟到最高的原人境界。这一境界，宗密法师在他的《华严原人论》的结论中是这样描述的："……故须行依佛行，心契佛心，正本还原，断除凡习，损之又损，以至无为自然，应用恒沙，名之曰佛。当知迷悟同一真心。大哉妙门，原人至此。"《华严原人论》这个结论清楚地反映"五级精神升化范畴系统"就是一个典型的"演变→复归"的哲学过程，

---

① 《大正大藏》第45卷，第710页。

是中国佛教哲学运用于构建范畴系统的范例。

（二）《华严原人论》的"五级精神升化范畴系统"若与上节《石氏奥义》的"七级精神升化范畴系统"联系起来观察，便可发现在这两个范畴系统之间存在着若干明显的类似点。首先，两个系统的构架形式和范畴术语不一样，但都在表述同样的经验性和超验性的物质现象和精神现象。其次，两个系统采用同一"演变→复归"的哲学模式来阐述"演变→复归"过程的终点、最高的精神境界"原人"。《华严原人论》说："当知迷悟同一真心"。心，即"意识"。迷，即"迷惑"；这是说，意识处在"五级精神升化系统"的第一级、有漏的迷惑阶段。悟，即"觉悟"；这是说，意识正在经历"五级精神升化系统"的无漏的、后四级的不同程度的觉悟。显然，《华严原人论》的"五级精神升降范畴系统"是以纯粹的"真心"作为理论基础的。《石氏奥义》的"七级精神升化系统"中，前三级是经验性的，后四级是超验性的。意识先在经验性的前三级完成修持活动之后，再按超验性的后四级次序逐级上升到最后一级"原人"。这表明奥义书哲学家是为阐述"意识→原人"的理论而制作"七级精神升化范畴系统"的。

（三）是否可以由此推论《华严原人论》的范畴理论和《石氏奥义》的范畴理论之间存在着前者继承、发展后者的传承关系？答案是否定的。《石氏奥义》是公元前10—5世纪的印度古书，而《华严原人论》是公元后7世纪的中国哲学论文；前者阐述印度奥义书哲学，而后者专论中国佛教哲学。因此，在二书之间，无论从历史角度看或从哲理角度看，都找不到传承关系的痕迹，何况《原人论》的范畴系统远比《石氏奥义》的范畴系统精致、合理。其次，"原人"的梵语是 Puruṣa，在汉译佛教经论中常作单数、阳性名词，音译为"绀补娄沙、补卢沙"，意译为"人、人者、男人、丈夫、士夫、大士、我、人我"等，未见有译作哲学化的抽象术语"原人"。南朝梁真谛法师（499—569）所译的《金七十论》——数论学派的二元论经典，内有一个"25 冥谛"的范畴系统；其中最高范畴是两个：puruṣa 和 prakṛti，前者（puruṣa）译作"神我"，后者（prakṛti）译作"自性"。"神我"是一个哲学化的术语，但不反映吠陀和奥义书的"原人"原义。这些情况很能说明宗密法师在《原人论》里制作以"原人"为最高范畴的范畴系统是他个人根据佛教教理创造性地提出来的。

三　结束语

通过以上的讨论，本文可以这样总结：印度的"原人说"比中国的《原人论》早出 1000 余年，前者对后者没有产生过任何理论渊源上的影响，而后者在理论体系和范畴构筑方面则较前者优越。中国《华严原人论》的"五级精神升化范畴系统"与《石氏奥义》的"七级精神升化范畴系统"二者的相同点，看似是一种巧合，但是，二者的理论实质同是唯心—唯识的思想，后者是不受时空制约的。因此，可以说，二书之间的相似、相同点，不是巧合，而是二者因同属唯心—唯识的思想体系而自然而然地会合，尽管二者产生的时间和环境各有不同。

（原载《觉群，学术论文集》第三辑，2004 年）

"净土"的现代意义

一 "净土"是一个遥远的星球

小品《阿弥陀经》说："从是西方过十万亿佛土，有世界名曰极乐。"这是说，连接着我们这个世界西边的世界，数有十万亿个；极乐世界还要远，是在这十万亿世界之外。又说："……如是等恒河沙数诸佛，各于其国，出广长舌相，遍覆三千大千世界，说诚实言。……""三千大千世界"泛指无边无限的空间，十万亿国土，似乎也包括在内。"三千大千"这个数字，按《阿含·世纪经》的算法，是这样算出来的：一对日月所照临的范围（地球）为一个世界，这样的世界的千倍为"小千世界"；小千世界的千倍为"中千世界"；中千世界的千倍为"大千世界"。小千、中千、大千三者合称为"三千大千世界"。《大智度论》（卷七）和《俱舍论疏》的计算也大致如此。或问：世界"三千大千"如此之多，极乐世界离我们这个世界西去十万亿佛土如此之远，这些数字是准确的吗？虔诚的佛教徒的答复也许是肯定的。非佛教徒，如果从科学的宇宙论视角来观察，即便对此不能肯定，但也很难完全否定。因为"十万亿佛土"或"三千大千世界"不过是无穷大的约数,它的实际意义是说在我们这个世界之外,还有数如恒沙的其他世界,正如我们常说的,除了本星球,还有外星球。外星球知多少?现代天文学家已观测到银河星系和河外星系,各有无数亿星球,和本星球的距离,既使以光年来计算,也难以算得清楚。宇宙论科学家还在研究地外生命起源,推测某个地外星球可能有智慧生命的存在。我们可以据此推断,极乐世界,如果不是银河星系的,便是河外星系的一个星球;那儿有可能生活着"无有众苦,但受诸乐"的智慧生命。

二 "净土"是一个物质性的星球

净土—极乐世界是宇宙间的一个星球。它的始基、本原是物质还是别的什么?我们不妨以本星球(地球)为例。远在吠陀时期,印度仙人、哲学家围绕着世界本原是什么、如何形成的问题进行长时期的探索和讨论。他们的意见,归纳起来,主要有两派。一派执神创造了世界:

> 原人之神,微妙现身,
> 千头千眼,又具千足;
> 包摄大地,上下四维,
> 巍然站立,十指以外。
>
> 原人之口,是婆罗门;
> 彼之双臂,是刹帝利;
> 彼之双腿,产生吠舍;
> 彼之双足,出首陀罗。
>
> 彼之胸部,生成月亮;

　　　彼之眼睛，显出太阳；
　　　口中吐出，雷神火天；
　　　气息呼出，伐尤风神。

　　　脐生空界，头现天界，
　　　足生地界，再生方位，
　　　如是构成，此一世界。

（《梨俱吠陀》X. 90）

这几个颂以神话形式讲出执神创世论者的观点。与此看法相左的
另一派认为，物质原素是构成世界的基本材料：

　　　太初宇宙，混沌幽冥，
　　　茫茫洪水，渺无物迹。
　　　由空变有，有复隐藏，
　　　热之威力，乃产彼一。

　　　彼生何方，造化何来？
　　　世界先有，诸天后起。

（《梨俱吠陀》X. 129）

"世界先有，诸天后起"反映持这种见解的仙人并不否认神的存
在，但不承认神创造了世界，因为在他们看来，世界是先于神的
存在而存在。到了奥义书时期，这个本体论问题有了新的发展，
形成鲜明的两派观点。一派奥义书哲学家提出设定的"原人、
梵、我"三个抽象范畴，在哲学上，既具有"三位一体"的超
验内涵，又同时具有"一体三位"的经验内涵。按照前言，"原
人、梵、我"是绝对同一，如如不动，离言说相，离心缘相。
按照后者。"原人、梵、我"各现相好庄严的应身，天然具有超
验的神奇力量，以创世主身份，创造世界，创造生物：

　　（一）原人，由一变八，即原人的八个化身，分别创造情世间和器世间的一切（《广林奥义》Ⅲ.9.10—17）；（二）梵，"太初之时，唯梵存在。彼知自己，我就是梵。因此，梵就是一切"（同上书，Ⅰ.4.—10）："他（梵）渴望自己变成众多的化身。他先修苦行，然后创造这个世界的一切"（《鹧鸪氏奥义》Ⅱ.6.1）；（三）我，"我由自身，一分为二：阳性生物和阴性生物，二性交合，成为世界最初的夫妻，从他俩的交合中产生世界一切生物，犹如公牛与母牛……"（同上书，Ⅰ.4.2—5）；"太初之际，此界为无，从无生有，使之为我。因此称曰：美之创作"（同上书，Ⅱ.7）。这几则奥义反映执先有神灵（精神）后有世界（物质）的奥义书哲学家的观点。反对这一观点的另一派奥义书哲学家认为，世界是从一个圆形的物体发展而成的：

　　　　太初之际，此界为无，

　　　　其后为有，有复发展，

　　　　化为一卵，孵育一年，

　　　　卵壳裂开，分成两片：

　　　　一片为银，一片为金。

　　　　银者作地，金者作天；

　　　　表为群山，里为云雾；

　　　　脉为河流，液为洋海。

　　　　　　　　　　　　　（《歌者奥义》Ⅲ.19.1—2）

奥义书哲学家在这首颂诗中对宇宙本原提出一个很有意义的推测，认为我们这个世界是一个卵状的球体。这个猜测不能说完全不符合实际—科学已经证明本星球（地球）的形状像扁球体，是由坚硬的物质（岩石等）构成。我们可以由此推断，净土—极乐世界这个无限遥远的星球，它的地质、地貌等，大致和我们这个地球一样，是一个极其庞大的物质性的球体。

三　"净土"是一个极乐的星球

按《阿弥陀经》的定义，"净土"是没有"五浊"的国土[①]；反之，便是"非净土"。极乐世界没有五浊，而且"其国众生，无有众苦，但受诸乐"，当然是百分之百的净土。极乐世界的"诸乐"，按我们的理解，应是一切超高级的精神上的快乐和一切超高级的物质性的快乐。或问：极乐世界的公民们是如何创造出这些无上胜妙的快乐？《无量寿经》有很好的说明：极乐世界全体公民，人人信受奉行教主阿弥陀佛的无上甚深的圣教，发菩提心，立大誓愿："我建超世愿，必至无上道，斯愿不满足，誓不成正觉。我于无量劫，普济诸众苦。离欲深正念，净慧修梵行，志求无上道，为诸天人师。神力演大光，普照无际土，消除三垢冥，广济众厄难。开彼智慧眼，灭此昏盲暗，闭塞诸恶道，通达善趣门。"这段引文的大意是，极乐世界的公民，人人信受奉行阿弥陀佛的教导，发无上菩提心，实践自利利他的誓言。在自利方面，他们悉心修学正法，勤学瑜伽，遍习五明，及诸最新科技。在利他方面，他们无私地献身于建设一个和平、安定、平等、繁荣幸福的新世界；最充分地发挥自己的聪明才智，运用科学技术，创造精神财富与物质财富，以此来普济所有贫苦群众，解除他们的生死厄难。他们一再宣誓，不获成功，不成正觉，即使要经历无量劫。这就说明，极乐世界的"极乐"完全是它的全体公民，通过自己的智慧和劳动所创造出来的。回头看一看本星球。《阿弥陀经》说，这是"娑婆国土，五浊恶世"；也就是说，本星球是无数星球中的一个"非净土"的星球。阿

---

①　五浊：劫浊、见浊、烦恼浊、众生浊、命浊。

弥陀佛盛赞他的法友释迦牟尼佛，以大无畏、大慈悲降临这个五浊俱全的娑婆世界，行道说法，拯救这里深受五浊感染的苦难众生。本星球的公民，如果能够信奉、实践释迦牟尼佛陀的教导，以极乐世界的公民为榜样，发菩提心，行菩萨行，运用最新科学技术，无私无畏地，积极参与两个文明建设；如是坚持不懈，历劫不息，从而把我们这个"非净土"的星球，改造为"净土"的星球——把一个充满五浊的娑婆世界改造为另一个只有快乐而无痛苦的"极乐世界"，不是不可能的。

（原载《法源》2000 年总第 8 期）

梵汉迻译的奥秘

窥见玄奘法师的翻译艺术

由梵译汉的佛教三藏翻译工程，绵延相续将进两千年。在这漫长的译经过程中，出现为数众多杰出的印度和中国译师。其中最受尊敬且称得上权威译师的，首推鸠摩罗什（公元 343 至公元 413 年）。

鸠摩罗什之后，便是玄奘法师（公元 600 至公元 664 年）。玄奘法师的译经方法是"规则与艺术"的结合运用。规则是玄奘法师从译经的经验中总结出一套规则——"五不翻规则"。五不翻，是说梵语原文如果遇到与五种不宜翻译的情况之一，可以不译为汉语，但译其音，不译其意。

"五不翻规则"是：一、秘密之，故不翻；二、含多义，故不翻；三、此方无，故不翻；四、顺乎古例，故不翻；五、为生善，故不翻。以下拟从玄奘法师的译著中，列出若干例子，作为对"五不翻规则"与其翻译艺术的浅释。

所谓"秘密之，故不翻，如陀罗尼者。""陀罗尼"是梵语 dhāraṇī 的音译，意即"咒、咒语"。咒语是梵语系统中的一种特殊语类，是梵语语法规则以外的"自由语"。它的主要用途是作为诸佛菩萨声闻缘觉，以及天龙八部的密码和代号，具有甚深的宗教神秘意义。

因此，咒语的梵语原文，不宜直译其含义，只宜运用汉语语音或汉语注音符号，标出与梵音近似的读音。佛教传统认为，直接诵读咒语的梵语本音，就等于祈请到神（诸佛菩萨等）御驾亲临人间，直接接受信徒们的顶礼和献供。这样的，会为虔诚的信徒产生快速的神奇效应——如愿地获得神明的直接加庇与保护。

玄奘法师所译的《般若波罗密多心经》的经书神咒，他知道此咒蕴涵着微妙而不可思议的奥义："是大神咒，是大明咒，是无上咒，是无等等咒，能除一切苦，真实不虚。"所以，他不译咒义，但译咒音："gate gate pāragate pārasangate bodhi svāhā"为"揭谛　揭谛　波罗揭谛波罗俭揭谛　菩提萨婆诃"，而其咒意是："去！去！到彼岸去！全到彼岸去！觉悟圆满！"

玄奘法师所译的另一篇咒文：《诸佛心陀罗尼经》，他以同样"秘密之"的方法进行处理，即不译其义，只译其音："佛睇　苏佛睇　莫诃佛睇　壹底佛睇　呾呾啰佛睇　佛睇　佛睇　三摩佛睇　额鞞佛睇　没栗度佛睇　佛睇末底佛睇　莫诃佛陀末底佛睇　萨缚佛陀　额奴末帝　萨缚佛陀　额奴若帝　佛陀　佛陀　佛陀　佛陀……"

这段咒文没有梵本原文。因此按奘师的汉语音译，将之还原为梵文："buddhi buddhi mahābuddhi Itibuddhi tatrabuddhi buddhi buddhi Sambuddhi abhibuddhi mṛdubuddhi buddhimati buddhi mahābuddhamati buddhi Sarvabuddha anumati sarvabuddha Anujnati buddha buddha buddha……"

其咒意是："觉　妙觉　大觉　如是觉　于此觉　觉觉　等

觉　觉　柔觉　觉慧觉　大佛慧觉　一切佛　随慧　一切佛　随智　佛陀　佛陀　佛陀……"

翻音不翻义的规则

而"含多义，故不翻，如薄伽梵之语具有六义者。"在梵语里一词多义的单词，为数甚多。在这里列举几个比较典型的和常见的此类单词为例：

一、薄伽梵（薄伽梵、薄伽婆），是 **bhagavat** 的音译，含有"世尊、有德、德成就、总摄众德、出有、出有坏"等多义。薄伽梵，原是婆罗门教对黑天、毗湿奴和湿婆三大主神的敬语；佛教采用此语专用于尊称佛陀。

二、达摩，是 **dharma** 的音译。此词在宗教上的意义是："法、正法、教法、善法、妙法、如法、法门"等，它的世俗意义是："法则、规定、义务、德、美德、善行、宗教、伦理、惯例、习惯"等。且"达摩"一词，从它在印度古代社会出现，一直到今天，这个词仍然普遍地为印度宗教和非宗教的社团所使用；换句话说，印度社会上没有任何团体或组织没有自己的"达摩"（法），尽管对"达摩"的定义各有不同的解释。

三、梵，是 **brahman** 的音译。此词按三性三格而有三个系列的词义。

如果作为中性单数（brahman），则有"增大、发展"或是"自我精神、宇宙灵魂、万有之源、绝对真理、永恒存在"等含义；若是作为阳性单数（brahmā），则有"梵天、大梵天、创造主"或"梵师（精通吠陀经的老师）、婆罗门种姓、婆罗门祭司"以及"梵咒、唵（om）字圣音、梵书、敬神的语言、超验的知识、神圣的生活"等意义。如果作为阴性单数（brahmī），则表示"神圣、虔诚"。

此外，梵（brahman）常与别的单词组成复合名词，这类复合名词在佛典中也不少见。例如，梵轮（brahma-cakra），梵行（brahma-carya），修梵行、住梵行（brahmacaryavāsa），梵施（brahmadatta），梵世、梵界（brahmaloka），梵住（brahmavihara），梵音、妙音（brahmasvara），梵众、梵众天（brahmakayika）等。

还有，"此方无，故不翻，如阎浮提树者。"此方无，是指中国境内没有的物品。例如阎浮提树（Jambu-vṛkṣa）、多伽罗树（Tagara）、菩提树（Bodhi-vṛkṣa）等。

至于"顺于古例，故不翻，如阿耨菩提者，是非不可翻，以摩腾以来，常存梵音故也。"顺乎古例，意谓一些汉语音译梵文名词、术语，在玄奘法师之前一直沿用下来，早为教内信众接受、使用可以继续保留，不再翻译其意。例如：阿耨多罗三藐三菩提（anuttarasamyaksambodhi）、般若波罗密多（prajnāparamita）、菩萨摩诃萨（bodhisattvamahāsattva）、伽蓝（僧伽蓝摩 sanghārama）、窣堵波（stūpa）、殑伽沙（gangānadīvalikā）……等。

最后，所谓"为生善，故不翻，谓般若二字，闻之生信念；以如译为智慧，则生轻浅之意故也。""般若"，梵文 prajna 的音译，意译即"智、智慧"。在译经时，不用意译，而用音译，目的在于使读者读时能产生一种宗教的信念和尊敬。例如：佛陀（Buddha）、菩萨（Bodhisattva）、罗汉（阿罗汉 Arhat）、菩提（Bodhi）、涅槃（Nirvāṇa）……等，只译其音，用意也是令读者读后产生宗教信念。

创立独到的翻译美学

除了"五不翻"的翻译技术外，如何在准确的译文基础上进行加工、润色，使译文文体达到优美悦目，流畅可读，这就牵涉到翻译的艺术了。在这里，我们试就《唯识三十颂》的译文来欣赏一下法师的翻译艺术。

近来，佛教学术界对玄奘法师《唯识三十颂》的译文提出一些议论。其中 vijñapti 一词更是议论的焦点。议论者认为玄奘法师把 vijñapti 译作"识"是欠贴切的；这个词的意义是"了别、表别"，而不是"识"。但玄奘法师将 vijñapti 译为"识"，是真的欠妥吗？这需要认真探讨一番。

在《唯识三十颂》里，vijñapti 出现于六个颂，即第二、三、十七、二十五、二十六、二十七颂；而在第二十八颂，改用 Vijñāna。颂文作者世亲菩萨，似乎把 vijñāna 和 vijñapti 等同起来，可以交替使用。

vijñāna 是否义同 vijñapti，我们不妨从这两个词的词根说起。这两个词都是由名词 jñāna 及 jñapti 加前缀 vi 组成 vi-jñāna 和 vi-jñapti。这两个名词的词根都是 jñā（属于动词变位第九道）。jñāna 是由 jñā 的直陈式异化而成的抽象名词；jñapti 是由 jñā 的役使式异化而成的抽象名词。这两个抽象名词是否表示同一意义？我们不妨复述上文所引玄奘法师权威性的诠释：

　　毗住末底执慧为疑，毗助若南智应为识。
　　界由助力义便转变，是故此疑非慧为体。

此中，"毗助若南智应为识"，正是阐明 jñāna（智）转义为 vijñāna（识）的理论。"毗"是前缀"vi"的音译；"助"是汉语，即是"帮助、连接、增加"（实际上就是连字符号"-"）；

"若南"是动词 jñā（或名词 jñāna）的音译，意义是"智"。

"毘助若南"还原为梵语，便是 jñā（或 jñāna）加前缀 vi 合成为 vijñā（或 vijñāna），从而将"智"（jñā，或 jñāna）转义为"识"（vijñā 或 vijñāna）。vijna 的直陈式是 vijānāti，由此进行抽象名词化后，变成为 vijñāna（识）。vijñā 的役使式是 vijñāpayati，由此进行抽象名词化后，转义为 vijñāpt（识）。vijñāna（中性名词）和 vijñāpti（阴性名词），二者词形不同，但二者同是"识"的基本意义并没有改变。

由是看来，玄奘法师在《三十颂》中把 vijñapti 与 vijñāna 看作形异义同的"识"，是与原著文意相符合的。至于在《三十颂》的理论系统中，何处适用"识"、何处适用"识"的特征（行相）"了别、表别"来阐述有关论点，那是作者本人的三昧神思、般若正智所判定的。

展示梵汉对译的湛深功力

我们在《成唯识论》发现玄奘法师的"音义混合译法"，这个译法实际上是对"五不翻"的补充。关于《三十颂》中"vijñapti"一词翻译的讨论，我们从语源学和构词法论证了 vijñapti 与 vijñāna 是出自同一词根"jñā"，并由此演变成为两个形异义同的抽象名词——词形改变，但没有失去二者共同的本义"识"；二者之间的差别只在于 vijñapti 尚保留它的特征（行相）"了别"。

玄奘法师把第二颂的 vijñaptir viṣayasya 译作"了别境识"，似有两点事先的考虑。第一点，vijñaptir viṣayasya 直译为"境之了别"。"了别"是"识"的行相；在八个识中，这是哪一个识的"了别"？不甚清楚，有必要补充说明。第二点，在补充说明中首先要点出 vijñapti 的本义"识"，而这个识就是前六识。然后说明"识"的行相（特征）"了别"，作为能缘"工具"，与境接触。因此，译文作"了别境识"，显然是最贴切地反映原文含义。

在这里，有必要再读一读安慧论师的论述：

> 此三种能变者，谓异熟，谓思量，与谓境了别。……由色等境现似故，眼等六识，于境了别。

安慧论师毫不含糊地阐明"了别"，就是前六识的了别（行相）；"于境了别"就是前六识的了别与境接触——前六识于境所起的了别作用。这就证实了玄奘法师的译文"了别境识"是对的。

如上所论，可看出 vijnaptir viṣayasya 的汉译"了别境识"中的"识"字，是玄奘法师所作的补充。这是一个起着"画龙点睛"作用的补充，有助于准确地和系统地学习和理解《唯识三十颂》的理论体系。而这正是玄奘法师在梵汉对译的实践中，展示了具有湛深功力的翻译艺术。

原载经典新志编的《西域记风尘》，台湾经典
新志社 2002 年版

玄奘思想研究的几点设想

国外的学者都承认玄奘大师为世界文化名人之一，都知道玄奘是一位伟大的旅行家、佛学家、翻译家和梵语学家，但对玄奘在唯识理论中具有独创性的见解，似乎并不很熟悉，甚至对玄奘某些学术思想，特别是对玄奘在因明学上的造诣，抱着怀疑的态度。针对这种情况和为了使玄奘的哲学思想在当代世界学术论坛上进一步发扬光大，使他的世界文化名人的高大形象更加具体化，我认为，对玄奘的研究似应以下述几个方面作为侧重点：

一　玄奘的唯识学思想

约公元四、五世纪，无著和世亲根据传为弥勒口授给无著的《瑜伽师地论》，以及有关唯识学的重要经论创立了印度的唯识学。继由护法、戒贤等论师先后加以发展和传播，成为当时印度哲学流派中重要流派之一。玄奘（600—664）到印度留学，把绝大部分精力和时间放在对唯识学的钻研上。回国后，通过对唯识学有关的经典的梵文原著的翻译，原原本本地把印度唯识学介绍到中国来，从而创立了中国的唯识宗。玄奘的中国唯识宗仍然保持着以《瑜伽师地论》为本义的印度唯识学传统，弘扬"诸识所缘，唯识所现"（境唯识现，离识无境）的纯正的唯识精义，以护法的唯识"四分说"来表述设定的"三能变"的识及"满分清净者"的识体——唯识性。

在玄奘之后不久，印度出现一位著名婆罗门教论师乔荼波陀（Gaudapada，约公元六世纪末）。他是近现代印度哲学主流派不二吠檀多论的创始人。他采撷中观和唯识的范畴术语来构建自己的理论体系——《圣教论》（Āgama-śāstra）。此论的外壳涂着一层厚厚的佛教油彩，它的核心则是非佛教的"梵我（原人）"。《圣教论》原是对《蛙氏奥义》的解释，但由于乔荼波陀对奥义书有独创的见解，他的论文又自成体系，《圣教论》不仅是一部《蛙氏奥义》的权威性的注解，而且也是一部独立的哲学作品。因此，《圣教论》第一章开宗明义就交代它将要表述的理论对象是《蛙氏奥义》所讲的"梵我"："外慧遍涉于一切，内慧炽热之炎光，深慧内照之有慧，唯一住此三分中。"此中"唯一"就是"梵我"；"三分"即颂中的"外慧、内慧、深慧"。这个颂发挥了《蛙氏奥义》所强调的"一切皆此梵，此我即是梵，此我有四足"。所谓四足，即"唯一"加"三分"。唯一是梵我之体，三分是梵我外现的主观世界和客观世界。《圣教论》共有四章（篇）。第一章确立无规定不二吠檀多论所设的最高精神实体，绝对的"梵我"和它的神秘代号"OM"。后三章论证这个最高精神实体的存在和它一系列"天然"的特征——唯一、不二、无生、不死、离二取相、涅槃清净，等等。

玄奘在中国，乔荼波陀在印度，二师同样使用佛教术语，特别是中观和唯识的范畴，来建立各自的理论体系。在论证方法上，二者十分相似；在论证目的上，二者显然不同。如何区别？

或者说，是谁的理论真正和大乘佛教空有原理相契合？这就需要认真研究这两位大师的学说，特别是他们的哲学思想；只有这样，才能在他们的理论体系之间作出正确的抉择。

二　玄奘的般若学思想

印度的大乘佛学基本上是空有二宗——般若中观论和瑜伽唯识论。"空、有"最早出自《梨俱吠陀·有无歌》："有既非有，无亦非有。"其次，《歌者奥义》复述："太初之时，世界为有，堆一无二。……太初之时，世界为无，惟一无二，由无生有。"此中"无"的基本含义是非存在，"有"的基本含义是存在。初期佛教吸收了"无、有"的概念，改造而为"空、有"两个基本范畴，作为佛教的专用术语。到了大乘佛教时期，"空、有"被赋予丰富的新的内容，由此形成大乘佛教的两大派别，亦即所谓空有二宗。空宗是以般若中观作为理论根据，故又称为中观学派；它的开宗祖师是龙树和提婆。有宗是以瑜伽唯识作为理论根据，故又称为瑜伽行学派；它的创始导师是无著和世亲。空有虽然在学说上分成两家，但他们有着共同的终极的哲学目的；后者像一条至上的精神纽带，把它们两家在大乘佛教的根本观点上内在地连结起来。正因如此，般若中观论着重谈空，但不绝对地遣有。而以空即有，假有来说明"中"。瑜伽唯识论着重讲有，但不断地舍空，而以有即空，会空来显示"中"。这样，两家大乘学派从不同的角度，善巧运用空有这对基本范畴来表述"中道胜义"。诚如当代台湾佛学导师印顺所论："中观是三世幻有者，自空论者；瑜伽是现在幻有者，他空论者，有着教学上的根本区别。然在适应时机，遮遣'恶空'与'常心'，归宗于释尊本教——缘起论的立场，是完全一致的。"

　　显然，一个真正、完全的大乘佛教学者，必须博通中观与瑜伽，悟彻真空与幻有。玄奘正是这样的一位佛学大师。他在印度那兰陀寺留学时，师从戒贤，专心一意，钻研唯识学理论，但没有忽略对般若学的研究。据传，他在印度外出云游，行至磔迦国（Takka）时，曾拜访一位名叫"长寿（长年）"的婆罗门教论师，请后者为他讲授《百论》和《广百论》。又传，玄奘曾与般若学权威师子光就空有理论辩论过。玄奘特为此造了《会中论》三千颂（已逸失）。透析中观瑜伽，融通空有义理，从而驳斥了师子光，使之俯首折服。玄奘回国后，先译出护法《广百论释论》，后又成功地完成了对超大型的般若学百科全书——《大般若波罗密多心经》六百卷的翻译。这更足以证明玄奘对般若学说的精通达到了何等的深度和广度！

　　玄奘译的《般若波罗密多心经》，千百年来，中国佛教缁素奉为每日祷告的一项不可或缺的内容。教内教外，从未有人对此经的译义提过异议。19 世纪末，英国牛津大学梵文教授穆勒博士（1723—1900）根据梵本原著制作了一部《般若波罗密多心经》英语译本。在这个英译本中，穆勒博士把梵语 Cittāvaraṇa一词译作"enveloped in consciosness，心有窒碍"，这正好与玄奘译的"心无窒碍"义相反。穆勒博士说，关于《心经》中citta-varaṇa一词的译法，中国人把它读作"citta-avaraṇa 心无窒碍"，也许是对的；而他本人把它读作"citta-āvaraṇa 心有窒碍"，也不是不对。这就是说，把 Cittāvaraṇa 读作 citta-avaraṇa（心无窒碍），或读如 citta-āvaraṇa（心有窒碍），两种读法都对。穆勒博士这一观点无疑是折衷主义的。我是不同意的。因此我写了一篇英文文章，专门就此问题和穆勒博士商榷。我从《心经》的各种汉译本、音译本、敦煌发现的《心经》古译本，特别是根据般若学原理，来论证玄奘（以及其他汉语译师）对 cittāvaraṇa 一词的译义——"心无罣碍"是对的；而穆勒博士的译义——
"心有罣碍"是不对的。

这个问题说明对玄奘般若学思想研究的重要性，它既可以防
止对般若学理论体系的曲解，又可以发扬玄奘对般若学的正确的
表述。

三 玄奘对中国因明学的贡献

玄奘是我国因明学的奠基人。他所译的因明二论《因明正
理门论》和《因明入正理论》迄今仍然是中国因明学的不朽的
经典。尤其是前者被认为是陈那新因明的理论精华。陈那因明体
系留下的悬案（即，三支中的喻支和九句因中第五句因的问
题），现代逻辑学者能够利用数理逻辑（符号逻辑）加以研究和
解决，为维护陈那因明学的理论的完整性提供新的科学手段。这
证明《正理门论》的确是一部体系完整、推理严密的逻辑科学
著作；证明玄奘对陈那的《因明正理门论》的翻译是对中国思
维科学的发展的一大贡献。

玄奘在印度留学期间，在孜孜不倦地研究唯识学的同时，也
从明师学习陈那的新因明学。他熟练地掌握了这门辩论科学，能
够自如地和准确地提出自己的命题和推理模式（真能立、真能
破），确立自宗，破斥他宗。按窥基（632—682）的《因明入正
理论疏》（卷六），玄奘在回国前，曾在杖林山对胜军论师的命
题"诸大乘经皆是佛说"作出修正。在曲女城，戒日王举办
"无遮大会"（群众辩论大会），远近十八个国王、著名婆罗门教
论师、佛教大小乘僧俗，共八千余众应邀参加。戒日王请玄奘主
持辩论。他首先立量（提出命题及推理模式），让大家议论和批
评。量的名称是"真唯识量"。大会开了十八天，竟无一人敢于

提出异议或反对。因此，佛教界盛赞玄奘在因明学的高深造诣和无与伦比的权威，把他这个"真唯识量"称作"千圣同遵"的"万世立量之正轨"。

"真唯识量"，顾名思义，是站在绝对唯心主义立场上提出来的，目的在于肯定自宗的唯识哲学，否定非唯识的其他学派。在思维科学有了极大发展的今天，国内持唯识论者仍有可能承认此量为"万世立量之正轨"；但在非唯识论者看来，玄奘这个"真唯识量"并不是天衣无缝，无懈可击；就是说，从非唯识角度来考察，这个比量从形式到内容还有不少值得商榷的地方。其次，国外因明学者对玄奘因明学术水平也有些微词。他们的意见是，陈那造了好几部因明专著，其中最重要的是《因明正理门论》和《集量论》。前者为早期作品，着重讨论推理论式；后者为晚期作品，重点阐述因明学的哲学目的——唯识论的本体论和认识论，是一部总结新因明的理论体系的巨著。玄奘曾经从婆罗门论师学习过《集量论》，肯定知道它的重要性。按理，玄奘应该把《因明正理门论》和《集量论》同时翻译、介绍给中国。但是，玄奘仅仅译了《因明正理门论》，《集量论》他不但未译，就连书名也不提。这种现象令人有点迷惑不解。还有，玄奘到达那兰陀寺时，法称刚刚逝世不久（一说法称仍健在）。法称是继陈那之后又一因明学天才。他在发展陈那新因明方面享有崇高的声望和权威，那兰陀寺大学内外远近，几乎无人不知，无人不服。这些有关法称的情况，玄奘是不会毫无所知。但是，他回国后，在他所有译著中，竟然没有只字提及法称，更不用说介绍法称在因明学上的独创性的成就。这又是为了什么？

国外学者这些关于玄奘因明学方面的问题是应该得到解答的，而这个责任应由我们中国学者来承担。

四　玄奘对中国佛教范畴学的贡献

范畴学是对物质世界和精神世界现象的系统化的解释。印度哲学范畴（包括印度佛教哲学范畴）最早的系统化形式见于奥义书：《鹧鸪氏奥义》、《疑问奥义》、《白骡奥义》等。后奥义书各派哲学，特别是数论、瑜伽论、胜论、正理论，都或多或少在这些奥义书范畴系统基础上加工、发展各自的范畴系统。这些后奥义书范畴系统有一个共同的特点，就是先讲精神世界，后讲物质世界（但唯物主义的顺世论除外，它只讲物质世界，不讲精神世界，更没有所谓超验的精神境界）；佛教也不例外——也是对奥义书范畴进行改造，从而构建自己崭新的范畴系统。佛教有大、小乘众多派别，它们的范畴系统，纷繁复杂，百家争鸣。但比较精致、合理，又为佛学界多数人接受的，要算《俱舍论》（小乘）的"五位七十五法"和《大乘百法明门论》的"五位百法"：

A. 小乘五位 {
无为法（超验意境）3
不相应法（与心法和心所法 / 不相应的抽象概念）14
心所法（意识活动）46
心法（意识）1
色法（物质）11
} 75法

B. 大乘五位 {
无为法 6
不相应法 24
色法 11
心所法 51
心法 8
} 100法

《大乘百法明门论》的百个范畴名称，原散见于《瑜伽师地论》、《显扬圣教论》、《阿毗达摩集论》和《大乘五蕴论》等。世亲从中采集，把百法划分为五大类，并加以系统的说明，由是构成唯识宗的范畴系统。玄奘一方面重译《俱舍论》，建立新的俱舍宗的"五位七十五法"；另一方面，新译《大乘百法明门论》，创建中国的唯识宗及其范畴系统，为中国佛教范畴学的发展提供新的系统化模式。中国佛教原有的宗派如贤首宗、天台宗、三论宗等，此前曾根据有关大乘经典和论著，建立起各自范畴系统。在这些原有宗派的范畴系统与新来的唯识宗的范畴系统之间存在着鲜明的区别：前者主要解释神秘主义的超验精神，后者主要说明经验的精神世界和物质世界。

五　玄奘典范性的译经风格

玄奘从印度回国后不久，即开始他的规模宏大的译经事业。玄奘从事佛经翻译似有两个明显的目的：一是选译前人未译过的重要经论；二是重译前人译过的经论，以矫正前者的讹谬。他精通当时的古典梵语和佛典梵语，所译经论原理和名词术语，译义准确，译文流畅。据传，他曾制定"五不翻"的译经通则。由是树立了一个典范性的翻译风格，在中国佛经翻译史中开创了一个新纪元。后人通称他的译籍为新译。

玄奘的翻译既是典范性的，又是创造性的——善能译解晦涩词句和邃奥义理，又善于补译原著所遗文义，或原著中难以领会的伏笔隐义。有学者认为，玄奘在译文中增补原著没有的文句，有可能与原著作者的本意不符。他根据《唯识三十颂》梵语原文，在玄奘的《成唯识论》对《唯识三十颂》的译释与安慧的《三十唯识释》之间作了比较。我认为，玄奘和安慧的译释都没有错，只是对个别术语，特别是某些复合术语有不同分析而已。

我还认为，为便于读者理解，玄奘在翻译经论过程中有时在译文上作些原著所没有，但与原著相应的解释性补充，是十分必要的。此类例子不胜枚举。

玄奘是世界文化名人，他在文化上的成就和贡献是有世界意义的，其文化业绩已成为人类精神财富中十分宝贵的部分。我们应从世界文化意义的高度和广度来研究、评价他。本文谈的几点设想只是个人的浅见，聊作"玄奘研究"的一份随喜而已。

（原载《玄奘研究》创刊号，海燕出版社1994年版）

om(唵)字陀罗尼揭秘

玄奘法师所译的《般若波罗蜜多心经》的经末神咒：

gate gate paragate

para-samgate bodhi svāhā

揭谛 揭谛 波罗揭谛

波罗僧揭谛 菩提 萨婆诃

此咒总持了《般若波罗蜜多心经》的般若哲理，故被歌颂为"是大神咒，是大明咒，是无上咒，是无等等咒，能除一切苦，真实不虚。"

这个歌颂似可以从狭义与广义两个视角来理解。在狭义上，它是歌颂《心经》本经神咒的超验效应和功德；在广义上，它是歌颂衍生一切大小咒语的核心、咒源，也就是种子咒语 "om"（唵）。"om" 是梵语音节，"唵"（或"蓬"）是它的音译。玄奘法师曾制定译经的 "五不翻" 的规则；"一、秘密之，故不翻，如陀罗尼者（Dhāraṇī）；二、含多义，故不翻，如薄伽梵之语具有六义者（Bhāgavat：世尊、有德、德成就、总摄众德、出有、出有坏）；三、此方无，故不翻，如阎浮提树者（Jambuvṛkṣa）：四、顺于古例，故不翻，如何耨菩提者，是非不可翻，以摩腾以来，常存梵音故也（Anuttara-samyak-saṃbodhi）；五、为生善，故不翻，谓般若二字（prajna），闻之生信念；以如译为智慧，则生轻浅之意故也"。[①] 参照此规则，om 字属于"秘密"和"多义"的梵语，故传统地只译其音，不译其义（其义是"极赞、至极"）。

本文笔作者不揣谫陋，拟违此规，试对 om 字的语音和形式进行描述；对它的神秘奥义也同时试作破释。

一　om 字的语源和语音

om（唵）是一个单音节的感叹词，最早见于《歌者奥义》（Ⅰ.1.1）："aum，此是扬声圣字，应该歌颂。aum，用心唱颂。……"这则奥义首先阐明 om 字的语源和它的最初形式，即由 a、u、m 三个音素（字母）构成的 aum。随着语音的变化，aum 的"a + u"一对合成为一个复合音素，即我们所说的复合元音"o"——"o"由 a + u 两个音素合成。这说明在奥义书中"aum"和"om"是两个通用的形式。在字源上，om 的"o"与喉元音"a"有关系，可能就是由"a"变来的；而"a"来自"ā"也是显然的。在语法上，om 是以呼格形式出现。但 om 的"o"是十分独特的，即使在它的前边是一个"a"或"ā"，也不会发生"元音二次强度音变"（vṛtti），始终保持其"元音初次强度音变形式 o"（guṇa）。[②]

本节开头提到，om 是一个"扬声圣字"（udgītha），这是

---

① 见周敦义（1157）《翻译名义集》引奘师之语。

② See "A Sanskrit-English Dictionary" by Monier Williams, Oxford, 1899, p235, cd. 3.

om 字的正式名称；它的另一个正式名称是"圣音"（prāṇava）。
"扬声"是说诵读圣音 om 字时，应发出与 om 字相似的"嗡嗡"
之声，以表示"吉祥、圆满"。可能由于 om 字是一个"吉祥"
的符号，从奥义书时期起便在婆罗门教内形成一种唱念 om 字的
传统、方式——在诵读吠陀经（和其他婆罗门教经典）之前和
读完之后或在祭典开始之前和祭典结束之后，必须唱念 om 字神
咒。om 字毕竟是语法上的感叹词，人人都可以使用。前三种姓
者（婆罗门、刹帝利、吠舍）固然可以随意唱念，就是所谓第
四种姓的贱民也没有被禁止使用，故 om 字有首陀罗咒语之称。
其次，om 字是地道的婆罗门教咒语，但非婆罗门教如佛教也把
它吸收过来，为己所用；而且还模仿婆罗门教的唱颂方法，即主
要把它冠于经文或句子之前唱念。例如，藏族佛教徒日常口念的
六字真言："om maṇi padme hum"（唵嘛呢叭弥吽。意译："唵！
宝珠在莲花上，吽！"）。这句真言的第一字"om"（唵）是一个
语气词，本身没有具体的意义；但对真言说来，却有加强其神奇
效应的作用。又如汉族佛教徒早晚必念的祈祷内容之一《大悲
咒》，全文共有三个"om"字（唵），不是冠于文前，而是分别
放在第 7、19、81 三个句子的前边，强调三个句子的特殊
意义。①

　　在后奥义书时期，om 字在语音上逐渐向简化形式过渡；它
的含有"a + u"的复合元音"o"简化为"u"和"u"。这就是
说，"om"已逐步为"um"和"um"所取代。约从 10 世纪以
后，婆罗门教和佛教的经典文献，它们的开章颂之前的吉祥符号
是"um"或"um"，很少见有"om"。这样，从奥义书时期
（约公元前 1000 年）到现在，om 字从一个形式发展为四个形

① 拙文《〈大悲咒〉拉丁体梵音还原》，载《佛教文化》1991 年第 3 期。

式——aum、om、um、um。不过，它们的汉语音译未变，仍然是"唵"；它们的用法也没有变。奥义书哲学家在《鹧鸪氏奥义》中总结 om 字用法有如下几个主要方面，即表示：（一）圣音（prāṇava）；（二）开始（ārambha）；（三）接受（svīkāra）；（四）同意（anumati）；（五）拒绝（apakṛti）；（六）不接受（asvīkāra）；（七）吉祥（maṇgala）；（八）善净（śubha）；（九）境界（jneya）；（十）梵（Brahman）。① 在这十义里常见于奥义书和后奥义书的婆罗门教经典的是："圣音、开始、接受、同意、吉祥、善净、境界、梵。"他们在同书（Ⅰ.8.1）还特地提出一个说明 om 字的这些基本意义和用法的模式：

> om，他们唱念《娑摩吠陀》；
>
> om，他们朗诵祈神咒语；
>
> om，阿驮婆梨郁作出回答；
>
> om，婆罗门唱诵赞美神明的序诗。
>
> om，斋主同意举办火神祭。
>
> om，婆罗门开始宣称；"愿我获得梵"。他便因此获得梵。

式中共有六个句子，每一句冠上一个 om 字——共六个 om 字。它们反映了 om 字上述正面意义的实用形式。六个句子的前四句是描写婆罗门教信徒为办苏摩祭（Soma）或火神祭（Agnihotra）邀请四位婆罗门种姓祭司主持祭仪，以及四祭司在祭仪中的不同分工和责任。第一句是写乌达伽陀利（Udgātri）祭司的活动；第二句是写诃陀利（Hotri）祭司的活动；第三句是写阿驮婆梨郁（Adhvaryu）祭司的活动；第四句是写婆罗门（Brahman）祭

---

① 比较佛家密宗《秘藏记》末所说唵字（om）的五义：（一）归命；（二）供养；（三）惊觉；（四）摄伏；（五）三身。

司的活动；最后一句——第六句中，"梵"是说圣字 om 是"梵"，是梵的密码。

二　om 字是梵的神秘代号

om（唵）字是奥义书哲学家和神学家的创造。在他们看来，om 是一个最神圣、最秘密的音符，是梵的神秘代号、密语。他们把梵的丰富的哲学和神学内涵注入 om 字里面，使之在超验意义上和经验意义上和梵等同起来。梵有二相。① 其一是超验性的无相梵（亦称"上梵"）；② 其二是经验性的有相梵（亦称"下梵"）；而 om 则是二梵相即、融合无碍的同一境界。《石氏奥义》（Ⅰ.2.16、17）说："此乃梵之音，此乃最上音"；"此乃至善境，引乃最上境。"故 om 与梵一样具有超验性特征和经验性特征：

"om 即是梵，om 是世界上的一切。"③

"om 字圣音，同时是上梵和下梵。"④

这两则奥义典型地阐明 om 字的两个特征。"om 即是梵"是对 om 字的超验性特征、即 om 字的最高境界的表述："无声、无畏、无忧、欣喜、满足、安稳、不动、不死、不退、常住。"⑤ 这个表述显然是对梵的超验特征——"无相、不死、灵活、舍离"⑥ 的发展。" om 是世界的一切"是对 om 字的经验性特征的

① 《广林奥义》Ⅱ.3.1。

② 《疑问奥义》Ⅴ.2。

③ 《鹧鸪氏奥义》Ⅰ.8.1。

④ 《疑问奥义》Ⅴ.2。

⑤ 《慈氏奥义》Ⅵ.23。

⑥ 《广林奥义》Ⅱ.3.1。

表述。按吠陀经的说法，世界（宇宙）是由三个世界组成，即天界、空界（大气层）和地界。[①] 在这三界中生活着不同种类的生物：一类是神性的，住在天界和空界；一类是非神性的，住在地界（地球里的人类、动物、鬼怪，等等）。这就是说，宇宙三界，以及它们的"居民"统统包摄在这圣音 om 字之内。奥义书哲学家为了更加有序地、更加细致地展示 om 字的经验性特征的哲学内涵，制作了若干 om 字范畴系统。其中比较典型的一个是"三音三重范畴系列"。"三音"是说 om 字元音"o"所含的三个音素：a、u、m。"三重"是说由三个音素复合而成的三个形式，表述三个含义有别的范畴：

om（aum）包摄

1. （性别三形式）：阳性、阴性、中性。
2. （光的三形式）：火、风、太阳。
3. （王权三形式）：梵天、紧思天、遍入天。
4. （口呼三形式）：家主祭火、（祭坛）南方祭火、东方祭火。
5. （知识三形式）：《梨俱吠陀》、《夜柔吠陀》、《娑摩吠陀》。
6. （时间三形式）：过去、现在、未来。
7. （世界三形式）：地界、空界、天界。
8. （热的三形式）：气息、火、太阳。
9. （滋养三形式）：食物、水、月亮。
10. （思维三形式）：智、意、我（灵魂）。
11. （气息三形式）：呼吸、下气、遍气。[②]

这个系统的 3、5、10 三个形式是精神性范畴，其余为物质性范畴。这是 om 字在经验意义上的总体形式，酷像一个神奇的"容器"，储存着整个宇宙。经验世界的语言、概念范畴尽管多不胜

[①] 《梨俱吠陀》Ⅷ.106。

[②] 《慈氏奥氏》Ⅵ.5。

数，也只能描绘、解释这个神奇容器中极其有限的内容（少数自然现象）。

om 字这个经验意义上的范畴系统也同时说明圣音 om 字是神学上的高级天神的代号、密咒，首先是婆罗门教（印度教）三大超级主神的密咒。om 字的 a、u、m 三个成分中"a"是遍入天（Viṣṇu，毗湿奴）的神秘呼号，"u"是紧思天（Rudra，鲁陀罗，吠陀后的湿婆Śiva）的神秘呼号，"m"是大梵天（Brahma，也叫做大自在天 Maheśvara）的神秘呼号。"即此圣音乃是梵。"① om 字在单独称念时认为就是大梵天的密咒，或者是毗湿奴的密咒。② 在广义上，om 字也是"原人"（Puruṣa）的密咒。奥义书中的"梵、我"的前身原是吠陀经的原人。《广林奥义》（Ⅱ.5.1）说，"……不死原人，于此大地，永放光辉；他正是我，此是不死，此即是梵，此即一切。"这则奥义阐明"原人、梵、我"在超验意义上是三位一体，在经验意义上则是一体三位。本文第一节提及 om 字的正式名称是"Udgītha"。此字由 ud-gi-tha 三个音节构成，音译为"乌陀礜他"，意译是"扬声圣音"。三个音节分别反映 om 字神咒所包摄的经验性内涵：ud 表示"气息（生命）、天上、太阳、《娑摩吠陀》（Sāman）"；githa 表示"语言、大气层、风、《夜柔吠陀》（Yajur）"；tha 表示"食物、大地、火、《梨俱吠陀》（Ṛg）"。因此，在奥义书中 udgitha 即是圣音 om，圣音 om 即是 udgitha："om，此乃 udgītha（扬声圣字），应该唱诵。"③ "om！人们应把 udgītha 作为圣字 om 来礼拜。"④

---

① 《石氏奥义》Ⅰ.2.16。
② 《慈氏奥义》Ⅵ.23。
③ 《歌者奥义》Ⅰ.1.1。
④ 同上。

三　om 字持诵瑜伽

"om 字瑜伽"是说持诵 om 字的方法、方式。瑜伽（yoga），意译"相应、连系"。"相应"在此有二义：第一，om 字持诵者的认识需与 om 字的神秘奥义相应。奥义书哲学家把 om 字奥义集中表述如下："om 即是 udgitha（扬声圣字）。"①　"om 即是梵，om 即是世界的一切。"②　"om 字圣音即是上梵，亦是下梵。"③　"此乃之音，此乃最上音；知此圣音已，求之定实现。"④　"此乃至善境，此乃最上境；知此境界已，梵界称伟大。"⑤　om 字所蕴含的这些微妙奥义，om 字持诵者必须事先进行学习、领会，求得思想上与 om 字玄机有尽可能多的契合。第二，om 字持诵者必须使自己的主要感官同时与 om 字圣音（Udgītha）相应。《广林奥义》（I.3.1—7）描写天神与恶神阿修罗的战斗。为了战胜阿修罗，天神们采用念诵 om 字神咒作为武器。他们要求自己的主要感官——眼、耳、意、命同时诵念 om 字神咒，神咒立即产生巨大的神奇威力；天神们便藉此打败了阿修罗。这虽然是神话，但它给念诵 om 字神咒者提供一个实用的诵念方法——诵念 om 字神咒时，必须身、口、意"三业"一齐投入，才能取得预期的神秘效果。正如《歌者奥义》（I.1.1）强调："om，需要用心唱诵。"这是持诵 om 字圣音的基本方法，同时也是下述其他持诵方法的前提：（一）开章第一圣字法。按照婆罗

① 《歌者奥义》I.1.1。
② 《鹧鸪氏奥义》I.8.1。
③ 《疑问奥义》V.2。
④ 《石氏奥义》I.2.16、17。
⑤ 同上。

门教传统，任何祭祀仪式，或诵读吠陀神曲，或创作诗歌艺术，其开章前必须唱念或书写的第一字就是圣音 om 字。例如，最古老的《广林奥义》（Ⅰ.1.1）的马祭描写，它的第 1 行第 1 个字便是"om"。这个 om 寓有"敬礼神明、开章吉祥"的祈祷意义。又如，婆罗门教徒在举办祭典时，按教规请来四位婆罗门祭司——司仪祭司（Adhvaryu，祭典的组织者）、祈神祭司（Hotri）、颂神祭司（Udgātri）、监坛祭司（Brāhmaṇa）。四位祭司各有指定诵念的经文咒语，而经文咒语的第 1 行第 1 字都是 om 字；就是说，他们一致使用 om 字作为他们所念经文咒语的开头词。这个 om 字的含义是："赞美神德、祈神降临、享用祭品",[1]（二）弓箭持诵法。"圣字 om 是弓，箭则为自我，以梵作鹄的，瞄准射出去；与梵相结合，如箭之中的。"[2] 这个颂提出一个具有重要意义的 om 字持诵法——将"自我"的意念（比喻箭）收拢起来，集中放在 om 字上（比喻弓），瞄准至上之梵（比喻目标）；如是坚持冥思、参究，直至意念与梵合一（比喻箭中鹄的）。这里的 om 字颇像禅宗的"话头公案"，一旦参透悟彻，便即洞见"真实中之真实"——二梵原理："上下梵之神，其名称曰 om；无声空实在，应记脑门上。"[3]（三）二木持诵法。"自身作下木，om 字为上木；参究如摩擦，即见似隐神。"[4] 在这颂里采用"二木"比喻来说明另外一种 om 字持诵法。二木，谓有上下两片木块；自身，谓身心（意识或感官）。上片木块比喻 om 字圣音，下片木块比喻自我身心；上下二木摩擦比喻身心参究 om 字秘奥；参透 om 字玄机，顿见似隐非隐的神灵（梵）比喻

---

① 《鹧鸪氏奥义》Ⅰ.8.1。
② 《秃顶奥义》Ⅱ.2.1。
③ 《慈氏奥义》Ⅵ.22—23。
④ 《白螺奥义》Ⅰ.14。

二木摩擦至极点，顿发闪烁的火光。这个比喻的中心意义是"摩擦"，强调持诵 om 字圣音必须身心融合，坚持参究。（四）音素分合持诵法。音素，即 om 字元音"o"所含的 a、u、m 音素。分，谓三个音素分开，成为三个不同的持诵方式。这可以叫做"三音分诵法"。合，谓 a、u、m 三音合成一个完整的 om（aum）字来持诵。这可以叫做"三音合诵法"。a、u、m 三音同是 om 字的派生成分，但三者分开，个别持诵，将会产生三种不同的效果。因此，按"三音分诵法"持诵，其所产生的效验和按"二音合诵法"持诵所产生的效验，二者之间便有"真俗"二谛的区别。真谛：无生无灭；俗谛：有生有灭。（另见下文）（五）声梵持诵法。声梵，是说"有声"与"无声"的二梵："应知有二梵，声梵与上梵；了知声梵者，悟得最上梵。"① 此颂提出从有声梵悟入无声梵的 om 字持诵法。有声梵，亦称"下梵"；无声梵，亦称"上梵"。om 字圣音在超验意义上是二梵同一的神秘密咒。但在此间（经验世间）它是经验意义上的 om 字——有声梵的代号。om 字持诵者若能将带有"有声梵"的经验性特点的 om 字直接与"无声梵"的超验性本体联系起来进行沉思、参究，他定会悟得上下二梵——寂然同一的胜妙境界。这是一种称为"不灭、圆融、出离"的持诵方法。

　　om 字有两个正式名称：一个是如前文提及的 Udgitha（扬声圣音），一个是 Sāman（《娑摩吠陀》）神曲。② 唱诵 Sāman 神曲所产生的效验和持诵 om 字神咒所产生的效验是同样超验神奇、不可思议。但唱诵 Sāman 神曲的方法和前边所介绍的持诵 om 字圣音的方法，略有不同。唱诵 Sāman 神曲，须按两个程序进行。

---

　　① 《慈氏奥义》Ⅵ.22。

　　② 《歌者奥义》Ⅱ.1.1。

一个是"五重升降唱诵程序"，另一个是"七重唱诵程序"。

（一）**五重升降唱诵程序**。按照这个程序，Sāman 神曲唱诵者必须首先在俗谛理论上认识在 om 字圣音之内藏着整个经验世界——一个包摄着 30 个精神性的和物质性的范畴系统。30 个范畴按 5 个 1 组，分作 6 组如下：

om
1. 地、火、气层、太阳、天空
2. 风、云、雨、电、雷
3. 云、雨、水（东流）、水（西流）、海洋
4. 春、夏、雨季、秋、冬
5. 绵羊、山羊、牛、马、人
6. 气息、语言、眼、耳、意

表上的第 5、第 6 两组（10 个范畴）属于精神性范畴，其余 4 组（20 个范畴）属于物质性范畴。在诵读这些范畴时，按照一升一降的程序进行。一升一降之间共分五级（五个序号或五个发声符号）。它们是：

第 1 级，Himkāra（最初发声符号）；

第 2 级，Prastāva（赞歌序曲符号）；

第 3 级，Udgītha（扬声朗诵符号）；

第 4 级，Pratihāra（朗诵回响符号）；

第 5 级，Nidhāna（朗诵结束符号）。

兹以 6 个范畴组的第 1 组的 5 个范畴为例：

地：Himkāra
火：Prastāva
大气层：Udgītha
太阳：Pratihāra
太空：Nidhāna

进行朗诵时，先按顺序读：地、火、大气层、太阳、天空。这叫

做"升",即从低级(大地)往上升到最高级(天空)。然后立即倒过来,按逆序读:天空、太阳、大气层、火、地。这叫做"降",即从最高级(天空)往下降到最低级(大地)。这就是所谓 Sāman 神曲的五重升降唱诵程序。

注意:这个五重升降唱诵程序是一个特殊的唱诵法,只适用于 6 组范畴中的第 1 组(地、火、大气层、太阳、天空);其余5 组只有顺序的读法(即从低级的"地"往上读到高级的"天"),没有逆序的读法(即从高级的"天"住下读到低级的"地")。

(二)七重唱诵程序。七重,是指 Sāman 神曲的七个缩写音符。它们是:

　　1. hum 同 Himkāra(最初发声);

　　2. par 同 Prastāva(赞歌序曲);

　　3. a(a)同 Ādi(朗诵开始);

　　4. ud,同 Udgītha(扬声唱诵);

　　5. prati,同 Pratihāra(接近尾声);

　　6. ni 同 Nidhāna(唱诵结束)。

这个七重唱诵程序只有顺序读法,没有逆序读法。但是,在唱诵 Sāman 神曲过程中,凡遇有:

　　1. hum 音节,便是符号 Himkāra;

　　2. pra 音节,便是符号 Prastāva;

　　3. a(a)音节,便是符号 Ādi;

　　4. ud 音节,便是符号 Udgītha;

　　5. prati 音节,便是符号 Pratihāra;

　　6. upa 音节,便是符号 Upadrava;

　　7. ni 音节,便是符号 Nidhāna。

四 om字持诵效验

"om字持诵效验"是从"om字持诵瑜伽"产生的。"瑜伽"是因，"效验"是果。如何获得最好、最大的效验？《歌者奥义》（Ⅰ.1.10）说："有二人举行（Sāman）祭典，其中一人如是知道《om字奥义》，一个不知。知与不知大有区别。运用知识、虔诚、奥义来主办祭典，那是会有更大的效验。"这则奥义强调，对om字圣音进行持诵，首先要有om字奥义的知识。以这样的知识作为方便，持诵效验的强度才会变得更大、更高。此中知识又有"上智"和"下智"之分："应知有两种知识，正如知梵者所称的上智和下智。""下智是《梨俱吠陀》、《夜柔吠陀》、《娑摩吠陀》、《阿闼婆吠陀》；语言学、仪轨学、语法学、字源学、韵律学、天文学。上智则是对不灭境界的认识。"[1] 这两则奥义阐明上智与下智的区别。上智是超验性的，是对超验的不灭境界的认识："不可见、不可执、无家族、无种姓、无眼耳、无手足；常住、遍入、遍在、细中细。这就是不可灭。"[2] 这不可灭境界也正是圣音om字的超验境界："那声音就是om字音节。它的至极境界就是寂静、无声、无畏、无忧、喜悦、满足、安稳、不动、不死、不退、常住。"[3] 下智是经验性的，是对经验世界的认识，包括四吠陀和吠陀支在内的一切世俗知识、科学。用上智持诵om字所产生的效验和用下智持诵om字所产生的效验，自然也有区别。前者是超验性的，后者是经验性的。《鹧鸪

---

① 《慈氏奥义》Ⅰ.1.4—5。
② 《秃顶奥义》Ⅰ.1.6。
③ 《慈氏奥义》Ⅵ.23。

氏奥义》（Ⅰ.1.1）说："om！知梵者证得最高境界。他知道梵是真实，是智慧，是无限，住于秘藏，在最高天，他便实现与梵一起的所有愿望。"这里讲的"证得最高境界"即是获得超验性的最大效验。"实现与梵一起的所有愿望"有二义：从超验视角说，是实现与梵同一、不灭不二的超验性效验；从经验视角说，是实现与梵的化身梵天王在梵天一起共享天乐的经验性效验。又如，《歌者奥义》（Ⅰ.1.8）说："凡朗诵圣音 om 字者，他便是众愿实现之人。"这里的"众愿"包括经验性和超验性的效验。然而，典型的经验性效验是，将 om 字的元音所含三个音素"a、u、m"分开，个别地进行持诵，由此获得不同的效验；（一）若人诵念一个音素"a"，他（死后）将转生人间；（二）若人持念两个音素"a＋u"，他将能转生空界（大气层）；（三）若人把"a、u、m"三个音素合起来诵念，他将脱离众罪，被引导到梵的世界。[①] 在这三种效验中，第一、第二是经验性的；第三则包含经验性和超验性的效验，因为梵的世界有两个：一个是经验性的物质世界，一个是超验性的精神世界。再按《蛙氏奥义》的说法，"我"（ātman）即是 om 字圣音。此字外在地展现为"有音"的形式，内在地隐藏着"无音"的胜境。"有音"谓 om 字元音"o"所含三个音素："a、u、m"。（一）知第一音"a"字者，将实现所有的愿望，并得第一；（二）知第二音"u"字者，不会投生于不知梵的家族；（三）知第三音"m"字者，建立一切，并且没入其中。"无音"谓"无音，无所设施，息灭，吉祥，不二，如是 om 字即是我；如是知者，便能以我入我。"[②] 显然，有音的三种效验是经验性的；无音的效验是超验

---

① 《疑问奥义》第五问。
② 《蛙氏奥义》八至十二。

性的。"以我入我"含有甚深的奥义。第一个"我"是经验性的个我、小我；第二个"我"是超验性的大我、宇宙之我。om字即是二我，二我即是om字。如是理解om字奥义，并据此持诵圆融无碍的最高精神境界，超验效验。

如前提及，om字圣音也即是Sāman神曲。持诵Sāman神曲的方法是"五重升降持诵程序"和"七重唱诵程序。"按照这两个方法持诵所产生的效验，正如《广林奥义》（Ⅰ.1.1）所描述：唱诵Saman神曲者的祈祷是：

> 指引我从幻有走到真实；
>
> 指引我从黑暗走向光明；
>
> 指引我从死亡走向不死。

唱诵者在此提出三个祈求达到的目标、效验："真实、光明、不死"完全是超验性的。

《蛙氏奥义》的权威注释者、吠檀多学派的创始人乔荼波陀在他的名著《圣教论》（Āgamaśāstra）中盛赞持念代表二梵名号的圣字om字（唵）所获得的效应和功德。这里特引该书第1章末的两个颂作为本节的结尾：

> 颂27：唵字神咒即一切，
>
> 　　　统辖初中后三际；
>
> 　　　如是认识唵字已，
>
> 　　　当即悟得其妙理。
>
> 颂29：非音以及无限音，
>
> 　　　二元息灭善吉祥：
>
> 　　　如是了知唵字者，
>
> 　　　彼即牟尼非他人。[1]

---

[1]　拙译《圣教论》（《蛙氏奥义颂》），商务印书馆1999年版，第49—50页。

五   om 字是物质世界的"陀罗尼"

梵语 dhāraṇī，音译"陀罗尼"，意译"咒语、总持"。总持，用哲学术语说，是"总蕴含、总包摄、总反映"。就 om 字神咒来说，总持有二义，即"总演变"和"总摄归"。总演变是说 om 字神咒从自身衍生一切"支咒语"；总摄归是说 om 字神咒将所有派生的"支咒语"回收于自身。换句话说，总演变和总摄归是 om 字神咒本具的两个基本功能。一般地说，om 字神咒派生的支咒语（次神咒）相当地多，尤其是后奥义书的支咒语更是纷繁复杂，数也数不清。在这里，试按奥义书提出的最早的支咒语来说明：

（om 字派生）

支咒语

咒语		（……的）代号
hau	（表示）	世间
hai	（表示）	风
atha	（表示）	月亮
iha	（表示）	自我
i	（表示）	火神
u	（表示）	太阳
e	（表示）	请神
au-ha-i	（表示）	神群
him	（表示）	生主
svara	（表示）	气息
ya	（表示）	食物
vac	（表示）	维罗神
hum	（表示）	感叹语

支咒语

（om 字回收）

　　这个表的奥义是：种子神咒 Om 派生出众多支咒语。前者（Om）是体，超验绝对，不可描述；后者是相，可以描述。体藉相显；支咒语所代表的经验世界所有具体的和非巨体的事物，不外是超验本体外现的似真非真的幻象而已。

　　Om 字陀罗尼是奥义书神学家、哲学家的一个特殊的理论创造——神秘主义的符号系统，并从这一视角来阐述他们设定的永恒不灭的实在。在《歌者奥义》里，至少有三个以 Om 字陀罗尼为第一范畴的范畴系统。其中前两个已见于上文，这里所列的是第三个。三个系统在形式上似有差别，但它们的内涵与原理是一致的——奥义书的神学家和哲学家基于对经验世界的直观观察和猜测，创作了一套以 Om 字陀罗尼为钟字密咒的神秘符号系统，用以实现经验世界一切主观的和客观的现象神秘化和符号化，直到使之复归于超验的"Om"字大陀罗尼。

　　最后，可以简要地总结：奥义书仙人、哲学家在奥义书中围绕着"原人、梵、我"三个基本范畴、命题而提出形形式式的理论模式和咒语系统，完全是为论证他们设想的永恒不灭的超验实在服务的。然而，他们的这些理论模式和咒语系统赖以形成和存在的基础则是经验世界的现实、物质。

《大悲咒》拉丁体梵音还原

一　略说"咒"义

　　"咒"是梵语"漫怛罗 mantra"的意译。这个词原指《吠陀》诗集四句一首的赞歌或颂诗和《梵书》的祈祷语言；后来，发展为婆罗门教咒术的专用术语，即对神灵默祷的秘密词句。佛教，特别是大乘密教，把它继承过来，并发展为不限文句长短的祷辞。佛教在沿用"漫怛罗"一词的同时，还给本宗的咒语创造了一个专用术语"陀罗尼"dhāraṇī。按中国佛教的传统译法，"漫怛罗"有："咒、咒语、明咒、真言"等意义；"陀罗尼"有："总持、密言、密语、秘密号"等意义。在佛教经论中，对这两个词又有许多引申的意义。例如，《大毗卢遮罗成佛经疏》（卷一）关于真言的解释："真言者，梵曰漫怛罗，即是真语、如语、不妄不异之音。龙树释论谓之秘密号。"① 又如《佛地经论》（卷五）关于总持的解释："陀罗尼者，增上念慧，能总任持，无量佛法，令不忘失。于一法中，持一切法；于一文中，持

---

　　① 《大正藏》第 39 卷，№1796，第 579 页。

一切文；于一义中，持一切义。摄藏无量诸功德，故名无尽藏。"① 然而，"漫怛罗"或"陀罗尼"二者都是意指秘密的祷词或颂文，只是前者通用于婆罗门教和佛教，而后者只在佛教中流通。事实上，佛教的密咒是在婆罗门教咒术基础上发展起来的，是婆罗门教咒语系统中的一个重要分支——从《阿闼婆吠陀》、《梵书》和《奥义书》，一直到佛教的密宗，印度的秘密咒术基本上是一脉相承的。当然，在这个历史过程中，每一阶段都有新的发展。佛教的密咒就是如此。佛教密宗大师创作了许多有异于婆罗门教的新的咒语，从而构筑了佛教的独特的密咒加持方法，大大丰富了印度传统咒术系统。一般地说，梵语原文咒语，无论是婆罗门教的还是佛教的，并不都是无法破释的神秘密码。它们的内容几乎全是诸佛、菩萨、声闻、缘觉，以及天龙八部的名称、代号，或者是对他们的祷词和赞语；因为被看作是神灵的密语，只许默诵，不许宣释，故在构词造句上常常背离正规梵语语法规则，变成为一种"自由体"或"不规范"的散文。正是这一点给理解造成了障碍——难以破释的密咒。

二 关于《大悲咒》

《大悲咒》是佛教神咒中具有特殊意义的咒语，自唐代译传至中国以迄现在，它一直是我国佛教信徒早晚功课中的一个不可或缺的内容。和其他印度咒语一样，《大悲咒》是用梵语字母写成的，是一篇赞颂以观自在菩萨为首的佛教圣众及诸天龙神的祝祷辞。它蕴含着佛旨玄机，至圣秘藏；用梵语正音来念诵比按意译后的汉文来念诵，无疑会更加灵验，直达圣凡感应、生佛一如

---

① 《大正藏》第 26 卷，№1531，第 315 页。

的圆妙境界。印中两国《大悲咒》译师之所以不突出该咒的意译，而着重传播它的音译，这很可能是一个重要的原因。梵语是拼音的音节文字，汉语是非拼音的单音节文字；二者属于两个不同的语音系统，用汉语单词音译梵语字母和音节，充其量只能得到近似的梵音。梵语有许多特殊的复合音，一个音节可能由一个单辅音和一个单元音或复元音构成，也可能由两个、三个或四个单辅音结合的复辅音和一个单元音或一个复元音构成。这类复合音是难以汉语单音词准确地音译出来的。不谙梵语语音系统的人是会越念越不像梵音的。

中国佛教协会会长赵朴初居士认为，《大悲咒》是"禅门日课"的主要组成部分，我国佛教四众，天天念诵；但大都不知梵语原音，只是以一种不准确的汉语化"梵音"来念诵，应设法帮助纠正。他建议一个纠正的好方法——采用现代通行的拉丁化梵语字母系统，把汉语音译的《大悲咒》还原为正确的梵音，然后用拉丁化梵语字母准确地拼写出来，使之成为拉丁体梵语正音《大悲咒》。这样，只要认得拉丁字母，就能顺利诵读，发出正确的梵音。即使个别困难的音节，如复合音，读得不够准确，也远胜按汉音来诵读。赵会长这个意见十分正确，并把这个任务嘱我去执行——将《大悲咒》的汉语音译本还原为拉丁体的梵文本。

三 诸家音译本

查《大正大藏经》（第20卷）共收有《大悲咒》音译本12种。兹按该藏经的编号顺序抄列于下：

（一）《大正大藏经》第20卷，第77—117页：

1. ［№1056］《世尊圣者千眼千手千足千舌千臂观自在菩提

萨埵怛嚩广大圆满无碍大悲心陀罗尼》（附梵文原本，仅40句；出自《金刚瑜伽顶千手千眼观自在菩萨修行仪轨经》卷下，不空三藏（746—771）译。

2. ［No1057］《千眼千臂观世音菩萨大身咒》（共94句，附梵文原文，载A本《千眼千臂观世音菩萨陀罗尼神咒经》二卷。汉语音译在上卷，梵语原文在下卷。此经B本也是二卷，神咒在上卷，题名为《根本大身咒》，有和A本相同的汉语音译，没有梵语原文。两本经文略有出入，但神咒则一。两本同一译者）智通（653）译。

3. ［No1058］《千手千眼观世音菩萨姥陀罗尼大身咒》（载《千手千眼观世音菩萨姥陀罗尼身经》，共94句，只有汉语音译，没有梵语原文，音译所据梵本同上"No1057"）菩提流支（709）译。

4. ［No1060］《广大圆满无碍大悲心陀罗尼》（载《千手千眼观世音菩萨广大圆满无碍大悲心陀罗尼经》，共82句，仅有汉语音译，没有梵语原文。音译所据梵本基本上同下"No1113B"。我国佛教徒千余年来一直使用的《大悲咒》音译本正是这个译本）伽梵达磨（650～660）译。

5. ［No1061］《千手千眼观世音菩萨广大圆满无碍大悲心陀罗尼》（共计113句，附有梵语原文），金刚智（741）译。

6. ［No1062A］《千手千眼观世音菩萨大身咒》（出自《大悲咒》中卷。仅有汉语音译，没有梵语原文，音译是"No1057"梵文本的新译本），金刚智译。

［No1062B］《世尊圣者千眼千首千足千舌千臂观自在菩提萨埵怛嚩广大圆满无碍大悲心陀罗尼》（仅有与"No1056"相同的40句梵语原文，没有音译），失译人。

7. ［No1063］《番大悲神咒》（仅有音译，是"No1061"梵

本的再译本）失译人。

8. ［No1064］《千手千眼观世音菩萨大悲心陀罗尼》或《广大圆满无碍大悲心陀罗尼》（音译意译并举，但无梵文原文。音译基本上和"No1060"相同。这两个音译本——"No1060"和"No1064"实际上同据一个梵本译出。参看"No1113B"）不空三藏译。

（二）《大正大藏经》第20卷，第489—501页：

9. ［No1111］《青颈观自在菩萨心陀罗尼》（是"No1061"的新译，但未附梵文。它的汉语音译基本上和"No1061"的相同，只在断句上有些微出入："No1061"分为113句，"No1111"读成110句。附注意译）不空三藏译。

10. ［No1112］：A.《广大圆满无碍大悲心你拶建他陀罗尼》，B.《千手千眼广大圆满妙身大悲宝幢陀罗尼》（俱出自《金刚顶瑜伽青颈大悲王观自在念诵仪轨》。A是一个混合的陀罗尼，其中前分99句，近似"No1061"；后分43句，近似"No1060"。只有汉语音译，没有梵语原文）金刚智译。

11. ［No1113A］《观自在菩萨广大圆满无碍大悲心大陀罗尼》（这是"No1061"梵本的新译本。只有音译，未附原文）指空禅师校订。

12. ［No1113B］《大慈大悲救苦观世音自在王菩萨广大圆满无碍自在青颈大悲心陀罗尼》（这个音译本附有意译和梵语原文，并把原文和译文并列，逐句对照。"No1060"似是据此梵本译出，故这个音译本基本上和"No1060"音译一致）不空三藏译。

上述12种（实际上14种）《大悲咒》音译本之间显然有如下的主要异同点：（1）它们属于同一性质的祈祷咒文，以观自在菩萨为主要的礼赞对象。（2）各本文字，长短不一；最长的译本如

"No1061"，共有 113 句，最短的译本如 "No1065"，仅有 40 句。
（3）各译本所依据的梵语原文，共有四种，即 "No1056"、
"No1057"、"No1061" 和 "No1062B"；其中第一和第四两种是同
一梵本，故实际上只有三种梵文原本。（4）诸译本中，有汉语
音译而未附梵语原文者共有八种，即 "No1058"、"No1060"、
"No1062A" "No1063"、"No1064"、"No1111"、"No1112" 和
"No1113A"；仅有梵语原文而无汉语音译者，仅 "No1062B"
一种；既有汉语音译又附梵语原文者有四种，即 "No1056"、
"No1057"、"No1061" 和 "No1113B"。（5）"No1058"（菩提流支
译）和 "No1062A"（金刚智译本）所据的原文是 "No1057"（智
通所用的同一）梵本。"No1060"（伽梵达磨译本）和 "No1064"
（不空译本）似据同一梵本译出。"No1113B" 是不空的另一个译
本——梵汉对照本。它的汉语音译非常近似 "No1060"，它所附
梵语原文是三个译本——"No1060"、"No1064" 和 "No1113B"
据以译出的共同梵本。"No1061"（金刚智译本）所附的原文是下述
音译本的共同梵本："No1063" "No1111"、"No1112"、"No1113A"。
（6）不空三藏一人译了四种《大悲咒》：a. "No1056"、
b. "No1064"、c. "No1111" 和 d. "No1113B"。a 本是一个仅有
40 句的缩写本，所附梵语原文在 "No1112B" 重复出现。b 本没
有梵语原文，汉语音译和 "No1060"（伽梵达磨译本）十分近
似。c 本是注有意译的音译本，但未附梵本。从音译上看，它实
际上是 "No1061"（金刚智）梵本的一个再译本，故它的音译几
乎和 "No1061" 完全一样；不同的只在断句上："No1061" 作
113 句，它作 110 句。d 本是一个梵语原文和汉语音译逐句对照
本。它的汉语音译和 "No1060"（伽梵达摩的）音译本基本上没
有两样。这两个译本——"No1060" 和 "No1113B" 只在若干句
读上有些微的差别。不妨说，不空三藏采用了伽梵达摩音译本来

和梵语原文逐句对照。因此，"No1113B"（不空译本）和"No1060"（伽梵达摩译本）二者之间的一些差导并不十分重要，重要的是二者之间存在着基本一致的内容，而这为把汉语音译《大悲咒》还原为拉丁体梵音提供了很好的基础。

四　梵音还原方法

本文开头提到，《大悲咒》自唐代译传到中国后便逐渐成为中国佛教仪式中一个不可少的项目，是一篇在中国佛教信众中家喻户晓、老幼奉持的最灵验的祈祷词。这个流传最久、流通最广的神咒在 12 家《大悲咒》译本中属于哪一家？它就是"No1060"——伽梵达摩的译本，题目的全名是《千手千眼观世音菩萨广大圆满无碍大悲心陀罗尼》。因此，在把《大悲咒》的汉语音译还原为梵语正音时，选译伽梵达摩译本作蓝本是正确的；同时，采用不空的三藏"梵一汉"对照本（No1113B）作为梵音还原的基础也是适宜的。当然，其他译本和梵本，尤其是金刚智的梵本（No1061），也将视为重要的参考资料。

在进行还原工作之先，本文作者根据对《大悲咒》的梵本和音译本的研究，特提出如下几点有关还原方法的说明：

1. 《大悲咒》梵音还原是指将伽梵达摩的汉语音译《千手千眼观世音菩萨广大圆满无碍大悲心陀罗尼》（No1060）还原为梵语本音，并按拉丁化梵语语音系统重新拼写。

2. 梵音还原所依据的主要资料是：（1）伽梵达摩《千手千眼观世音菩萨广大圆满无碍大悲心陀罗尼》（No1060）的汉语音译本；（2）不空三藏《大慈大悲救苦观世音自在王菩萨广大圆满无碍自在青颈大悲心陀罗尼》（No1113B）的梵文原本；（3）金刚智《千手千眼观自在菩萨广大圆满无碍大悲心陀罗

尼》（№1061）的汉语音译本和梵语原本；（4）其他有关的音译本和梵文本。

3. 在《大悲咒》的梵语原文中，每个单词和句子都表示一定可以理解的意义。但音译为汉语后，汉语读音既难于符合梵语本音，又无法表示梵文原义。还原的目的既要将梵语的原音还原，而且还要使其原义复明。

4. 在不空三藏的梵文本（№1113B）里，（1）遇有拼写错误的单词，按其前后有关成分予以订正；（2）不合语法的句子，亦按其前后有关成分予以订正；（3）若是独立的单词，或独立的句子，与其前后成分无关，但含义是清楚的，即使不符合拼写和语法规则，仍然保留其原来形式，不予改动。

5.《大悲咒》的梵语原文是用古代印度悉昙（Siddham）字母写的。梵语是印欧语系的拼音语言，它的语音可以用各种不同形式的符号（字母）来表示。从古至今，梵语字母形式不断演变。悉昙体字母只是其中的一种。今天，印度通用的梵语字母是"天城体"字母。国际梵学界把梵语字母拉丁化，制成一种现代国际通用的拉丁体梵语字母系统。

6. 下表便是拉丁体梵语字母系统：

元　音

		短	长
单元音	喉	a	ā
	腭	i	ī
	唇	u	ū
	舌	ṛ	r̄
	齿	l	(ī)
复元音	腭	e	ai
	唇	o	au

纯气音　　ḥ

韵尾鼻音　ṅ　　ṁ

辅　音

	轻音		浊音		
	不吐气	吐气	不吐气	吐气	鼻音
喉	k	kh	g	gh	ṅ
腭	c	ch	j	jh	ñ
舌	ṭ	th	ḍ	dh	ṇ
齿	t	th	d	dh	n
唇	p	ph	b	bh	m

半元音 $\begin{cases} 腭 & y \\ 齿 & l \end{cases}$ 舌 r 唇 v　　咝音 $\begin{cases} 腭 & ś \\ 舌 & ṣ \\ 齿 & s \end{cases}$

浊吐气音　　　h

注意：凡认得拉丁字母者基本上都能按上表发出梵音。但梵音毕竟有其自身的语音特点和发音方法；要获得准确的梵音，无疑需要研究、掌握梵语的特殊发音方法。为了帮助读者做到这一点，特将一些特殊字母的发音方法说明一下：

1. 长元音符号"—"，写在元音顶端，如长元音"ā"，表示元音 a 有两拍长的时间。

2. 卷舌音符号"·"，写在卷舌元音的下端，例如"ṛ"，表示元音 r 是用卷舌方法来发音的，发音时，很像"ri"。同样，这个符号也用来表示卷舌辅音，如 ṭ、ṭh、ḍ、ḍh、ṇ，都是以卷舌方法发音。

3. 纯气音符号"ḥ"，表示从喉头发出的轻微气息，即不带元音的"h"读如汉语的"喝"（只有气息而无声音）。"ḥ"在句子中常作"r、s"的代替音。

4. 咝音符号："′"和"·"。前者写在 s 的上端如"ś"表示这个辅音 s 是腭咝音；后者写在 s 的下端如"ṣ"表示这个辅音 s 是卷舌音。①

5. 复合字母。有十个特殊的辅音字母：kh、gh、ch、jh、th、dh、th、dh、ph、bh。从形式上来看每一个都是用两个拉丁字母构成，但实际上只代表一个梵音。因此，发音时，只能读成一个音，不可分开读作两个音。

6. 浊吐气音"h"，属于喉部字母，读如"哈"，在句子中亦作半元音。

7. 长元音"（ḷ）"只有形式，没有实用。

五　梵音还原的《大悲咒》

根据上节讲述的拉丁化梵语字母系统，我们特将伽梵达摩《千手千眼观世音菩萨广大圆满无碍大悲心陀罗尼》（№1060）的汉语音译本进行了梵音还原。还原的整个过程及其结果，体现为如下三个内容：

1. 《千手千眼观世音菩萨广大圆满无碍大悲心陀罗尼》（№1060）汉语音译与还原的拉丁体梵音对照；

2. 《千手千眼观世音菩萨广大圆满无碍大悲心陀罗尼》拉丁体梵语还原本；

3. 附录：金刚智《千手千眼观自在菩萨广大圆满无碍大悲心陀罗尼》梵文本（№1061）拉丁体转写本。

---

① 商务印商馆最近出版的我国第一部《梵语课本》，由于印刷厂没有标准的"ś"、"ṣ"和"ṛ"的铅字，该书的拉丁梵语拼音系统不得不使用"x"代替"ś"，"sh"代替"ṣ"，"ri"代替"ṛ"。卷舌音ṭ、ṭh、ḍ、ḍh 和气音ḥ，由于同样的困难，只好把它们的圆点"·"去掉。

1）伽梵达摩《千手千眼观世音菩萨广大圆满无碍大悲心陀罗尼》（№1060）汉语音译与还原的拉丁体梵音对照：

《大悲咒》

	汉语音译	拉丁体梵音
1	南无喝啰怛那哆啰夜耶	namo ratnatrayāya
2	南无阿唎耶	nama ārayā-
3	婆卢羯帝烁钵啰耶	valokiteśvarāya
4	菩提萨哆婆耶	bodhisattvāya
5	摩诃萨哆婆耶	mahāsattvāya
6	摩诃迦卢尼迦耶	mahākārunikāya
7	唵	um
8	萨皤啰罚曳	sarvabhaye-
9	数怛那怛写	su trānadasya
10	南无悉吉利埵伊蒙阿唎耶	namaskṛtvā iman āryā-①
11	婆卢吉帝室佛啰啰驮婆	valokiteśvaranī laka ṇthamtava②
12	南无那啰谨墀	namo narakindhi

---

① 第8、9、10三句，[№1061]读作："萨摩（上）婆曳数，怛啰（二合）拏迦啰（引）耶，弹思每（二合）曩莽思吉哩（三合）多嚩（二合）伊（去）那摩阿哩夜洽（二合）——Sarvabhayesutrānakarāya tasmai namaskṛtvā enam ārya"。

[№1111]读作："萨嚩婆怛（引）曳数怛啰（二合）拏也（救济怖畏）怛写曩莫娑讫哩洽（二合）怛嚩（二合）伊娜么（引）哩也（二合）"，中间没有断句，但用小字注了译意"救济怖畏"有助于准确地还原为梵语："Sarvabhayesutrānakarāya tasmai nam aiskṛtvā enam ārya"。

② 第11名，[№1061]读作："嚩略枳帝湿嚩（二合）啰皤使单弥罗建姹闭——valokiteśvarabhāsita mnilahanthahe"。

[№1111]作："嚩路引枳帝引湿嚩（二合）多嚩顿（引）拶寨绽——valokteśvara tavanī laka hṭna"。

[№1113B]作："婆噜吉帝室佛楞驮婆——varukiteśivaramdhava。"

续表

	汉语音译	拉丁体梵音
13	醯唎摩诃皤哆沙咩	heri mahāvratam icchāmi①
14	萨婆阿他豆输朋	sarvārtham tu śubham
15	阿逝孕	ajeyam②
16	萨婆萨哆那摩婆伽	sarvasattvānām bhavamārga-
17	摩罚特豆	mavadhūtam③
18	怛侄他	tadyathā
19	唵阿婆卢醯	um avaloke
20	卢迦帝	lokāti-
21	迦罗帝	krānti
22	夷醯唎	ehr̥
23	摩诃菩提萨埵	mahālodhisattva
24	萨婆萨婆	sarva sarva
25	摩罗摩罗	mala mala
26	摩醯摩醯唎驮孕	mahi mahi hr̥dayam④
27	俱卢俱卢羯懞	kuru kuru karmam
28	度卢度卢罚阇耶帝	dhuru dhuru vājayate

①　第13句，[No1113B]作："醯利摩皤哆沙咩——heri mavadhasame。"

②　第14、15两句，[No1061]作："萨末（引）他些驮建，戍畔阿尔延——sarvārtha sādhakam, śubham ajeyam。"

[No1111]作："萨嚩他娑驮南输咩，阿逝间——sarvarthā sadhanam śubham, ajeyam"

[No1113B]作："萨婆阿陀头输朋，阿游孕——sarvāthadu śubham, ajeyam。"

③　第16、17两句，[No1061]作："萨摩部跢南，婆嚩末诶尾戍驮剑——sarvabhūtānām, bhavamāargaviśuddhakam。"

[No1111]作："萨嚩步（引去）多南，婆缚末嘌诶尾戍驮剑——sarvabhātānām, bhavamārgaviśuddhakam。"

[No1113B]作："萨婆菩哆那摩缚伽，摩罚特豆——sarvabhūtānām bhavamārge mavadudu。"

④　第26句，[No1113B]作："摩摩醯唎驮孕——mama hr̥dayam。"

	汉语音译	拉丁体梵音
29	摩诃罚阇耶帝	mahāvājayate①
30	陀罗陀罗	dhara dhara
31	地利尼	dhārinī -
32	室佛啰耶	śvārāya②
33	遮罗遮罗	cala cala
34	摩摩罚摩啰	mama vimala
35	穆帝㘑	muktilī ③
36	伊醯移醯	ehe ehe
37	室那室那	cintā cintā④
38	阿啰嘇佛啰舍利	ārṣam pracali
39	罚沙罚嘇	viṣa viṣam⑤
40	佛罗舍耶	prasaya
41	呼卢呼卢摩啰	huru hurumara
42	呼卢呼卢醯利	huru huru hili
43	娑啰娑啰	sara sara
44	悉利悉利	siri siri

① 第28、29两句，［№1061］作："杜噜杜噜尾演底，莽贺尾演底——dhuru dhuru viyanti, mahāviyanti。"

［№1111］作：度噜度噜尾演底，摩诃（引）尾演底——dhuru dhuru viyanti mahāviyanti。"

［№1112］作："度噜度噜尾演尾耶底，摩诃尾耶底——dhuru dhuru viyāti, mahāviyāti。"

② 第31、32两句，［№1061］作："达嘌印涅嘌（二合）湿嚩（二合）罗——dharendareśvara。"

［№1111］作："驮连（引）捺连（二合）湿（二合）啰 dharendrśevara。"

［№1112B］作："驮连捺梨二合湿嚩啰（二合）——dharendreśvara。"

［№1113］作："地利尼，啰耶 dhirini rāya。"

③ 第33、34、35三句，［№1111］作："左捯左捯，尾么捯（引）么捯没嚟（二合）帝——calacalavim alāmaramukti。"

［№1112］作："者啰（二合）尾么啰（二合）母嚟谛——calavimala mukti。"

［№1113B］作："遮啰遮啰，摩摩罚摩罗，穆帝㘑——cala cala mamavamara muktele。"

④ 第37句，［№1113B］作："室那室那——cinda cinda。"

⑤ 第39句，［№1113B］作："罚沙罚嘇——vaṣa vaṣam。"

续表

	汉语音译	拉丁体梵音
45	苏卢苏卢	suru suru
46	菩提夜菩提夜	bodbaye bodhaye
47	菩驮夜菩驮夜	buddhāya buddhāya
48	弥帝利夜	maitriya
49	那啰谨墀	narakindi
50	地唎瑟尼那	dhrsninā
51	波夜摩那	paṣamāna①
52	娑婆诃	svāhā
53	悉陀夜	siddhāya
54	娑婆诃	svāhā
55	摩诃悉陀夜	mahāsiddhāya
56	娑婆诃	svāhā
57	悉陀喻艺	siddhaoyge-
58	室皤啰耶	śvarāya
59	娑婆诃	svāhā
60	那啰谨墀	narakindi
61	娑婆诃	svāhā
62	摩啰那啰	maranara
63	娑婆诃	svāhā
64	悉啰僧阿穆佉耶	śirasimhamukyāha
65	娑婆诃	svāhā
66	娑婆摩诃阿悉陀夜	sarvamahāsiddhāya
67	娑婆诃	svāhā
68	者吉啰阿悉陀夜	cakrāsiddhāya
69	娑婆诃	svāhā
70	波陀摩羯悉哆夜	padmahastāya
71	娑婆诃	svāhā
72	那啰谨墀皤伽啰耶	narakindivagaraya
73	娑婆诃	svāhā

① 第50、51两句，［№1113B］作："他唎瑟尼那波夜摩那——dhrsinina pasa-mana。"

续表

	汉语音译	拉丁体梵音
74	摩婆利胜羯啰夜	mavariśankarāya
75	娑婆诃	svāhā
76	南无喝啰怛那哆啰夜耶	namo ratnatrayāya
77	南无阿唎耶	nama āryā-
78	婆嚧吉帝	valokite-
79	烁皤啰夜	śvarāya
80	娑婆诃	svāhā
81	唵悉殿都曼哆啰钵默耶	um，siddhyantu mantra padāya
82	娑婆诃①	svāhā

① 《大正藏》本伽梵达摩汉字音译《大悲咒》与今流通本差异表

句序号	大正藏本	今流通本	备　注
4	菩提萨跢萨唎	菩提萨埵婆耶	
5	摩诃萨跢婆唎	摩诃萨埵婆耶	
6	……尼迦唎	……尼迦耶	
10	……悉吉利埵……	……悉吉嘌埵……	
11	……啰嚟……	……啰楞……	
16	萨婆萨哆摩婆伽		
25	摩罗摩罗	萨婆萨哆那摩婆萨多。那摩婆伽	"那摩婆萨多"五字是连池大师据古本《大经悲》加遮
27	羯幪	摩啰摩啰	
30	陀罗陀罗	……羯蒙	
33	遮罗遮罗	陀啰陀啰	
35	穆帝㘑	遮啰遮啰	
40	佛罗舍耶	穆帝隸	
41	呼𪄣呼𪄣……	佛啰舍耶	
42	呼𪄣呼𪄣……	呼卢呼卢……	
44	悉利悉利	呼卢呼卢	
50	地利……	悉唎悉唎	
51	波夜……	地利……	
70	……悉哆夜	婆夜……	
77	……阿唎嘢·	……悉陀夜	
81	唵悉殿都曼哆啰钵默耶（说明："·"表示差异字）	唵悉殿都。漫多啰跋陀耶	今流通本是三句。又今某些流通本把第十九句和八十一句的"唵"字后加了句号。

2)《千手千眼观世音菩萨广大圆满无碍大悲心陀罗尼》拉丁体梵音还原本。

为了便于诵读, 再将上述汉梵对照表中拉丁体梵音《大悲咒》全文单独列出:

namo ratnatrayāya (1), nama āryā (2), valokiteśvarāya (3), bodhisattvāya (4), mahāsattvāya (5), mahākāruṇikāya (6), um (7), sarvabhaye-(8), su trānadasya (9), namaskṛtvā imam āryā-(10), valokiteśvaranīlakaṇtham tava (11), namo narakindhi (12), heri mahāvratam icchāmi (13), sarvārtham tu śubham (14), ajeyam (15), sarvasattvānām bhavamārga-(16), mavadhūtam (17), tadyathā (18), um avaloke (19), lokāti-(20), krānti (21), ehṛ (22), mahābodhisattva (23), sarva sarva (24), mala mala (25), mahi mahi hṛdayam (26), kuru kuru karman (27), dhuru dhuru vājayate (28), mahāvājayate (29), dhara dhara (30), dhārinī-(31), śvarāya (32), cala cala (33), mama vimala (34), muktilī (35), ehe ehe (36), cintā cintā (37), ārṣam pracali (38), viṣa viṣam (39), praśaya (40), huru huru mara (41), huru huru hili (42) sara sara (43), siri siri (44), suru suru (45), bodhaye bodhaye (46), buddhāya buddhāya (47), maitriya (48), narakindi (49), dhṛṣninā (50), paṣamānā (51), svāhā (52), siddhāya (53), svāhā (54), mahāsiddhāya (55), svāhā (56), siddhayoge-(57), śvarāya (58), svāhā (59), narakindi (60), svāhā (61), maranara (62), svāhā (63), śirasimhamukhāya (64), svāhā (65), sarvamahāsiddhāya (66), svāhā (67), cakrāsiddhāya (68), svāhā (69), padmahastāya (70), svāhā (71), narakindivāgarāya (72), svāhā (73), mavariśankarāya (74), svāhā (75), namo ratnatrayāya (76), namaāryā-(77), valokite-(78), śvarāya (79), svāhā (80), um, siddhyantu mantrapadāyā (81), svāhā (82).

3）附录：《千手千眼观自在菩萨大圆满无碍大悲心陀罗尼》悉昙体梵语原文拉丁体转写本。

（《大悲咒》汉语音译本有12—14种，但所依据的梵文原本仅有三种；其中"№1061"——金刚智所用的梵本比较完整，有四个汉语音译本，可见这个梵本的重要性。因此，特将它的悉昙体全文用拉丁体转写于此，以供参考）

namo ratnatrayāya (1), namah āryā-(2), valokiteśvarāya (3), bodhisattvāya (4), mahāsattvāya (5), mahākāruṇikāya (6), sarvabandhana (7), cchedanakarāya (8), sarvabhava (9), samudra-sukṣaṇakarāya (10), sarvavyādhi (11), praśamanakarāya (12), sarvetyubhadrava (13), vināśakarāya (14), sarvabhaye ṣ u (15), trānakarāya (16), tasmai namaskṛtvā enam āryā-(17), valokiteśvara- bhā ṣ itamn ī laka ṇ ṭ hake (18), nāma h ṛ daya (19), mavrata icehāmi (20), sarvātha sādhakam (21), śubham ajeyam (22), sarvabhūtānām (23), bhavamārgaviśuddhakam (24), tadyathā (25), uṁ (26), āloke ālokamati (27), lokatikranto he hare āryā-(28), valokiteśvara (29) mahābodhisattva (30), he lodhisattva (31), he mahābodhisattva (32), he vī ryalodhisattva (33), he mahākāruṇikā (34), smāra hṛdayam (35), hi hi hare āryā (36), valokiteśvara (37), maheś vara (38), paramatars citta (39), mahākāruṇika (40), ku ku karmam sadhaya sadhaya (41), vidyām (42), ṇihe ṇ ihe tavaram (43), kāmam gama (44), vigama siddhayugeś vara (45), dhuru dhuru viyanti (46), mahāviyanti (47), dhara dhara dharenndreśvara(48), cala cala vimalāmara (49), āryā-(50), valokiteśvara (51), jinak ṛ ṣ ṇ a (52), ja ṭ āmukuta (53), varam ma prararamma viramma (54), mahāsiddha vidyādhara (55), vara vara mahāvara (56), vala vala mahāvala (57), cara cara mahācars

(58), kṛṣna varna dīrgha (59), kṛṣnapaksa dirghatana (60), he padma hasta (61), cara cara diśa caleśvare (62), k ṛ ṣ n asarpa kṛtayajne pavita (63), ehye he mahāvarāhamukha (64), tripuradahaneśvara (65), narāyanavarupa (66), varamarga ari he nīlakaṇtha he mahākāra (67), hara hara (68), viṣanijita lokasya (69), rāgaviṣavinaśana (70), dviṣaviṣavinaśana (71), mohaviṣavinaśana (72), hulu huru mara huru hale (73), mahāpadma nābha (74), sara sara (75), siri siri (76), suru suru (77), muru muru (78), buddhya buddhya (79), boddhaya boddhaya (80), maite (81), nī lakaṇtha ehye he ma ma sthita simhamukha (82), hasa hasa (83), munca munca (84), mahātātha hāsam (85), ehe he pām mahāsiddhayogeśvara (86), saṇa saṇa vāce (87), sādhya sādhya vidyā (88), smāra smāra (89), śambhagavantam lokitavilokitam (90), lokeśvaram tathāgatam (91), dadā heme darśana (92) kāmasya darśana (93), praharṣadayāmana svāhā (94), siddhāya svāhā (95), mahāsiddhāya svāhā (96), mahāsiddhāya svāhā (97), siddhayogeś varaya svāhā (98), nīlaka nthāya svāhā (99), varāhamukhāya svāhā (100), mahādarasinhamukhāyā svāhā (101), siddhavidyadharaya svaha (102), padmahastāya svāhā (103), kṛṣnasarpa kṛ tayojna- pavitāya svāhā (104), mahālakut- adharāya svāhā (105), cakrayuddhāya svāhā (106), śankhai śabda-niboddhanāya svāhā (107), ma ma shanda- viṣasthita kṛṣnijināya svāhā (108), vyāghracama-nivasanāya svāhā (109), lokeśvarāya svāhā (110), sarvasiddheś varāya svāhā (111), namo bhagavate āryāval-okiteśva rāya bodhisattvāya mahāsattvāya mahākāruṇikāya (112), siddhyantu eva mantra padāya svāhā (113)。

（原载《佛教文化》1991 年第 3 期）

人间佛教的哲学与实践

"人间佛教"的倡导者是两位伟大的佛教导师——太虚大师和赵朴初先生。

"人间佛教",在一般意义上说,就是"佛教就在人间,在人间弘扬佛教",或者说,"用佛教教义教化人间、净化人间"。然而,"人间佛教"的内涵却是甚深的佛教哲理和佛教实践。

一　人间佛教的哲学

"人间"即哲学上说的"经验世界"。按佛教教义说,就是"众生的世界"。这有广义和狭义之分。广义上的众生世界有三:欲界、色界、无色界。狭义上的众生世界是包括阎浮提在内的欲界。在三界之外是否还有别的世界?经云:

> ……诸佛应、化、法身亦不出三界。三界外无众生。佛何所化?是故我说,三界外别有一众生界藏者,外道大有经中说,非七佛之所说。①

---

① 鸠摩罗什译:《佛说仁王般若波罗蜜经》卷一,菩萨教化品第三。

从这段经文可知有两种关于世界的观点。一是外道观点。一是佛说观点。所谓外道是指佛世前和佛世时的非佛教哲学家，特别是婆罗门教哲学家。婆罗门教继承印度上古吠陀仙人的一些猜测性或臆测性的宇宙说。"吠陀"或"吠陀经"是印度文明早期的诗人、仙人和道者所写的神曲集。共分四部：《梨俱吠陀》、《莎摩吠陀》《夜柔吠陀》、《阿达婆吠陀》。其中最古老的、最主要的是第一部《梨俱吠陀》。我们在此择引这部吠陀经中若干涉及宇宙说的诗句：

> 祈祷圣主，婆楼那天，礼赞风神，智慧超群。
> ……
> 彼以摩耶，揭示宇宙，既摄黑夜，又施黎明。
> ……
> 彼乃海洋，神秘深广，又如旭日，升空自在，
> 群生瞻仰，顶礼赞扬。
> 彼之神足，闪烁异光，驱散摩耶，
> 直上穹苍。其余怨敌，愿俱灭亡。①

吠陀仙人在这诗里设想了一个万能的大神"婆楼那（Varuṇa）"，运用"摩耶（māyā）"创造了宇宙——世界。"摩耶"，意为"幻、幻象、幻术"。吠陀哲学家认为宇宙（世界）是大神婆楼那施展幻术变现出来的幻象，它的存在是短暂的、无常的，最终还要消失，回归到大神那里，或者说，设定的神把它回收复归自体。"驱散摩耶，直上穹苍"便是此意。显然，在吠陀仙人看来，存在着两个本质上不同的世界。一个是大神婆楼那用幻术变出来的世界（天、空、地三界，或欲界、色界、无色界三界），即幻妄非真的世界。另一个是婆楼那神身的世界，假

---

① 《梨俱吠陀》第十卷第四十一曲。

设的真实的世界。后吠陀的外道，特别是婆罗门教据此执三界之外另有一世界——神自身的世界，而这一观点正是佛陀批判的"三界外别有一众生界藏"的外道邪说。

然而，吠陀仙人哲学家提出的"幻"（摩耶）的概念却是一个前所未闻的哲学创见。按照印度哲学史，"幻"的观点，自从吠陀仙人哲学家首先提出之后，一直为其后包括佛教哲学在内的所有哲学流派所肯定、所接受，并且按各自哲学系统的需要而加以解释。它们的解释基本上围绕着"幻""幻象""幻术"三个范畴兜圈子，但又不约而同地突出三义中的第一义"幻"，即一致阐述经验世界为一个虚假的幻象，非真存在。经验世界为何是一个虚假的幻象，非真存在？它们几乎是异口同声地回答说，因为世界是吠陀神话里神仙使用幻术变出来的，就像魔术师念咒祭法幻变显现的假象，非真存在。除此之外，它们找不出其他令人信服的合理的解释。然而，能够对"幻"（摩耶）作出合理解释的哲学家乃是释迦牟尼佛。事实上，在印度哲学史发展的全过程，佛陀是惟一能够如理地阐述"幻"义的伟大哲学家。佛陀并没有否定经验世界的虚幻性。如经云："一切有为法，如梦幻泡影，如露亦如电，应作如是观"。[①] 又云："一切法生灭不住，如幻如电；诸法不相待，如水中月，如镜中像，以妄想生"。[②] 引文中的"一切有为法"和"诸法"正是经验世界（人间）的精神性现象和物质性现象。但佛陀说：

> 无相第一义，无自无他作，
> 因缘本自有，无自无他作。
> ……

---

① 鸠摩罗什译：《金刚般若波罗蜜经》结尾颂。
② 鸠摩罗什译：《维摩诘所说经》卷一，弟子品。

世谛幻化起，譬如虚空华，

如影三手无，因缘故诳有。

幻化见幻化，众生名幻谛，

幻师见幻法，谛实则皆无。

名为诸佛观，菩萨观亦然。①

"世谛"即世间、即经验世界，它之所以是"幻化"是"诳有"，乃由"因缘故"——从因缘产生、存在、变坏，乃至消亡。所以龙树菩萨复述佛义说：诸法从缘生，是法缘及尽，我师大圣主，是义如是说"。②颂中"缘生"的"缘"的主要意义是：（1）缘——条件。事物自身本然地存在着演变；演变的历程有四个阶段：生、住、异、灭。这意味着任何事物永恒地处于一种变动不居的状态。（2）缘——互为条件。一种变动不居的事物可以成为产生另一事物的条件或因素，而这另一事物自身同样客观地受着生、住、异、灭的规律的制约。（3）因此，任何事物，无论它是单一的，或作为别的事物产生的条件，必然（a）在一定的条件成熟时产生（生），（b）在条件相对稳定状态下存在（住），（c）随着存在的条件的变化而变化（异），（d）最后，因存在的条件的完全破坏而消亡（灭）。生、住、异、灭的四个阶段是事物自身运动过程中的不同的爆发点或质变点；运动贯穿着四个阶段：运动在一个阶段与另一个阶段之间，刹那不止，瞬息万变，时该处在量变的过程中。四个阶段又是相互联系、相互依存、互为条件、互为因果。运动在一个四阶段的结束，又立即在新的条件下开始另一人四阶段的运动；四阶段有

---

① 鸠摩罗什译：《佛说仁王般若波罗蜜经》卷一，二谛品第四。

② 龙树造，鸠摩罗什译：《大智度论》卷十八。（此颂他处有作"诸法从缘生，诸法从缘灭，我师大沙门，常作如是说。"）

始有终，运动本身无始无终。四阶段是运动的形式，运动是四阶段的依据。这便是事物自身内在变化的客观规律，也正是佛陀示教的"因缘本自有，无自无他作"。佛教著名的哲学三原则——三法印："诸行无常，诸法无我，涅槃寂静"① 就是佛教哲学家根据事物自身生灭变动的规律，以及事物间相互依存、互为条件的网络关系（因缘）而提出的。事物自身变动不居，即是"无常"，无常即是"幻"（非真存在），幻即是"空"（没有不变的主体，涅槃寂静）。

二　人间佛教的实践

经云："……乘萨婆若乘来化三界。……一切众生烦恼不出三界藏"。

"诸佛应、化、法身而不出三界"。② 这段经文表述释迦牟尼佛实践人间佛教的光辉榜样。佛陀生活在人间（三界），是在人间修道成佛，是在对人间事物的内在规律的洞察、掌握的基础上，总结出包括三法印的一切佛法，并且就在人间传播教义，化度众生。我国先辈佛教大师在都市修建佛教寺院是学习佛陀的光辉榜样，在人间弘扬佛教、实践佛教。这个学习方式是正确的，完全符合"乘萨婆若乘来化三界"的教义。现代佛教徒不但要继承这个学习方式，而且还要使之发扬光大；结合 21 世纪的世界形势，适应祖国两个文明建设的需要，全心全意地把人间佛教的实践做得更加丰富多彩、光辉灿烂。为此，今天生活在都市寺院的佛教徒似可从两个方面开展现代人间佛教的实践。一个方面

---

① 鸠摩罗什译：《大智度论》卷二十二。
② 鸠摩罗什译：《佛说仁王般若波罗蜜经》卷一，菩萨教化品第二。

是现代科学文化的实践。都市寺院应充分利用本身的物质优势（房屋、土地等）创办学校、医院、科学技术研究所、中西文化研究中心等，藉以帮助国家培养、训练建设人才。另一方面是宗教修持的实践。都市寺院应密切与信众的关系，帮助他们学习佛教哲学，建立正确的修持观：既要加强自身的禅定修持，减轻乃至消除精神上的烦恼；同时，不离现实社会，宣传佛教正理，采用现代科学文化可能提供的一切方便，帮助他人奉行众善，获得幸福。目的在于以大乘佛教真理来净化人间，创立一个新型的、科学的人间佛教实践体系——一个具有完美的两个文明的现代人间净土。

"净土"，按《阿弥陀经》的定义，是没有"五浊"的国土；反之，便是"非净土"。西方极乐世界没有五浊，而且"其国众生，无有众苦，但受诸乐"，当然是绝对完美、清净的国土。极乐世界的"诸乐"，按我们的理解，应是一切超高级的精神上的快乐和一切超高级的物质性的快乐。或问：极乐世界的公民们是如何创造出这些无上胜妙的快乐？《无量寿经》的一段经文对此有很好的说明。它的大意是：极乐世界的公民，人人信受奉行阿弥陀佛的教导，发无上菩提心，实践自利利他的誓言。在自利方面，他们悉心修学正法，勤练瑜伽，通习五明，及诸最新科技。在利他方面，他们无私地献身于建设一个和平、安定、平等、繁荣昌盛的新世界；最充分地发挥自己聪明才智，运用科学技术，创造精神财富与物质财富，以此来普济所有贫苦群众，解除他们的生死厄难。他们一再宣誓，不获成功，不成正觉，即使要经历无量劫。这就证实，极乐世界的"极乐"完全是它的全体公民，通过自己的智慧和劳动所创造出来的。至于我们这个世界（人间），《阿弥陀经》说，这是"娑婆国土，五浊恶世"，也就是说，我们这个人间并非是一个净土。阿弥陀佛盛赞释迦牟尼佛，以大无畏、大慈悲降生这个五浊俱全的娑婆世界，行道说法，拯救这里深受五浊感染的苦难众生。阿弥陀佛这番示教的意思是，我们这个五浊国土的公民，如果能够信奉、实践释迦牟尼佛的教导，以极乐世界的公民为榜样，发菩提心，行菩萨行，运用最新科学技术，无私无畏地，积极投身于两个文明的建设；如是坚持不懈，历劫不息，从而把我们这个五浊国土，改造为一个清净的国土——改造为一个"无有众苦，但受诸乐"的第二个极乐世界，不是不可能的。①

三　人间佛教——众生菩提

经云："佛及众生，一而无二。何以故？以众生空故，得置菩提空；以菩提空故，得置众生空；以一切法空故，空空"。②如是，众生即菩提，菩提即众生，一而无二；同理，人间即佛教，佛教即人间，一而无二。是故六祖惠能概括佛义说："佛法在世间，不离世间觉，离世觅菩提，恰如求兔角"。生活、修持在都市寺院的佛教徒无疑需要深入领悟、把握这　真空妙理，并据此来进行现代人间佛教实践。惟有如此，才能在净化现代人间、在祖国实现两个文明建设程过中作出自己应有的贡献。

（原载觉醒主编《都市的佛教》，宗教文化出版社 2004 年版）

---

① 　拙文《"净土"的现代意义》，载《法源》2000 年，总第 18 期。
② 　鸠摩罗什译：《佛说仁王般若波罗蜜经》，卷一，二谛品第四。

纪念泰戈尔逝世 50 周年国际学术讨论会在新德里举行

　　1991 年 8 月 7 日是印度诗圣泰戈尔逝世 50 周年。印度文化关系委员会和若干文化学术团体联合发起、主办了一次隆重的国际学术讨论会，以资纪念。讨论会在新德里"印度国际中心"举行，会期三天。欧、美、日、中、苏等国学者应邀参加了会议。讨论会的主题是《泰戈尔的远见及其对当代的影响》。就与会者提交的论文来看，讨论集中在如下几个方面：（一）泰戈尔的多元性与同一性的哲理及其思想渊源；（二）泰戈尔的历史观点及其对现代的影响；（三）泰戈尔和印度抗英民族运动的关系；（四）泰戈尔作品在各国的翻译问题。

　　度副总统 S. D. 沙尔玛先生亲临主持纪念会的开幕式。他说　在泰戈尔的作品中，"即使是一首歌颂爱的神圣的诗，或一　对世界的热情的呼吁，诗人的远见和思想就像一条金色的丝线　穿其中。这是诗人设计的内在，同时又是外在的生活。……"泰戈尔渴望一个比较美好的世界，渴望一种比较完美的人类生存条件。在诗人"诺贝尔奖"获奖作品《吉檀迦利》诗集中有一首表达这一理想的脍炙人口的诗：

　　　　你引导心灵进入

　　　　永恒在开阔的

　　思想和行动，

　　　　进入那智慧的天堂。

　　我的父亲，

　　　　让我的国家觉醒吧！

沙尔玛先生认为，与其把泰戈尔作为思想家来谈论，倒不如把他作为诗人，艺术家来谈论。理由很简单：如果不去读泰戈尔的诗歌、音乐、绘画有关的作品，就不能准确地或恰如其分地对他进行评价。沙尔玛先生这一看法受到与会学者的赞赏。

　　有些学者建议，对于蕴含在诗人作品中的指导性哲理及其思想渊源，应该首先探讨一下。不少论文谈到泰戈尔的基本哲学思想是"多元性与同一性"的真理现。在泰戈尔的哲学词汇中，"真理"就是"梵"（Brahman）。梵是绝对、唯一、不可知、不可说、永恒、无限，但同时是相对、众多、可知、可说、无常、有限。泰戈尔说，"经典告诉我们，唯一要变为众多。这是隐藏在创世背后的较深层的原因。"（泰戈尔《文学的哲学》）。"理解真理的无限与有限二者统一的人，藉无明之助而超越死亡，藉智明之助而亲证永生。"（泰戈尔《我们人民的哲学》）。又说，"创造主的工作是一个有限的程序，他在自身的约束中找到自由，在有限的现实中找到无限的真理。"（同上书）。泰戈尔在这里阐明他所说的真理是体现无限与有限的统一，唯一与众多的统一，我与他的统一。这就是至上的真理，诗人还提醒我们，真理的对立统一是内在的，是在心灵深处实现的。至上真理即是创造主"梵"。诗人把梵所创造的经对立统一是内在的，是在心灵深处实现的。至上真理即是创造主"梵"。诗人把梵所创造的经验世界，即梵的多元性、有限性和可知性，看作"幻"的表现；而"幻"正是艺术："世界像一种艺术，是至上之神'原人'沉醉于创造形象的游戏……你可以把它叫做'幻术'和装作不相信它；但是伟大的艺术家幻师不会受到损害。因为艺术就是幻术，除了说它本来如此之外，别无解释。"（泰戈尔《一个艺术家的宗教》）同理，至上之神原人也是一位伟大的艺术家，他在宇宙游戏中创造了精神世界和物质世界。由于经验世界难逃自然淘汰规律的制约，时刻处于变化、以至消灭的状态，所以说它是"幻"。但按泰戈尔的哲学解释，世界既是"幻"，同时也是"非幻"。我们在幻中发现一种规律。幻正是通过这一规律表现出来的。这种规律是什么？它是一种运动，产生于和谐的制约，并由后者所调节。这里所说的"规律"似指自然淘汰规律。真理之梵（相对的一面）既是受这一规律制约的"幻象"，同时（它的绝对的一面）也是超越这一规律的"非幻"。这些道理，我们的诗人说，是"经典告诉我们的"。经典，显然是指《奥义书》。他在《成就者》中说，"对我来说，《奥义书》的诗篇和佛陀的教义已成为我的精神财富，因而具有无限发展的活力。我把它们用于我自己的生活和我的说教之中……"诗人这个"独白"正好说明他的真理观是在《奥义书》哲学的基础上形成，同时也是在现代的历史条件下对《奥义书》哲学的新的发展。一位与会的学者说，"《奥义书》是他的哲学的主要支柱"，这是十分正确的。

泰戈尔根据他的真理观——一与多的同一、无限与有限的同一的理论来观察世界和印度。S. 高斯先生在他的论文《泰戈尔对印度的多元性和同一性的理解》中说："泰戈尔接受了这一观点：觉悟者应是一个联系着多元力量的人。这是泰戈尔对世界的看法，同时也是诗人的看法。"经验世间的事物，千差万别，纷纭复杂；其中又存在着带根本性的同一。世界如此，印度也是如此。高斯先生认为，基于这一看法，泰戈尔虽然接受了西方的民主思想，但是在实践上，他结合印度的现实，把它改造为个人对社会服务负有责任的、具有印度特色的思想。泰戈尔一向强调一种"多民族的"和"个人主义的"自由——多元性与同一性的统一。从这一点出发，我们便可以最终地发现，泰戈尔既保持印度过去的多民族的完整性，又把这种完整性和无限制的个人主义自由一起反映在印度的未来。这二者的会合点正是他自己的诗的本身。无论在《国歌》中，或在《印度》中，他不仅把印度作为一个完整的国家统一起来，而且把"外来者"转化为印度的一部分，不再是外国人。这就是多元力量如何在一条印度线上统一起来，泰戈尔的民族主义如何超越到"世界人"。

泰戈尔也把他的真理观应用于处理与甘地领导的反英民族运动的关系上。泰戈尔从吠檀多的真理观出发，承认人类尽管在种族，肤色的社会阶层上有外在的不同，但在内在的人的本性上则是同一；在人性面前，人人平等，不分贤愚贵贱。世界上任何一个角落，凡出现一个民族（或种族）压迫另一个民族（或种族）的现象都是反人性的，是极端不合理的。泰戈尔之所以坚决反对当时英国殖民主义者对印度人民的剥削和统治，积极支持圣雄甘地领导的非暴力的民族独立运动，就是基于这一观点。

泰戈尔对印度文明的传统和历史的本质也有自己独到的见解。S. 穆科波驮耶认为，泰戈尔之伟大在于他深入研究了印度的过去，并发现了在印度传统中何者是已死的东西，何者是仍然活着的东西。一个国家的诗歌是它历史的本质。泰戈尔的诗歌和他的创造性的思想和行为完全印证了这一点。他在他的论文《泰戈尔的历史观点》中说，"在考察印度历史时，泰戈尔触摸到印度生活和文化的核心。在漫长的印度历史的任何时期，他都没有发现政治是生活的主旋律。从人民的观点来说，政治权力的中心一向是遥远的。"又说，"按照泰戈尔的看法，印度的历史和文明的最显著的特点并不是政治的，而主要是社会的和文化的。印度的历史和文化不是朝着政治方向发展的，而是产生于多层次的自我调节的地方社会组织，即一种称为 'Svadeśi-Samāj' 的地方自治组织。"所谓地方自治组织，是印度古代社会在自然经济基础上形成的组织形式。在泰戈尔看来，这是印度的历史和文化产生、发展的经济基础。现代印度历史学家，特别是西方印度学专家，把印度的历史看作是印度历代帝王将相的兴衰史。他认为，这是对印度历史的歪曲，应予批判、纠正。著名的印度史学权威，加尔各答印度历史研究所所长巴伦提教授基本上同意穆科波驮耶教授的意见，并举出典型例子来说明泰戈尔的作品是他的时代的反映。

美、俄、日、韩等国学者的论文，集中讨论了泰戈尔作品的翻译问题。他们一致强调翻译泰翁孟加拉语原著的重要性。泰翁的绝大部分作品是用孟加拉语写的。印度以外的学者一般仅从他作品的英译本转译（我国除了孟加拉语专家石真同志根据泰翁原著进行翻译外，情况也大抵如此），因而要准确地表达孟加拉语原著的奥妙哲理和优美风格，是比较困难的。他们交流了彼此翻译原著的经验和体会。

这次纪念泰戈尔的国际学术讨论会，并没有专门讨论泰戈尔的诗歌作品，而是突出地评价他的真理观和历史观，这似有特殊的现实意义。印度是南亚一个多民族的大国，一向存在着不同民族间的矛盾和同一民族的不同种姓间的矛盾；尤其是近年来旁遮普邦内的分离主义运动是一个极不安定的因素。这是印度在消灭贫穷、发展经济、提高人民生活水平的进程中必须首先解决的紧迫问题之一。为了缓和、解决这个棘手的难题，印度政界领导人一再向全国发出呼吁，动员一切能够动员的力量。印度文化学术界以纪念泰戈尔逝世 50 周年为契机，响应政界领导人的号召，组织了这次国际学术会议，大张旗鼓地宣传泰戈尔的异中有同的哲理和民族、种姓平等的思想，藉以教育印度各族人民和平共处，团结一致，消除分歧，同心同德，为建设未来的新印度而共同奋斗。这可能是这次国际学术会议组织者的愿望或预期的目的。

（原载《哲学动态》1992年第2期）

泰戈尔的历史观

在这次纪念泰戈尔逝世50周年的国际学术讨论会中，各国与会学者发言踊跃，气氛热烈而愉快。讨论涉及泰翁的文学、哲学、思想、政治各个方面，但最后集中学习、研究泰翁的历史观。

关于泰戈尔的历史观点。泰戈尔对印度历史有一个基本的看法："异中有同、同中有异"；或者说，"多中有一，一中有多"。从这个基点（实质上也是哲学基点）出发，他承认印度存在着不同的种族、不同的观点、不同的风尚、不同的生活方式；但异中有同，多中有一——异与同可以共存，多与一可统一。人类在种族的外形上有肤色的差别，在内在的本性上则是平等同一。因此，一个民族（或种族）压迫、统治另一民族（或种族）是极端不合理的，是要坚决反对的。泰戈尔把这种思想放在自己的创作实践和社会实践中去检验。在印度国内他坚决反对英帝国主义对印度的统治，积极支持圣雄甘地所领导的争取印度民族自由独立的反英运动；他还同情当时孟加拉分治的要求。他主张通过非暴力去实现这一切。他虽然没有直接投身于火热的反英斗争最前线，但他在文学实践中和社会实践中是和当时全国人民的斗志息息相通，念念相关，相互鼓舞，相互奋进的，因而和圣雄甘地一样，赢得了印度人民无限的崇敬和爱戴。在国际上，他反对法西斯主义，支持各国人民的独立斗争；对中国人民的反抗日本军国主义侵略的斗争，尤其是给予同情和支持，因而也赢得世界各国人民的赞赏和钦佩。

泰戈尔对印度文明发展有自己独到的见解。他认为，印度文明史最显著的特征不是政治的，而主要是社会的和文化的。印度的历史和文化不是因国家的指令而发展，而是产生于多层次的自我调节的地方社会组织，即一种称为"Svadeśi Samāj"的地方自治组织。这是印度古代社会在自然经济基础上形成的组织形式。在泰戈尔看来，这是印度历代发展的细胞或基因。现代印度历史学家，特别是西方印度学专家，把印度的历史看作是印度历代帝王将相的兴衰史；他认为，这是对印度历史的歪曲，应予批判、纠正。泰戈尔对世界文明史也有深刻的哲理性的见解。他是一位唯心主义的人道主义者，他相信人具有内在的同一性，后者的发展最终使人成为"世界人"或"世界大同主义者"（an universal men）。基于这一观点，泰戈尔反对狭隘民族主义或沙文主义，反对帝国主义的压迫和剥削，反对战争，反对暴力，反对贫穷。他的所谓世界人是内在的、精神性的；虽然如此，他（世界人）并没有使自己脱离外部世界的一切实践活动，无论其为政治的、经济的、社会的或伦理的活动。

加尔各答印度历史研究所所长巴伦提教授对于泰戈尔的历史作用提出一个新的看法。他认为，一个国家的诗歌是它的历史本质的反映。泰戈尔也如此——他的诗歌、他的创作思想以及他的社会活动，基本上反映他所处的历史时代的实际。巴伦提教授举出一个典型的例子：从 1877 年到 1919 年印度近代民族运动史有四个发展阶段。第一个阶段是 1877 年。这个时期印度的一些好斗的青年革命者对于北方拉兹普特和西部摩拉陀两地的战斗英雄，由景仰而学习他们的榜样，发动了 1875 年的造反起义。泰戈尔写的《昌西女皇》一文便是这一起义的总结。第二个阶段是 1885 年。这时期的青年人拥护群众起义，提倡自我牺牲，反抗殖民主义政府的压迫；他们特别赞赏从那那迦到 18 世纪锡克教徒的造反运动。这些重要事件是泰戈尔这个时期作品的中心题目。第三个阶段是 1897—1898 年。这个时期正值英帝国主义者玩弄种族手法，煽动印回教族冲突。印度知识界起来对此作出反应，揭露和反对帝国主义者这种罪恶阴谋。印回教族的冲突是印度民族独立运动的一个倒退或挫折。人们在泰戈尔这个时期对历史编纂方法的谨慎分析中没有听到他关于"自治"的革命方面的声音，但在他的感人至深的短篇小说中他对此作了下意识的反应，并在他的非凡的颂诗中预示新的现象的来临。最后，第四个阶段是 1902—1919 年。在这个时期，泰戈尔深深感到印度人民十分需要超越宗教、种姓、派别和政治组织的共同理解和合作。他撰写了他最著名的历史文章，号召人们在差别中求团结，共同为祖国独立而奋斗。为此，泰戈尔创立著名的国际大学（Viśva-Bhārati），在给青年学子传授科学、文化知识的同时，培养他们为祖国的自由而团结奋斗。巴伦提教授对泰戈尔的历史作用这一分析，颇像从历史唯物主义立场出发。有的学者表示不大同意他的分析，我则认为他的分析是科学的，是有启发性的。

　　关于泰戈尔的哲学思想。我在我的论文中提出一个粗浅的概述。首先，泰戈尔的基本哲学思想来源于《奥义书》。泰戈尔自己说，"对我说来《奥义书》诗句和佛陀的教义是精神的东西，因此，具有无限的活力的发展。而我把它们应用于我自己的生活和我的说教之中……"这是说，泰戈尔的哲学思想最初是从吸收《奥义书》中的精华和佛教教义而形成。他结合现代的历史条件运用现代的表述手段——新的诗歌形式来阐述它。在他的作品中，无论是诗歌、小说或文章，他都在若隐若现地向人们传授他的"真理"。在泰戈尔的词汇中，"真理"就是"梵"的同义词：真理即梵，梵即真理。这就是奥义书哲学的精华；或者说，这是"真理中的真理"（satyasya satyam）。在泰戈尔看来，梵，是唯一、绝对、无限、不可灭、不可知、不可表述、抽象而永恒的；一句话，无任何的规定。正是基于梵的唯一，宇宙现象——主观世界和客观世界才成为可能。现象，是众多、相对、有限、生灭、可知、可述、具体而无常；一句话，就是有规定。如何理解二者的哲学关系——一与多、无限与有限、绝对与相对等的关系？泰戈尔引用《奥义书》中的"幻论"来作说明。按照幻论，最高之神"原人"（梵）创造了世界，他（原人）把世界的创造当作自己的一种神奇莫测的游戏；正像一位伟大的艺术家创作了一件精美绝伦的艺术瑰宝。或者，像一个手法高明的幻术师，变出种种引人入胜，迷惑不解的把戏。人们可以把原人创造的世界等同于幻师玩弄的把戏，否定它的存在，但都无损于创造主（原人）或施幻者（幻术师）。泰戈尔说，道德学家常常把现实的生活（实际的存在）说成是如幻非真。但是，现实的生活既是"如幻"，又是"非幻"。说它是"如幻"，因为它有生成、衰变和灭亡的过程，无法逃避自然淘汰规律的制约。说它是"非幻"，因为它是与梵同在，与梵同一，它将复归于梵，统一于梵；正如火与火花，同一性质；它超越自然淘汰的规律，在泰戈尔的真理观中，一与多，无限与有限，或者说，非幻与幻是和谐同一的。而这个和谐的同一完全是精神性的，是通过内在而深入的沉思悟知的。正如《自在奥义》所说，无限与有限的同一是至高真理，只有悟知这一真理的人才能亲证永恒不灭的境界。

　　泰戈尔并不是"职业性"的哲学家，而是古代仙人式的哲人、诗圣。他没有提出一套完整的公式化的哲学范畴，但根据我上述的理解，泰戈尔的哲学范畴系统显然是存在的。试就他的本体论和认识论范畴列表说明如下：

本体论

内心（原人　梵　我）$\begin{cases} \text{绝对　抽象　不可知　不可说　永恒} \\ \text{相对　具体　可　知　可　说　无常} \end{cases}$

$\left.\begin{array}{l} \text{无限——唯一、无规定（非幻）} \\ \text{有限——众多、有规定（幻）} \end{array}\right\}$同一不二、至上真理

认识论

主体$\begin{cases} \text{无明→下梵（经验世界）} \\ \text{明智→上梵（超验世界）} \end{cases}$客体（幻）$\left.\begin{array}{l} \text{主} \\ \text{客} \end{array}\right\}$同一不二、至上真理

这个表表明泰戈尔的哲学思想是奥义书哲学在现代的发展，并由此形成现代吠檀多主义的一个以泰戈尔为代表的新的哲学流派。因此，我的结论是：在文学上，泰戈尔是现代的印度诗圣；在哲学上，他是现代的商羯罗——伟大的吠檀多哲学尊师，在讨论中，学者们基本上肯定我的看法。

（原载《齐齐哈尔师范学院学报》1992 年第 1 期）

从印度哲学大会看印度哲学动态

一

印度哲学大会（The Indian Philosophical Congress）是印度全国哲学工作者的组织，1925年成立于加尔各答，尔后每年开会一次，到1985年，已整整六十个年头。因此，1985年12月19日至23日在南印度海德拉巴邦大学举行的会议既是印度哲学大会的年会，也是它诞生六十周年的纪念会。正因如此，这次会议的组织规模比以往宏大，程序仪式比以往隆重。印度总理拉吉夫·甘地亲临大会，主持开幕式，并即度发表了重要的讲话。应邀前来参加会议的代表，除了印度本国哲学工作者300余人外，还有美国、加拿大、东德、丹麦、新西兰、孟加拉国和中国等国家的哲学家。我作为中国社会科学院哲学研究所的代表、也是唯一的中国代表，受到特殊的礼遇。在外国来宾中，我被排在第一位，首先向大会致贺词。在开幕式上，大会组织委员会主任委员穆尔蒂教授特地介绍我和印度总理拉吉夫·甘地会见，我向他致意，并感谢他在1985年4月12日授予我印度国际大学最高荣誉教授称号——名誉文学博士学位。

二

　　印度哲学大会是印度哲学工作者一年一度的研究工作汇报会。因此，它最能反映印度哲学研究的新动向；同时，也能反映印度哲学和印度社会、科学之间关系的新的变化。印度哲学大会的每次年会，都有一定的主旨或要求。这次会议由于印度总理的参加尤其显得如此。印度总理拉吉夫·甘地在他的开幕词中强调印度的传统文化和道德伦理的价值和它们在推动社会前进方面所起的作用。他说，印度有丰富而伟大的文化遗产，应当加以珍惜和保护，使之恢复活力，为社会进步服务。印度文化的特点既是印度化的，又是多样化的，因而不可用褊狭的眼光来观察或理解。印度哲学工作者和文化工作者在保持和发扬印度文化特点的同时，又要使这些特点不但不妨碍、而且还要顺应印度现代科学技术的发展，以便后者为改善社会福利、提高人民的生活水平而创造尽可能多的物质财富。科学技术的发展不能脱离文化传统和道德力量，而后者又必须和前者相适应。所以，印度向 21 世纪的进军，只有在它同时运用道德力量和技术实力武装起来的时候才能成功。印度哲学大会执委会主席穆尔蒂教授在他欢迎印度总理的致词中，赞同印度总理的观点。穆尔蒂说，印度从来就不反对人类对自然的征服，对非凡力量的获得。印度文化一向期望人们摆脱贫穷、疾病和死亡；期望人们控制各种自然因素，掌握一切生存的形式和所有的科学。就哲学而言，我们的哲学遗产，像我们的文化一样，是多成分的和综合的。多种的哲学传统一直在这个国土上共同存在，相互发展；其中没有一种单独地是印度的。例如，商羯罗（吠檀多哲学家，约 788—820）、寂护（佛教哲学家，约 8 世纪）、胜积（湿婆虔诚派的哲学家，约 11 世纪）、雪月（耆那教哲学家，约 1088—1172）那纳克（锡克教始祖，约 15 世纪）、尼扎·乌德丁·奥利雅（伊斯兰圣者，约 16世纪），等等，所有这些哲学家的思想都是印度的。在这些不同的哲学传统中，既可以找到进步和积极的因素，同样可以找到落后和消极的因素；前者应被接受和发扬，后者应被拒绝和肃清。正如某些哲学家说的，非印度成分的文化也能产生哲人和智者，我们要吸收他们所发现的真理。在一个统一的、相互依存的世界里，我们的哲学要是陷入褊狭或孤立的话，可能会显得不合情理。穆尔蒂希望，像西方哲学为科学技术的革新提供形而上学的构架，印度哲学也将满意地解决这样的问题，即如何能够在技术时代生活而不致引起与传统完全的决裂和异化，如何能够在受益于先进技术的同时体验神圣、庄严、美妙的东西。穆尔蒂最后说，"印度各派哲学的伟大思想系统，它们深刻的形而上学的见解和富有启发性的思维，如果得到建设性的发展，定能为当今世界提供一种和平的哲学。"印度总理和穆尔蒂教授的发言对大会说来显然具有基调性质。

三

在开幕式之后，大会主席沙尔玛教授（Prof. I. C. Sharma）作了题为《当代危机中的哲学》的长篇学术报告。大会随即转入学术讨论。学术讨论会分两个部分：一是论文宣读会，一是学术辩论会。论文宣读会按论文性质又分为五个大组：（一）认识论和形而上学；（二）逻辑和科学方法；（三）哲学史；（四）宗教；（五）伦理学和社会哲学。学术讨论会也按内容分为两个大组：（一）文化的同一性问题；（二）知识和明证问题。每个大组都有指定的主要的论文宣读者或发言者。总的说来，大会主席的总报告和各大组的主要发言者论文，反映着大会在哲学上的立场和学术观点。且以大会主席的总报告为例。这个报告包括三个主要内容：（一）当代危机及其形成；（二）西方哲学家解决危机的哲学方案；（三）印度奥义书哲学是解决危机方案中的最佳选择。报告人首先在报告中指出，西方哲学，特别是现代西方哲学，忽视了人，把人完全物化了；人自身变成了手段，而不是目的；人和自然（心与物，或精神与物质）被割裂开来，人把自然看作自己的对立面，因而需要征服自然，驾御自然——利用各种科学手段从自然中夺取无限制的物质利益；而在这个过程中又产生出威胁自身生存的有害的物质——污染生态环境的化合物和消灭人类的核弹。这就是说，人在享受着自己创造的、有利于自身生存的物质的同时，又创造了有害于自身生存的另一种物质。这就是当今人类的危机。就意识形态来说，这一危机直接地导源于西方哲学那种物化人的理论的片面性。

在当代西方哲学家中，有人发现在现代人类生活中确实潜存着这样的危机，同时也认识到它的严重性。他们提出了许多解决这个危机的哲学方案。报告人特别举出马丁·布伯（Martn Buber，1878—1965；以色列犹太神学家和哲学家，生于奥地利）的二重关系模式。布伯曾经说过，从外在现象来研究人性，结果导致"对人的物化"（thingification of man），即把人看作物质的客体，而不是主动者的主体；人的本身只是一种手段，而不是目的。因此，他提出他认为正确看待人与物的关系的二重模式：（一）"我——物"（I—— it）模式；（二）"我——你"（I——thou）模式。这两个模式的关系在人类实际生活中存在着。"我——物"模式是关于理解人对自然或外在物质世界的关系。在这类关系中，人是目的，物是手段，并服务于人的利益。主体或人在这里优先于物或客体。"我——你"模式是关于人与人的关系。在这类关系中，人面对着人，主体和主体相联系；人没有把他人看作手段，而是看作目的；人与人之间存在着一种平等关系和相互关系。和"我——物"模式中自然服从于人的关系相反，"我——你"模式中人与人平等联系，而不发生人与物的联系；即主体和另一主体相呼应，而不是和客体相呼应。马丁·布伯以这个模式表示对人的尊严的重视，把人置于物之上，承认人的完美性。但这一理论，早已为印度古代智者和哲学家所发现，并曾以坚定的语言一再表述过。然而，马丁·布伯的理论是不完整的，或者说，是有缺陷的，因为他还没有确认超心物的真理。他之所以始终在"我——物"和"我——你"这两个模式中兜圈子，未能越过它们而上升到更高级的模式，其原因可能就在于此。就"我——物"模式说，他只不过复述了大多数西方哲学家的二元论，因而无法摆脱从二元论角度看待绝对真理的窠臼。就"我——你"模式说，他只看见人与人之间的相互关系，看不到人与自然的相互关系。这就是马丁·布伯二重关系理论的缺点。报告人认为，这一缺点可以由印度哲学加以克服。印度哲学根据奥义书所说的"我"的原理，确认"我"（意指超验的意识或意境）的存在。"我"的自身是"自我维持"、"自我照耀"；它是客观的主观性，比客观的客观性更加合乎逻辑。"我"是主动者、经验者，是独立于物质或客观性的主体。实证地说，"我"作为绝对存在的实体至少可以同物质存在那样真实。为了论证"我"超越客观和主观而独立存在，报告人引述了奥义书关于"我"的四位论。按《蛙氏奥义》，"我"有四位（四种境界）：（一）醒位；（二）梦位；（三）熟睡位；（四）第四位。四位实际上是意识的四种不同的状态。前二位是意识和经验世界接触时的状态，即经验意识；后二位是意识和超验世界统一时的状态，即超验意识。报告人解释超客观和主观的"我"属于四

位中的第三位——熟睡位。"我"（意识）进入熟睡位后便处于
一种超二元的最高精神状态——圆满和完美的意境（这实际上
是第四位的境界）。这一境界，按照报告人的说法，叫做"我——
我"模式。体验到这个模式的人不是主观唯心论者，而是一个这
样的人：他真正觉知普遍的"自我同一"和"自我实现"，确证
人的完美的内我——内我同时也是宇宙之我。在内我和外我的统
一体中，人与自然合二为一，停止了二者之间的对立斗争，以至
最后消除了相互的毁灭。报告人在结论中说，"我——我"这个模
式超越"我——物"和"我——你"的模式，因而弥补了马丁·
布伯理论的缺点。

　　大会主席沙尔玛教授这篇主旨性的报告，可以认为，代表印
度哲学大会对印度哲学发展趋势所持的基本看法：继承和发扬奥
义书客观唯心论的特点，使之适应国内外新的现实形势的需要。

四

　　如前所述，印度哲学大会是印度哲学工作者一年一度的汇报
会，他们根据各自不同的研究领域总结一年来的研究成果，写成
论文提交大会。这次大会共收到论文 163 篇。这些论文基本上反
映着印度各种哲学流派（包括西方哲学和马克思主义哲学）的
研究动向。因此，有必要对它们作一粗略的分类和分析：
（一）总的看来，在 163 篇论文中，论述印度哲学的有 89 篇，
占 55%；论述西方哲学的有 74 篇，占 45%。这表明，将近有一
半哲学工作者从事传统印度哲学以外的哲学研究（主要是西方
哲学和马克思主义哲学研究）；奥义书哲学（吠檀多学派），虽
然是印度哲学的主流，但不占统治地位，相反，正受着现代各种
非印度哲学流派的冲击。（二）在关于西方哲学的论文中，多数

是论述西方哲学史的如柏拉图、亚里士多德、笛卡儿、休谟、弗雷格、康德、黑格尔等的哲学。少数涉及现在西方哲学，如罗素、维特根斯坦、萨特、胡塞尔、怀特海等的哲学。另一部分是关于比较研究的论文，特别是关于逻辑的比较研究，如亚里士多德逻辑和正理论逻辑的比较研究，商羯罗哲学和康德—黑格尔哲学的比较研究，印度语言学和现代语言学和意义学的比较研究，等等。这似乎反映哲学的比较研究在印度学术界中处于兴起的势头。至于最新的哲学（最新的科学与哲学），如量子力学与哲学、生物工程与哲学、生态环境与哲学、人工智能与哲学、宇宙论、三论（信息论、控制论、系统论），等等，还没论文涉及。
（三）关于马克思主义的论文仅有两篇：《马克思主义关于人的概念》和《马克思主义和列宁主义》。马克思主义哲学似乎尚未受到共产党外的哲学工作者应有的重视。不过，印度已有一批哲学家正在学习和运用辩证唯物论和历史唯物论来考察、研究印度文化的各方面——哲学、历史、语言、社会、民族，等等；其中著名的有耿古利（S. N. Ganguly）、A. R. 沈（A. R. Sen）、查托波驮耶（D. Chattopadhyaya）、达摩达兰（R. Damodaran）、戈斯瓦弥（D. D. Goswami）等。这些学者的研究目的之一，是想重建在印度哲学史上业已消失的唯物论哲学体系，特别是曾经昙花一现的顺世论的唯物论学派，使它作为一个重要的哲学流派恢复在哲学史上应有的位置。查托波驮耶教授在这方面的贡献是突出的，他的著作如《顺世论——古代印度唯物论研究》（1959）、《印度无神论》（1969）、《印度哲学中活着的和死去的》（1976）和《印度哲学》（1962），曾引起国内外许多学者的重视，为研究印度哲学，特别是为重建印度唯物论哲学，开辟了一条新的、科学的途径。（四）在关于印度哲学一组的论方中，有六篇佛教哲学论文，主要阐述佛教逻辑理论和无神论。所谓佛教逻辑是特指陈那（约公元 5 世纪）的因明（形式逻辑）和龙树（约公元 2 世纪）的否定逻辑（辩证逻辑）。部分印度学者近年来重视对龙树逻辑的研究，写了不少颇具创见的论文。他们运用现代逻辑学——形式逻辑和符号逻辑作为工具，试图以此来解释龙树否定逻辑的秘密哲理。六篇佛教论文中有一篇是关于日本禅宗的论文——《禅宗佛学在日本的发展》，作者是阿三密邦大学女讲师黎莉玛·杜德（Nilima Dutta）。她曾就中国禅家问题来找我讨论。"禅"或"禅那"是梵语 dhyāna 的音译，意译为"定、观、念修、净虑"；用现在的话说，就是"思想高度集中"或"注意力高度集中"。禅那和瑜伽是义同名异。瑜伽是梵语 yoga 的音译，意译为"观、相应"。相应意即身（行动）、（语言）、意（思想）三者的统一和一致。所以，禅那和瑜伽都是印度宗教信徒使用的修定术语，只是禅那常为中国佛教徒采用，瑜伽则流行于印度本土。据中国佛教记载，印度禅师菩提达磨（Bodhidharma）于公元 520 年来到中国，传授禅的理论和方法，因而被承认为中国禅宗的第一代祖师。此后，随着禅的不断的传播，禅的本身也不断地中国化，形成具有中国特色的禅法和作为一种新的哲学思想出现于中国思想史上。这就是所谓中国禅宗，印度学者是不甚了解的。在这方面，我们中国学者也有责任向印度同行进行介绍。我以为，这一工作应该列为今后中印文化交流项目之一。

163 篇论文虽然不能说完全反映当前印度哲学界的全貌，但至少可以使我们了解印度哲学研究和发展的总的趋势：渊源于奥义书的哲学流派（主要是吠檀多学派）在当前和今后一段相当长的时间内仍然是印度哲学思潮中的主要流派；与此同时，其他哲学派别，特别是西方哲学和马克思主义哲学，已在印度土地上扎根，并且正在对印度思想界产生影响；可以预见，它们将在发展印度社会科学，特别是在批判与现代社会不相适应的旧传统、旧观念方面，起着越来越大的作用。

（原载《哲学动态》1986 年第 4 期）

迈向二十一世纪的东方哲学[*]

近来，我国东方文化界有一个热门的话题；东方文化要向 21
世纪迈进。这当然是一个令人感兴趣的、带有普遍意义的话题。
但是，东方文化如何才能迈进 21 世纪？这就需要认真思量一下。

文化的内涵包摄着上层建筑的方方面面，但具核心则是哲
学。哲学最具概括、反映的能力。从这一意义上说，我们的东方
哲学研究工作者似乎面临着两大任务。其一是，需要竭尽全力去
创造反映当代东方各国、各民族在经济建设和科学技术上的一系
列重大成就的全新文化。其二是，东方各国、各民族都有历史悠
久、浩若烟海的传统文献资料；其中既有糟粕部分，亦有精华部
分——接近科学的、具有现实的积极意义的思想资料（东方三
大文化系统——印度、中国和阿拉伯的传统文献资料，尤其如
此）。在我们的科研工作中，需要对它们"去粗取精，古为今
用"，努力从中发掘、发现其精华部分，使之为发展、建设 21
世纪的新东方文化服务。

---

* 本文是 1997 年 10 月 7 日在中国社会科学院东方文化研究中心成立大会上的
发言。

　　兹以传统的印度哲学思想为例，作一简单的评述。

　　一、物质不灭论。传统的印度哲学史的一个独特的特点是，唯心主义始终在意识形态中居于近乎垄断的地位。然而，朴素的唯物主义从印度哲学史的序页起也没有间断过对唯心主义进行或隐或显的批判斗争。按公元前 17 世纪前后的《白骡奥义》（Ⅲ.8.8），在奥义书哲学家之间曾经发生过一场持续相当长时间的哲学论争。论争的焦点在于一个基本的本体论问题上——世间不灭者是神（Hari）还是物（Pradhāna，原初质料）。这场论争对后奥义书形形色色的哲学派别的出现，直接地起到了种子和沃地的作用。因为，后奥义书的主要唯心主义哲学流派如数论、瑜伽论、正理论、胜论、前弥曼差论和后弥曼差论，它们共同接受了奥义书中的神不灭论思想，并以此为理论基础，发展、建立各自的唯心主义理论体系。在另一方面，后奥义书的主要唯物主义哲学流派如顺世论和一些有比较鲜明的朴素唯物主义倾向的哲学流派，它们直接继承奥义书中的物不灭论思想，并在此基础上创建各自的朴素唯物主义理论体系；其中最典型的有佛家的萨婆多部哲学。

　　萨婆多部（Sarvāstivāda），汉译为"一切有部"，或简称"有部"。按印度佛教史，佛陀灭后五百年，原始佛教教园内部对佛陀一些重要教义的解释产生分歧，由是分裂为若干派别，即所谓 18 部派——18 个观点不同的派别。有部便是其中一派，而且是主流派。18 种不同的观点，归纳起来，不外是本体论上的两种基本观点："有"与"无（空）"——经验世界是实在的还是非实在的。有部哲学家受到奥义书物质不灭论的启示，肯定经验世界是"有"，是"实在"；同时，还创造性地将物质不灭论发展而为"法体恒有"论[①]。此中"法"，它的外延既包摄经验

_____

① 玄奘译《俱舍论》本颂第 1、第 7。参阅圆晖《俱舍论颂疏》卷 1，第 7—8 页。

世界的物质现象，也包摄它的精神现象。"体"是法（现象界）的"内体"。有部哲学认为，现象界的每一现象（物质的或精神的）都有它的"外相"和"内体"；前者可以因与它有关种种因素或条件的变化而变化，后者则非如此：它过去未曾变化，现在没有变化，未来也不会变化。这就是有部哲学的另一重要观点——"三世实有"论。[①] 有部哲学这个关于现象界（事物）"内体"的观点，颇像现代哲学所说的物质的客观性——客观实在。[②] 其次，这里的"法"的外延有点像西方传统哲学的"实体"；但是有部哲学并没有对法的"内体"（客观性）绝对化、凝固化，因而不像西方的实体主义，倒像最新的非实体主义[③]。

二、科学的范畴系统。在印度哲学史上，奥义书哲学家首先制作范畴系统，用以在哲学上对世界（本原和现象）作概括而综合的描述。奥义书中至少有三个范畴系统的模式，其中《疑问奥义》（Ⅳ.8；Ⅵ.4）的"42范畴系统"较为完整：

物质范畴
1. 地、水、火、风、空（五大）；
2. 地微、水微、火微、风微、空微（五微、五原子）；
3. 眼、耳、鼻、舌、皮（五根）；
4. 色、声、香、味、触（五唯、五境）；
5. 口、手、生殖器、肛门、足（五作根）；
6. 说话、操作、性交、大便、行走（五作业）；

---

①　玄奘译《俱舍论》、颂。

②　罗嘉昌：《从物质实体到关系实在》，中国社会科学出版社1996年版，第58—67页。

③　同上书，第314—334页。

精神范畴 {
7. 意、觉、我慢、心、炎光（五意识）；
8. 所知、所觉、执我、所思、所照（五对象）；
9. 气息（命）；
10. 生存（因有命而存在）。
}

这个范畴系统无疑是不够精致的，但它已基本上把经验世界的物质现象和精神现象描绘出一个清晰的轮廓。同时，在这个范畴系统里，物质范畴（1—6）列于第一位，精神范畴（7—10）列于第二位，这是合理的；反映着它的作者（奥义书的朴素唯物主义者）的物质不灭论的哲学立场。其次，《疑问奥义》这个 42 范畴系统实际上为后奥义书哲学提供一个制作范畴系统的"蓝本"——后奥义书的哲学流派基本上参照这个42 范畴模式发展，绘制各自范畴系统。不过，执神不灭论的派别，在它们制作的范畴系统当中，物质范畴和精神范畴的次序被颠倒了——精神范畴居前，物质范畴列后；而且另设一个超验的绝对者凌驾一切范畴之上，作为最高的、最根本的范畴。例如，数论的"25 冥谛"系统中，确立"神我"（Puruṣa）为最初范畴；瑜伽论在 25 冥谛之外，另设"自在天"（īśvara）为最高范畴；正理论、胜论、前弥曼差论，这些哲学流派虽有相当丰富的唯物主义思想，但也不排斥"自在天"在它们的范畴系统中占据首位。与此相反，执物质不灭论的哲学派别，它们基本上按照《疑问奥义》范畴模式发展、制作自己的范畴系统（物质范畴居前，精神范畴排后），因而显得比较合理。有部哲学的"五位 75 法"便是其中一个具有典型意义的范畴系统：

物质范畴—第一位：色法（11 个）

第二位：心法（1 个）

精神范畴 {
第三位：心所有法（46 个）
第四位：心不相应法（11 个）
第五位：无为法（3 个，超验范畴）
}

有部哲学这个"75 法"范畴系统，显然是对《疑问奥义》的"42 范畴"的补充和完善；同时，也反映有部哲学不仅继承了奥义书物质不灭论的朴素唯物主义传统，而且发扬了吠陀"世界先有，诸天后起"①的观点——用我们的术语说，就是物质第一性，精神第二性。

　　三、独特的关系网络论——缘生说。经验世界的物质现象和精神现象从何产生？又如何变化？这个哲学上的基本问题，从吠陀时期起到奥义书时期，一直困扰着所有的仙人、智者和哲学家。他们曾经提出过许多答案或解释，但大都难以令人信服。到了后奥义书百家争鸣时期，佛教始祖释迦牟尼创建了一个在印度哲学史上具有划时代意义的新理论——"诸法从缘生"的理论（简称：缘生说或缘起说）。而正是这一理论终于给开头说的哲学基本问题作出比较合理的解答。"诸法从缘生，是法缘及尽，我师大圣主，是义如是说，"②此中"诸法"正是指经验世界的物质现象和精神现象，也正是我们常说的思维与存在。缘生的"缘"是说产生思维与存在的内外条件或因素。思维因产生它的条件的出现而出现，因产生它的条件的消失而消失。同样，存在因产生它的条件的具备而存在，因产生它的条件的破坏而不存在。佛祖从这个"缘"字悟出事物生灭（矛盾）的客观规律——事物从产生到灭

---

①　《梨俱吠陀》X.129.6。
②　罗什译《大智度论》卷 18，转引《琨勒论》所说。

亡的必然过程。这个过程是一个四阶段的运动过程：生（诞生）、住（暂存）、异（衰变）、灭（消亡）；每一阶段都受一定的（主观、客观或主客同时的）条件所制约。事物（抽象的或具体的）必然（1）在一定的条件成熟时产生；（2）在条件相对稳定状态中存在；（3）随着存在的条件的变异而变异；（4）最后因存在的条件的完全破坏而消亡。运动在一个阶段与另一阶段之间，刹那不停，瞬息万变；也就是说，时刻处于量变的过程中。四个阶段又是相互联系，互为条件，相互依存，互为因果。佛家有一个著名的哲学公式，专门用来总结这一因缘理论：

> 若此有则彼有，若此生则彼生；
>
> 若此无则彼无，若此灭则彼灭。①

这个颂是在表述一种客观规律：事物在普遍联系中相生相克的关系。这种关系也正是我们现在说的关系网络。意谓在这经验世界里，任何事物，无论其为物质的或精神的，都是天然地限定在一个涉及自身存亡的关系网络之中；它的产生、存在、变化，乃至消亡，无法越出这个制约着自身的关系网络之外。

　关系网络论——缘生论或因缘论，是佛家小乘哲学和大乘哲学的共同的认识论，是一致用以观察经验世界的基本方法。然而，二者在本体论上存在着深刻的分歧。小乘哲学从"诸法从缘生"的观察中得出"法有我无"的结论（即现象界实有，生物体内无永恒的主体）；而大乘哲学从同一命题中得出另一结论："我法俱无"（现象界和生物界俱非真实）。因此，事物的关系网络，在大乘哲学家看来，自性本空，非真存在。但对小乘哲学家，特别是对有部哲学家来说，却是一种客观的实在，在理论上，很像现代的客观实在论。

---

① 《增支部经典》（《增一阿含》），Anguttara-nikāya. v. p. 184。

四、较高的思维科学。（一）正理论——独特的形式逻辑。传统印度哲学流派中的正理论学派是一个纯粹的逻辑学派。公元初，正理论的祖师足目仙人在他的权威著作《正理经》中提出"五支"逻辑推理形式——宗、因、喻、合、结。这是典型的类比推理形式。公元 5 世纪，佛家逻辑宗师陈那（Dinnaga）把足目的五支论式改造为宗、因、喻三支论式；同时，完善地阐述了因三相和喻的离合理论，成功地使三支论式成为科学的演绎推理形式。这就是我国学者熟悉的新因明（Hetu-vidyā）。陈那有二部代表作：《集量论》和《因明正理门论》①。后者蕴含着深奥的、尚待探明的因明原理。例如，陈那在《正理门论》中留下两个历史悬案。一个是因三相的第二相（同品定有性）的存废问题；另一个是九句因中的第五句因（同品无、异品无）能否成立问题。我国学者、已故巫寿康同志，对《正理门论》进行了深入的研究。他发现这两个问题的症结在于"同品、异品"的传统定义缺乏解决这两个悬案的逻辑功能。因此，必须寻找"同品、异品"的新定义，而新定义必须具有如下的逻辑功能（1）论证因的第二相有其独立的作用，非第三相所能代替；（2）论证第五句因能够成立；（3）使九句因和因三相的逻辑结构完整无损。巫寿康充分利用现代形式逻辑和数理逻辑作为研究手段，成功地找到这样的"同品、异品"的新定义，从而提供了一条可以了结陈那以来的因明悬案的新途径②。（二）辩证思

---

① 《集量论》没有汉译本，仅有藏译本。我国藏传佛学权威，已故法尊大师，生前应有关学者劝请，特将《集量论》藏文译本转译为汉文，并略加解释，题名《集量论略解》，1982 年由中国社会科学出版社出版。《因明正理门论》梵语原著已失，又无藏译本，仅有玄奘的汉译本。因此，受到因明学术界特别的珍视。

② 巫寿康：《〈因明正理门论〉的内部矛盾》，载《外国哲学》第 11 辑，商务印书馆 1992 年版，第 25—41 页。

维。恩格斯在他的名著《自然辩证法》中曾高度评价印度佛教辩证法，并暗示佛家的辩证法只有在佛教哲学达到现代哲学水平时才能得到充分的发展①。人们都知道，19世纪40年代，自然科学取得突破性的发展，发现了能量守恒和转化的定律，大大提高人们对物质和物质运动的认识。恩格斯的《自然辩证法》一书就是在总结这个时期的科学成就的基础上写成的。从那时到正在迈向21世纪的今天，科学，尤其是自然科学领域，突飞猛进，成果累累；其中最具划时代意义的是相对论和量子力学的建立。前者标志着人类对物质、运动、空间、时间及其相互关系的认识达到新的水平；后者标志着人类认识从宏观世界进入微观世界领域②。在微观的世界里已发现夸克和层子，在宏观世界已观测到河外星系和地外生命的存在。现代哲学的任务就是要研究、反映这些当代的科学成果，并且要从这些科学成果中不断总结出它们的规律和它们之间的辩证关系。这便是现代哲学的辩证法。结合佛教哲学来说，佛教哲学首先要在理论上和实践上顺应当代自然科学的发展，从中吸取有利于自身改造的先进思想养料，以便加速自身的现代化；只有到了这个时候，它的辩证法才能达到充分发展和完善的阶段。

五、如上论列，仅仅是东方哲学中具有现实积极意义的思想的一小部分。其实在我们东方各国的巨大而古老的智慧库中，肯定蕴藏着不少类似的璀璨思想精华。它们完全可以通过现代哲学方法的筛选和整理，变成为建设新的21世纪的东方文化大厦的一类特殊有用的"基建材料"。

---

① 《马克思恩格斯选集》第三卷，人民出版社1972年版，第545页。
② 《自然辩证法百科全书》1994年版，第562页。

岳阳君山摩崖石刻梵字考释

一　最初的发现和传说

岳阳市政协委员、岳阳文化史专家陈湘源教授新著《岳阳说古》(岳麓出版社出版,1998 年)有一则关于君山摩崖石刻文字的记述 (该书第 24—26 页):洞庭湖心小岛君山南麓的断壁巉崖间残存着三方摩崖石刻文字。一方是汉字,另外两方是外文。这两方外文从千年前被发现起,一直到今天,还没有破释为何种文字和含义。然而,民间却有许多关于它们的美丽传说,诸如说它们是秦始皇封山镇妖印上的篆字,或说是元代的八思巴文,或说是佛道符咒。陈教授为此博考史籍,遍查文献,结果是,传说毕竟是传说,并非史实。"近日有人认为是西夏文或梵文,但亦未破释⋯⋯"

二　原是印度悉昙体梵字

陈湘源教授的记述在岳阳文化界引起广泛的兴趣和关注。岳阳市文教部门特别重视,认为事关岳阳古代文物的发现和保护问题，应尽快访问有关专家，请来协助鉴定事宜。1999 年 4 月 26 日，岳阳市文物管理处和岳阳市君山风景名胜区管理处两单位正式致函四位教授（中央人民广播电台国际部孙宝刚、洛阳龙门石窟研究所温玉成，湖南省博物馆熊傅薪、岳阳市政协文史委员会陈湘源）和我，邀请我们五人一同前来君山风景区，对摩崖壁上两方外文作现场考察。在现场，我们注意到，残存在君山摩崖壁上的两方外文刻字，分布在君山龙口码头的东侧半山腰，相距仅 4 米。甲方居东，高约 100 厘米、宽约 170 厘米，内阴刻二字，左为 "𑖠"，右为 "𑖝"。乙方居西，高约 54 厘米、宽约 125 厘米，内阴刻三字，右一字与甲方左边的 "𑖠" 相同，余二字，漫漶，难以辨清。因此，二方共三字，实际上只两个字，即 "𑖠" 和 "𑖝"。这两个字，我们仔细辨认和研究后，一致确认，均为印度梵文（Sanskrt），是两个用悉昙体字母书写而成的单词。

梵语是一种语言，而不是文字，任何一种字母系统（拼音符号系统）都可以把它记录下来。字母系统尽管有差别，但所录的梵音完全一样。印度古今可以用来书写梵语的字母系统，纷繁复杂，数达百种。然而，按照婆罗门教正统说法，最初创造出来纪录梵语的字母叫做婆罗弥（Brāhmī）。婆罗弥字母流通于公元前 5—1 世纪。此后逐渐演变为笈多体字母（Gupta，公元 1—4 世纪）、悉昙体字母（Siddham，公元 5—9 世纪）和天城体字母（Devanagarī，公元 10 世纪到现代）。近现代国际梵语学术界还制作了一个拉丁化的梵语字母系统。这是印度国内外学者公认的梵语语音演变的历史过程。根据这个过程来考察，君山摩崖壁上的 "𑖠" 和 "𑖝" 这两个悉昙体梵字，推定是在公元 7—8 世纪之间刻的，似无疑义。

三　二梵字的奥义内涵

"ॐ"和"ॐ"是两个词形不变的感叹词，是婆罗门教和佛教共用的主要祈祷语和咒语。兹特简释如下：

ॐ，按拉丁体字母，写作"um"，是由一个短元音"u"和一个鼻辅音"m"合拼而成。在吠陀末期（公元前 7 世纪）的奥义书里，此字有如下的形式：ॐ（om）、ॐ（aum）、ॐ（um）、ॐ（ūm）等。其中ॐ（om）较正为正式，但在奥义书之后，逐渐简化，并且常常写作ॐ（um）。汉语传统音译为"唵"或"蓬"，意译是"极赞、极至"。在佛教之前，婆罗门教徒诵读吠陀经文之前，必先轻声念诵此字，向神灵致敬、祈祷。其后，形成一种不成文的规定的诵经仪式，甚至从婆罗门教异化出来的形形色色的反婆罗门的宗教，特别是佛教，也一致袭用这一诵经方式。奥义书有一种神秘符号系统，它是中心符号——符号中最主要的一个就是ॐ（om）。按照奥义书，om 字的"o"是一复合元音，由"a＋u"复合而成，因而也写作"aum"（ॐ）。它被赋予深奥的神学和哲学内涵。在神学上，om 字的婆罗门教（印度教）三大主神的密咒（密码、代号）。om 字是"a、u、m"三个成分中，"a"代表遍入天（Visṇu），"u"代表紧思天（Rudra，吠陀后的湿婆神），"m"代表大自在天（Brahmā，大梵天）。佛教，特别是它的密宗，吸收了 om 字，尊为一切神咒的核心，它的"a、u、m"三个成分，分别代表法身、报身、应身。在哲学上，om 字的唯心主义哲学范畴中的最高范畴，统摄着经验世界和超验世界的一切，此岸众生，彼岸神明，都住在这个圣字之中。

（，的另一形式），按拉丁字母，写作"ūm"，由一个长元音"ū"和一个喉门辅音"h"、一个鼻辅音"m"构成。此字一般表示"愤怒、疑问、恐怖"（常和第三格与格连用）。在宗教上，它是一个婆罗门教和佛教通用的咒语，表示"强调、肯定"，常用作祭仪中的经典开卷语，或在念经过程中作插入语，或在念经结束时作总结语。传入中国后，汉语音译为"吽"或"𤙖"，日本东密开宗祖师空海（公元 804 年泛海入唐求学密法），著有《吽字义》一书。他解释"　"字是由"h、a、u、m"四个字母组成，蕴含"具足万法"的奥义。其实此字没有"a"音，只有三个字母，而不是四个。

　（um）和　（hum）虽然说是婆罗门教和佛教通用的咒语，但在唐代到岳阳君山摩崖壁上刻此二字的人，肯定是一名佛教信徒。他可能是印度高僧，也可能是中国大德，但他是一位精通佛家密咒和印度梵语的学者，则无疑问。按历史的记载，将印度佛教密宗教义传入中国的人，完全是佛教大师。因此，可以断定，君山摩崖壁上刻的两个悉昙体梵字　和　，是属于佛教的咒语，而非属于他教者。

四　中印文化交流史的见证

如上考释，似嫌简略，但已足够说明岳阳君山这面刻着悉昙体梵字的摩崖石壁的发现的重要意义：（一）反映岳阳的君山曾经是佛教圣地，佛事隆盛，吸引过四面八方的佛家僧俗前来参观朝礼。甚至唐代诗人张说（667—730 年），开元三年（715 年）谪贬岳州时，也曾来过君山游览。他看见摩崖壁上的梵字，虽不认识，却也留下纪游的诗句："崖坛有鹤过，壁字无人识"①。（二）公元 7—8 世纪之间曾经有过印度密宗高僧，或通晓梵语的中国大德驻锡君山，进行过中印佛教文化交流活动，离开时，特意在摩崖壁上镌刻 🖊 和 🖊 这两个梵字，留作永恒的纪念。因此，这面刻着悉昙体梵字的摩崖石壁，可以说是中印文化交流史的见证，是一件稀有的、具有极高价值的历史文物，为它制定妥善的保护措施，是事不宜迟的。

（原载《岳阳职工高等专科学校学报》2001 年第 1 期）

---

① 《岳阳说古》，第 57 页。

《印度哲学史》评介

黄心川同志毕生致力于印度哲学史研究，他的新著《印度哲学史》是一部体现他在这个学术领域中的成就的总结性著作，同时也是一项具有鲜明马克思主义观点的科研成果。本文拟从下述几个方面对这部著作作一评介。

一 为印度唯物主义哲学正名

延续二千余年的印度哲学史基本上是唯心主义在支配着，唯物主义只是作为唯心主义的批判对象而存在。这是印度哲学史特有的、但十分奇异的特征。印度国内外的哲学史家通常都把唯心主义作为印度哲学史发展的主线来论述，唯物主义被贬作从唯心主义主流中异化出来的一个无足轻重的流派，在印度哲学正史上不占有任何值得注意的位置。他们不承认在印度哲学思想发展中存在着唯物主义和唯心主义斗争的现象。黄心川同志以恩格斯关于哲学基本问题和派别的科学论述为研究印度哲学的指导思想，首先论证印度哲学史的发展没有例外地遵循着唯物主义与唯心主义，辩证法与形而上学的斗争，以及唯物主义和唯心主义内部各派之间的斗争这一客观规律（第27页）。作者始终把唯物主义和唯心主义视为印度哲学发展的两条基线，并且突出地论证了唯物主义在推动印度哲学发展中的作用，为唯物主义在印度哲学史上正名作出了比以往更为重要的贡献。

二　为发掘和利用佛藏中的资料探索新路

佛教哲学是印度哲学中的一个至关重要的流派。它源出于又在很大程度上异化于婆罗门思想体系。它有卷帙浩繁、体系严密的"经、律、论"三藏文献。佛教三藏是记录佛教的神话、宗教、哲学、伦理、文学、语言等材料的文献；正因为佛教源出于婆罗门思想体系，所以它不可避免地在这些方面和婆罗门传统保持着千丝万缕的关系。在佛藏中还蕴藏着分量相当大的非佛教的哲学资料或成分，即所谓外道邪说。佛教是一个批判性的宗教，破立并重，常常把外道观点引来作批判的靶子。这就是为什么有些外道理论（如六师学说）不见于其他学派的典籍，却在佛教文献中找到；甚至一些外道经典，如属于数论派的《金七十论》、属于胜论派的《胜论十句义》、属于吠檀多派的《金刚针奥义》等，早已在本派中散失，但却保存在中国佛藏之中。中国佛藏是蕴藏印度哲学资料的丰富"宝藏"。从《印度哲学史》可以看出，作者在浩瀚的中国佛藏中探矿寻宝确实花了很大的气力，并且成功地搜集到一大批有价值的资料。作者特别重视搜集关于印度唯一的唯物主义学派顺世论的资料，为论证它在印度哲学史上的存在和作用提供了可靠的证据。

三　对印度哲学体系的新见解

1. 关于印度哲学体系的划分。印度哲学流派按传统观点以是否承认吠陀经典的神圣权威而被划分为"正统的"和"非正统的"。正统的哲学流派是指所谓六派哲学——数论、瑜伽论、正理论、胜论、前弥曼差论和后弥曼差论（吠檀多论）；非正统的哲学流派是指耆那教哲学、佛教哲学和顺世论哲学。现在有些印度学者认为这种划分不甚合理。在他们看来，不同的哲学系统不是相互抵消，而是相互补充；把它们分别地放在不可逾越的"正统"和"非正统"的两边是不合适的。新的划分法应该是：按照不同的哲学派别在思想上和修持上的不同特点重新划分、归类。这个新的划分法显然是企图把不同的哲学流派统统纳入一个无所不包的婆罗门哲学系统之中。另有一些学者认为，婆罗门哲学从根本上说是地道的唯心主义哲学，把一切印度哲学流派笼统地装进这样一个唯心主义大染缸之中，其结果将是取消不同哲学派别之间的理论交锋，因而也是不科学的，不符合一般哲学中的发展规律。《印度哲学史》的作者正是持此见解。他认为，在划分哲学体系时，应该按各学派"对于哲学基本问题的回答以及它们的社会作用"来决定。就印度哲学而言，"大致可以划分为两个阵营：属于唯心主义的有吠檀多、瑜伽、大乘佛教中的中观派和瑜伽行派；属于唯物主义或者具有唯物主义倾向的有顺世论、数论、胜论、正理论、弥曼差、耆那教和佛教中的毗婆安部和经量部等等。上述派别不仅在外部而且也在内部之间进行着剧烈的斗争。"（第 17 页）这个划分法无疑比较科学，符合一般哲学史的发展规律。

2. 关于印度唯物主义哲学在中国的影响。印度文化对中国文化的影响主要通过佛教的传播。自佛教传入中国以来，人们只知道印度的唯心主义思想对中国的影响，而不知道印度的唯物主义思想在中国的存在。这是中印文化交流史上的一种不正常和片面的现象。《印度哲学史》的作者说："……顺世论作为唯物主义哲学派别并非为一些学者所断言那样无足轻重。相反，它名副其实地赢得广大群众的支持并得以远播中国，对中国古代思想产生深远影响。就其群众性这点来说，顺世论与印度其他哲学派别也可相颉颃。"（第119—120页）他认为，印度文化对中国的影响不仅有唯心主义因素，而且有唯物主义因素；他从佛教经论中详征博引史料，有力地论证了唯物主义学派顺世论和具有唯物主义倾向的六师外道、生活派和胜论原子说在中国的存在及其对中国思想的巨大影响，从而纠正了以为印度仅以它的唯心主义思想影响中国的片面认识。

3. 关于吠檀多的历史作用。作者说："吠檀多在其长期的发展过程中总的说来是一种官方的思想体系，这种思想在目前印度资产阶级思想中仍然占着极为重要的地位"。（第463页）这个总的评价恰如其分地说明了吠檀多在印度哲学史上一直所起的重要作用。吠檀多在理论上直接地、全面地继承了奥义书哲学。公元初，它的开山祖师跋达罗衍那写出被奉为不朽的哲学著作《吠檀多经》（亦即《梵经》），集中阐述奥义书中三个基本范畴——梵、我、幻三者的奥义，并批判包括佛教哲学在内的其他派别的理论，由是形成了一个体系完整的哲学派别。到7世纪，商羯罗大师崛起，他对吠檀多理论作出了重大而有创造性的发展，形成了自己的理论体系——无分别不二吠檀多。他以此为武器，批判其他派别的论敌，特别是对于佛教的理论进行无情"叛逆性"的攻击，为复兴传统的婆罗门教作出了历史性的努力。这一方面宣告了印度古典哲学的终结，另一方面预示了印度近代的新的哲学的到来。随着印度步入现代，以吠檀多为主流派的思想界出现了一大批哲学家、思想家、文学家和社会改革家，其中最杰出的有奥罗宾多·高士、甘地、泰戈尔、拉达克利希南、达斯笈多。他们灵活地把吠檀多的基本理论应用于现代印度的社会实际，包括民族运动和社会改革。新吠檀多主义，特别是其中的甘地思想和泰戈尔哲理在普通印度人心目中产生了不可估量的影响和强大的吸引力，它不仅被占印度人口80%以上的印度教徒和部分非印度教徒所接受，而且被印度统治集团所承认，成为他们治理印度的指导思想。因此，把吠檀多称为"官方的思想体系"是符合实际的。

《印度哲学史》全书14章，37万字，系统地概述了从上古到中古二千余年的印度哲学发展过程。本文上述议论仅仅涉及书中几个比较重要的方面，但已可以窥见它的外在轮廓和内在性质。可以预期，它的问世对于我国的东方哲学研究，特别是印度哲学研究，将会产生有力的推动和积极的影响。

（原载《中国社会科学》1991年第4期。《印度哲学史》，

商务印书馆1989年版）

东方著名哲学家评传

（印度卷）序

本卷——《印度著名哲学家评传》共选了印度古今著名哲学家40余名，是从奥义书和后奥义书到近现代众多哲学家中选出的。他们的哲学思想在各自的时代和社会里反映人民群众的生活现实，并在意识形态领域产生过重要的影响。这部《印度著名哲学家评传》（以下简称《评传》）既有与印度哲学思想发展史（以下简称"哲学史"）相似的地方，又有与之相异的自身特点。哲学史通常把论述的重点放在唯心主义上，突出唯心主义在印度意识形态领域中的主导地位，而唯物主义往往作为被批评对象，受到不公正的待遇。《评传》则不存偏向，平等对待，不论他是唯心主义哲学家，还是唯物主义哲学家，一视同仁，都安排坐在同一大"沙发"上，让他们毫无顾虑地畅所欲言，自由争鸣。此其一。哲学史一般需要划分年代来叙述，如分古代哲学史、中世纪哲学史、近代哲学史、现代哲学史，等等。对《评传》来说，这类硬性的历史划分法，似无必要；因为《评传》是用哲学家的思想来反映他自己所处的时代面貌，使后者显得更加准确而完整。此其二。哲学史传统，确切点说，婆罗门教传统，把哲学流派划分为两大系统，即所谓正统哲学系统和非正统哲学系统。正统与非正统的分水岭在于与婆罗门教的亲疏关系，具体地说，在于承认或否认吠陀经的神圣权威，承认者为正统，反之，为非正统。《评传》的作者们认为，这是一种与实际不太符合的、或者说，不科学的归类法。举例来说，佛教哲学被划入非正统哲学系统一边。这显然是欠妥的。我们都知道，吠陀经把人分为尊卑贵贱的四个种姓；释迦牟尼谴责、反对这种歧视性和压迫性的种姓制度，却没倡导去废除它。佛教哲学的宇宙论（宇宙三界说：欲界、色界、无色界）实际上是在吠陀经的三界说（天、地、空）的基础上发展起来的；吠陀经的三界住有 33 位神灵，在佛教经典中称为"天龙八部"。他们虔诚地皈依佛陀，自愿作为护法神，为保卫佛陀、保护佛教，竭诚服务。吠陀经中的"有、无、非有、非无"的朴素辩证原理完全为佛教哲学所采用，并把它发展到一个较高的高度。这些情况很能说明问题——佛教哲学并没有完全否定吠陀经的权威。《评传》不拘谁是正统哲学家，谁是非正统哲学家，只要他的哲学具有代表性，在本学派或在当时思想界中产生过较大的影响，即可入选，给予公正而充分的评价。此其三。哲学史一般都有"厚古薄今"的倾向。《评传》不存在这样的倾向；而把十几位近现代著名哲学家选入，更显得有"古今并重"的全面而平衡的姿态。此其四。《评传》的写作指导思想是科学的历史唯物主义。对于每一位哲学家的哲学思想，要求做到，既按照其本来面貌如实描绘，又注意考察其本人所处特定历史时代，以及他的社会根源和思想渊源，从而能够作出比较具体而公允的评论。此其五。

《评论》的作者们都是我国印度哲学专业学者。他们老中青三结合，分别承担对印度古今著名哲学家的学术活动和学术著作进行研究的责任；并在这基础上写成这部具有与哲学史相似又相异的形式和内容的《评传》。此书在论述印度古今著名哲学家的生平和思想、借以探索印度哲学思想的发展规律方面，作出了开拓性的尝试，为印度哲学专业和非专业研究工作者提供有益的参考。

　　本书不足之处是显而易见的。首先，印度没有历史纪年的传统。许多古代著名的文学家和哲学家的生平事迹，包括他们的生卒年月，都没有留下确切可靠的记载。印度古代文坛还有一种"隐姓埋名"的自谦习惯，即作家不愿在自己的作品上签署本人的名字，却用别人的名字来代替；特别是那些晚辈作者，喜欢在自己的作品上署上德高望重的先辈作家的名字，借以抬高自己作品的品位和扩大其在社会和文化界的影响。这些特殊的情况给撰写他们的传记工作带来不少难以克服的困难。其次，本书选入了40多位古今著名的哲学家，但漏选了一批不是不重要的哲学家；例如，安慧、法尚、寂天、尼腱子、犊子延那，以及佛教经部和有部的一些杰出哲学家，均未选录。这是一大缺陷。我们希望以后有机会再写一部《印度古今著名哲学家评传续编》，加以弥补。

《汉传佛教因明研究》序

　　郑伟宏教授的新著《汉传佛教因明研究》，我得先读的机会，特别高兴。首先，我对此书的总印象：它是一部当代因明研究领域里具有创新的高度和深度的学术专著。其次，我有几点读后浅见。第一，作者从陈那新因明传入我国汉族地区开始，概述它在各个历史时期的兴衰变化。第二，作者对现代国内外因明学者的学术成就进行了评价和赞扬，同时点明了他们在"因三相"的见解上的分歧和不足。第三，作者深入钻研了二论和所有的唐疏，发现陈那独创的"同、异品除宗有法"的规定；唐代因明大师们大都按此规定来阐述"因三相"的逻辑关系。在我国近现代的因明论著中，往往忽略了这一规定——一把能准确地打开"因三相"奥义之门的金钥匙，因而在阐述"因三相"的逻辑关系上没能取得符合新因明理论体系的一致理解。

　　这里，使我想起 11 世纪耆那教逻辑学家柯利贤（Haribhadra）论师的一个与客讨论天主的《因明入正理论》的对话。梵本《因明入正理论》有一节阐述因同品、因异品的原文：

　　　　在这里，所作性或勤勇无间所发性，于同品中肯定有，于异品中肯定无。如是因在无常等。

这是汉语的直译。在这节论文里只讲因同品（同品定有性）和因异品（异品遍无性），缺了宗法性（遍是宗法性）。因此，

　　客质疑："在这里，讲因同品与因异品，为什么不讲因与宗法性的关系？"

　　论师答："在这里，宗法性不言而喻故。"①

"不言而喻"似有二义。一是："说因宗所随"这个定理是普遍地被理解和遵守的；二是：在论同、异品时宗法性（定理）的存在是不言而喻的，但没有以具体形式来表达的必要——在形式上"除宗有法"。

　　柯利贤论师这则与客的对话说明印度因明论师和耆那教因明论师在阐述同、异喻品时，彼此有默契似的，一致遵守"必须除宗有法"的规定。因此，郑伟宏教授以"同、异喻品必须除宗有法"的发现，得出"陈那三支作法中同、异体的逻辑形式实际上是除外命题"的论断是正确的。

　　如上漫论，虽然只涉及《汉传佛教因明研究》的部分内容，但我认为，亦足以反映它的确是一部最新的因明学杰作，是对创建科学的新因明理论体系的最有力的推动。

---

　　① 拙著《印度哲学》，东方出版社 2000 年版，第 479 —482 页。

《因明基础理论》序

　　1983 年全国首届因明学术研讨会吹响了抢救因明和复兴因明的号角。从那时起，我国因明学术界不断涌现一个个因明科研成果，真像一个春色满园的百花园。现在，河南大学葛黔君教授出版她的《因明基础理论》，又在这个因明百花园中增添一株新的香花。这是值得同行们祝贺的。

　　《因明基础理论》，顾名思义，是一部阐述因明最一般理论的著作。推其如此，它不仅为未入门者学习因明提供纲领性的导读，同时也为已入门者进一步探寻因明秘奥提供参考性的方便。我说过，我国目前的因明研究有两个重大的理论问题：一个是因明的逻辑体系问题，另一个是因明的推理性质问题。印度因明的逻辑体系和西方传统的逻辑体系，二者在表面上有不少相似或相同之处。这就是为什么我国学者在一个相当长的时间内采用西方逻辑术语来解释因明范畴，并且有意无意地把二者看成同一逻辑体系的两个支系。近年来，特别是数理逻辑被引入因明研究之后，不少学者针对"佛家因明和西方传统逻辑是否同一逻辑系统"这一问题做了广泛而深入的研究。他们的研究基本上取得一致的结论：因明的三支作法和西方传统形式逻辑的三段论是两个不同的独立的推理形式，因而在体系上"二者不是一回事"①。这就是说，因明的逻辑体系问题已获得解决。因明，特别是陈那的新因明，包含着演绎、归纳和类比三种成分。它的推理形式究竟是必然性的（演绎），还是或然性的（归纳或类比）？对于这个问题，迄今为止，主要有两派的意见。一派的意见认为，因明的推理形式是必然性的（包括认为是带类比残余的必然性的推理形式）。另一派的意见认为，因明的推理形式是或然性的（包括认为是最大限度的类比推理形式）。这就是说，关于因明的推理性质问题，迄今仍有不同的看法。不同的看法自然起因于对因明基础理论的不同理解。葛黔君教授的《因明基础理论》一书的出版，可以说十分及时、契机——为解决因明推理性质这一逻辑理论问题提供了最基本的、最有助益的参考资料。

　　因明学有一套独特的专用术语，如果不经过认真的学习与研究，很难获得准确的理解。因明原著都是用古典梵语写成的。我本人学的专业是印度哲学和梵语，自以为可以简单地利用梵语语言来解释因明术语及其内涵，用不着去费劲地钻研因明的理论系统。记得有一回，碰见两梵文因明术语：pratyakṣa 和 anumāna。在把这两个术语翻译为汉语时，竟张冠李戴，把前者的意义误作后者的意义。这个例子说明，语言学和逻辑学是两个不同的学科，二者虽然有互联、互通的关系，但毕竟各有自己的特殊范畴和特殊规律。我们不能望文生义，对二者的某些共用的词语，不加细致的分析，误认为它们的含义和作用在这两个不同的学术领域里完全是一样的。《因明基础理论》的作者注意到这一点，因而在书中仔细地讲解因明专用术语的本义和使用规律，料简因明术语与西方逻辑术语之间的对应关系。她着重指出"对应"不

---

①　刘培育编《因明研究》，吉林教育出版社 1994 年版，第 111 页。

应视为完全的"等同"。这样的处理是科学的，有助于读者准确地区别因明术语和西方逻辑术语之间的异同。

《因明基础理论》还有一个显著的特点，是它充分利用了学术界的最新的因明研究成果和最新的资料和信息，紧跟因明研究的最新发展趋势。该书特地论述了有关藏传因明及其历史资料，便是一个典型的例子。据了解，此前的因明论著很少涉及藏传因明的研究情况。其实，我国因明学是由汉传因明和藏传因明二支组成；二支缺一，便不成其为中国因明。该书还附有刊定的《因明正理门论》和此论的现代汉语译文，这在因明研究从长期围绕着《因明八正理论》进行而转向《因明正理门论》的过渡中起到一定的推动作用。

《因明基础理论》是作者多年的教学经验和科研实践的总结。她在书中使用现代语言来阐述古老的因明理论，深入浅出，通俗易懂；正如作者自己说的，目的在于普及因明的逻辑知识，为因明正理与普通逻辑的比较研究提供方便。显然，此书是一部普及、实用的因明学教科书和参考书。我相信，它的问世将受到大专院校的专业和非专业读者的欢迎。

《因明蠡测》序

　　张忠义教授的新著《因明蠡测》全稿煞青后寄给我看。我从他这部因明新著，读后自觉获益匪浅。张忠义教授从事逻辑教学和因明研究，历时二三十年。这部《因明蠡测》事实上是他在长期因明学的探索过程中所取得的学术心得与总结。在这个总结中，他展示了一系列与因明学有关的创见。其中最值得关注和参考的方面，是他对因明的逻辑体系提出一套新的解释和表述。因明学中一个重要而突出的理论问题——因明是否具有演绎推理性质。关于这个理论问题，在因明学术界里，一直未见有比较满意的、带有决定性意义的解释或阐述。张忠义教授特别关注这个理论问题的解决。他除了广泛地参考近现代与因明学有关书刊资料外，还以教徒式的虔诚，泛读佛家论藏中的因明文献。就是在这古今文献资料基础上，他提出语用学方法，对这个因明学的理论核心问题，进行更加科学的分析，并作出肯定性的新解释，认为因明体系本来就具有演绎推理功能。这一分析与通过符号逻辑来分析，似有异曲同工之妙。在这书中，作者还用了不少篇幅，特就因明与中国名学和西方逻辑的异同，进行了多方面、多角度的比较研究，释出不少创新的见解。

《因明蠡测》可以说是现代因明研究中的一项新的科研成就。它的出版，一定会受到因明学术界的老师和同学的欢迎与好评。

我国因明学研究又一次
取得重要的成果

据我记忆，我国因明学术研讨会，先后举办过三届。第一届，1983 年在陕西敦煌；第二届，1989 年在北京；第三届，即今年（2006 年）这回在杭州举行的"国际因明学术研讨会"。这三届研讨会，我有幸应邀参加了。我的体会：研讨会的组织规模，一届比一届扩大；学术收获，一届比一届丰硕。据张忠义教授对这届国际因明学术研讨会的总结报告，国内外应邀来参加这届研讨会的学者，数达 106 人，其中包括一批青年学人和大学生；他们喜爱因明的逻辑理论，特选因明作为专业课程。可以预期，他们将是发展、推动因明研究的后起精英。

我选读了一些与会学者的著作和论文，参加了研讨会的讨论。这使我回忆起我在上届研讨会上谈过的一点意见；"因明研究有两个重大的理论问题，即（1）逻辑体系；（2）推理性质。第一个问题，…… 已经得到解决。第二个问题，仍在探讨中……"

我这意见是说，第二届因明学术研讨会还没有解决因明的推理性质问题。现在，在杭州，全面观察、分析这第三届国际因明学术研讨会所取得的因明科研成就，我获得的印象是，因明的推理性质问题已基本上趋向解决。因为在这届研讨会上，持因明推理就是演绎推理的看法的学者，提出了可信的科学论据，论证了这一看法是正确的。而持与此相反意见的学者认为，因明三支论式虽然具有演绎推理性质，但在推理过程中还不可避免地略带类比残余。为此，他们提出多角度的科学方法，特别是数理逻辑和语用逻辑方法，论证因明推理形式中类比残余是可以消除或变换的；而随着类比残余的消失，因明的推理自然变成纯必然性的演绎推理。

上述论点可以说是解决因明，推理性质的两个科学方案，是本届国际因明学术研讨会所取得的具有重要学术意义的科研成就。当然，这两个方案中哪一个方案最契合陈那大师的理论体系，无疑将会在以后更加深入的因明科研中反映出来。

梵 学 拾 趣

错把"比量"当"现量"

我国的思维科学的一个重要分支"因明学"源于印度形式逻辑，通常称为佛家逻辑。因明学有两个基本术语——"现量"和"比量"。它们的梵文原文分别是 pratyakṣa（直接经验、感性认识、现量）和 anumāna（间接经验、理性认识、比量）。一日，偶然翻阅中华书局1985年版的《大唐西域记校注》，此书"前言"共有138页，洋洋一篇中国佛教译经史大观。在第20页上，我发现作者摆起一副像是因明学专家的架势，以贬抑的口吻，对7世纪印度逻辑天才法称论师的因明学说讲往批评。然而，奇怪的是，他的批评不但没有触及因明学的理论问题，而且错误地使用因明术语，竟把 anumāna 说成是 pratyakṣa。看来，这位作者是懂梵语的，但不懂因明学。"不知为不知是知也"。但不懂装懂，俨然是"南郭先生"再世，误导读者，那就太不应该了！

"曼陀罗"混同"曼荼罗"

1999 年 3 月，我到西安参加"玄奘国际学术讨论会"。其中一个小组的讨论涉及密宗的两个专门术语，即"曼陀罗"与"曼荼罗"的异同。一部分人认为，"曼陀罗"就是"曼荼罗"，二者是义同形异，又都是密宗咒语的名称。另一部分人不同意此说，双方争论颇为热烈。次日，小组召集人请我参加会议，在听了他们的发言后，我便就这两个术语的梵文原文和汉语翻译作了说明："曼陀罗"和"曼荼罗"是两个不同的术语，它们的梵文原文分别是：mantra 和 maṇḍala。其中，mantra 汉语音译为：曼陀罗、满担罗、曼担罗，意译是：（吠陀的）赞歌、偈颂、诗节、赞美诗；（宗教的）神咒、密咒、明咒、真言。maṇḍala 汉语音译为：曼荼罗、漫荼罗、满荼罗，意译是：圆盘、圆；（宗教的）环形坛场、祭坛。很清楚，按佛教的教义，"曼陀罗 mantra"是真言、咒语，而"曼荼罗 maṇḍala"是（圆形）坛、祭坛（特别是密宗，在圆坛上书写诸佛菩萨的种子梵字——秘密代号，以召请他们迅速降临）。二者不能混同或混用。佛教还有一个咒语名称：dhāraṇī，音译"陀罗尼"，意译是"总持、神咒"，同曼荼罗 maṇḍala。前者（dhāraṇī）佛家专用，后者（maṇḍala）各家通用，我这个解释，受到了全组人的肯定，鼓掌热烈，表示感谢。

印度神仙的"性生活"

有一回，陪一位老朋友参观一座寺院，在偏殿供着一个"男神抱着女神在腿上"的坐像。朋友觉得奇怪，原来神也有性别和性爱。这当然是神话，但他很感兴趣，要我讲解一下这对男女神仙的恋爱故事。我说，这对男女神属于印度国籍，"移民"到中国定居已有一千多年了。男神叫做"湿婆 Siva"，女神叫做"波华娣 Parvati"。印度教有三大主神，湿婆是其中之一，称为毁世之神（其余二神是：大梵天 Brahma 创世之神，毗湿奴 Visnu 护世之神）。印度教有一则家喻户晓的神话：湿婆神离家去雪山（喜马拉雅山）潜心苦修。在那儿与雪山女神邂逅相遇，彼此一见钟情，共创恋爱的欢乐。二神同心商定，举行婚礼之后，把"洞房花烛夜，二身合卺交欢"作为夫妻合修神道的方法。在印度教中，相信、模仿这种修道方法的信徒通称为"性力派"。这种信仰在印度东部，特别在西孟加拉邦，非常普遍。几乎在所有的街头巷尾，都可以看到湿婆夫妻性器官交合的模型。妇女信徒特别喜欢它，一见到，便用手去触摸湿婆，默祷它仁慈地帮助她早日怀孕，生一个光宗耀祖的、高贵的男孩子。

　印度教认为，男女在性生活中的合修法，也是一种实践的瑜伽法。因为瑜伽行者在苦修瑜伽的过程中达到瑜伽行法的顶峰，由此体证到精神上最胜妙的欢快与解脱，是与男女在交媾过程中达到高潮时所经验的忘形融合、欢乐至极的境界相似。这个观点可以溯源于古老的奥义书。《广林奥义》（Ⅳ.2.2—3，Ⅳ.3.19—20）有一则仙人老师和一个女弟子的对话。女弟子问："老师，与梵同一的最高精神境界是怎样的一种境界？"老师说："那就是如同男女交媾达到高潮时彼此忘形、融为一体境界。"这也反映，在印度教里信徒们模仿湿婆神夫妻，以性生活的实践作为修道、得道的方法，并不是什么神秘的事情。只是它被印度教的秘密学派和佛教密宗吸收、采用后才变成一种极其秘密、极其奥妙的瑜伽行法。它只许道行到家、精神超脱的瑜伽大师去实践，普通信徒是被严禁去尝试的。

菩萨也听不懂的咒语

　　1991 年《佛教文化》（第 3 期）刊登了我的一篇文章，题目是《〈大悲咒〉拉丁体梵音还原》。这是应中国佛教协会负责人的请求而作的。我记得当时他对我说："《大悲咒》是中国佛教徒早晚在佛和菩萨前念诵的经文中的主要内容。佛经中的咒语，包括《大悲咒》在内，全是从梵音用汉语音译过来的。汉语音译只能在某种程度上接近，但根本不可能像本来的梵语。我很怀疑，中国佛教徒念诵汉语音译的咒语，印度籍的佛—菩萨是否能够听得懂。所以，我想你先将汉音的《大悲咒》还原为梵音的《大悲咒》，最好采用现在国际通用的拉丁梵语拼音系统。"我同意这位佛教领导人的意见，并接受了他的请求。于是有了前述的这篇文章。文章发表后，似乎引起了台湾佛教徒的注意和兴趣。1999 年 5 月，我接到一位台湾佛教学者的来函，请我将玄奘译的《般若波罗蜜多心经》经末咒语还原为梵音，并意译出来。该经的梵本原文已于 1884 年为英国梵文学者校订出版。没有必要再从汉音还原为梵音，但我把它（经末咒语）意译出来寄给他。2000 年 3 月，中国佛教文化研究所所长吴立民先生介绍两位美籍华裔佛教徒来访，他们请我教授梵语发音系统，并为他们将《大般涅槃经》中的一个短篇咒语还原为梵音，我满足了他们的要求。他们很高兴，和我交了朋友。我发现，这些佛教徒和学者有一个宗教上的共识：念诵汉语音译咒语，无论如何不如念诵梵语原音咒语来得"灵验"——灵魂深处会更快出现与佛——菩萨交感融通的安乐而神秘的境界。

　　或问：梵文咒语为什么必须音译，而不能意译？玄奘有著名的"五不翻"的规定——有五种梵语经文只译其音，不译其义。

第一，秘密之，故不翻。意谓有神秘内涵的词句，不译其义，只译其音，例如，Dhāraṇī 译其音"陀罗尼"，不译其"总持、神咒"之义。第二，含多义，故不翻。意谓遇到一词多义的名词术语，也不译其义，例如，Bhāgavat 含六义（世尊、有德、德成就、总摄众德、出有、出有坏），故只译其音"薄伽梵"。第三，此方无，故不翻。意谓只见于印度，但不见于中国的实物名词，也是只译其音，不译其义。例如 Jambu-vṛkṣa，中国没有，只好音译"阎浮树"。第四，顺于古例，故不翻。意谓凡是自古至今仍然流通的音译名词术语，一律保留。例如 Anuttara-samyak-sambodhi，保留它的原来的音译："阿耨多罗三藐三菩提"，不作新的音译。第五，为生善，故不翻。意谓有些特殊的梵文词语，音译可令闻者心生敬意或信念，例如 Prājna，音译"般若"，如果意译它的含义"智慧"，则显得平常、轻浅。故用音译，不翻其义。从这五种"不翻"的规定看，梵文咒语属于第一种不翻。长篇的梵文咒语也有属于其余几种不翻的文句。

《世界宗教文化》2001 年第 1 期

出神入化，非断非常

——巫白慧先生印度哲学研究方法简论

徐文明

　　印度是东方文明古国，也是世界哲学的最早发源地之一。印度文化与中国文化相互交流历史悠久，对中国文化影响很大，然而作为印度文化核心的印度哲学的研究在近代中国却开展得很不够，在整个哲学研究领域是一个相对薄弱的环节，研究规模、从业人数很受局限，在这一方面，巫白慧先生的研究成果和水平无疑占有突出的地位，其成就在其近著《印度哲学》中得到了充分的体现。

　　对于巫白慧先生在印度哲学领域的成就和贡献，学术界早有定评，本文只想就其研究方法进行一番探讨。任何工作都离不开科学的方法论的指导，学术研究也不例外，巫先生通过对马克思、恩格斯关于印度历史、文化、宗教、哲学等方面的论述的学习，从中获得了一把研究印度哲学的金钥匙——马克思主义的科研方法，并且创造性地将之与具体的学术研究结合起来，从而形成了属于自己的富有特色的研究方法。

　　学术研究有两个倾向，一是立足圈内，强调身在山中，主张钻进去；一是立足圈外，强调身在山外，主张站出来。两者各有优点，前者的优点是能够深入研究对象之中，对对象本身有深入、透彻、具体的了解，后者的优点则是旁观者清，能够冷静客观地看待事物，了解事物的整体和全貌。两者又各有缺陷，前者容易丧失研究者自身的立场，以对象的是非为是非，以信仰取代理性的审视，而且对于对象本身也无法真正理解其本质，导致只见树木，不见森林，身在山中不知山；后者则只是持一个冷眼旁观的立场，由于不愿或者不能以同情的态度对待对象，深入事物本身进行理解，结果只是看到一个模糊的外部轮廓而已，貌似客观却充满偏见，仿佛冷静却实为冷漠，所谓的整体往往只是现象的影子。前者常见于某些偏执的信徒进行的研究，后者则往往表现为"大批判"的研究模式。

事实证明，身在山中固然不知山，身在山外同样无法知山，只有能出能入，既能钻进去，又能站出来，将信仰（泛义的）与理性、局部与整体、内与外、主与客结合起来，才能对事物有真正的理解。能出能入就是巫先生的学术研究的一个突出的特点。

巫先生留学印度十年，历事名师，每遇善友，对于印度的语言、风俗、历史、文化、哲学、宗教等都十分熟悉，其生命中灿烂的十年是与印度人民共同度过的，印度文化和哲学对他来说并不是一个不相干的他者，而是他的精神的一个源泉。在印度期间，巫先生在认真学习了印度老师按印度传统的教学法讲授的印度哲学课程，并且在毕业后以此方法做研究。因而他是真正深入到了印度哲学的内部，把握住了印度文化的精髓。无论是在其译著还是论著中，都充分体现了这一特点。他揭示了印度哲学的本来面目，原原本本地传达了纯正的印度哲学和印度文化的真精神。他既是一个忠实的传达者，又是一个同情的理解者，他的介绍和研究对于中国人进一步了解印度文化起了相当大的作用。印度人民把他称为"小玄奘"，即是对其在两国文化传播方面所作贡献的肯定。

印度是一个富有宗教传统的神秘的国度，其文化、哲学与宗教神话紧密地交织在一起，理性的光辉深藏于信仰的迷雾，科学的推测表现为荒诞的神话，现实主义的精华遮蔽于神秘主义的重围。作为人类思想的宝库，印度文化一方面琳琅满目，美不胜收，一方面又光怪陆离，鱼龙混杂，体现出复杂多变的特征。面对这种情况，有些人望而却步，不敢深入，也有些人迷醉其中，不能自拔。巫先生则勇者无惧，进出自如，入乎其中，超乎其上，山中寻宝，沙里淘金，做出了突出的贡献。

作为一个富有现实感和理性精神的哲学家，巫先生所做的一项重要工作就是从唯心主义和神秘主义的重重迷雾中发掘出"物质不灭的思想"这一具有现实积极意义的思想"光子"。传统的印度哲学史有一个突出的特点，即唯心主义始终在意识形态中占有近乎垄断的地位，唯物主义一直处在受压制的状态，但这不是说印度哲学中没有唯物主义成分，事实上唯物主义从一开始就存在，并且始终坚持对唯心主义的批判。巫先生指出，早在吠陀时期就有一批具有朴素唯物论的自然观的哲学家，他们坚持物质先有说、原水说、金胎说等，这些思想在奥义书和后奥义书时期得到一定的发展，其中最典型、最有影响的是佛教的萨婆多部（有部）的物质实在论。

巫先生既是印度文化的同情者，更是中国文化的传人，既是一个马克思主义者，又是一个爱国者，因而他在从事印度哲学研究时"并不是单纯地为研究而研究"，而是为了"入室取宝"，从印度思想宝库中"探寻、撷拾那些接近科学实际的观察和猜测以及那些具有现实积极意义的思想'光子'，以此为我国社会主义精神文明建设服务"①　他从中国文化的角度以现实和理性的态度对印度哲学和文化进行了重新观照和审视，站在一个客观的立场上冷静认识印度哲学的全貌、本质和对于现代中国文化建设的价值，从而初步创建了一个有中国特色的印度哲学研究体系。入乎幻化之域，出乎神秘之境，既能钻进去深入理解复杂变幻的印度文化，又能站出来摆脱其神秘主义和唯心主义的影响，能出能入，内外结合，主客融通，成为巫先生印度哲学研究的一大特色。

　　历史的发展既有连续与永恒（常），又有间断和变化（断），哲学史与思想文化史也不例外。以往的哲学流派往往各执一边，一持"常见"，一持"断见"。常见与断见在印度哲学传统中还有特定的意义，前者是指对"永恒的精神实体"肯定的理论，后者则是否定的理论，前者以六派正统哲学为代表，后者以耆那教哲学、佛教哲学、顺世论哲学、外道六师哲学等非正统哲学为代表。从这一特定意义来说，常见体现了神秘主义、唯心主义，是应当批评的，而断见则体现了现实主义、唯物主义，是值得肯定的。巫先生指出，断常二见是一条贯穿着印度哲学思想发展的全过程的主要线索，抓住这条线索，就可以把握到印度哲学发展史的脉搏。这一深刻的洞见为研究印度哲学提供了一条总纲。

　　佛教对常见与断见皆持批判的态度。佛教认为，所谓正统哲学的常见是对一种永恒的精神实体即梵、我的肯定，是一种有我论，而以顺世论为代表的断见则是对意识（灵魂）的完全的否定，是一种灵魂断灭论，也是无我论。前者只强调永恒与连续，而忽略了变化与发展，后者只强调断灭与距离，而忽视了不变与

---

　　①　《探寻印度传统文化模式——我和我的印度哲学研究》，《印度哲学》代序，东方出版社 2000 年 12 月版。

守恒，都是一种极端的立场和错误的认识，不符合中道的原则。

佛教的中道原则在龙树那里更加系统和完善。巫先生对于龙树的辩证思维理论体系很有研究，对龙树的中道义非常欣赏，并且在研究印度哲学时自觉地应用这一原则，避免了常见与断见两个极端。

在研究哲学史时也存在常见与断见，前者强调一以贯之，天不变，道亦不变，一切都是古已有之，而且古今无异，不承认变化和发展；后者则强调突变和新生，日新，日日新，一切都是从头开始，另起炉灶，不承认和过去有联系。具体到印度哲学研究领域，有的学者只重视源，不承认流，将一切都归因于吠陀，不承认后来的学说（尤其是佛教）的独创性，也有些学者（特别是佛教学者）与此相反，将后来的学说视为与过去完全对立的新说，不承认吠陀与奥义书的影响。

巫先生的印度哲学研究则立足中道原则，避免了两个极端。他一方面在《奥义书的禅理》、《奥义书哲学和佛教》等论文中深入挖掘佛教与奥义书等吠陀文献的内在联系，强调奥义书作为印度各种宗教思想源头的意义，将被割裂的历史重新接续，一方面又于《龙树的中观论及其主要发展阶段》等论著中盛赞释迦牟尼的缘起说的创造性，称龙树中观论为"一种具有划时代意义的哲学创见"。几乎巫先生的所有论著都带有强烈的历史感，都具有源流清楚、次第分明的特征。

巫先生根据恩格斯的思想，在研究问题时追根溯源，把研究吠陀经列为计划的首位和重点，并通过长期艰苦的努力，弄清了印度哲学思想的原始形态，寻找到了后吠陀的宗教、哲学的共同理论基础和共同思想来源，从而把握住了印度哲学发展史的主脉，但他并未停留于此，而是以此为线索进一步研究奥义书哲学、正统哲学与非正统哲学、中世纪乔荼波陀和商羯罗所开创的新吠檀多主义和现代吠檀多论，对于整个印度哲学发展史进行了勾画，凸现了主流印度哲学既有连续性、又有渐次发展的特征。巫先生谈今必据古，探古必联今，体现了古今一贯的深厚的历史感，其著作就是一幅动态的印度哲学发展史图。

巫先生时刻不忘作为一个现代中国学者的立场，借古以喻今，为内而探外，他不是为研究而研究，而是为了有利于中国的现代化建设。因而其著作从印度古代的吠陀经、奥义书到佛教，从印度佛教到中国佛教，从中国佛教又到中国文化，体现了一部中印文化交流史和中国文化发展史，其中既体现了中国文化对印度文化的吸纳与汲引，又突出中国人对于印度文化的创造性的改造和提升，同样具有非断非常、承接与发展兼备的特点。

巫先生在印度哲学研究中所取得的突出成就，与他掌握了一套行之有效的科学研究方法是不能分开的。一方面能出能入，内外交融，一方面非断非常，今古贯通，可以说是其研究方法的核心特征。通过这些方法，使其研究成就与境界达到了很高的水准，这也是值得我们学习与提倡的。

作者论著目录

独　著

《印度哲学》，东方出版社 2000 年版。

《印度哲学与佛学》（英文版），中国佛教文化研究所 1994 年版。

合　著

《梵语诗文图解》，商务印书馆 2001 年版。

《梵文课本》，商务印书馆 1999 年版。

译　著

《圣教论》，商务印书馆 1999 年版。

《大乘二十颂论》（梵汉对照），

《东方哲学与文化丛书》，1997 年版。

论　文

《原人奥义探释》，载《新中国哲学研究 50 周年——中国社会科学院哲学研究所 50 周年学术文集》，人民出版社 2005 年版。

《原人哲学：印度原人说与中国〈原人论〉》，载《觉群论文集》第三辑，商务印书馆 2000 年版。

《奥义书的禅理》，《世界宗教研究》1996 年第 4 期。

《摩耶奥义试释》，《少林文化研究论文集》2001 年版。

《印度哲学》，《现代世界哲学》，1990 年版。

《印度哲学思想精华》，《齐齐哈尔师范大学学报》1991 年第 4 期。

《〈奥义书〉及其唯物论哲学》，《哲学研究》1986 年第 4 期。

《印度唯物论思想探源》，《东方哲学》1985 年创刊号。

《印度哲学中的场有思想》，《场与有——中外哲学的比较与融通（二）》，1995 年版。

《迈向二十一世纪的东方哲学》，载同上书。

《龙树的中观论及其几个主要发展阶段》，载同上书。

《略论大乘佛教哲学空有二宗的理论实质》，《哲学研究》1996 年第 6 期。

《梵本〈因明入正理论〉——因三相的梵语原文和玄奘的汉译》，台湾《中华佛学学报》1995 年第 8 期。

《国外因明学研究》，《因明研究》，吉林教育出版社 1994 年版。

作 者 年 表

巫白慧，1919 年 9 月出生，男，汉族，香港人，中共党员。

1951 年印度国际大学、蒲那大学印度哲学专业毕业，博士。中国社会科学院哲学研究所研究员，兼任国际印度哲学学会执委。学术专长为印度哲学、梵语学、佛学。

1984 年被印度国际大学授予名誉文学博士学位、最高荣誉教授称号。

1991 年起享受国务院颁发的政府特殊津贴。

现为中国社会科学院荣誉学部委员。